年末調整の手引（令和5年版）

目次

【年末調整の事務手順図】……………………………………………………………(折込み)
【諸控除額一覧表】……………………………………………………………………(折込み)
【参考１】基礎控除額の早見表………………………………………………………(折込み)
【参考２】配偶者控除額及び配偶者特別控除額の早見表…………………………(折込み)
【参考３】人的な所得控除別の「扶養控除額及び障害者等の控除額の
　　　　　合計額の早見表」の適用欄一覧…………………………………………(折込み)
【参考４】所得者の態様別人的所得控除額一覧表 …………………………………… 6

○税額表

○令和5年分　年末調整等のための給与所得控除後の給与等の金額の表……8
○令和5年分　年末調整のための算出所得税額の速算表 ………………………17
○令和5年分　基礎控除額の早見表………………………………………………17
○令和5年分　配偶者控除額及び配偶者特別控除額の早見表…………………18
○令和5年分　扶養控除額及び障害者等の控除額の合計額の早見表 …………19
○「令和5年分　扶養控除額及び障害者等の控除額の合計額の早見表」
　の適用区分の図解 ………………………………………………………………20

【参考】各種税額表等

○給与所得の源泉徴収税額表（月額表）…………………………………………22
○給与所得の源泉徴収税額表（日額表）…………………………………………30
○賞与に対する源泉徴収税額の算出率の表 ………………………………………38
○健康保険・厚生年金保険料額表…………………………………………………40
○雇用保険料率………………………………………………………………………42
○課税退職所得金額の算式の表 ……………………………………………………42
○退職所得の源泉徴収税額の速算表………………………………………………43
○源泉徴収のための退職所得控除額の表 …………………………………………44
○退職所得に係る市町村民税及び道府県民税の特別徴収税額早見表 …………45
○公的年金等に係る雑所得の速算表………………………………………………72

— (i) —

目　　次

○解　　説

第1　昨年と比べて変わった点（源泉所得税関係）・・・・・・・・・・・・・73

　Ⅰ　令和5年度の主な改正 ・・73
　　1　給与所得の源泉徴収票等の電子交付の特例 ・・・・・・・・・・・・・・・73
　　2　支払調書等の光ディスク等による提出に係る承認申請等の廃止 ・・・・・73
　　3　国外居住扶養親族の改正 ・・・・・・・・・・・・・・・・・・・・・・・・・・・・・・・・74

第2　年末調整とは ・・・76

　　1　年末調整とは ・・76
　　2　年末調整を必要とする理由 ・・・・・・・・・・・・・・・・・・・・・・・・・・・・・・77
　　3　年末調整を行う時期 ・・・・・・・・・・・・・・・・・・・・・・・・・・・・・・・・・・・79

第3　年末調整を行う給与 ・・・・・・・・・・・・・・・・・・・・・・・・・・・・・・・・・・・81

　　1　年末調整を行う給与 ・・・・・・・・・・・・・・・・・・・・・・・・・・・・・・・・・・・82
　　2　年末調整を行わない給与 ・・・・・・・・・・・・・・・・・・・・・・・・・・・・・・・88

第4　年末調整の準備 ・・・・・・・・・・・・・・・・・・・・・・・・・・・・・・・・・・・・・・・90

　一　扶養控除等（異動）申告書の記載事項の検討 ・・・・・・・・・・・・・・・91
　　1　扶養控除 ・・・96
　　2　障害者控除 ・・・102
　　3　寡婦控除 ・・104
　　4　ひとり親控除 ・・・・・・・・・・・・・・・・・・・・・・・・・・・・・・・・・・・・・・・106
　　5　勤労学生控除 ・・・・・・・・・・・・・・・・・・・・・・・・・・・・・・・・・・・・・・・107
　　6　障害者、寡婦及び勤労学生の諸控除の関係 ・・・・・・・・・・・・・・・109
　　7　判定の時期 ・・・109
　　8　「生計を一にする」とは ・・・・・・・・・・・・・・・・・・・・・・・・・・・・・110
　　9　合計所得金額 ・・・・・・・・・・・・・・・・・・・・・・・・・・・・・・・・・・・・・・・110
　　10　従たる給与についての扶養控除等申告書 ・・・・・・・・・・・・・・・116
　　11　源泉徴収簿の記入 ・・・・・・・・・・・・・・・・・・・・・・・・・・・・・・・・・・117

　二　基礎控除申告書の受理と検討 ・・・・・・・・・・・・・・・・・・・・・・・・・・・118
　　1　基礎控除額 ・・・119
　　2　年末調整による適用手続 ・・・・・・・・・・・・・・・・・・・・・・・・・・・・・119

　三　配偶者控除等申告書の受理と検討 ・・・・・・・・・・・・・・・・・・・・・・・121
　　1　配偶者とは ・・・123
　　2　配偶者控除及び配偶者特別控除 ・・・・・・・・・・・・・・・・・・・・・・・123
　　3　配偶者控除額及び配偶者特別控除額 ・・・・・・・・・・・・・・・・・・・126
　　4　判定の時期 ・・・127
　　5　配偶者と死別して再婚した場合 ・・・・・・・・・・・・・・・・・・・・・・・127
　　6　母国の法律により2人以上の配偶者を有している場合 ・・・・・・127

— （ⅱ） —

目　　次

　　7　源泉徴収簿の記入 ……………………………………………………128

四　所得金額調整控除申告書の受理と検討 ………………………………130

五　保険料控除申告書の受理と検討 ………………………………………134

　㈠　生命保険料控除 ………………………………………………………136

　　1　生命保険料控除とは ……………………………………………136

　　2　生命保険料控除額 ………………………………………………137

　　3　控除の対象となる一般の生命保険料、介護医療保険料及び個人年金保険料とは …138

　　4　所得者自身が本年中に支払った保険料とは …………………143

　　5　生命保険料控除を受ける手続 …………………………………145

　　6　源泉徴収簿の記入 ………………………………………………147

　㈡　地震保険料控除 ………………………………………………………149

　　1　地震保険料控除とは ……………………………………………149

　　2　地震保険料控除額 ………………………………………………150

　　3　控除の対象となる損害保険契約等とは ………………………150

　　4　保険の目的物についての制限 …………………………………151

　　5　控除の対象とならない地震保険料 ……………………………152

　　6　地震保険料控除を受ける手続 …………………………………153

　　7　源泉徴収簿の記入 ………………………………………………154

　㈢　社会保険料控除 ………………………………………………………158

　　1　社会保険料控除とは ……………………………………………158

　　2　控除の対象となる社会保険料の範囲 …………………………158

　　3　給与から控除している社会保険料 ……………………………159

　　4　申告書を提出して控除を受ける社会保険料 …………………161

　　5　給与から控除している小規模企業共済等掛金 ………………163

　　6　源泉徴収簿の記入 ………………………………………………163

　㈣　小規模企業共済等掛金控除 …………………………………………165

　　1　小規模企業共済等掛金控除とは ………………………………165

　　2　給与から控除している小規模企業共済等掛金 ………………166

　　3　申告書を提出して控除を受ける小規模企業共済等掛金 ……167

六　住宅借入金等特別控除に関する申告書の受理と検討 ………………170

　　1　(特定増改築等) 住宅借入金等特別控除 ……………………172

　　2　住宅借入金等特別控除を受けるための手続 …………………194

　　3　年末調整に係る住宅借入金等特別控除 ………………………195

　　4　源泉徴収簿の記入 ………………………………………………196

第5　年税額の計算 ………………………………………………………199

一　本年中の給与と徴収税額の集計 ………………………………………199

二　年税額の計算 ……………………………………………………………201

　　1　年税額の求め方 …………………………………………………201

　　2　年税額の計算例 …………………………………………………205

　【設例1】　本年最後に支払う給与の所得税額及び復興特別所得税額を計算してか
　　　　　　ら年末調整をする場合 …………………………………………205

— (iii) —

目　　　次

【設例 2 】	本年最後に支払う給与の税額計算を省略して年末調整をする場合 …………210
【設例 3 】	配偶者の控除対象扶養親族等である子を有する者に所得金額調整控除を適用する場合 ………………………………………………………………216
【設例 4 】	住宅借入金等特別控除額があり、本年最後に支給する賞与で年末調整をする場合 ……………………………………………………………………220
【設例 5 】	本年最後に支給する給与よりも先に支給する賞与で年末調整をする場合 …224
【設例 6 】	年の中途で扶養親族等の数に異動があった場合 …………………………228
【設例 7 】	中途就職者の前職分給与を加算して年末調整を行う場合 ………………232

第 6　特殊な場合の年末調整 ………………………………………………236

1　給与の追加払をする場合の再調整 ……………………………………………236
2　年末調整後に扶養親族等の異動があった場合の再調整 ……………………238
3　年末調整後に生命保険料又は社会保険料などの支払があった場合の再調整 ………238
4　未払給与がある場合の年末調整 ………………………………………………238
5　年の中途で国内に住所又は 1 年以上の居所を有することとなった人又は有しなくなった人の年末調整 …………………………………………………238
6　年の中途で死亡した人等の年末調整 …………………………………………239
7　年末調整後に（特定増改築等）住宅借入金等特別控除申告書の提出があった場合の再調整 …………………………………………………………………240
8　月々の徴収税額に誤りがあった場合の精算 …………………………………240
【設例 8 】　給与の追加払をする場合 ………………………………………………241
【設例 9 】　年末調整後に扶養控除等の異動があった場合 ……………………246
【設例10】　年の途中で出国し非居住者となった場合 …………………………252

第 7　過納額及び不足額の精算 ……………………………………………256

1　過不足額とは ……………………………………………………………………257
2　過納額の精算 ……………………………………………………………………257
3　不足額の精算 ……………………………………………………………………264

第 8　年末調整終了後の整理事務 …………………………………………269

1　不足額の納付 ……………………………………………………………………269
2　「給与所得の源泉徴収票（給与支払報告書）」の作成と提出 ………………271

第 9　電子計算機等による年末調整 ………………………………………272

1　給与所得控除後の給与等の金額の計算方法 …………………………………272
2　所得控除額の合計額の計算 ……………………………………………………274
3　年税額の計算方法 ………………………………………………………………276

〔付録 1 〕　1 月の源泉徴収事務 …………………………………………280

1　扶養控除等申告書の受理と検討 ………………………………………………280
2　マイナンバー（個人番号）の本人確認等 ……………………………………282
3　「源泉徴収簿」の作成 …………………………………………………………285

— （iv） —

目　　　次

 4　源泉徴収票などの交付と提出 ……………………………………………286

 5　令和5年分年末調整の再計算 …………………………………………286

〔付録2〕　源泉徴収票等の法定調書の提出 ………………………287

 一　法定調書について……………………………………………………………287

 二　法定調書の提出についての注意事項 ……………………………………288

 三　給与所得の源泉徴収票（給与支払報告書）……………………………290

 四　公的年金等の源泉徴収票 …………………………………………………300

 五　退職所得の源泉徴収票・特別徴収票 ……………………………………304

 六　報酬、料金、契約金及び賞金の支払調書 ………………………………309

 七　不動産の使用料等の支払調書 ……………………………………………314

 八　不動産等の譲受けの対価の支払調書 ……………………………………317

 九　不動産等の売買又は貸付けのあっせん手数料の支払調書 ……………321

 十　退職手当金等受給者別支払調書 …………………………………………323

 十一　給与支払報告書（総括表）……………………………………………324

 十二　むすび …………………………………………………………………325

 〔**参考**〕その他の法定調書の一覧表………………………………………327

〔付録3〕　給与所得者と確定申告 …………………………………329

 1　給与所得者が確定申告を必要とする場合 ………………………………329

 2　給与所得者で確定申告をすれば源泉徴収税額が還付される場合 ………330

〔付録4〕　所得税法第204条第1項に規定する各種報酬・料金等に対する源泉徴収一覧表………………………333

〔付録5〕　現物給与の課税上の取扱い ……………………………350

〔付録6〕　災害被害者に対する救済措置 …………………………358

〔付録7〕　復興特別所得税の源泉徴収 ……………………………365

目　　　次

〔凡　　例〕

本書中に引用する法令等については、次の略称を使用しています。

（1）　法　　　令

所法…………所得税法	財形法………勤労者財産形成促進法
所令…………所得税法施行令	財形令………勤労者財産形成促進法施行令
所規…………所得税法施行規則	財形規………勤労者財産形成促進法施行規則
法法…………法人税法	災免法………災害被害者に対する租税の減
法法令………法人税法施行令	免、徴収猶予等に関する法律
法法規………法人税法施行規則	災免令………災害被害者に対する租税の減
相法…………相続税法	免、徴収猶予等に関する法律
相令…………相続税法施行令	の施行に関する政令
通則法………国税通則法	震災特例法…東日本大震災の被災者等に係
通則法令……国税通則法施行令	る国税関係法律の臨時特例に
措法…………租税特別措置法	関する法律
措令…………租税特別措置法施行令	震災特例令…東日本大震災の被災者等に係
措規…………租税特別措置法施行規則	る国税関係法律の臨時特例に
旧措法………所得税法等の一部を改正する	関する法律施行令
法律（令和4年法律第4号）	震災特例規…東日本大震災の被災者等に係
による改正前の租税特別措置	る国税関係法律の臨時特例に
法	関する法律施行規則
国送金法……内国税の適正な課税の確保を	復興財確法…東日本大震災からの復興のた
図るための国外送金等に係る	めの施策を実施するために必
調書の提出等に関する法律	要な財源の確保に関する特別
国送金令……内国税の適正な課税の確保を	措置法
図るための国外送金等に係る	復興特別所…復興特別所得税に関する政令
調書の提出等に関する法律施	得税政令
行令	新型コロナ税特法…新型コロナウイルス感
国送金規……内国税の適正な課税の確保を	染症等の影響に対応す
図るための国外送金等に係る	るための国税関係法律
調書の提出等に関する法律施	の臨時特例に関する法
行規則	律

（2）　通　　　達

所基通………所得税基本通達	措通…………租税特別措置法通達
法基通………法人税基本通達	措通（譲）…平14.6.24付課資3－1「租税
相基通………相続税法基本通達	特別措置法（株式等に係る譲
	渡所得等関係）の取扱いにつ
	いて」通達

（3）　そ　の　他

所法9①三イ……所得税法第9条第1項第3号イ

（注）　本書は、令和5年9月1日現在の法令・通達によっています。

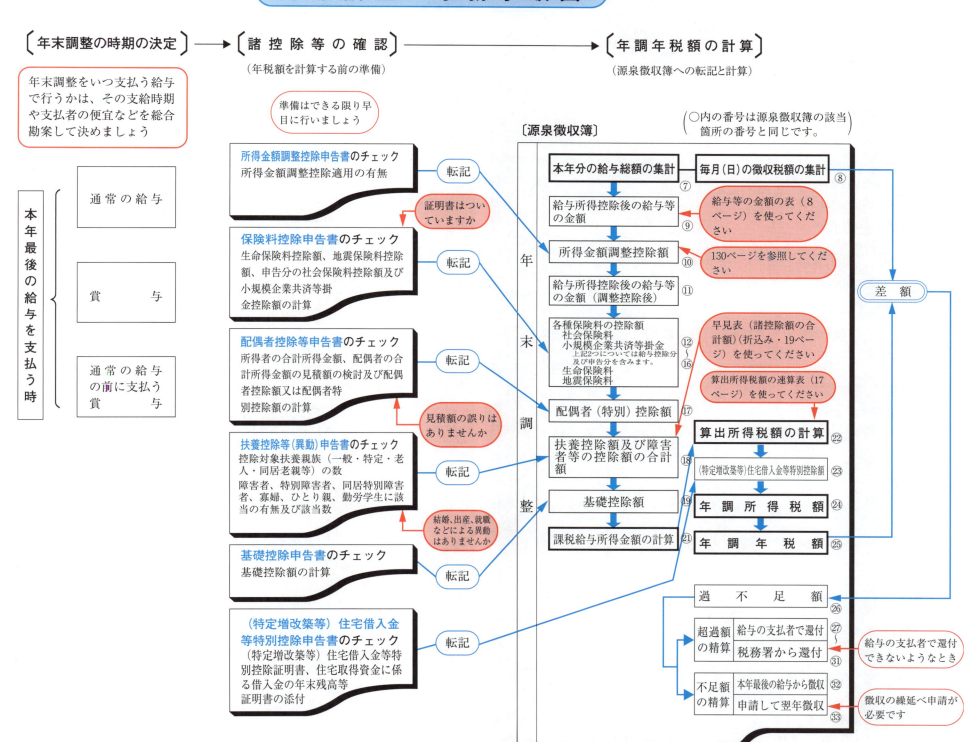

諸 控 除 額 一 覧 表

区　分	控　除　額				申告書の区分
配偶者控除		居住者の合計所得金額			給与所得者の配偶者控除等申告書
		900万円以下	900万円超 950万円以下	950万円超 1,000万円以下	
	配偶者の合計所得金額 48万円以下	38万円	26万円	13万円	
	老人控除対象配偶者	48万円	32万円	16万円	
配偶者特別控除	配偶者の合計所得金額 48万円超 95万円以下	38万円	26万円	13万円	
	95万円超100万円以下	36万円	24万円	12万円	
	100万円超105万円以下	31万円	21万円	11万円	
	105万円超110万円以下	26万円	18万円	9万円	
	110万円超115万円以下	21万円	14万円	7万円	
	115万円超120万円以下	16万円	11万円	6万円	
	120万円超125万円以下	11万円	8万円	4万円	
	125万円超130万円以下	6万円	4万円	2万円	
	130万円超133万円以下	3万円	2万円	1万円	
	133万円超	0円	0円	0円	
扶養控除	一般の控除対象扶養親族（16歳以上）			38万円	給与所得者の扶養控除等（異動）申告書
	特定扶養親族（19歳〜22歳）			63万円	
	老人扶養親族（70歳以上）	同居老親等以外の者		48万円	
		同居老親等		58万円	
障害者控除（注1）	一般の障害者			27万円	
	特別障害者			40万円	
	同居特別障害者			75万円	
寡婦控除	27万円				
ひとり親控除	35万円				
勤労学生控除	27万円				
基礎控除	居住者の合計所得金額		基礎控除額		給与所得者の基礎控除申告書
	2,400万円以下		48万円		
	2,400万円超 2,450万円以下		32万円		
	2,450万円超 2,500万円以下		16万円		
	2,500万円超		0円		

区　分	控　除　額		申告書の区分
社会保険料控除	控除した又は支払った保険料の全額		給与所得者の保険料控除申告書（注2）
小規模企業共済等掛金控除	控除した又は支払った掛金の全額		

生命保険料控除

適用限度額　　12万円（①＋②＋③）

①一般の生命保険料	新保険料	計算式Ⅰにより求めた金額（最高4万円）
	旧保険料	計算式Ⅱにより求めた金額（最高5万円）
	新保険料と旧保険料の両方	計算式Ⅰ及び計算式Ⅱにより求めた金額の合計額（最高4万円）
②介護医療保険料		計算式Ⅰにより求めた金額（最高4万円）
③個人年金保険料	新保険料	計算式Ⅰにより求めた金額（最高4万円）
	旧保険料	計算式Ⅱにより求めた金額（最高5万円）
	新保険料と旧保険料の両方	計算式Ⅰ及び計算式Ⅱにより求めた金額の合計額（最高4万円）

計算式Ⅰ

2万円までの場合	支払った保険料の全額
2万円を超え4万円までの場合	$\left(\begin{array}{c}\text{支払った保険料}\\\text{の金額の合計額}\end{array}\right) \times \frac{1}{2} + 1万円$
4万円を超え8万円までの場合	$\left(\begin{array}{c}\text{支払った保険料}\\\text{の金額の合計額}\end{array}\right) \times \frac{1}{4} + 2万円$
8万円を超える場合	4万円

計算式Ⅱ

2万5,000円までの場合	支払った保険料の全額
2万5,000円を超え5万円までの場合	$\left(\begin{array}{c}\text{支払った保険料}\\\text{の金額の合計額}\end{array}\right) \times \frac{1}{2} + 1万2,500円$
5万円を超え10万円までの場合	$\left(\begin{array}{c}\text{支払った保険料}\\\text{の金額の合計額}\end{array}\right) \times \frac{1}{4} + 2万5,000円$
10万円を超える場合	5万円

地震保険料控除

①　支払った保険料が地震保険料だけの場合

5万円までの場合	支払った保険料の全額
5万円を超える場合	5万円

②　支払った保険料が旧長期損害保険料だけの場合

1万円までの場合	支払った保険料の全額
1万円を超え2万円までの場合	$\left(\begin{array}{c}\text{支払った保険料}\\\text{の金額の合計額}\end{array}\right) \times \frac{1}{2} + 5,000円$
2万円を超える場合	1万5,000円

③　支払った保険料が①と②の両方ある場合

①及び②により求めたそれぞれの金額の合計額が5万円までの場合	その合計額の全額
上記の合計額が5万円を超える場合	5万円

（注1）障害者控除は、年齢16歳未満の扶養親族であっても適用を受けることができます。
（注2）給与から差し引いた社会保険料等は、保険料控除申告書に記載することなく控除の対象とします。

諸控除額一覧表

区分		税額控除 (特定増改築等) 住宅借入金等特別控除		申告書の区分

申告書の区分：給与所得者の（特定増改築等）住宅借入金等特別控除申告書

（注）この控除は、最初の年分は年末調整ではできませんので、確定申告により控除を受ける必要があります。

① 一般の住宅の取得等の場合

住宅を居住の用に供した日		控除期間	住宅借入金等の年末残高に乗ずる控除率			各年の控除限度額
			2,000万円以下の部分の金額	2,000万円超3,000万円以下の部分の金額	3,000万円超4,000万円以下の部分の金額	
平成26.1.1～26.3.31		10年間	1.0%	-	-	20万円
平成26.4.1～令和3.12.31	特定取得	10年間	1.0%	1.0%	-	40万円
	特別特定取得、特別特例取得、特例特別特例取得	1～10年目	1.0%	1.0%	-	40万円
	特定取得以外	10年間	1.0%	-	-	20万円
	特別特例取得・特例特別特例取得	1～10年目	1.0%	-	-	40万円
令和4.1.1～4.12.31	居住用家屋の新築・買取再販住宅の取得	13年間	0.7%	0.7%	-	21万円
	既存住宅の取得・増改築	10年間	0.7%	-	-	14万円

② 認定住宅等の場合

住宅を居住の用に供した日		控除期間	住宅借入金等の年末残高に乗ずる控除率			各年の控除限度額
			3,000万円以下の部分の金額	3,000万円超4,000万円以下の部分の金額	4,000万円超4,500万円以下の部分の金額	
平成26.1.1～26.3.31		10年間	1.0%	-	-	30万円
平成26.4.1～令和3.12.31	特定取得	10年間	1.0%	1.0%	-	50万円
	特別特定取得、特別特例取得、特例特別特例取得	1～10年目	1.0%	1.0%	-	50万円
	特定取得以外	10年間	1.0%	-	-	30万円
	特別特例取得・特例特別特例取得	1～10年目	1.0%	-	-	50万円
令和4.1.1～4.12.31	認定住宅等の新築・買取再販認定住宅の取得 認定住宅	13年間	0.7%	0.7%	-	35万円
	ZEH水準省エネ住宅	13年間	0.7%	-	-	31.5万円
	省エネ基準適合住宅	13年間	0.7%	-	-	28万円
	上記以外	10年間	0.7%	-	-	21万円

③ 特定の増改築等（バリアフリー改修工事・省エネ改修工事）に係る特例を適用する場合

住宅を居住の用に供した日		控除期間	住宅借入金等の年末残高に乗ずる控除率			各年の控除限度額
			200万円以下の部分の金額	200万円超250万円以下の部分の金額	250万円超1,000万円以下の部分の金額	
平成31.1.1～令和3.12.31	特定取得	5年間	高齢者等居住改修工事等費用・特定断熱改修工事等費用に係る部分は2％(注)、その他は1％	2%	1%	12.5万円
	特定取得以外		高齢者等居住改修工事等費用に係る部分は1％			12万円

④ 特定の増改築等（多世帯同居改修工事）に係る特例を適用する場合

住宅を居住の用に供した日	控除期間	住宅借入金等の年末残高に乗ずる控除率		各年の控除限度額
		250万円以下の部分の金額	250万円超1,000万円以下の部分の金額	
平成31.1.1～令和3.12.31	5年間	特定多世帯同居改修工事等費用に係る部分は2％、その他は1％	1%	12.5万円

⑤ 住宅借入金等に係る住宅借入金等特別控除の控除額の特例を適用する場合（東日本大震災の被災者の住宅の再取得等の場合）

住宅を居住の用に供した日		控除期間	住宅借入金等の年末残高に乗ずる控除率		各年の控除限度額
			3,000万円以下の部分の金額	3,000万円超5,000万円以下の部分の金額	
平成26.1.1～26.3.31		10年間	1.2%	-	36万円
平成26.4.1～令和3.12.31	特別特定取得等以外	10年間	1.2%	-	36万円
	特別特定取得、特別特例取得、特例特別特例取得	1～10年目	1.2%	1.2%	60万円
	特別特例取得・特例特別特例取得	1～10年目	1.2%	1.2%	60万円
令和4.1.1～4.12.31	居住用家屋の新築、買取再販住宅の取得、認定住宅等の新築、買取再販認定住宅の取得	13年間	0.9%	0.9%	45万円
	上記住宅以外の取得	10年間	0.9%	-	27万円

（注）この一覧表は、令和5年分の年末調整に関係する事項について記載しております。

【参考1】基礎控除額の早見表

居住者の合計所得金額	基礎控除額
2,400万円以下	48万円
2,400万円超 2,450万円以下	32万円
2,450万円超 2,500万円以下	16万円
2,500万円超	0円

※ 年末調整の対象となる給与等の収入金額は2,000万円以下とされていますので、その人の所得が年末調整の対象となる給与等のみである場合には、基礎控除額は48万円になります。

※ 基礎控除の適用がある場合には、源泉徴収簿の⑲「基礎控除額」欄に記入します。

【参考2】配偶者控除額及び配偶者特別控除額の早見表

配偶者の合計所得金額（※1）	【参考】配偶者の収入が給与所得だけの場合の給与等の収入金額	居住者の合計所得金額（給与所得だけの場合の居住者の給与等の収入金額）		
		900万円以下（1,095万円以下）	900万円超 950万円以下（1,095万円超 1,145万円以下）	950万円超 1,000万円以下（1,145万円超 1,195万円以下）
配偶者控除 控除対象配偶者 48万円以下	1,030,000円以下	38万円	26万円	13万円
配偶者控除 老人控除対象配偶者 48万円以下		48万円	32万円	16万円
配偶者特別控除 48万円超 95万円以下		38万円	26万円	13万円
95万円超 100万円以下		36万円	24万円	12万円
100万円超 105万円以下		31万円	21万円	11万円
105万円超 110万円以下		26万円	18万円	9万円
110万円超 115万円以下		21万円	14万円	7万円
115万円超 120万円以下		16万円	11万円	6万円
120万円超 125万円以下		11万円	8万円	4万円
125万円超 130万円以下		6万円	4万円	2万円
130万円超 133万円以下		3万円	2万円	1万円
133万円超		0円	0円	0円

※1 所得金額調整控除の適用がある場合、それぞれの収入金額に15万円を加算した額になります。

※2 配偶者控除又は配偶者特別控除の適用がある場合には、源泉徴収簿の⑰「配偶者（特別）控除額」欄に記入します。

【参考3】人的な所得控除別の「扶養控除額及び障害者等の控除額の合計額の早見表」の適用欄一覧

❶ 控除対象扶養親族の数に応じた控除額

数	控除額
1人	380,000円
2人	760,000円
3人	1,140,000円
4人	1,520,000円
5人	1,900,000円
6人	2,280,000円
7人	2,660,000円
8人以上	7人を超える1人につき380,000円を2,660,000円に加算した金額

❷ 障害者控除等の加算額

		控除額
（イ）同居特別障害者に当たる人がいる場合	1人につき	750,000円
（ロ）一般の障害者、寡婦又は勤労学生に当たる（人が）いる場合	左の一に該当するとき各	270,000円
（ハ）同居特別障害者以外の特別障害者に当たる人がいる場合	1人につき	400,000円
（ニ）所得者本人がひとり親に当たる場合		350,000円
（ホ）同居老親等に当たる人がいる場合	1人につき	200,000円
（ヘ）特定扶養親族に当たる人がいる場合	1人につき	250,000円
（ト）同居老親等以外の老人扶養親族に当たる人がいる場合	1人につき	100,000円

※ 控除額の合計は「❶」欄及び「❷」欄により求めた金額の合計額となります。この金額は、源泉徴収簿の⑱「扶養控除額及び障害者等の控除額の合計額」欄に記入します。

◎人的な所得控除別の左表の適用欄　　(注)　○印は、左表の適用する欄です。

所得者本人			控除対象扶養親族				共通			区分
			扶養控除				障害者控除			
寡婦控除	ひとり親控除	勤労学生控除	一般	特定	老人扶養親族 同居老親等以外	老人扶養親族 同居老親等	一般	特別 非同居	特別 同居	備考
			○	○	○	○				この欄の控除額は、○1つが 380,000 円です。
									○	
								○		
○		○					○			
	○									
						○				
				○						
					○					
270,000	350,000	270,000	380,000	630,000	480,000	580,000	270,000	400,000	750,000	控除額（円）

(注)　1　「控除額」欄の金額は、○印について左表の該当欄の金額を合計したものです。

　　2　「共通」欄の障害者控除は、「所得者本人」及び「控除対象扶養親族」の各欄と重複して控除することができます。

　　3　障害者控除は年齢16歳未満の扶養親族（年少扶養親族）が一般の障害者や特別障害者に該当する場合でも適用されます。

　　4　「所得者本人」欄で該当する控除が2つあるときは、重複して控除を受けることができます。

〔参考４〕 所得者の態様別人的所得控除額一覧表

区　　　分			控除額 （万円）	内　　　訳 障害者控除・勤労学生控除
本 人	障　害　者	一 般 障 害 者	27	障害者控除（27万円）
		特 別 障 害 者	40	特別障害者控除（40万円）
	寡 婦 又 は 勤 労 学 生 に 該 当	通　　　常 （いずれかに該当）	27	寡婦控除又は勤労学生控除（27万円）
		両 方 に 該 当	54	寡婦控除（27万円）及び勤労学生（27万円）
		一 般 障 害 者	54	寡婦控除又は勤労学生控除（27万円） ＋障害者控除（27万円）
		特 別 障 害 者	67	寡婦控除又は勤労学生控除（27万円） ＋特別障害者控除（40万円）
	ひ と り 親 に 該 当	通　　　常	35	ひとり親控除（35万円）
		ひ と り 親 及 び 勤 労 学 生	62	ひとり親（35万円）及び勤労学生（27万円）
		一 般 障 害 者	62	ひとり親控除（35万円）＋障害者控除（27万円）
		特 別 障 害 者	75	ひとり親控除（35万円）＋特別障害者控除（40万円）

※　この表には、基礎控除額は含まれていません。
※　寡婦又はひとり親は勤労学生と重複することができます。

区　　　分			控除額 （万円）	内　　　訳
配 偶 者	控 除 対 象 配 偶 者 又 は 同 一 生 計 配 偶 者	一 般 障 害 者		27	障害者控除（27万円）
		特別障害者	非 同 居	40	特別障害者控除（40万円）
			同 居	75	同居特別障害者控除（75万円）

※　この表には、配偶者控除額は含まれていません。

区分			控除額(万円)	内訳	
				扶養控除	障害者控除
年少 (0歳~15歳)	通常		0		
	一般障害者		27		障害者控除(27万円)
	特別障害者	非同居	40		特別障害者控除(40万円)
		同居	75		同居特別障害者控除(75万円)
一般 (16歳~18歳 23歳~69歳)	通常		38	扶養控除(38万円)	
	一般障害者		65	扶養控除(38万円)	障害者控除(27万円)
	特別障害者	非同居	78	扶養控除(38万円)	特別障害者控除(40万円)
		同居	113	扶養控除(38万円)	同居特別障害者控除(75万円)
特定扶養 (19歳~22歳)	通常		63	特定扶養控除(63万円)	
	一般障害者		90	特定扶養控除(63万円)	障害者控除(27万円)
	特別障害者	非同居	103	特定扶養控除(63万円)	特別障害者控除(40万円)
		同居	138	特定扶養控除(63万円)	同居特別障害者控除(75万円)
老人 (70歳以上)	通常	一般	48	老人扶養控除(48万円)	
		同居老親等	58	老人扶養控除(48万円)+同居老親割増(10万円)	
	一般障害者	一般	75	老人扶養控除(48万円)	障害者控除(27万円)
		同居老親等	85	老人扶養控除(48万円)+同居老親割増(10万円)	障害者控除(27万円)
	特別障害者	非同居	88	老人扶養控除(48万円)	特別障害者控除(40万円)
		一般同居	123	老人扶養控除(48万円)	同居特別障害者控除(75万円)
		同居老親等	133	老人扶養控除(48万円)+同居老親割増(10万円)	同居特別障害者控除(75万円)

(区分 左端: 扶養親族 / 控除対象扶養親族)

給与所得控除（一）　令和5年分　年末調整等のための給与所得控除後の給与等の金額の表（所法別表第五・第28条、第190条関係）

給与等の金額 以上	給与等の金額 未満	給与所得控除後の給与等の金額	給与等の金額 以上	給与等の金額 未満	給与所得控除後の給与等の金額	給与等の金額 以上	給与等の金額 未満	給与所得控除後の給与等の金額
円 551,000円未満		円 0	円 1,772,000	円 1,776,000	円 1,163,200	円 1,972,000	円 1,976,000	円 1,300,400
			1,776,000	1,780,000	1,165,600	1,976,000	1,980,000	1,303,200
			1,780,000	1,784,000	1,168,000	1,980,000	1,984,000	1,306,000
			1,784,000	1,788,000	1,170,400	1,984,000	1,988,000	1,308,800
			1,788,000	1,792,000	1,172,800	1,988,000	1,992,000	1,311,600
551,000	1,619,000	給与等の金額から550,000円を控除した金額	1,792,000	1,796,000	1,175,200	1,992,000	1,996,000	1,314,400
			1,796,000	1,800,000	1,177,600	1,996,000	2,000,000	1,317,200
			1,800,000	1,804,000	1,180,000	2,000,000	2,004,000	1,320,000
			1,804,000	1,808,000	1,182,800	2,004,000	2,008,000	1,322,800
			1,808,000	1,812,000	1,185,600	2,008,000	2,012,000	1,325,600
1,619,000	1,620,000	1,069,000	1,812,000	1,816,000	1,188,400	2,012,000	2,016,000	1,328,400
1,620,000	1,622,000	1,070,000	1,816,000	1,820,000	1,191,200	2,016,000	2,020,000	1,331,200
1,622,000	1,624,000	1,072,000	1,820,000	1,824,000	1,194,000	2,020,000	2,024,000	1,334,000
1,624,000	1,628,000	1,074,000	1,824,000	1,828,000	1,196,800	2,024,000	2,028,000	1,336,800
1,628,000	1,632,000	1,076,800	1,828,000	1,832,000	1,199,600	2,028,000	2,032,000	1,339,600
1,632,000	1,636,000	1,079,200	1,832,000	1,836,000	1,202,400	2,032,000	2,036,000	1,342,400
1,636,000	1,640,000	1,081,600	1,836,000	1,840,000	1,205,200	2,036,000	2,040,000	1,345,200
1,640,000	1,644,000	1,084,000	1,840,000	1,844,000	1,208,000	2,040,000	2,044,000	1,348,000
1,644,000	1,648,000	1,086,400	1,844,000	1,848,000	1,210,800	2,044,000	2,048,000	1,350,800
1,648,000	1,652,000	1,088,800	1,848,000	1,852,000	1,213,600	2,048,000	2,052,000	1,353,600
1,652,000	1,656,000	1,091,200	1,852,000	1,856,000	1,216,400	2,052,000	2,056,000	1,356,400
1,656,000	1,660,000	1,093,600	1,856,000	1,860,000	1,219,200	2,056,000	2,060,000	1,359,200
1,660,000	1,664,000	1,096,000	1,860,000	1,864,000	1,222,000	2,060,000	2,064,000	1,362,000
1,664,000	1,668,000	1,098,400	1,864,000	1,868,000	1,224,800	2,064,000	2,068,000	1,364,800
1,668,000	1,672,000	1,100,800	1,868,000	1,872,000	1,227,600	2,068,000	2,072,000	1,367,600
1,672,000	1,676,000	1,103,200	1,872,000	1,876,000	1,230,400	2,072,000	2,076,000	1,370,400
1,676,000	1,680,000	1,105,600	1,876,000	1,880,000	1,233,200	2,076,000	2,080,000	1,373,200
1,680,000	1,684,000	1,108,000	1,880,000	1,884,000	1,236,000	2,080,000	2,084,000	1,376,000
1,684,000	1,688,000	1,110,400	1,884,000	1,888,000	1,238,800	2,084,000	2,088,000	1,378,800
1,688,000	1,692,000	1,112,800	1,888,000	1,892,000	1,241,600	2,088,000	2,092,000	1,381,600
1,692,000	1,696,000	1,115,200	1,892,000	1,896,000	1,244,400	2,092,000	2,096,000	1,384,400
1,696,000	1,700,000	1,117,600	1,896,000	1,900,000	1,247,200	2,096,000	2,100,000	1,387,200
1,700,000	1,704,000	1,120,000	1,900,000	1,904,000	1,250,000	2,100,000	2,104,000	1,390,000
1,704,000	1,708,000	1,122,400	1,904,000	1,908,000	1,252,800	2,104,000	2,108,000	1,392,800
1,708,000	1,712,000	1,124,800	1,908,000	1,912,000	1,255,600	2,108,000	2,112,000	1,395,600
1,712,000	1,716,000	1,127,200	1,912,000	1,916,000	1,258,400	2,112,000	2,116,000	1,398,400
1,716,000	1,720,000	1,129,600	1,916,000	1,920,000	1,261,200	2,116,000	2,120,000	1,401,200
1,720,000	1,724,000	1,132,000	1,920,000	1,924,000	1,264,000	2,120,000	2,124,000	1,404,000
1,724,000	1,728,000	1,134,400	1,924,000	1,928,000	1,266,800	2,124,000	2,128,000	1,406,800
1,728,000	1,732,000	1,136,800	1,928,000	1,932,000	1,269,600	2,128,000	2,132,000	1,409,600
1,732,000	1,736,000	1,139,200	1,932,000	1,936,000	1,272,400	2,132,000	2,136,000	1,412,400
1,736,000	1,740,000	1,141,600	1,936,000	1,940,000	1,275,200	2,136,000	2,140,000	1,415,200
1,740,000	1,744,000	1,144,000	1,940,000	1,944,000	1,278,000	2,140,000	2,144,000	1,418,000
1,744,000	1,748,000	1,146,400	1,944,000	1,948,000	1,280,800	2,144,000	2,148,000	1,420,800
1,748,000	1,752,000	1,148,800	1,948,000	1,952,000	1,283,600	2,148,000	2,152,000	1,423,600
1,752,000	1,756,000	1,151,200	1,952,000	1,956,000	1,286,400	2,152,000	2,156,000	1,426,400
1,756,000	1,760,000	1,153,600	1,956,000	1,960,000	1,289,200	2,156,000	2,160,000	1,429,200
1,760,000	1,764,000	1,156,000	1,960,000	1,964,000	1,292,000	2,160,000	2,164,000	1,432,000
1,764,000	1,768,000	1,158,400	1,964,000	1,968,000	1,294,800	2,164,000	2,168,000	1,434,800
1,768,000	1,772,000	1,160,800	1,968,000	1,972,000	1,297,600	2,168,000	2,172,000	1,437,600

給与所得控除（二）

給与等の金額 以上	未満	給与所得控除後の給与等の金額	給与等の金額 以上	未満	給与所得控除後の給与等の金額	給与等の金額 以上	未満	給与所得控除後の給与等の金額
円	円	円	円	円	円	円	円	円
2,172,000	2,176,000	1,440,400	2,372,000	2,376,000	1,580,400	2,572,000	2,576,000	1,720,400
2,176,000	2,180,000	1,443,200	2,376,000	2,380,000	1,583,200	2,576,000	2,580,000	1,723,200
2,180,000	2,184,000	1,446,000	2,380,000	2,384,000	1,586,000	2,580,000	2,584,000	1,726,000
2,184,000	2,188,000	1,448,800	2,384,000	2,388,000	1,588,800	2,584,000	2,588,000	1,728,800
2,188,000	2,192,000	1,451,600	2,388,000	2,392,000	1,591,600	2,588,000	2,592,000	1,731,600
2,192,000	2,196,000	1,454,400	2,392,000	2,396,000	1,594,400	2,592,000	2,596,000	1,734,400
2,196,000	2,200,000	1,457,200	2,396,000	2,400,000	1,597,200	2,596,000	2,600,000	1,737,200
2,200,000	2,204,000	1,460,000	2,400,000	2,404,000	1,600,000	2,600,000	2,604,000	1,740,000
2,204,000	2,208,000	1,462,800	2,404,000	2,408,000	1,602,800	2,604,000	2,608,000	1,742,800
2,208,000	2,212,000	1,465,600	2,408,000	2,412,000	1,605,600	2,608,000	2,612,000	1,745,600
2,212,000	2,216,000	1,468,400	2,412,000	2,416,000	1,608,400	2,612,000	2,616,000	1,748,400
2,216,000	2,220,000	1,471,200	2,416,000	2,420,000	1,611,200	2,616,000	2,620,000	1,751,200
2,220,000	2,224,000	1,474,000	2,420,000	2,424,000	1,614,000	2,620,000	2,624,000	1,754,000
2,224,000	2,228,000	1,476,800	2,424,000	2,428,000	1,616,800	2,624,000	2,628,000	1,756,800
2,228,000	2,232,000	1,479,600	2,428,000	2,432,000	1,619,600	2,628,000	2,632,000	1,759,600
2,232,000	2,236,000	1,482,400	2,432,000	2,436,000	1,622,400	2,632,000	2,636,000	1,762,400
2,236,000	2,240,000	1,485,200	2,436,000	2,440,000	1,625,200	2,636,000	2,640,000	1,765,200
2,240,000	2,244,000	1,488,000	2,440,000	2,444,000	1,628,000	2,640,000	2,644,000	1,768,000
2,244,000	2,248,000	1,490,800	2,444,000	2,448,000	1,630,800	2,644,000	2,648,000	1,770,800
2,248,000	2,252,000	1,493,600	2,448,000	2,452,000	1,633,600	2,648,000	2,652,000	1,773,600
2,252,000	2,256,000	1,496,400	2,452,000	2,456,000	1,636,400	2,652,000	2,656,000	1,776,400
2,256,000	2,260,000	1,499,200	2,456,000	2,460,000	1,639,200	2,656,000	2,660,000	1,779,200
2,260,000	2,264,000	1,502,000	2,460,000	2,464,000	1,642,000	2,660,000	2,664,000	1,782,000
2,264,000	2,268,000	1,504,800	2,464,000	2,468,000	1,644,800	2,664,000	2,668,000	1,784,800
2,268,000	2,272,000	1,507,600	2,468,000	2,472,000	1,647,600	2,668,000	2,672,000	1,787,600
2,272,000	2,276,000	1,510,400	2,472,000	2,476,000	1,650,400	2,672,000	2,676,000	1,790,400
2,276,000	2,280,000	1,513,200	2,476,000	2,480,000	1,653,200	2,676,000	2,680,000	1,793,200
2,280,000	2,284,000	1,516,000	2,480,000	2,484,000	1,656,000	2,680,000	2,684,000	1,796,000
2,284,000	2,288,000	1,518,800	2,484,000	2,488,000	1,658,800	2,684,000	2,688,000	1,798,800
2,288,000	2,292,000	1,521,600	2,488,000	2,492,000	1,661,600	2,688,000	2,692,000	1,801,600
2,292,000	2,296,000	1,524,400	2,492,000	2,496,000	1,664,400	2,692,000	2,696,000	1,804,400
2,296,000	2,300,000	1,527,200	2,496,000	2,500,000	1,667,200	2,696,000	2,700,000	1,807,200
2,300,000	2,304,000	1,530,000	2,500,000	2,504,000	1,670,000	2,700,000	2,704,000	1,810,000
2,304,000	2,308,000	1,532,800	2,504,000	2,508,000	1,672,800	2,704,000	2,708,000	1,812,800
2,308,000	2,312,000	1,535,600	2,508,000	2,512,000	1,675,600	2,708,000	2,712,000	1,815,600
2,312,000	2,316,000	1,538,400	2,512,000	2,516,000	1,678,400	2,712,000	2,716,000	1,818,400
2,316,000	2,320,000	1,541,200	2,516,000	2,520,000	1,681,200	2,716,000	2,720,000	1,821,200
2,320,000	2,324,000	1,544,000	2,520,000	2,524,000	1,684,000	2,720,000	2,724,000	1,824,000
2,324,000	2,328,000	1,546,800	2,524,000	2,528,000	1,686,800	2,724,000	2,728,000	1,826,800
2,328,000	2,332,000	1,549,600	2,528,000	2,532,000	1,689,600	2,728,000	2,732,000	1,829,600
2,332,000	2,336,000	1,552,400	2,532,000	2,536,000	1,692,400	2,732,000	2,736,000	1,832,400
2,336,000	2,340,000	1,555,200	2,536,000	2,540,000	1,695,200	2,736,000	2,740,000	1,835,200
2,340,000	2,344,000	1,558,000	2,540,000	2,544,000	1,698,000	2,740,000	2,744,000	1,838,000
2,344,000	2,348,000	1,560,800	2,544,000	2,548,000	1,700,800	2,744,000	2,748,000	1,840,800
2,348,000	2,352,000	1,563,600	2,548,000	2,552,000	1,703,600	2,748,000	2,752,000	1,843,600
2,352,000	2,356,000	1,566,400	2,552,000	2,556,000	1,706,400	2,752,000	2,756,000	1,846,400
2,356,000	2,360,000	1,569,200	2,556,000	2,560,000	1,709,200	2,756,000	2,760,000	1,849,200
2,360,000	2,364,000	1,572,000	2,560,000	2,564,000	1,712,000	2,760,000	2,764,000	1,852,000
2,364,000	2,368,000	1,574,800	2,564,000	2,568,000	1,714,800	2,764,000	2,768,000	1,854,800
2,368,000	2,372,000	1,577,600	2,568,000	2,572,000	1,717,600	2,768,000	2,772,000	1,857,600

給与所得控除（三）

給与等の金額		給与所得控除後の給与等の金額	給与等の金額		給与所得控除後の給与等の金額	給与等の金額		給与所得控除後の給与等の金額
以上	未満		以上	未満		以上	未満	
円	円	円	円	円	円	円	円	円
2,772,000	2,776,000	1,860,400	2,972,000	2,976,000	2,000,400	3,172,000	3,176,000	2,140,400
2,776,000	2,780,000	1,863,200	2,976,000	2,980,000	2,003,200	3,176,000	3,180,000	2,143,200
2,780,000	2,784,000	1,866,000	2,980,000	2,984,000	2,006,000	3,180,000	3,184,000	2,146,000
2,784,000	2,788,000	1,868,800	2,984,000	2,988,000	2,008,800	3,184,000	3,188,000	2,148,800
2,788,000	2,792,000	1,871,600	2,988,000	2,992,000	2,011,600	3,188,000	3,192,000	2,151,600
2,792,000	2,796,000	1,874,400	2,992,000	2,996,000	2,014,400	3,192,000	3,196,000	2,154,400
2,796,000	2,800,000	1,877,200	2,996,000	3,000,000	2,017,200	3,196,000	3,200,000	2,157,200
2,800,000	2,804,000	1,880,000	3,000,000	3,004,000	2,020,000	3,200,000	3,204,000	2,160,000
2,804,000	2,808,000	1,882,800	3,004,000	3,008,000	2,022,800	3,204,000	3,208,000	2,162,800
2,808,000	2,812,000	1,885,600	3,008,000	3,012,000	2,025,600	3,208,000	3,212,000	2,165,600
2,812,000	2,816,000	1,888,400	3,012,000	3,016,000	2,028,400	3,212,000	3,216,000	2,168,400
2,816,000	2,820,000	1,891,200	3,016,000	3,020,000	2,031,200	3,216,000	3,220,000	2,171,200
2,820,000	2,824,000	1,894,000	3,020,000	3,024,000	2,034,000	3,220,000	3,224,000	2,174,000
2,824,000	2,828,000	1,896,800	3,024,000	3,028,000	2,036,800	3,224,000	3,228,000	2,176,800
2,828,000	2,832,000	1,899,600	3,028,000	3,032,000	2,039,600	3,228,000	3,232,000	2,179,600
2,832,000	2,836,000	1,902,400	3,032,000	3,036,000	2,042,400	3,232,000	3,236,000	2,182,400
2,836,000	2,840,000	1,905,200	3,036,000	3,040,000	2,045,200	3,236,000	3,240,000	2,185,200
2,840,000	2,844,000	1,908,000	3,040,000	3,044,000	2,048,000	3,240,000	3,244,000	2,188,000
2,844,000	2,848,000	1,910,800	3,044,000	3,048,000	2,050,800	3,244,000	3,248,000	2,190,800
2,848,000	2,852,000	1,913,600	3,048,000	3,052,000	2,053,600	3,248,000	3,252,000	2,193,600
2,852,000	2,856,000	1,916,400	3,052,000	3,056,000	2,056,400	3,252,000	3,256,000	2,196,400
2,856,000	2,860,000	1,919,200	3,056,000	3,060,000	2,059,200	3,256,000	3,260,000	2,199,200
2,860,000	2,864,000	1,922,000	3,060,000	3,064,000	2,062,000	3,260,000	3,264,000	2,202,000
2,864,000	2,868,000	1,924,800	3,064,000	3,068,000	2,064,800	3,264,000	3,268,000	2,204,800
2,868,000	2,872,000	1,927,600	3,068,000	3,072,000	2,067,600	3,268,000	3,272,000	2,207,600
2,872,000	2,876,000	1,930,400	3,072,000	3,076,000	2,070,400	3,272,000	3,276,000	2,210,400
2,876,000	2,880,000	1,933,200	3,076,000	3,080,000	2,073,200	3,276,000	3,280,000	2,213,200
2,880,000	2,884,000	1,936,000	3,080,000	3,084,000	2,076,000	3,280,000	3,284,000	2,216,000
2,884,000	2,888,000	1,938,800	3,084,000	3,088,000	2,078,800	3,284,000	3,288,000	2,218,800
2,888,000	2,892,000	1,941,600	3,088,000	3,092,000	2,081,600	3,288,000	3,292,000	2,221,600
2,892,000	2,896,000	1,944,400	3,092,000	3,096,000	2,084,400	3,292,000	3,296,000	2,224,400
2,896,000	2,900,000	1,947,200	3,096,000	3,100,000	2,087,200	3,296,000	3,300,000	2,227,200
2,900,000	2,904,000	1,950,000	3,100,000	3,104,000	2,090,000	3,300,000	3,304,000	2,230,000
2,904,000	2,908,000	1,952,800	3,104,000	3,108,000	2,092,800	3,304,000	3,308,000	2,232,800
2,908,000	2,912,000	1,955,600	3,108,000	3,112,000	2,095,600	3,308,000	3,312,000	2,235,600
2,912,000	2,916,000	1,958,400	3,112,000	3,116,000	2,098,400	3,312,000	3,316,000	2,238,400
2,916,000	2,920,000	1,961,200	3,116,000	3,120,000	2,101,200	3,316,000	3,320,000	2,241,200
2,920,000	2,924,000	1,964,000	3,120,000	3,124,000	2,104,000	3,320,000	3,324,000	2,244,000
2,924,000	2,928,000	1,966,800	3,124,000	3,128,000	2,106,800	3,324,000	3,328,000	2,246,800
2,928,000	2,932,000	1,969,600	3,128,000	3,132,000	2,109,600	3,328,000	3,332,000	2,249,600
2,932,000	2,936,000	1,972,400	3,132,000	3,136,000	2,112,400	3,332,000	3,336,000	2,252,400
2,936,000	2,940,000	1,975,200	3,136,000	3,140,000	2,115,200	3,336,000	3,340,000	2,255,200
2,940,000	2,944,000	1,978,000	3,140,000	3,144,000	2,118,000	3,340,000	3,344,000	2,258,000
2,944,000	2,948,000	1,980,800	3,144,000	3,148,000	2,120,800	3,344,000	3,348,000	2,260,800
2,948,000	2,952,000	1,983,600	3,148,000	3,152,000	2,123,600	3,348,000	3,352,000	2,263,600
2,952,000	2,956,000	1,986,400	3,152,000	3,156,000	2,126,400	3,352,000	3,356,000	2,266,400
2,956,000	2,960,000	1,989,200	3,156,000	3,160,000	2,129,200	3,356,000	3,360,000	2,269,200
2,960,000	2,964,000	1,992,000	3,160,000	3,164,000	2,132,000	3,360,000	3,364,000	2,272,000
2,964,000	2,968,000	1,994,800	3,164,000	3,168,000	2,134,800	3,364,000	3,368,000	2,274,800
2,968,000	2,972,000	1,997,600	3,168,000	3,172,000	2,137,600	3,368,000	3,372,000	2,277,600

給与所得控除（四）

給与等の金額		給与所得控除後の給与等の金額	給与等の金額		給与所得控除後の給与等の金額	給与等の金額		給与所得控除後の給与等の金額
以上	未満		以上	未満		以上	未満	
円	円	円	円	円	円	円	円	円
3,372,000	3,376,000	2,280,400	3,572,000	3,576,000	2,420,400	3,772,000	3,776,000	2,577,600
3,376,000	3,380,000	2,283,200	3,576,000	3,580,000	2,423,200	3,776,000	3,780,000	2,580,800
3,380,000	3,384,000	2,286,000	3,580,000	3,584,000	2,426,000	3,780,000	3,784,000	2,584,000
3,384,000	3,388,000	2,288,800	3,584,000	3,588,000	2,428,800	3,784,000	3,788,000	2,587,200
3,388,000	3,392,000	2,291,600	3,588,000	3,592,000	2,431,600	3,788,000	3,792,000	2,590,400
3,392,000	3,396,000	2,294,400	3,592,000	3,596,000	2,434,400	3,792,000	3,796,000	2,593,600
3,396,000	3,400,000	2,297,200	3,596,000	3,600,000	2,437,200	3,796,000	3,800,000	2,596,800
3,400,000	3,404,000	2,300,000	3,600,000	3,604,000	2,440,000	3,800,000	3,804,000	2,600,000
3,404,000	3,408,000	2,302,800	3,604,000	3,608,000	2,443,200	3,804,000	3,808,000	2,603,200
3,408,000	3,412,000	2,305,600	3,608,000	3,612,000	2,446,400	3,808,000	3,812,000	2,606,400
3,412,000	3,416,000	2,308,400	3,612,000	3,616,000	2,449,600	3,812,000	3,816,000	2,609,600
3,416,000	3,420,000	2,311,200	3,616,000	3,620,000	2,452,800	3,816,000	3,820,000	2,612,800
3,420,000	3,424,000	2,314,000	3,620,000	3,624,000	2,456,000	3,820,000	3,824,000	2,616,000
3,424,000	3,428,000	2,316,800	3,624,000	3,628,000	2,459,200	3,824,000	3,828,000	2,619,200
3,428,000	3,432,000	2,319,600	3,628,000	3,632,000	2,462,400	3,828,000	3,832,000	2,622,400
3,432,000	3,436,000	2,322,400	3,632,000	3,636,000	2,465,600	3,832,000	3,836,000	2,625,600
3,436,000	3,440,000	2,325,200	3,636,000	3,640,000	2,468,800	3,836,000	3,840,000	2,628,800
3,440,000	3,444,000	2,328,000	3,640,000	3,644,000	2,472,000	3,840,000	3,844,000	2,632,000
3,444,000	3,448,000	2,330,800	3,644,000	3,648,000	2,475,200	3,844,000	3,848,000	2,635,200
3,448,000	3,452,000	2,333,600	3,648,000	3,652,000	2,478,400	3,848,000	3,852,000	2,638,400
3,452,000	3,456,000	2,336,400	3,652,000	3,656,000	2,481,600	3,852,000	3,856,000	2,641,600
3,456,000	3,460,000	2,339,200	3,656,000	3,660,000	2,484,800	3,856,000	3,860,000	2,644,800
3,460,000	3,464,000	2,342,000	3,660,000	3,664,000	2,488,000	3,860,000	3,864,000	2,648,000
3,464,000	3,468,000	2,344,800	3,664,000	3,668,000	2,491,200	3,864,000	3,868,000	2,651,200
3,468,000	3,472,000	2,347,600	3,668,000	3,672,000	2,494,400	3,868,000	3,872,000	2,654,400
3,472,000	3,476,000	2,350,400	3,672,000	3,676,000	2,497,600	3,872,000	3,876,000	2,657,600
3,476,000	3,480,000	2,353,200	3,676,000	3,680,000	2,500,800	3,876,000	3,880,000	2,660,800
3,480,000	3,484,000	2,356,000	3,680,000	3,684,000	2,504,000	3,880,000	3,884,000	2,664,000
3,484,000	3,488,000	2,358,800	3,684,000	3,688,000	2,507,200	3,884,000	3,888,000	2,667,200
3,488,000	3,492,000	2,361,600	3,688,000	3,692,000	2,510,400	3,888,000	3,892,000	2,670,400
3,492,000	3,496,000	2,364,400	3,692,000	3,696,000	2,513,600	3,892,000	3,896,000	2,673,600
3,496,000	3,500,000	2,367,200	3,696,000	3,700,000	2,516,800	3,896,000	3,900,000	2,676,800
3,500,000	3,504,000	2,370,000	3,700,000	3,704,000	2,520,000	3,900,000	3,904,000	2,680,000
3,504,000	3,508,000	2,372,800	3,704,000	3,708,000	2,523,200	3,904,000	3,908,000	2,683,200
3,508,000	3,512,000	2,375,600	3,708,000	3,712,000	2,526,400	3,908,000	3,912,000	2,686,400
3,512,000	3,516,000	2,378,400	3,712,000	3,716,000	2,529,600	3,912,000	3,916,000	2,689,600
3,516,000	3,520,000	2,381,200	3,716,000	3,720,000	2,532,800	3,916,000	3,920,000	2,692,800
3,520,000	3,524,000	2,384,000	3,720,000	3,724,000	2,536,000	3,920,000	3,924,000	2,696,000
3,524,000	3,528,000	2,386,800	3,724,000	3,728,000	2,539,200	3,924,000	3,928,000	2,699,200
3,528,000	3,532,000	2,389,600	3,728,000	3,732,000	2,542,400	3,928,000	3,932,000	2,702,400
3,532,000	3,536,000	2,392,400	3,732,000	3,736,000	2,545,600	3,932,000	3,936,000	2,705,600
3,536,000	3,540,000	2,395,200	3,736,000	3,740,000	2,548,800	3,936,000	3,940,000	2,708,800
3,540,000	3,544,000	2,398,000	3,740,000	3,744,000	2,552,000	3,940,000	3,944,000	2,712,000
3,544,000	3,548,000	2,400,800	3,744,000	3,748,000	2,555,200	3,944,000	3,948,000	2,715,200
3,548,000	3,552,000	2,403,600	3,748,000	3,752,000	2,558,400	3,948,000	3,952,000	2,718,400
3,552,000	3,556,000	2,406,400	3,752,000	3,756,000	2,561,600	3,952,000	3,956,000	2,721,600
3,556,000	3,560,000	2,409,200	3,756,000	3,760,000	2,564,800	3,956,000	3,960,000	2,724,800
3,560,000	3,564,000	2,412,000	3,760,000	3,764,000	2,568,000	3,960,000	3,964,000	2,728,000
3,564,000	3,568,000	2,414,800	3,764,000	3,768,000	2,571,200	3,964,000	3,968,000	2,731,200
3,568,000	3,572,000	2,417,600	3,768,000	3,772,000	2,574,400	3,968,000	3,972,000	2,734,400

給与所得控除（五）

給与等の金額 以上	給与等の金額 未満	給与所得控除後の給与等の金額	給与等の金額 以上	給与等の金額 未満	給与所得控除後の給与等の金額	給与等の金額 以上	給与等の金額 未満	給与所得控除後の給与等の金額
円	円	円	円	円	円	円	円	円
3,972,000	3,976,000	2,737,600	4,172,000	4,176,000	2,897,600	4,372,000	4,376,000	3,057,600
3,976,000	3,980,000	2,740,800	4,176,000	4,180,000	2,900,800	4,376,000	4,380,000	3,060,800
3,980,000	3,984,000	2,744,000	4,180,000	4,184,000	2,904,000	4,380,000	4,384,000	3,064,000
3,984,000	3,988,000	2,747,200	4,184,000	4,188,000	2,907,200	4,384,000	4,388,000	3,067,200
3,988,000	3,992,000	2,750,400	4,188,000	4,192,000	2,910,400	4,388,000	4,392,000	3,070,400
3,992,000	3,996,000	2,753,600	4,192,000	4,196,000	2,913,600	4,392,000	4,396,000	3,073,600
3,996,000	4,000,000	2,756,800	4,196,000	4,200,000	2,916,800	4,396,000	4,400,000	3,076,800
4,000,000	4,004,000	2,760,000	4,200,000	4,204,000	2,920,000	4,400,000	4,404,000	3,080,000
4,004,000	4,008,000	2,763,200	4,204,000	4,208,000	2,923,200	4,404,000	4,408,000	3,083,200
4,008,000	4,012,000	2,766,400	4,208,000	4,212,000	2,926,400	4,408,000	4,412,000	3,086,400
4,012,000	4,016,000	2,769,600	4,212,000	4,216,000	2,929,600	4,412,000	4,416,000	3,089,600
4,016,000	4,020,000	2,772,800	4,216,000	4,220,000	2,932,800	4,416,000	4,420,000	3,092,800
4,020,000	4,024,000	2,776,000	4,220,000	4,224,000	2,936,000	4,420,000	4,424,000	3,096,000
4,024,000	4,028,000	2,779,200	4,224,000	4,228,000	2,939,200	4,424,000	4,428,000	3,099,200
4,028,000	4,032,000	2,782,400	4,228,000	4,232,000	2,942,400	4,428,000	4,432,000	3,102,400
4,032,000	4,036,000	2,785,600	4,232,000	4,236,000	2,945,600	4,432,000	4,436,000	3,105,600
4,036,000	4,040,000	2,788,800	4,236,000	4,240,000	2,948,800	4,436,000	4,440,000	3,108,800
4,040,000	4,044,000	2,792,000	4,240,000	4,244,000	2,952,000	4,440,000	4,444,000	3,112,000
4,044,000	4,048,000	2,795,200	4,244,000	4,248,000	2,955,200	4,444,000	4,448,000	3,115,200
4,048,000	4,052,000	2,798,400	4,248,000	4,252,000	2,958,400	4,448,000	4,452,000	3,118,400
4,052,000	4,056,000	2,801,600	4,252,000	4,256,000	2,961,600	4,452,000	4,456,000	3,121,600
4,056,000	4,060,000	2,804,800	4,256,000	4,260,000	2,964,800	4,456,000	4,460,000	3,124,800
4,060,000	4,064,000	2,808,000	4,260,000	4,264,000	2,968,000	4,460,000	4,464,000	3,128,000
4,064,000	4,068,000	2,811,200	4,264,000	4,268,000	2,971,200	4,464,000	4,468,000	3,131,200
4,068,000	4,072,000	2,814,400	4,268,000	4,272,000	2,974,400	4,468,000	4,472,000	3,134,400
4,072,000	4,076,000	2,817,600	4,272,000	4,276,000	2,977,600	4,472,000	4,476,000	3,137,600
4,076,000	4,080,000	2,820,800	4,276,000	4,280,000	2,980,800	4,476,000	4,480,000	3,140,800
4,080,000	4,084,000	2,824,000	4,280,000	4,284,000	2,984,000	4,480,000	4,484,000	3,144,000
4,084,000	4,088,000	2,827,200	4,284,000	4,288,000	2,987,200	4,484,000	4,488,000	3,147,200
4,088,000	4,092,000	2,830,400	4,288,000	4,292,000	2,990,400	4,488,000	4,492,000	3,150,400
4,092,000	4,096,000	2,833,600	4,292,000	4,296,000	2,993,600	4,492,000	4,496,000	3,153,600
4,096,000	4,100,000	2,836,800	4,296,000	4,300,000	2,996,800	4,496,000	4,500,000	3,156,800
4,100,000	4,104,000	2,840,000	4,300,000	4,304,000	3,000,000	4,500,000	4,504,000	3,160,000
4,104,000	4,108,000	2,843,200	4,304,000	4,308,000	3,003,200	4,504,000	4,508,000	3,163,200
4,108,000	4,112,000	2,846,400	4,308,000	4,312,000	3,006,400	4,508,000	4,512,000	3,166,400
4,112,000	4,116,000	2,849,600	4,312,000	4,316,000	3,009,600	4,512,000	4,516,000	3,169,600
4,116,000	4,120,000	2,852,800	4,316,000	4,320,000	3,012,800	4,516,000	4,520,000	3,172,800
4,120,000	4,124,000	2,856,000	4,320,000	4,324,000	3,016,000	4,520,000	4,524,000	3,176,000
4,124,000	4,128,000	2,859,200	4,324,000	4,328,000	3,019,200	4,524,000	4,528,000	3,179,200
4,128,000	4,132,000	2,862,400	4,328,000	4,332,000	3,022,400	4,528,000	4,532,000	3,182,400
4,132,000	4,136,000	2,865,600	4,332,000	4,336,000	3,025,600	4,532,000	4,536,000	3,185,600
4,136,000	4,140,000	2,868,800	4,336,000	4,340,000	3,028,800	4,536,000	4,540,000	3,188,800
4,140,000	4,144,000	2,872,000	4,340,000	4,344,000	3,032,000	4,540,000	4,544,000	3,192,000
4,144,000	4,148,000	2,875,200	4,344,000	4,348,000	3,035,200	4,544,000	4,548,000	3,195,200
4,148,000	4,152,000	2,878,400	4,348,000	4,352,000	3,038,400	4,548,000	4,552,000	3,198,400
4,152,000	4,156,000	2,881,600	4,352,000	4,356,000	3,041,600	4,552,000	4,556,000	3,201,600
4,156,000	4,160,000	2,884,800	4,356,000	4,360,000	3,044,800	4,556,000	4,560,000	3,204,800
4,160,000	4,164,000	2,888,000	4,360,000	4,364,000	3,048,000	4,560,000	4,564,000	3,208,000
4,164,000	4,168,000	2,891,200	4,364,000	4,368,000	3,051,200	4,564,000	4,568,000	3,211,200
4,168,000	4,172,000	2,894,400	4,368,000	4,372,000	3,054,400	4,568,000	4,572,000	3,214,400

給与所得控除（六）

給与等の金額		給与所得控除後の給与等の金額	給与等の金額		給与所得控除後の給与等の金額	給与等の金額		給与所得控除後の給与等の金額
以 上	未 満		以 上	未 満		以 上	未 満	
円	円	円	円	円	円	円	円	円
4,572,000	4,576,000	3,217,600	4,772,000	4,776,000	3,377,600	4,972,000	4,976,000	3,537,600
4,576,000	4,580,000	3,220,800	4,776,000	4,780,000	3,380,800	4,976,000	4,980,000	3,540,800
4,580,000	4,584,000	3,224,000	4,780,000	4,784,000	3,384,000	4,980,000	4,984,000	3,544,000
4,584,000	4,588,000	3,227,200	4,784,000	4,788,000	3,387,200	4,984,000	4,988,000	3,547,200
4,588,000	4,592,000	3,230,400	4,788,000	4,792,000	3,390,400	4,988,000	4,992,000	3,550,400
4,592,000	4,596,000	3,233,600	4,792,000	4,796,000	3,393,600	4,992,000	4,996,000	3,553,600
4,596,000	4,600,000	3,236,800	4,796,000	4,800,000	3,396,800	4,996,000	5,000,000	3,556,800
4,600,000	4,604,000	3,240,000	4,800,000	4,804,000	3,400,000	5,000,000	5,004,000	3,560,000
4,604,000	4,608,000	3,243,200	4,804,000	4,808,000	3,403,200	5,004,000	5,008,000	3,563,200
4,608,000	4,612,000	3,246,400	4,808,000	4,812,000	3,406,400	5,008,000	5,012,000	3,566,400
4,612,000	4,616,000	3,249,600	4,812,000	4,816,000	3,409,600	5,012,000	5,016,000	3,569,600
4,616,000	4,620,000	3,252,800	4,816,000	4,820,000	3,412,800	5,016,000	5,020,000	3,572,800
4,620,000	4,624,000	3,256,000	4,820,000	4,824,000	3,416,000	5,020,000	5,024,000	3,576,000
4,624,000	4,628,000	3,259,200	4,824,000	4,828,000	3,419,200	5,024,000	5,028,000	3,579,200
4,628,000	4,632,000	3,262,400	4,828,000	4,832,000	3,422,400	5,028,000	5,032,000	3,582,400
4,632,000	4,636,000	3,265,600	4,832,000	4,836,000	3,425,600	5,032,000	5,036,000	3,585,600
4,636,000	4,640,000	3,268,800	4,836,000	4,840,000	3,428,800	5,036,000	5,040,000	3,588,800
4,640,000	4,644,000	3,272,000	4,840,000	4,844,000	3,432,000	5,040,000	5,044,000	3,592,000
4,644,000	4,648,000	3,275,200	4,844,000	4,848,000	3,435,200	5,044,000	5,048,000	3,595,200
4,648,000	4,652,000	3,278,400	4,848,000	4,852,000	3,438,400	5,048,000	5,052,000	3,598,400
4,652,000	4,656,000	3,281,600	4,852,000	4,856,000	3,441,600	5,052,000	5,056,000	3,601,600
4,656,000	4,660,000	3,284,800	4,856,000	4,860,000	3,444,800	5,056,000	5,060,000	3,604,800
4,660,000	4,664,000	3,288,000	4,860,000	4,864,000	3,448,000	5,060,000	5,064,000	3,608,000
4,664,000	4,668,000	3,291,200	4,864,000	4,868,000	3,451,200	5,064,000	5,068,000	3,611,200
4,668,000	4,672,000	3,294,400	4,868,000	4,872,000	3,454,400	5,068,000	5,072,000	3,614,400
4,672,000	4,676,000	3,297,600	4,872,000	4,876,000	3,457,600	5,072,000	5,076,000	3,617,600
4,676,000	4,680,000	3,300,800	4,876,000	4,880,000	3,460,800	5,076,000	5,080,000	3,620,800
4,680,000	4,684,000	3,304,000	4,880,000	4,884,000	3,464,000	5,080,000	5,084,000	3,624,000
4,684,000	4,688,000	3,307,200	4,884,000	4,888,000	3,467,200	5,084,000	5,088,000	3,627,200
4,688,000	4,692,000	3,310,400	4,888,000	4,892,000	3,470,400	5,088,000	5,092,000	3,630,400
4,692,000	4,696,000	3,313,600	4,892,000	4,896,000	3,473,600	5,092,000	5,096,000	3,633,600
4,696,000	4,700,000	3,316,800	4,896,000	4,900,000	3,476,800	5,096,000	5,100,000	3,636,800
4,700,000	4,704,000	3,320,000	4,900,000	4,904,000	3,480,000	5,100,000	5,104,000	3,640,000
4,704,000	4,708,000	3,323,200	4,904,000	4,908,000	3,483,200	5,104,000	5,108,000	3,643,200
4,708,000	4,712,000	3,326,400	4,908,000	4,912,000	3,486,400	5,108,000	5,112,000	3,646,400
4,712,000	4,716,000	3,329,600	4,912,000	4,916,000	3,489,600	5,112,000	5,116,000	3,649,600
4,716,000	4,720,000	3,332,800	4,916,000	4,920,000	3,492,800	5,116,000	5,120,000	3,652,800
4,720,000	4,724,000	3,336,000	4,920,000	4,924,000	3,496,000	5,120,000	5,124,000	3,656,000
4,724,000	4,728,000	3,339,200	4,924,000	4,928,000	3,499,200	5,124,000	5,128,000	3,659,200
4,728,000	4,732,000	3,342,400	4,928,000	4,932,000	3,502,400	5,128,000	5,132,000	3,662,400
4,732,000	4,736,000	3,345,600	4,932,000	4,936,000	3,505,600	5,132,000	5,136,000	3,665,600
4,736,000	4,740,000	3,348,800	4,936,000	4,940,000	3,508,800	5,136,000	5,140,000	3,668,800
4,740,000	4,744,000	3,352,000	4,940,000	4,944,000	3,512,000	5,140,000	5,144,000	3,672,000
4,744,000	4,748,000	3,355,200	4,944,000	4,948,000	3,515,200	5,144,000	5,148,000	3,675,200
4,748,000	4,752,000	3,358,400	4,948,000	4,952,000	3,518,400	5,148,000	5,152,000	3,678,400
4,752,000	4,756,000	3,361,600	4,952,000	4,956,000	3,521,600	5,152,000	5,156,000	3,681,600
4,756,000	4,760,000	3,364,800	4,956,000	4,960,000	3,524,800	5,156,000	5,160,000	3,684,800
4,760,000	4,764,000	3,368,000	4,960,000	4,964,000	3,528,000	5,160,000	5,164,000	3,688,000
4,764,000	4,768,000	3,371,200	4,964,000	4,968,000	3,531,200	5,164,000	5,168,000	3,691,200
4,768,000	4,772,000	3,374,400	4,968,000	4,972,000	3,534,400	5,168,000	5,172,000	3,694,400

給与所得控除

給与所得控除（七）

給与所得控除

給与等の金額 以上	給与等の金額 未満	給与所得控除後の給与等の金額	給与等の金額 以上	給与等の金額 未満	給与所得控除後の給与等の金額	給与等の金額 以上	給与等の金額 未満	給与所得控除後の給与等の金額
円	円	円	円	円	円	円	円	円
5,172,000	5,176,000	3,697,600	5,372,000	5,376,000	3,857,600	5,572,000	5,576,000	4,017,600
5,176,000	5,180,000	3,700,800	5,376,000	5,380,000	3,860,800	5,576,000	5,580,000	4,020,800
5,180,000	5,184,000	3,704,000	5,380,000	5,384,000	3,864,000	5,580,000	5,584,000	4,024,000
5,184,000	5,188,000	3,707,200	5,384,000	5,388,000	3,867,200	5,584,000	5,588,000	4,027,200
5,188,000	5,192,000	3,710,400	5,388,000	5,392,000	3,870,400	5,588,000	5,592,000	4,030,400
5,192,000	5,196,000	3,713,600	5,392,000	5,396,000	3,873,600	5,592,000	5,596,000	4,033,600
5,196,000	5,200,000	3,716,800	5,396,000	5,400,000	3,876,800	5,596,000	5,600,000	4,036,800
5,200,000	5,204,000	3,720,000	5,400,000	5,404,000	3,880,000	5,600,000	5,604,000	4,040,000
5,204,000	5,208,000	3,723,200	5,404,000	5,408,000	3,883,200	5,604,000	5,608,000	4,043,200
5,208,000	5,212,000	3,726,400	5,408,000	5,412,000	3,886,400	5,608,000	5,612,000	4,046,400
5,212,000	5,216,000	3,729,600	5,412,000	5,416,000	3,889,600	5,612,000	5,616,000	4,049,600
5,216,000	5,220,000	3,732,800	5,416,000	5,420,000	3,892,800	5,616,000	5,620,000	4,052,800
5,220,000	5,224,000	3,736,000	5,420,000	5,424,000	3,896,000	5,620,000	5,624,000	4,056,000
5,224,000	5,228,000	3,739,200	5,424,000	5,428,000	3,899,200	5,624,000	5,628,000	4,059,200
5,228,000	5,232,000	3,742,400	5,428,000	5,432,000	3,902,400	5,628,000	5,632,000	4,062,400
5,232,000	5,236,000	3,745,600	5,432,000	5,436,000	3,905,600	5,632,000	5,636,000	4,065,600
5,236,000	5,240,000	3,748,800	5,436,000	5,440,000	3,908,800	5,636,000	5,640,000	4,068,800
5,240,000	5,244,000	3,752,000	5,440,000	5,444,000	3,912,000	5,640,000	5,644,000	4,072,000
5,244,000	5,248,000	3,755,200	5,444,000	5,448,000	3,915,200	5,644,000	5,648,000	4,075,200
5,248,000	5,252,000	3,758,400	5,448,000	5,452,000	3,918,400	5,648,000	5,652,000	4,078,400
5,252,000	5,256,000	3,761,600	5,452,000	5,456,000	3,921,600	5,652,000	5,656,000	4,081,600
5,256,000	5,260,000	3,764,800	5,456,000	5,460,000	3,924,800	5,656,000	5,660,000	4,084,800
5,260,000	5,264,000	3,768,000	5,460,000	5,464,000	3,928,000	5,660,000	5,664,000	4,088,000
5,264,000	5,268,000	3,771,200	5,464,000	5,468,000	3,931,200	5,664,000	5,668,000	4,091,200
5,268,000	5,272,000	3,774,400	5,468,000	5,472,000	3,934,400	5,668,000	5,672,000	4,094,400
5,272,000	5,276,000	3,777,600	5,472,000	5,476,000	3,937,600	5,672,000	5,676,000	4,097,600
5,276,000	5,280,000	3,780,800	5,476,000	5,480,000	3,940,800	5,676,000	5,680,000	4,100,800
5,280,000	5,284,000	3,784,000	5,480,000	5,484,000	3,944,000	5,680,000	5,684,000	4,104,000
5,284,000	5,288,000	3,787,200	5,484,000	5,488,000	3,947,200	5,684,000	5,688,000	4,107,200
5,288,000	5,292,000	3,790,400	5,488,000	5,492,000	3,950,400	5,688,000	5,692,000	4,110,400
5,292,000	5,296,000	3,793,600	5,492,000	5,496,000	3,953,600	5,692,000	5,696,000	4,113,600
5,296,000	5,300,000	3,796,800	5,496,000	5,500,000	3,956,800	5,696,000	5,700,000	4,116,800
5,300,000	5,304,000	3,800,000	5,500,000	5,504,000	3,960,000	5,700,000	5,704,000	4,120,000
5,304,000	5,308,000	3,803,200	5,504,000	5,508,000	3,963,200	5,704,000	5,708,000	4,123,200
5,308,000	5,312,000	3,806,400	5,508,000	5,512,000	3,966,400	5,708,000	5,712,000	4,126,400
5,312,000	5,316,000	3,809,600	5,512,000	5,516,000	3,969,600	5,712,000	5,716,000	4,129,600
5,316,000	5,320,000	3,812,800	5,516,000	5,520,000	3,972,800	5,716,000	5,720,000	4,132,800
5,320,000	5,324,000	3,816,000	5,520,000	5,524,000	3,976,000	5,720,000	5,724,000	4,136,000
5,324,000	5,328,000	3,819,200	5,524,000	5,528,000	3,979,200	5,724,000	5,728,000	4,139,200
5,328,000	5,332,000	3,822,400	5,528,000	5,532,000	3,982,400	5,728,000	5,732,000	4,142,400
5,332,000	5,336,000	3,825,600	5,532,000	5,536,000	3,985,600	5,732,000	5,736,000	4,145,600
5,336,000	5,340,000	3,828,800	5,536,000	5,540,000	3,988,800	5,736,000	5,740,000	4,148,800
5,340,000	5,344,000	3,832,000	5,540,000	5,544,000	3,992,000	5,740,000	5,744,000	4,152,000
5,344,000	5,348,000	3,835,200	5,544,000	5,548,000	3,995,200	5,744,000	5,748,000	4,155,200
5,348,000	5,352,000	3,838,400	5,548,000	5,552,000	3,998,400	5,748,000	5,752,000	4,158,400
5,352,000	5,356,000	3,841,600	5,552,000	5,556,000	4,001,600	5,752,000	5,756,000	4,161,600
5,356,000	5,360,000	3,844,800	5,556,000	5,560,000	4,004,800	5,756,000	5,760,000	4,164,800
5,360,000	5,364,000	3,848,000	5,560,000	5,564,000	4,008,000	5,760,000	5,764,000	4,168,000
5,364,000	5,368,000	3,851,200	5,564,000	5,568,000	4,011,200	5,764,000	5,768,000	4,171,200
5,368,000	5,372,000	3,854,400	5,568,000	5,572,000	4,014,400	5,768,000	5,772,000	4,174,400

給与所得控除（八）

給与所得控除

給与等の金額		給与所得控除後の給与等の金額	給与等の金額		給与所得控除後の給与等の金額	給与等の金額		給与所得控除後の給与等の金額
以上	未満		以上	未満		以上	未満	
円	円	円	円	円	円	円	円	円
5,772,000	5,776,000	4,177,600	5,972,000	5,976,000	4,337,600	6,172,000	6,176,000	4,497,600
5,776,000	5,780,000	4,180,800	5,976,000	5,980,000	4,340,800	6,176,000	6,180,000	4,500,800
5,780,000	5,784,000	4,184,000	5,980,000	5,984,000	4,344,000	6,180,000	6,184,000	4,504,000
5,784,000	5,788,000	4,187,200	5,984,000	5,988,000	4,347,200	6,184,000	6,188,000	4,507,200
5,788,000	5,792,000	4,190,400	5,988,000	5,992,000	4,350,400	6,188,000	6,192,000	4,510,400
5,792,000	5,796,000	4,193,600	5,992,000	5,996,000	4,353,600	6,192,000	6,196,000	4,513,600
5,796,000	5,800,000	4,196,800	5,996,000	6,000,000	4,356,800	6,196,000	6,200,000	4,516,800
5,800,000	5,804,000	4,200,000	6,000,000	6,004,000	4,360,000	6,200,000	6,204,000	4,520,000
5,804,000	5,808,000	4,203,200	6,004,000	6,008,000	4,363,200	6,204,000	6,208,000	4,523,200
5,808,000	5,812,000	4,206,400	6,008,000	6,012,000	4,366,400	6,208,000	6,212,000	4,526,400
5,812,000	5,816,000	4,209,600	6,012,000	6,016,000	4,369,600	6,212,000	6,216,000	4,529,600
5,816,000	5,820,000	4,212,800	6,016,000	6,020,000	4,372,800	6,216,000	6,220,000	4,532,800
5,820,000	5,824,000	4,216,000	6,020,000	6,024,000	4,376,000	6,220,000	6,224,000	4,536,000
5,824,000	5,828,000	4,219,200	6,024,000	6,028,000	4,379,200	6,224,000	6,228,000	4,539,200
5,828,000	5,832,000	4,222,400	6,028,000	6,032,000	4,382,400	6,228,000	6,232,000	4,542,400
5,832,000	5,836,000	4,225,600	6,032,000	6,036,000	4,385,600	6,232,000	6,236,000	4,545,600
5,836,000	5,840,000	4,228,800	6,036,000	6,040,000	4,388,800	6,236,000	6,240,000	4,548,800
5,840,000	5,844,000	4,232,000	6,040,000	6,044,000	4,392,000	6,240,000	6,244,000	4,552,000
5,844,000	5,848,000	4,235,200	6,044,000	6,048,000	4,395,200	6,244,000	6,248,000	4,555,200
5,848,000	5,852,000	4,238,400	6,048,000	6,052,000	4,398,400	6,248,000	6,252,000	4,558,400
5,852,000	5,856,000	4,241,600	6,052,000	6,056,000	4,401,600	6,252,000	6,256,000	4,561,600
5,856,000	5,860,000	4,244,800	6,056,000	6,060,000	4,404,800	6,256,000	6,260,000	4,564,800
5,860,000	5,864,000	4,248,000	6,060,000	6,064,000	4,408,000	6,260,000	6,264,000	4,568,000
5,864,000	5,868,000	4,251,200	6,064,000	6,068,000	4,411,200	6,264,000	6,268,000	4,571,200
5,868,000	5,872,000	4,254,400	6,068,000	6,072,000	4,414,400	6,268,000	6,272,000	4,574,400
5,872,000	5,876,000	4,257,600	6,072,000	6,076,000	4,417,600	6,272,000	6,276,000	4,577,600
5,876,000	5,880,000	4,260,800	6,076,000	6,080,000	4,420,800	6,276,000	6,280,000	4,580,800
5,880,000	5,884,000	4,264,000	6,080,000	6,084,000	4,424,000	6,280,000	6,284,000	4,584,000
5,884,000	5,888,000	4,267,200	6,084,000	6,088,000	4,427,200	6,284,000	6,288,000	4,587,200
5,888,000	5,892,000	4,270,400	6,088,000	6,092,000	4,430,400	6,288,000	6,292,000	4,590,400
5,892,000	5,896,000	4,273,600	6,092,000	6,096,000	4,433,600	6,292,000	6,296,000	4,593,600
5,896,000	5,900,000	4,276,800	6,096,000	6,100,000	4,436,800	6,296,000	6,300,000	4,596,800
5,900,000	5,904,000	4,280,000	6,100,000	6,104,000	4,440,000	6,300,000	6,304,000	4,600,000
5,904,000	5,908,000	4,283,200	6,104,000	6,108,000	4,443,200	6,304,000	6,308,000	4,603,200
5,908,000	5,912,000	4,286,400	6,108,000	6,112,000	4,446,400	6,308,000	6,312,000	4,606,400
5,912,000	5,916,000	4,289,600	6,112,000	6,116,000	4,449,600	6,312,000	6,316,000	4,609,600
5,916,000	5,920,000	4,292,800	6,116,000	6,120,000	4,452,800	6,316,000	6,320,000	4,612,800
5,920,000	5,924,000	4,296,000	6,120,000	6,124,000	4,456,000	6,320,000	6,324,000	4,616,000
5,924,000	5,928,000	4,299,200	6,124,000	6,128,000	4,459,200	6,324,000	6,328,000	4,619,200
5,928,000	5,932,000	4,302,400	6,128,000	6,132,000	4,462,400	6,328,000	6,332,000	4,622,400
5,932,000	5,936,000	4,305,600	6,132,000	6,136,000	4,465,600	6,332,000	6,336,000	4,625,600
5,936,000	5,940,000	4,308,800	6,136,000	6,140,000	4,468,800	6,336,000	6,340,000	4,628,800
5,940,000	5,944,000	4,312,000	6,140,000	6,144,000	4,472,000	6,340,000	6,344,000	4,632,000
5,944,000	5,948,000	4,315,200	6,144,000	6,148,000	4,475,200	6,344,000	6,348,000	4,635,200
5,948,000	5,952,000	4,318,400	6,148,000	6,152,000	4,478,400	6,348,000	6,352,000	4,638,400
5,952,000	5,956,000	4,321,600	6,152,000	6,156,000	4,481,600	6,352,000	6,356,000	4,641,600
5,956,000	5,960,000	4,324,800	6,156,000	6,160,000	4,484,800	6,356,000	6,360,000	4,644,800
5,960,000	5,964,000	4,328,000	6,160,000	6,164,000	4,488,000	6,360,000	6,364,000	4,648,000
5,964,000	5,968,000	4,331,200	6,164,000	6,168,000	4,491,200	6,364,000	6,368,000	4,651,200
5,968,000	5,972,000	4,334,400	6,168,000	6,172,000	4,494,400	6,368,000	6,372,000	4,654,400

給与所得控除（九）

給与等の金額 以上	給与等の金額 未満	給与所得控除後の給与等の金額	給与等の金額 以上	給与等の金額 未満	給与所得控除後の給与等の金額	給与等の金額 以上	給与等の金額 未満	給与所得控除後の給与等の金額
円	円	円	円	円	円	円	円	円
6,372,000	6,376,000	4,657,600	6,492,000	6,496,000	4,753,600	6,600,000	8,500,000	給与等の金額に90％を乗じて算出した金額から1,100,000円を控除した金額
6,376,000	6,380,000	4,660,800	6,496,000	6,500,000	4,756,800			
6,380,000	6,384,000	4,664,000	6,500,000	6,504,000	4,760,000			
6,384,000	6,388,000	4,667,200	6,504,000	6,508,000	4,763,200			
6,388,000	6,392,000	4,670,400	6,508,000	6,512,000	4,766,400			
6,392,000	6,396,000	4,673,600	6,512,000	6,516,000	4,769,600	8,500,000	20,000,000	給与等の金額から1,950,000円を控除した金額
6,396,000	6,400,000	4,676,800	6,516,000	6,520,000	4,772,800			
6,400,000	6,404,000	4,680,000	6,520,000	6,524,000	4,776,000			
6,404,000	6,408,000	4,683,200	6,524,000	6,528,000	4,779,200			
6,408,000	6,412,000	4,686,400	6,528,000	6,532,000	4,782,400			
6,412,000	6,416,000	4,689,600	6,532,000	6,536,000	4,785,600	20,000,000円		18,050,000円
6,416,000	6,420,000	4,692,800	6,536,000	6,540,000	4,788,800			
6,420,000	6,424,000	4,696,000	6,540,000	6,544,000	4,792,000			
6,424,000	6,428,000	4,699,200	6,544,000	6,548,000	4,795,200			
6,428,000	6,432,000	4,702,400	6,548,000	6,552,000	4,798,400			
6,432,000	6,436,000	4,705,600	6,552,000	6,556,000	4,801,600			
6,436,000	6,440,000	4,708,800	6,556,000	6,560,000	4,804,800			
6,440,000	6,444,000	4,712,000	6,560,000	6,564,000	4,808,000			
6,444,000	6,448,000	4,715,200	6,564,000	6,568,000	4,811,200			
6,448,000	6,452,000	4,718,400	6,568,000	6,572,000	4,814,400			
6,452,000	6,456,000	4,721,600	6,572,000	6,576,000	4,817,600			
6,456,000	6,460,000	4,724,800	6,576,000	6,580,000	4,820,800			
6,460,000	6,464,000	4,728,000	6,580,000	6,584,000	4,824,000			
6,464,000	6,468,000	4,731,200	6,584,000	6,588,000	4,827,200			
6,468,000	6,472,000	4,734,400	6,588,000	6,592,000	4,830,400			
6,472,000	6,476,000	4,737,600	6,592,000	6,596,000	4,833,600			
6,476,000	6,480,000	4,740,800	6,596,000	6,600,000	4,836,800			
6,480,000	6,484,000	4,744,000						
6,484,000	6,488,000	4,747,200						
6,488,000	6,492,000	4,750,400						

（備考）　給与所得控除後の給与等の金額を求めるには、その年中の給与等の金額に応じ、「給与等の金額」欄の該当する行を求めるものとし、その行の「給与所得控除後の給与等の金額」欄に記載されている金額が、その給与等の金額についての給与所得控除後の給与等の金額です。この場合において、給与等の金額が6,600,000円以上の居住者の給与所得控除後の給与等の金額に１円未満の端数があるときは、これを切り捨てた額をもってその求める給与所得控除後の給与等の金額とします。

令和5年分　年末調整のための算出所得税額の速算表

課税給与所得金額 (A)		税　率 (B)	控 除 額 (C)	税額＝ (A)×(B)－(C)
	1,950,000円以下	5%	－	(A)× 5 %
1,950,000円超	3,300,000円 〃	10%	97,500円	(A)×10% － 97,500円
3,300,000円 〃	6,950,000円 〃	20%	427,500円	(A)×20% － 427,500円
6,950,000円 〃	9,000,000円 〃	23%	636,000円	(A)×23% － 636,000円
9,000,000円 〃	18,000,000円 〃	33%	1,536,000円	(A)×33% － 1,536,000円
18,000,000円 〃	18,050,000円 〃	40%	2,796,000円	(A)×40% － 2,796,000円

（注）1　課税給与所得金額に1,000円未満の端数があるときは、これを切り捨てます。

　　　2　課税給与所得金額が18,050,000円を超える場合は、年末調整の対象となりません。

　　　3　年末調整の際における年調年税額は、上の速算表により求めた算出所得税額から（特定増改築等）
　　　　住宅借入金等特別控除額を控除し、その控除後の金額に102.1%を乗じて求めます。

令和5年分　基礎控除額の早見表

居住者の合計所得金額		基礎控除額
	2,400万円以下	48万円
2,400万円超	2,450万円以下	32万円
2,450万円超	2,500万円以下	16万円
2,500万円超		0円

算出所得税額・控除額早見表

令和5年分　配偶者控除額及び配偶者特別控除額の早見表

<table>
<tr>
<td colspan="2" rowspan="2"></td>
<td colspan="3">居住者の合計所得金額
（給与所得だけの場合の居住者の給与等の収入金額^(注1)）</td>
<td>【参考】
配偶者の収入が
給与所得だけの
場合の給与等の
収入金額</td>
</tr>
<tr>
<td>900万円以下

(1,095万円以下)</td>
<td>900万円超
950万円以下
(1,095万円超
1,145万円以下)</td>
<td>950万円超
1,000万円以下
(1,145万円超
1,195万円以下)</td>
</tr>
<tr>
<td rowspan="2">配偶者控除</td>
<td>配偶者の合計所得金額
48万円以下</td>
<td>38万円</td>
<td>26万円</td>
<td>13万円</td>
<td rowspan="2">1,030,000円以下</td>
</tr>
<tr>
<td>老人控除対象配偶者</td>
<td>48万円</td>
<td>32万円</td>
<td>16万円</td>
</tr>
<tr>
<td rowspan="11">配偶者特別控除</td>
<td>配偶者の合計所得金額
48万円超　95万円以下</td>
<td>38万円</td>
<td>26万円</td>
<td>13万円</td>
<td>1,030,000円超
1,500,000円以下</td>
</tr>
<tr>
<td>95万円超100万円以下</td>
<td>36万円</td>
<td>24万円</td>
<td>12万円</td>
<td>1,500,000円超
1,550,000円以下</td>
</tr>
<tr>
<td>100万円超105万円以下</td>
<td>31万円</td>
<td>21万円</td>
<td>11万円</td>
<td>1,550,000円超
1,600,000円以下</td>
</tr>
<tr>
<td>105万円超110万円以下</td>
<td>26万円</td>
<td>18万円</td>
<td>9万円</td>
<td>1,600,000円超
1,667,999円以下</td>
</tr>
<tr>
<td>110万円超115万円以下</td>
<td>21万円</td>
<td>14万円</td>
<td>7万円</td>
<td>1,667,999円超
1,751,999円以下</td>
</tr>
<tr>
<td>115万円超120万円以下</td>
<td>16万円</td>
<td>11万円</td>
<td>6万円</td>
<td>1,751,999円超
1,831,999円以下</td>
</tr>
<tr>
<td>120万円超125万円以下</td>
<td>11万円</td>
<td>8万円</td>
<td>4万円</td>
<td>1,831,999円超
1,903,999円以下</td>
</tr>
<tr>
<td>125万円超130万円以下</td>
<td>6万円</td>
<td>4万円</td>
<td>2万円</td>
<td>1,903,999円超
1,971,999円以下</td>
</tr>
<tr>
<td>130万円超133万円以下</td>
<td>3万円</td>
<td>2万円</td>
<td>1万円</td>
<td>1,971,999円超
2,015,999円以下</td>
</tr>
<tr>
<td>133万円超</td>
<td>0円</td>
<td>0円</td>
<td>0円</td>
<td>2,015,999円超</td>
</tr>
</table>

（注）1　所得金額調整控除の適用がある場合、それぞれの収入金額に15万円を加算した額になります。

　　　2　「配偶者の給与収入金額」欄は、配偶者の所得が給与所得のみである場合に使用します。

　　　3　配偶者の合計所得金額が480,000円以下の場合には「配偶者控除」のみの適用となり、配偶者の合計所得金額が480,000円超1,330,000円以下の場合には、「配偶者特別控除」のみの適用となりますので注意してください。

令和5年分　扶養控除額及び障害者等の控除額の合計額の早見表

<table>
<tr><td colspan="3">❶　　控除対象扶養親族の数に応じた控除額</td></tr>
<tr><td colspan="2">人　数</td><td>控　除　額</td><td colspan="2">人　数</td><td>控　除　額</td></tr>
<tr><td>1</td><td>人</td><td>380,000 円</td><td>5</td><td>人</td><td>1,900,000 円</td></tr>
<tr><td>2</td><td>人</td><td>760,000</td><td>6</td><td>人</td><td>2,280,000</td></tr>
<tr><td>3</td><td>人</td><td>1,140,000</td><td>7</td><td>人</td><td>2,660,000</td></tr>
<tr><td>4</td><td>人</td><td>1,520,000</td><td colspan="2">8 人以上</td><td>7人を超える1人につき380,000円を2,660,000円に加えた金額</td></tr>
</table>

❷　障害者等がいる場合の控除額の加算額			
	㋑　同居特別障害者に当たる人がいる場合	1人につき	750,000 円
	㋺　同居特別障害者以外の特別障害者に当たる（人がいる）場合	1人につき	400,000 円
	㋩　一般の障害者、寡婦又は勤労学生に当たる（人がいる）場合	左の一に該当するとき　各	270,000 円
	㊁　所得者本人がひとり親に当たる場合		350,000 円
	㋭　同居老親等に当たる人がいる場合	1人につき	200,000 円
	㋬　特定扶養親族に当たる人がいる場合	1人につき	250,000 円
	㋠　同居老親等以外の老人扶養親族に当たる人がいる場合	1人につき	100,000 円

　控除額の合計額は、「❶」欄及び「❷」欄により求めた金額の合計額となります。この金額は、源泉徴収簿の⑱「扶養控除額及び障害者等の控除額の合計額」欄に記入します。

　なお、この表には、基礎控除額、配偶者控除額及び配偶者特別控除額は含まれていません。

〔注意点〕

(1) 「控除対象扶養親族」とは、扶養親族のうち年齢16歳以上の人をいいます。

(2) 障害者控除は、受給者本人が障害者に当たる場合のほか、同一生計配偶者（控除対象配偶者を含みます。）又は扶養親族が障害者に当たる場合にも適用があります。

(3) 「同居特別障害者」とは、特別障害者に当たる同一生計配偶者（控除対象配偶者を含みます。）又は扶養親族で、受給者又はその配偶者若しくは受給者と生計を一にするその他の親族のいずれかとの同居を常況としている人をいいます。

(4) 「同居老親等」とは、老人扶養親族のうち、受給者又はその配偶者の直系尊属（父母、祖父母など）で、受給者又はその配偶者のいずれかとの同居を常況としている人をいいます。

(5) 「特定扶養親族」とは、控除対象扶養親族のうち年齢19歳以上23歳未満の人をいいます。

「令和5年分　扶養控除額及び障害者等の控除額の合計額の早見表」の適用区分の図解

凡例
- 所…給与所得者、配…控除対象配偶者又は同一生計配偶者、扶…控除対象扶養親族（16歳以上の扶養親族）、
- 特扶…特定扶養親族、老扶…老人扶養親族、少扶…年少扶養親族（16歳未満の扶養親族）、老親…同居老親等、障…障害者、
- 特…特別障害者、同特…同居特別障害者、寡…寡婦、ひ…ひとり親、勤…勤労学生

※ 適用欄の金額には基礎控除額、配偶者控除額及び配偶者特別控除額は含まれていません。

（A）障害者等がない場合

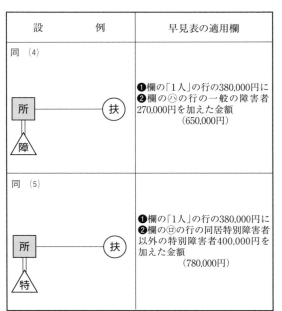

（B）障害者等がある場合

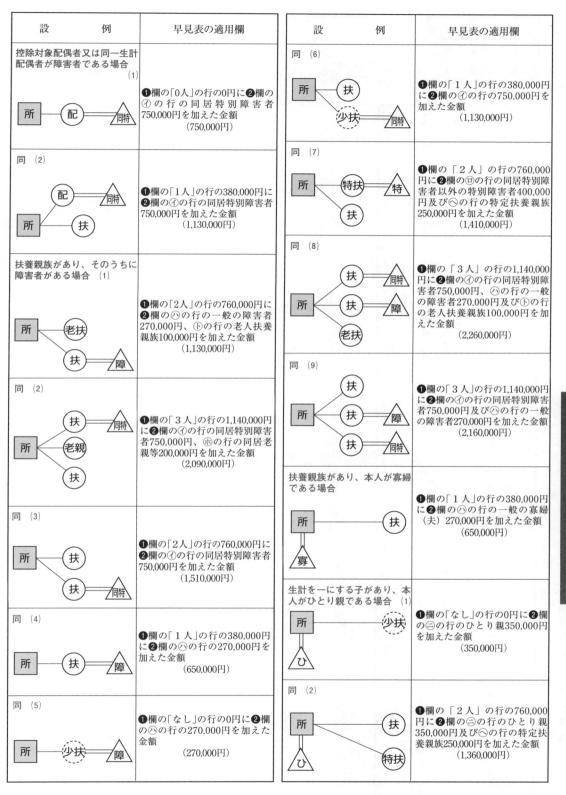

月額表（一）　令和５年分の給与所得の源泉徴収税額表（令和２年３月31日財務省告示第81号改正）

その月の社会保険料等控除後の給与等の金額		甲 扶養親族等の数								乙
以上	未満	0 人	1 人	2 人	3 人	4 人	5 人	6 人	7 人	税額
円 88,000円未満	円	円 0	円 0	円 0	円 0	円 0	円 0	円 0	円 0	円 その月の社会保険料等控除後の給与等の金額の3.063%に相当する金額
88,000	89,000	130	0	0	0	0	0	0	0	3,200
89,000	90,000	180	0	0	0	0	0	0	0	3,200
90,000	91,000	230	0	0	0	0	0	0	0	3,200
91,000	92,000	290	0	0	0	0	0	0	0	3,200
92,000	93,000	340	0	0	0	0	0	0	0	3,300
93,000	94,000	390	0	0	0	0	0	0	0	3,300
94,000	95,000	440	0	0	0	0	0	0	0	3,300
95,000	96,000	490	0	0	0	0	0	0	0	3,400
96,000	97,000	540	0	0	0	0	0	0	0	3,400
97,000	98,000	590	0	0	0	0	0	0	0	3,500
98,000	99,000	640	0	0	0	0	0	0	0	3,500
99,000	101,000	720	0	0	0	0	0	0	0	3,600
101,000	103,000	830	0	0	0	0	0	0	0	3,600
103,000	105,000	930	0	0	0	0	0	0	0	3,700
105,000	107,000	1,030	0	0	0	0	0	0	0	3,800
107,000	109,000	1,130	0	0	0	0	0	0	0	3,800
109,000	111,000	1,240	0	0	0	0	0	0	0	3,900
111,000	113,000	1,340	0	0	0	0	0	0	0	4,000
113,000	115,000	1,440	0	0	0	0	0	0	0	4,100
115,000	117,000	1,540	0	0	0	0	0	0	0	4,100
		0 人	1 人	2 人	3 人	4 人	5 人	6 人	7 人	円
117,000	119,000	1,640	0	0	0	0	0	0	0	4,200
119,000	121,000	1,750	120	0	0	0	0	0	0	4,300
121,000	123,000	1,850	220	0	0	0	0	0	0	4,500
123,000	125,000	1,950	330	0	0	0	0	0	0	4,800
125,000	127,000	2,050	430	0	0	0	0	0	0	5,100
127,000	129,000	2,150	530	0	0	0	0	0	0	5,400
129,000	131,000	2,260	630	0	0	0	0	0	0	5,700
131,000	133,000	2,360	740	0	0	0	0	0	0	6,000
133,000	135,000	2,460	840	0	0	0	0	0	0	6,300
135,000	137,000	2,550	930	0	0	0	0	0	0	6,600
137,000	139,000	2,610	990	0	0	0	0	0	0	6,800
139,000	141,000	2,680	1,050	0	0	0	0	0	0	7,100
141,000	143,000	2,740	1,110	0	0	0	0	0	0	7,500
143,000	145,000	2,800	1,170	0	0	0	0	0	0	7,800
145,000	147,000	2,860	1,240	0	0	0	0	0	0	8,100
147,000	149,000	2,920	1,300	0	0	0	0	0	0	8,400
149,000	151,000	2,980	1,360	0	0	0	0	0	0	8,700
151,000	153,000	3,050	1,430	0	0	0	0	0	0	9,000
153,000	155,000	3,120	1,500	0	0	0	0	0	0	9,300
155,000	157,000	3,200	1,570	0	0	0	0	0	0	9,600
157,000	159,000	3,270	1,640	0	0	0	0	0	0	9,900
159,000	161,000	3,340	1,720	100	0	0	0	0	0	10,200
161,000	163,000	3,410	1,790	170	0	0	0	0	0	10,500
163,000	165,000	3,480	1,860	250	0	0	0	0	0	10,800
165,000	167,000	3,550	1,930	320	0	0	0	0	0	11,100

参　考（月額表）

月額表(二)

その月の社会保険料等控除後の給与等の金額		甲								乙
		扶養親族等の数								
以上	未満	0 人	1 人	2 人	3 人	4 人	5 人	6 人	7 人	税額
円	円	円	円	円	円	円	円	円	円	円
167,000	169,000	3,620	2,000	390	0	0	0	0	0	11,400
169,000	171,000	3,700	2,070	460	0	0	0	0	0	11,700
171,000	173,000	3,770	2,140	530	0	0	0	0	0	12,000
173,000	175,000	3,840	2,220	600	0	0	0	0	0	12,400
175,000	177,000	3,910	2,290	670	0	0	0	0	0	12,700
177,000	179,000	3,980	2,360	750	0	0	0	0	0	13,200
179,000	181,000	4,050	2,430	820	0	0	0	0	0	13,900
181,000	183,000	4,120	2,500	890	0	0	0	0	0	14,600
183,000	185,000	4,200	2,570	960	0	0	0	0	0	15,300
185,000	187,000	4,270	2,640	1,030	0	0	0	0	0	16,000
187,000	189,000	4,340	2,720	1,100	0	0	0	0	0	16,700
189,000	191,000	4,410	2,790	1,170	0	0	0	0	0	17,500
191,000	193,000	4,480	2,860	1,250	0	0	0	0	0	18,100
193,000	195,000	4,550	2,930	1,320	0	0	0	0	0	18,800
195,000	197,000	4,630	3,000	1,390	0	0	0	0	0	19,500
197,000	199,000	4,700	3,070	1,460	0	0	0	0	0	20,200
199,000	201,000	4,770	3,140	1,530	0	0	0	0	0	20,900
201,000	203,000	4,840	3,220	1,600	0	0	0	0	0	21,500
203,000	205,000	4,910	3,290	1,670	0	0	0	0	0	22,200
205,000	207,000	4,980	3,360	1,750	130	0	0	0	0	22,700
207,000	209,000	5,050	3,430	1,820	200	0	0	0	0	23,300
209,000	211,000	5,130	3,500	1,890	280	0	0	0	0	23,900
211,000	213,000	5,200	3,570	1,960	350	0	0	0	0	24,400
213,000	215,000	5,270	3,640	2,030	420	0	0	0	0	25,000
215,000	217,000	5,340	3,720	2,100	490	0	0	0	0	25,500
		0 人	1 人	2 人	3 人	4 人	5 人	6 人	7 人	
217,000	219,000	5,410	3,790	2,170	560	0	0	0	0	26,100
219,000	221,000	5,480	3,860	2,250	630	0	0	0	0	26,800
221,000	224,000	5,560	3,950	2,340	710	0	0	0	0	27,400
224,000	227,000	5,680	4,060	2,440	830	0	0	0	0	28,400
227,000	230,000	5,780	4,170	2,550	930	0	0	0	0	29,300
230,000	233,000	5,890	4,280	2,650	1,040	0	0	0	0	30,300
233,000	236,000	5,990	4,380	2,770	1,140	0	0	0	0	31,300
236,000	239,000	6,110	4,490	2,870	1,260	0	0	0	0	32,400
239,000	242,000	6,210	4,590	2,980	1,360	0	0	0	0	33,400
242,000	245,000	6,320	4,710	3,080	1,470	0	0	0	0	34,400
245,000	248,000	6,420	4,810	3,200	1,570	0	0	0	0	35,400
248,000	251,000	6,530	4,920	3,300	1,680	0	0	0	0	36,400
251,000	254,000	6,640	5,020	3,410	1,790	170	0	0	0	37,500
254,000	257,000	6,750	5,140	3,510	1,900	290	0	0	0	38,500
257,000	260,000	6,850	5,240	3,620	2,000	390	0	0	0	39,400
260,000	263,000	6,960	5,350	3,730	2,110	500	0	0	0	40,400
263,000	266,000	7,070	5,450	3,840	2,220	600	0	0	0	41,500
266,000	269,000	7,180	5,560	3,940	2,330	710	0	0	0	42,500
269,000	272,000	7,280	5,670	4,050	2,430	820	0	0	0	43,500
272,000	275,000	7,390	5,780	4,160	2,540	930	0	0	0	44,500
275,000	278,000	7,490	5,880	4,270	2,640	1,030	0	0	0	45,500
278,000	281,000	7,610	5,990	4,370	2,760	1,140	0	0	0	46,600
281,000	284,000	7,710	6,100	4,480	2,860	1,250	0	0	0	47,600
284,000	287,000	7,820	6,210	4,580	2,970	1,360	0	0	0	48,600
287,000	290,000	7,920	6,310	4,700	3,070	1,460	0	0	0	49,700

参 考（月額表）

月額表（三）

その月の社会保険料等控除後の給与等の金額		甲 扶養親族等の数								乙
以上	未満	0 人	1 人	2 人	3 人	4 人	5 人	6 人	7 人	税額
円	円	円	円	円	円	円	円	円	円	円
290,000	293,000	8,040	6,420	4,800	3,190	1,570	0	0	0	50,900
293,000	296,000	8,140	6,520	4,910	3,290	1,670	0	0	0	52,100
296,000	299,000	8,250	6,640	5,010	3,400	1,790	160	0	0	52,900
299,000	302,000	8,420	6,740	5,130	3,510	1,890	280	0	0	53,700
302,000	305,000	8,670	6,860	5,250	3,630	2,010	400	0	0	54,500
305,000	308,000	8,910	6,980	5,370	3,760	2,130	520	0	0	55,200
308,000	311,000	9,160	7,110	5,490	3,880	2,260	640	0	0	56,100
311,000	314,000	9,400	7,230	5,620	4,000	2,380	770	0	0	56,900
314,000	317,000	9,650	7,350	5,740	4,120	2,500	890	0	0	57,800
317,000	320,000	9,890	7,470	5,860	4,250	2,620	1,010	0	0	58,800
320,000	323,000	10,140	7,600	5,980	4,370	2,750	1,130	0	0	59,800
323,000	326,000	10,380	7,720	6,110	4,490	2,870	1,260	0	0	60,900
326,000	329,000	10,630	7,840	6,230	4,610	2,990	1,380	0	0	61,900
329,000	332,000	10,870	7,960	6,350	4,740	3,110	1,500	0	0	62,900
332,000	335,000	11,120	8,090	6,470	4,860	3,240	1,620	0	0	63,900
335,000	338,000	11,360	8,210	6,600	4,980	3,360	1,750	130	0	64,900
338,000	341,000	11,610	8,370	6,720	5,110	3,480	1,870	260	0	66,000
341,000	344,000	11,850	8,620	6,840	5,230	3,600	1,990	380	0	67,000
344,000	347,000	12,100	8,860	6,960	5,350	3,730	2,110	500	0	68,000
347,000	350,000	12,340	9,110	7,090	5,470	3,850	2,240	620	0	69,000
350,000	353,000	12,590	9,350	7,210	5,600	3,970	2,360	750	0	70,000
353,000	356,000	12,830	9,600	7,330	5,720	4,090	2,480	870	0	71,100
356,000	359,000	13,080	9,840	7,450	5,840	4,220	2,600	990	0	72,100
359,000	362,000	13,320	10,090	7,580	5,960	4,340	2,730	1,110	0	73,100
362,000	365,000	13,570	10,330	7,700	6,090	4,460	2,850	1,240	0	74,200
以上	未満	0 人	1 人	2 人	3 人	4 人	5 人	6 人	7 人	乙
365,000	368,000	13,810	10,580	7,820	6,210	4,580	2,970	1,360	0	75,200
368,000	371,000	14,060	10,820	7,940	6,330	4,710	3,090	1,480	0	76,200
371,000	374,000	14,300	11,070	8,070	6,450	4,830	3,220	1,600	0	77,100
374,000	377,000	14,550	11,310	8,190	6,580	4,950	3,340	1,730	100	78,100
377,000	380,000	14,790	11,560	8,320	6,700	5,070	3,460	1,850	220	79,000
380,000	383,000	15,040	11,800	8,570	6,820	5,200	3,580	1,970	350	79,900
383,000	386,000	15,280	12,050	8,810	6,940	5,320	3,710	2,090	470	81,400
386,000	389,000	15,530	12,290	9,060	7,070	5,440	3,830	2,220	590	83,100
389,000	392,000	15,770	12,540	9,300	7,190	5,560	3,950	2,340	710	84,700
392,000	395,000	16,020	12,780	9,550	7,310	5,690	4,070	2,460	840	86,500
395,000	398,000	16,260	13,030	9,790	7,430	5,810	4,200	2,580	960	88,200
398,000	401,000	16,510	13,270	10,040	7,560	5,930	4,320	2,710	1,080	89,800
401,000	404,000	16,750	13,520	10,280	7,680	6,050	4,440	2,830	1,200	91,600
404,000	407,000	17,000	13,760	10,530	7,800	6,180	4,560	2,950	1,330	93,300
407,000	410,000	17,240	14,010	10,770	7,920	6,300	4,690	3,070	1,450	95,000
410,000	413,000	17,490	14,250	11,020	8,050	6,420	4,810	3,200	1,570	96,700
413,000	416,000	17,730	14,500	11,260	8,170	6,540	4,930	3,320	1,690	98,300
416,000	419,000	17,980	14,740	11,510	8,290	6,670	5,050	3,440	1,820	100,100
419,000	422,000	18,220	14,990	11,750	8,530	6,790	5,180	3,560	1,940	101,800
422,000	425,000	18,470	15,230	12,000	8,770	6,910	5,300	3,690	2,060	103,400
425,000	428,000	18,710	15,480	12,240	9,020	7,030	5,420	3,810	2,180	105,200
428,000	431,000	18,960	15,720	12,490	9,260	7,160	5,540	3,930	2,310	106,900
431,000	434,000	19,210	15,970	12,730	9,510	7,280	5,670	4,050	2,430	108,500
434,000	437,000	19,450	16,210	12,980	9,750	7,400	5,790	4,180	2,550	110,300
437,000	440,000	19,700	16,460	13,220	10,000	7,520	5,910	4,300	2,680	112,000

参　考（月額表）

月額表（四）

その月の社会保険料等控除後の給与等の金額		甲 扶養親族等の数								乙
以上	未満	0 人	1 人	2 人	3 人	4 人	5 人	6 人	7 人	税額
円	円	税　　　　　額								円
440,000	443,000	20,090	16,700	13,470	10,240	7,650	6,030	4,420	2,800	113,600
443,000	446,000	20,580	16,950	13,710	10,490	7,770	6,160	4,540	2,920	115,400
446,000	449,000	21,070	17,190	13,960	10,730	7,890	6,280	4,670	3,040	117,100
449,000	452,000	21,560	17,440	14,200	10,980	8,010	6,400	4,790	3,170	118,700
452,000	455,000	22,050	17,680	14,450	11,220	8,140	6,520	4,910	3,290	120,500
455,000	458,000	22,540	17,930	14,690	11,470	8,260	6,650	5,030	3,410	122,200
458,000	461,000	23,030	18,170	14,940	11,710	8,470	6,770	5,160	3,530	123,800
461,000	464,000	23,520	18,420	15,180	11,960	8,720	6,890	5,280	3,660	125,600
464,000	467,000	24,010	18,660	15,430	12,200	8,960	7,010	5,400	3,780	127,300
467,000	470,000	24,500	18,910	15,670	12,450	9,210	7,140	5,520	3,900	129,000
470,000	473,000	24,990	19,150	15,920	12,690	9,450	7,260	5,650	4,020	130,700
473,000	476,000	25,480	19,400	16,160	12,940	9,700	7,380	5,770	4,150	132,300
476,000	479,000	25,970	19,640	16,410	13,180	9,940	7,500	5,890	4,270	134,000
479,000	482,000	26,460	20,000	16,650	13,430	10,190	7,630	6,010	4,390	135,600
482,000	485,000	26,950	20,490	16,900	13,670	10,430	7,750	6,140	4,510	137,200
485,000	488,000	27,440	20,980	17,140	13,920	10,680	7,870	6,260	4,640	138,800
488,000	491,000	27,930	21,470	17,390	14,160	10,920	7,990	6,380	4,760	140,400
491,000	494,000	28,420	21,960	17,630	14,410	11,170	8,120	6,500	4,880	142,000
494,000	497,000	28,910	22,450	17,880	14,650	11,410	8,240	6,630	5,000	143,700
497,000	500,000	29,400	22,940	18,120	14,900	11,660	8,420	6,750	5,130	145,200
500,000	503,000	29,890	23,430	18,370	15,140	11,900	8,670	6,870	5,250	146,800
503,000	506,000	30,380	23,920	18,610	15,390	12,150	8,910	6,990	5,370	148,500
506,000	509,000	30,880	24,410	18,860	15,630	12,390	9,160	7,120	5,490	150,100
509,000	512,000	31,370	24,900	19,100	15,880	12,640	9,400	7,240	5,620	151,600
512,000	515,000	31,860	25,390	19,350	16,120	12,890	9,650	7,360	5,740	153,300
		0 人	1 人	2 人	3 人	4 人	5 人	6 人	7 人	
515,000	518,000	32,350	25,880	19,590	16,370	13,130	9,890	7,480	5,860	154,900
518,000	521,000	32,840	26,370	19,900	16,610	13,380	10,140	7,610	5,980	156,500
521,000	524,000	33,330	26,860	20,390	16,860	13,620	10,380	7,730	6,110	158,100
524,000	527,000	33,820	27,350	20,880	17,100	13,870	10,630	7,850	6,230	159,600
527,000	530,000	34,310	27,840	21,370	17,350	14,110	10,870	7,970	6,350	161,000
530,000	533,000	34,800	28,330	21,860	17,590	14,360	11,120	8,100	6,470	162,500
533,000	536,000	35,290	28,820	22,350	17,840	14,600	11,360	8,220	6,600	164,000
536,000	539,000	35,780	29,310	22,840	18,080	14,850	11,610	8,380	6,720	165,400
539,000	542,000	36,270	29,800	23,330	18,330	15,090	11,850	8,630	6,840	166,900
542,000	545,000	36,760	30,290	23,820	18,570	15,340	12,100	8,870	6,960	168,400
545,000	548,000	37,250	30,780	24,310	18,820	15,580	12,340	9,120	7,090	169,900
548,000	551,000	37,740	31,270	24,800	19,060	15,830	12,590	9,360	7,210	171,300
551,000	554,000	38,280	31,810	25,340	19,330	16,100	12,860	9,630	7,350	172,800
554,000	557,000	38,830	32,370	25,890	19,600	16,380	13,140	9,900	7,480	174,300
557,000	560,000	39,380	32,920	26,440	19,980	16,650	13,420	10,180	7,630	175,700
560,000	563,000	39,930	33,470	27,000	20,530	16,930	13,690	10,460	7,760	177,200
563,000	566,000	40,480	34,020	27,550	21,080	17,200	13,970	10,730	7,900	178,700
566,000	569,000	41,030	34,570	28,100	21,630	17,480	14,240	11,010	8,040	180,100
569,000	572,000	41,590	35,120	28,650	22,190	17,760	14,520	11,280	8,180	181,600
572,000	575,000	42,140	35,670	29,200	22,740	18,030	14,790	11,560	8,330	183,100
575,000	578,000	42,690	36,230	29,750	23,290	18,310	15,070	11,830	8,610	184,600
578,000	581,000	43,240	36,780	30,300	23,840	18,580	15,350	12,110	8,880	186,000
581,000	584,000	43,790	37,330	30,850	24,390	18,860	15,620	12,380	9,160	187,500
584,000	587,000	44,340	37,880	31,410	24,940	19,130	15,900	12,660	9,430	189,000
587,000	590,000	44,890	38,430	31,960	25,490	19,410	16,170	12,940	9,710	190,400

参　考（月額表）

— 25 —

月額表（五）

その月の社会保険料等控除後の給与等の金額		甲 扶養親族等の数								乙
以上	未満	0 人	1 人	2 人	3 人	4 人	5 人	6 人	7 人	
		税　　　　　　　　　　　　　　額								税　　額
円	円	円	円	円	円	円	円	円	円	円
590,000	593,000	45,440	38,980	32,510	26,050	19,680	16,450	13,210	9,990	191,900
593,000	596,000	46,000	39,530	33,060	26,600	20,130	16,720	13,490	10,260	193,400
596,000	599,000	46,550	40,080	33,610	27,150	20,690	17,000	13,760	10,540	194,800
599,000	602,000	47,100	40,640	34,160	27,700	21,240	17,280	14,040	10,810	196,300
602,000	605,000	47,650	41,190	34,710	28,250	21,790	17,550	14,310	11,090	197,800
605,000	608,000	48,200	41,740	35,270	28,800	22,340	17,830	14,590	11,360	199,300
608,000	611,000	48,750	42,290	35,820	29,350	22,890	18,100	14,870	11,640	200,700
611,000	614,000	49,300	42,840	36,370	29,910	23,440	18,380	15,140	11,920	202,200
614,000	617,000	49,860	43,390	36,920	30,460	23,990	18,650	15,420	12,190	203,700
617,000	620,000	50,410	43,940	37,470	31,010	24,540	18,930	15,690	12,470	205,100
620,000	623,000	50,960	44,500	38,020	31,560	25,100	19,210	15,970	12,740	206,700
623,000	626,000	51,510	45,050	38,570	32,110	25,650	19,480	16,240	13,020	208,100
626,000	629,000	52,060	45,600	39,120	32,660	26,200	19,760	16,520	13,290	209,500
629,000	632,000	52,610	46,150	39,680	33,210	26,750	20,280	16,800	13,570	211,000
632,000	635,000	53,160	46,700	40,230	33,760	27,300	20,830	17,070	13,840	212,500
635,000	638,000	53,710	47,250	40,780	34,320	27,850	21,380	17,350	14,120	214,000
638,000	641,000	54,270	47,800	41,330	34,870	28,400	21,930	17,620	14,400	214,900
641,000	644,000	54,820	48,350	41,880	35,420	28,960	22,480	17,900	14,670	215,900
644,000	647,000	55,370	48,910	42,430	35,970	29,510	23,030	18,170	14,950	217,000
647,000	650,000	55,920	49,460	42,980	36,520	30,060	23,590	18,450	15,220	218,000
650,000	653,000	56,470	50,010	43,540	37,070	30,610	24,140	18,730	15,500	219,000
653,000	656,000	57,020	50,560	44,090	37,620	31,160	24,690	19,000	15,770	220,000
656,000	659,000	57,570	51,110	44,640	38,180	31,710	25,240	19,280	16,050	221,000
659,000	662,000	58,130	51,660	45,190	38,730	32,260	25,790	19,550	16,330	222,100
662,000	665,000	58,680	52,210	45,740	39,280	32,810	26,340	19,880	16,600	223,100
		0 人	1 人	2 人	3 人	4 人	5 人	6 人	7 人	
665,000	668,000	59,230	52,770	46,290	39,830	33,370	26,890	20,430	16,880	224,100
668,000	671,000	59,780	53,320	46,840	40,380	33,920	27,440	20,980	17,150	225,000
671,000	674,000	60,330	53,870	47,390	40,930	34,470	28,000	21,530	17,430	226,000
674,000	677,000	60,880	54,420	47,950	41,480	35,020	28,550	22,080	17,700	227,100
677,000	680,000	61,430	54,970	48,500	42,030	35,570	29,100	22,640	17,980	228,100
680,000	683,000	61,980	55,520	49,050	42,590	36,120	29,650	23,190	18,260	229,100
683,000	686,000	62,540	56,070	49,600	43,140	36,670	30,200	23,740	18,530	230,400
686,000	689,000	63,090	56,620	50,150	43,690	37,230	30,750	24,290	18,810	232,100
689,000	692,000	63,640	57,180	50,700	44,240	37,780	31,300	24,840	19,080	233,600
692,000	695,000	64,190	57,730	51,250	44,790	38,330	31,860	25,390	19,360	235,100
695,000	698,000	64,740	58,280	51,810	45,340	38,880	32,410	25,940	19,630	236,700
698,000	701,000	65,290	58,830	52,360	45,890	39,430	32,960	26,490	20,030	238,200
701,000	704,000	65,840	59,380	52,910	46,450	39,980	33,510	27,050	20,580	239,700
704,000	707,000	66,400	59,930	53,460	47,000	40,530	34,060	27,600	21,130	241,300
707,000	710,000	66,960	60,480	54,020	47,550	41,090	34,620	28,150	21,690	242,900
710,000	713,000	67,570	61,100	54,630	48,160	41,700	35,230	28,760	22,300	244,400
713,000	716,000	68,180	61,710	55,250	48,770	42,310	35,850	29,370	22,910	246,000
716,000	719,000	68,790	62,320	55,860	49,390	42,920	36,460	29,990	23,520	247,500
719,000	722,000	69,410	62,930	56,470	50,000	43,540	37,070	30,600	24,140	249,000
722,000	725,000	70,020	63,550	57,080	50,610	44,150	37,690	31,210	24,750	250,600
725,000	728,000	70,630	64,160	57,700	51,220	44,760	38,300	31,820	25,360	252,200
728,000	731,000	71,250	64,770	58,310	51,840	45,370	38,910	32,440	25,970	253,700
731,000	734,000	71,860	65,380	58,920	52,450	45,990	39,520	33,050	26,590	255,300
734,000	737,000	72,470	66,000	59,530	53,060	46,600	40,140	33,660	27,200	256,800
737,000	740,000	73,080	66,610	60,150	53,670	47,210	40,750	34,270	27,810	258,300

参 考（月額表）

月額表（六）

その月の社会保険料等控除後の給与等の金額	甲								乙
	扶 養 親 族 等 の 数								
	0 人	1 人	2 人	3 人	4 人	5 人	6 人	7 人	
以 上　未 満	税					額			税　　額
740,000円	円 73,390	円 66,920	円 60,450	円 53,980	円 47,520	円 41,050	円 34,580	円 28,120	円 259,800
740,000円 を 超え 780,000円 に 満た ない金額	740,000円の場合の税額に、その月の社会保険料等控除後の給与等の金額のうち740,000円を超える金額の20.42％に相当する金額を加算した金額								259,800円に、その月の社会保険料等控除後の給与等の金額のうち740,000円を超える金額の40.84％に相当する金額を加算した金額
780,000円	円 81,560	円 75,090	円 68,620	円 62,150	円 55,690	円 49,220	円 42,750	円 36,290	
780,000円 を 超え 950,000円 に 満た ない金額	780,000円の場合の税額に、その月の社会保険料等控除後の給与等の金額のうち780,000円を超える金額の23.483％に相当する金額を加算した金額								
950,000円	円 121,480	円 115,010	円 108,540	円 102,070	円 95,610	円 89,140	円 82,670	円 76,210	
950,000円 を 超え 1,700,000円に満た ない金額	950,000円の場合の税額に、その月の社会保険料等控除後の給与等の金額のうち950,000円を超える金額の33.693％に相当する金額を加算した金額								
1,700,000円	円 374,180	円 367,710	円 361,240	円 354,770	円 348,310	円 341,840	円 335,370	円 328,910	円 651,900
1,700,000円を超え 2,170,000円に満た ない金額	1,700,000円の場合の税額に、その月の社会保険料等控除後の給与等の金額のうち1,700,000円を超える金額の40.84％に相当する金額を加算した金額								651,900円に、その月の社会保険料等控除後の給与等の金額のうち1,700,000円を超える金額の45.945％に相当する金額を加算した金額
2,170,000円	円 571,570	円 565,090	円 558,630	円 552,160	円 545,690	円 539,230	円 532,760	円 526,290	
2,170,000円を超え 2,210,000円に満た ない金額	2,170,000円の場合の税額に、その月の社会保険料等控除後の給与等の金額のうち2,170,000円を超える金額の40.84％に相当する金額を加算した金額								
2,210,000円	円 593,340	円 586,870	円 580,410	円 573,930	円 567,470	円 561,010	円 554,540	円 548,070	
2,210,000円を超え 2,250,000円に満た ない金額	2,210,000円の場合の税額に、その月の社会保険料等控除後の給与等の金額のうち2,210,000円を超える金額の40.84％に相当する金額を加算した金額								
2,250,000円	円 615,120	円 608,650	円 602,190	円 595,710	円 589,250	円 582,790	円 576,310	円 569,850	
2,250,000円を超え 3,500,000円に満た ない金額	2,250,000円の場合の税額に、その月の社会保険料等控除後の給与等の金額のうち2,250,000円を超える金額の40.84％に相当する金額を加算した金額								

参　考（月額表）

月額表（七）

その月の社会保険料等控除後の給与等の金額	甲								乙
	扶　養　親　族　等　の　数								
	0　人	1　人	2　人	3　人	4　人	5　人	6　人	7　人	
以　上　　未　満	税					額			税　　額
3,500,000円	円 1,125,620	円 1,119,150	円 1,112,690	円 1,106,210	円 1,099,750	円 1,093,290	円 1,086,810	円 1,080,350	651,900円に、その月の社会保険料等控除後の給与等の金額のうち1,700,000円を超える金額の45.945％に相当する金額を加算した金額
3,500,000円を超える金額	3,500,000円の場合の税額に、その月の社会保険料等控除後の給与等の金額のうち3,500,000円を超える金額の45.945％に相当する金額を加算した金額								
	扶養親族等の数が7人を超える場合には、扶養親族等の数が7人の場合の税額から、その7人を超える1人ごとに1,610円を控除した金額								従たる給与についての扶養控除等申告書が提出されている場合には、当該申告書に記載された扶養親族等の数に応じ、扶養親族等1人ごとに1,610円を、上の各欄によって求めた税額から控除した金額

（注）　この表において「扶養親族等」とは、源泉控除対象配偶者及び控除対象扶養親族をいいます。
（備考）　税額の求め方は、次のとおりです。
1　「給与所得者の扶養控除等申告書」（以下この表において「扶養控除等申告書」といいます。）の提出があった人
　(1)　まず、その人のその月の給与等の金額から、その給与等の金額から控除される社会保険料等の金額を控除した金額を求めます。
　(2)　次に、扶養控除等申告書により申告された扶養親族等（その申告書に記載されていないものとされる源泉控除対象配偶者を除きます。また、扶養親族等が国外居住親族である場合には、親族に該当する旨を証する書類が扶養控除等申告書に添付又は提示された扶養親族等に限ります。）の数が7人以下である場合には、(1)により求めた金額に応じて「その月の社会保険料等控除後の給与等の金額」欄の該当する行を求め、その行と扶養親族等の数に応じた甲欄の該当欄との交わるところに記載されている金額を求めます。これが求める税額です。
　(3)　扶養控除等申告書により申告された扶養親族等の数が7人を超える場合には、(1)により求めた金額に応じて、扶養親族等の数が7人であるものとして(2)により求めた税額から、扶養親族等の数が7人を超える1人ごとに1,610円を控除した金額を求めます。これが求める税額です。
　(4)　(2)及び(3)の場合において、扶養控除等申告書にその人が障害者（特別障害者を含みます。）、寡婦、ひとり親又は勤労学生に該当する旨の記載があるときは、扶養親族等の数にこれらの一に該当するごとに1人を加算した数を、扶養控除等申告書にその人の同一生計配偶者又は扶養親族のうちに障害者（特別障害者を含みます。）又は同居特別障害者（障害者（特別障害者を含みます。）又は同居特別障害者が国外居住親族である場合には、親族に該当する旨を証する書類が扶養控除等申告書に添付され、又は当該書類が扶養控除等申告書の提出の際に提示された障害者（特別障害者を含みます。）又は同居特別障害者に限ります。）に該当する人がいる旨の記載があるときは、扶養親族等の数にこれらの一に該当するごとに1人を加算した数を、それぞれ(2)及び(3)の扶養親族等の数とします。
2　扶養控除等申告書の提出がない人（「従たる給与についての扶養控除等申告書」の提出があった人を含みます。）
　その人のその月の給与等の金額から、その給与等の金額から控除される社会保険料等の金額を控除し、その控除後の金額に応じた「その月の社会保険料等控除後の給与等の金額」欄の該当する行と乙欄との交わるところに記載されている金額（「従たる給与についての扶養控除等申告書」の提出があった場合には、その申告書により申告された扶養親族等の数に応じ、扶養親族等1人ごとに1,610円を控除した金額）を求めます。これが求める税額です。

参　考（月額表）

日額表（一）　令和５年分の給与所得の源泉徴収税額表（令和２年３月31日財務省告示第81号改正）

その日の社会保険料等控除後の給与等の金額（以上）	（未満）	甲 扶養親族等の数 0人	1人	2人	3人	4人	5人	6人	7人	乙 税額	丙 税額
円 2,900円未満	円	円 0	円 0	円 0	円 0	円 0	円 0	円 0	円 0	円 その日の社会保険料等控除後の給与等の金額の 3.063 % に相当する金額	円 0
2,900	2,950	5	0	0	0	0	0	0	0	100	0
2,950	3,000	5	0	0	0	0	0	0	0	100	0
3,000	3,050	10	0	0	0	0	0	0	0	100	0
3,050	3,100	10	0	0	0	0	0	0	0	110	0
3,100	3,150	15	0	0	0	0	0	0	0	110	0
3,150	3,200	15	0	0	0	0	0	0	0	110	0
3,200	3,250	20	0	0	0	0	0	0	0	110	0
3,250	3,300	20	0	0	0	0	0	0	0	110	0
3,300	3,400	25	0	0	0	0	0	0	0	120	0
3,400	3,500	30	0	0	0	0	0	0	0	120	0
3,500	3,600	35	0	0	0	0	0	0	0	120	0
3,600	3,700	40	0	0	0	0	0	0	0	130	0
3,700	3,800	45	0	0	0	0	0	0	0	130	0
3,800	3,900	50	0	0	0	0	0	0	0	130	0
3,900	4,000	55	0	0	0	0	0	0	0	140	0
4,000	4,100	60	5	0	0	0	0	0	0	140	0
4,100	4,200	65	10	0	0	0	0	0	0	160	0
4,200	4,300	70	15	0	0	0	0	0	0	170	0
4,300	4,400	75	20	0	0	0	0	0	0	190	0
4,400	4,500	80	25	0	0	0	0	0	0	200	0
4,500	4,600	85	30	0	0	0	0	0	0	220	0
4,600	4,700	85	35	0	0	0	0	0	0	230	0
4,700	4,800	90	35	0	0	0	0	0	0	260	0
4,800	4,900	90	40	0	0	0	0	0	0	270	0
4,900	5,000	95	40	0	0	0	0	0	0	280	0
5,000	5,100	100	45	0	0	0	0	0	0	300	0
5,100	5,200	100	50	0	0	0	0	0	0	310	0
5,200	5,300	105	55	0	0	0	0	0	0	330	0
5,300	5,400	110	55	5	0	0	0	0	0	340	0
5,400	5,500	110	60	5	0	0	0	0	0	360	0
5,500	5,600	115	65	10	0	0	0	0	0	370	0
5,600	5,700	120	65	15	0	0	0	0	0	390	0
5,700	5,800	125	70	15	0	0	0	0	0	400	0
5,800	5,900	125	75	20	0	0	0	0	0	420	0
5,900	6,000	130	75	25	0	0	0	0	0	440	0
6,000	6,100	135	80	30	0	0	0	0	0	470	0
6,100	6,200	135	85	30	0	0	0	0	0	510	0
6,200	6,300	140	90	35	0	0	0	0	0	540	0
6,300	6,400	150	90	40	0	0	0	0	0	580	0
6,400	6,500	150	95	40	0	0	0	0	0	610	0
6,500	6,600	155	100	45	0	0	0	0	0	650	0
6,600	6,700	160	100	50	0	0	0	0	0	680	0
6,700	6,800	165	105	50	0	0	0	0	0	710	0
6,800	6,900	165	110	55	5	0	0	0	0	750	0
6,900	7,000	170	110	60	5	0	0	0	0	780	0

日額表（二）

参　考（日額表）

その日の社会保険料等控除後の給与等の金額		甲								乙	丙
		扶　養　親　族　等　の　数								税　額	税　額
以　上	未　満	0 人	1 人	2 人	3 人	4 人	5 人	6 人	7 人		
		税					額				
円	円	円	円	円	円	円	円	円	円	円	円
7,000	7,100	175	115	65	10	0	0	0	0	810	0
7,100	7,200	175	120	65	15	0	0	0	0	840	0
7,200	7,300	180	125	70	15	0	0	0	0	860	0
7,300	7,400	185	125	75	20	0	0	0	0	890	0
7,400	7,500	185	130	75	25	0	0	0	0	920	0
7,500	7,600	190	135	80	30	0	0	0	0	960	0
7,600	7,700	195	135	85	30	0	0	0	0	990	0
7,700	7,800	200	140	85	35	0	0	0	0	1,020	0
7,800	7,900	200	150	90	40	0	0	0	0	1,060	0
7,900	8,000	205	150	95	40	0	0	0	0	1,090	0
8,000	8,100	210	155	100	45	0	0	0	0	1,120	0
8,100	8,200	210	160	100	50	0	0	0	0	1,150	0
8,200	8,300	215	165	105	50	0	0	0	0	1,190	0
8,300	8,400	220	165	110	55	5	0	0	0	1,230	0
8,400	8,500	220	170	110	60	5	0	0	0	1,260	0
8,500	8,600	225	175	115	65	10	0	0	0	1,300	0
8,600	8,700	230	175	120	65	15	0	0	0	1,330	0
8,700	8,800	235	180	120	70	15	0	0	0	1,360	0
8,800	8,900	235	185	125	75	20	0	0	0	1,400	0
8,900	9,000	240	185	130	75	25	0	0	0	1,430	0
9,000	9,100	245	190	135	80	25	0	0	0	1,460	0
9,100	9,200	245	195	135	85	30	0	0	0	1,490	0
9,200	9,300	250	200	140	85	35	0	0	0	1,530	0
9,300	9,400	255	200	150	90	40	0	0	0	1,560	3
9,400	9,500	255	205	150	95	40	0	0	0	1,590	6
		0 人	1 人	2 人	3 人	4 人	5 人	6 人	7 人		
9,500	9,600	260	210	155	100	45	0	0	0	1,630	10
9,600	9,700	265	210	160	100	50	0	0	0	1,670	13
9,700	9,800	270	215	160	105	50	0	0	0	1,710	17
9,800	9,900	270	220	165	110	55	0	0	0	1,750	20
9,900	10,000	275	220	170	110	60	5	0	0	1,780	24
10,000	10,100	280	225	175	115	65	10	0	0	1,800	27
10,100	10,200	290	230	175	120	65	15	0	0	1,830	31
10,200	10,300	300	235	180	125	70	20	0	0	1,850	34
10,300	10,400	305	240	185	125	75	20	0	0	1,880	38
10,400	10,500	315	240	190	130	80	25	0	0	1,910	41
10,500	10,600	320	245	195	135	85	30	0	0	1,940	45
10,600	10,700	330	250	195	140	85	35	0	0	1,970	49
10,700	10,800	340	255	200	150	90	40	0	0	2,000	53
10,800	10,900	345	260	205	150	95	40	0	0	2,040	56
10,900	11,000	355	260	210	155	100	45	0	0	2,070	60
11,000	11,100	360	265	215	160	105	50	0	0	2,110	63
11,100	11,200	370	270	215	165	105	55	0	0	2,140	67
11,200	11,300	380	275	220	170	110	60	5	0	2,170	70
11,300	11,400	385	280	225	170	115	60	10	0	2,220	74
11,400	11,500	400	290	230	175	120	65	15	0	2,250	77
11,500	11,600	405	295	235	180	125	70	15	0	2,280	81
11,600	11,700	415	305	235	185	125	75	20	0	2,320	84
11,700	11,800	425	310	240	190	130	80	25	0	2,350	88
11,800	11,900	430	320	245	190	135	80	30	0	2,380	91
11,900	12,000	440	330	250	195	140	85	35	0	2,420	95

日額表（三）

参　考（日額表）

その日の社会保険料等控除後の給与等の金額		甲 扶養親族等の数								乙	丙
以上	未満	0 人	1 人	2 人	3 人	4 人	5 人	6 人	7 人	税　額	税　額
円	円	円	円	円	円	円	円	円	円	円	円
12,000	12,100	445	335	255	200	150	90	35	0	2,450	99
12,100	12,200	455	345	255	205	150	95	40	0	2,480	103
12,200	12,300	465	350	260	210	155	100	45	0	2,520	106
12,300	12,400	470	360	265	210	160	100	50	0	2,550	110
12,400	12,500	480	370	270	215	165	105	55	0	2,580	113
12,500	12,600	485	375	275	220	170	110	55	5	2,610	117
12,600	12,700	495	385	280	225	170	115	60	10	2,640	120
12,700	12,800	505	395	285	230	175	120	65	10	2,680	124
12,800	12,900	510	405	295	230	180	120	70	15	2,740	127
12,900	13,000	520	415	305	235	185	125	75	20	2,790	131
13,000	13,100	525	420	310	240	190	130	75	25	2,850	134
13,100	13,200	535	430	320	245	190	135	80	30	2,900	138
13,200	13,300	545	435	325	250	195	140	85	30	2,960	141
13,300	13,400	550	445	335	250	200	140	90	35	3,010	146
13,400	13,500	560	455	345	255	205	150	95	40	3,070	149
13,500	13,600	565	460	350	260	210	155	95	45	3,120	153
13,600	13,700	575	470	360	265	210	160	100	50	3,190	156
13,700	13,800	585	475	365	270	215	165	105	50	3,240	160
13,800	13,900	590	485	375	270	220	165	110	55	3,300	164
13,900	14,000	600	495	385	275	225	170	115	60	3,360	168
14,000	14,100	605	500	395	285	230	175	115	65	3,410	172
14,100	14,200	615	510	405	295	230	180	120	70	3,470	176
14,200	14,300	625	515	410	300	235	185	125	70	3,520	180
14,300	14,400	635	525	420	310	240	185	130	75	3,580	184
14,400	14,500	645	535	430	315	245	190	135	80	3,630	188
		0 人	1 人	2 人	3 人	4 人	5 人	6 人	7 人		
14,500	14,600	650	540	435	325	250	195	135	85	3,700	192
14,600	14,700	660	550	445	335	250	200	140	90	3,750	197
14,700	14,800	675	555	450	340	255	205	150	90	3,810	201
14,800	14,900	690	565	460	350	260	205	155	95	3,870	205
14,900	15,000	705	575	470	355	265	210	160	100	3,920	209
15,000	15,100	725	580	475	365	270	215	160	105	3,980	213
15,100	15,200	740	590	485	375	270	220	165	110	4,030	217
15,200	15,300	755	595	490	380	275	225	170	110	4,090	221
15,300	15,400	770	605	500	395	285	225	175	115	4,150	225
15,400	15,500	785	615	510	400	290	230	180	120	4,210	229
15,500	15,600	805	620	515	410	300	235	180	125	4,260	233
15,600	15,700	820	635	525	420	310	240	185	130	4,320	237
15,700	15,800	835	640	530	425	315	245	190	130	4,370	241
15,800	15,900	850	650	540	435	325	245	195	135	4,430	246
15,900	16,000	865	660	550	440	330	250	200	140	4,480	250
16,000	16,100	890	670	555	450	340	255	200	150	4,530	254
16,100	16,200	905	690	565	460	350	260	205	155	4,590	258
16,200	16,300	920	705	570	465	355	265	210	155	4,650	262
16,300	16,400	935	720	580	475	365	265	215	160	4,700	266
16,400	16,500	950	735	590	480	370	270	220	165	4,750	270
16,500	16,600	970	750	595	490	380	275	220	170	4,810	274
16,600	16,700	985	770	605	500	395	280	225	175	4,860	278
16,700	16,800	1,000	785	610	505	400	290	230	175	4,910	282
16,800	16,900	1,015	800	620	515	410	300	235	180	4,960	286
16,900	17,000	1,030	815	635	520	415	305	240	185	5,020	290

日額表（四）

参 考（日額表）

その日の社会保険料等控除後の給与等の金額		甲 扶養親族等の数								乙	丙
以上	未満	0人	1人	2人	3人	4人	5人	6人	7人	税額	税額
円	円	円	円	円	円	円	円	円	円	円	円
17,000	17,100	1,050	830	640	530	425	315	240	190	5,070	295
17,100	17,200	1,065	850	650	540	435	320	245	195	5,130	299
17,200	17,300	1,080	865	655	545	440	330	250	195	5,180	303
17,300	17,400	1,095	885	670	555	450	340	255	200	5,240	307
17,400	17,500	1,110	900	685	560	455	345	260	205	5,290	311
17,500	17,600	1,135	915	700	570	465	355	260	210	5,340	315
17,600	17,700	1,150	935	715	580	475	360	265	215	5,380	319
17,700	17,800	1,165	950	735	585	480	370	270	215	5,430	323
17,800	17,900	1,180	965	750	595	490	380	275	220	5,480	327
17,900	18,000	1,195	980	765	600	495	385	280	225	5,530	331
18,000	18,100	1,215	995	780	610	505	400	290	230	5,580	335
18,100	18,200	1,230	1,015	795	620	515	405	295	235	5,630	339
18,200	18,300	1,245	1,030	815	625	520	415	305	235	5,680	344
18,300	18,400	1,260	1,045	830	640	530	425	310	240	5,730	348
18,400	18,500	1,280	1,065	845	650	540	430	320	245	5,780	352
18,500	18,600	1,300	1,080	865	655	545	440	330	250	5,830	356
18,600	18,700	1,315	1,100	890	670	555	450	340	255	5,870	360
18,700	18,800	1,335	1,115	905	690	565	460	350	260	5,920	364
18,800	18,900	1,350	1,140	925	710	575	470	355	265	5,970	368
18,900	19,000	1,375	1,160	940	725	585	475	365	270	6,020	372
19,000	19,100	1,395	1,175	960	745	590	485	375	275	6,070	376
19,100	19,200	1,410	1,195	980	760	600	495	385	280	6,120	384
19,200	19,300	1,430	1,210	995	780	610	505	400	290	6,170	393
19,300	19,400	1,445	1,230	1,015	800	620	515	405	295	6,220	401
19,400	19,500	1,465	1,250	1,030	815	635	520	415	305	6,270	409
		0人	1人	2人	3人	4人	5人	6人	7人		
19,500	19,600	1,485	1,265	1,050	835	640	530	425	315	6,320	417
19,600	19,700	1,500	1,285	1,070	850	650	540	435	325	6,360	425
19,700	19,800	1,520	1,300	1,085	870	660	550	445	335	6,410	433
19,800	19,900	1,535	1,320	1,105	895	675	560	450	340	6,460	442
19,900	20,000	1,555	1,340	1,125	910	695	565	460	350	6,510	450
20,000	20,100	1,575	1,355	1,145	930	715	575	470	360	6,570	458
20,100	20,200	1,590	1,380	1,165	945	730	585	480	370	6,610	466
20,200	20,300	1,615	1,395	1,180	965	750	595	490	380	6,660	474
20,300	20,400	1,630	1,415	1,200	985	765	605	495	385	6,710	482
20,400	20,500	1,650	1,435	1,215	1,000	785	610	505	400	6,760	491
20,500	20,600	1,670	1,450	1,235	1,020	805	620	515	410	6,810	499
20,600	20,700	1,685	1,470	1,255	1,035	820	635	525	420	6,850	507
20,700	20,800	1,705	1,485	1,270	1,055	840	645	535	430	6,900	515
20,800	20,900	1,720	1,505	1,290	1,075	855	655	540	435	6,950	523
20,900	21,000	1,740	1,525	1,305	1,090	880	665	550	445	7,000	531
21,000	21,100	1,760	1,540	1,325	1,110	900	680	560	455	7,060	540
21,100	21,200	1,775	1,560	1,345	1,130	915	700	570	465	7,100	548
21,200	21,300	1,795	1,575	1,365	1,150	935	720	580	475	7,150	556
21,300	21,400	1,810	1,595	1,385	1,170	950	735	585	480	7,180	564
21,400	21,500	1,830	1,620	1,400	1,185	970	755	595	490	7,210	572
21,500	21,600	1,855	1,635	1,420	1,205	990	770	605	500	7,250	580
21,600	21,700	1,870	1,655	1,440	1,220	1,005	790	615	510	7,280	589
21,700	21,800	1,890	1,670	1,455	1,240	1,025	810	625	520	7,310	597
21,800	21,900	1,905	1,690	1,475	1,260	1,040	825	635	525	7,340	605
21,900	22,000	1,925	1,710	1,490	1,275	1,060	845	645	535	7,380	613

— 33 —

日額表（五）

その日の社会保険料等控除後の給与等の金額 以上	未満	甲 扶養親族等の数 0人	1人	2人	3人	4人	5人	6人	7人	乙 税額	丙 税額
円 22,000	円 22,100	円 1,945	円 1,725	円 1,510	円 1,295	円 1,080	円 860	円 655	円 545	円 7,410	円 621
22,100	22,200	1,960	1,745	1,530	1,310	1,095	885	670	555	7,440	629
22,200	22,300	1,980	1,760	1,545	1,330	1,115	905	685	565	7,480	638
22,300	22,400	1,995	1,780	1,565	1,350	1,135	920	705	570	7,510	646
22,400	22,500	2,015	1,800	1,580	1,370	1,155	940	720	580	7,550	654
22,500	22,600	2,035	1,815	1,600	1,390	1,175	955	740	590	7,590	662
22,600	22,700	2,050	1,835	1,625	1,405	1,190	975	760	600	7,620	670
22,700	22,800	2,070	1,855	1,640	1,425	1,210	995	775	610	7,650	678
22,800	22,900	2,085	1,875	1,660	1,445	1,225	1,010	795	615	7,700	687
22,900	23,000	2,110	1,895	1,675	1,460	1,245	1,030	810	625	7,750	695
23,000	23,100	2,130	1,910	1,695	1,480	1,265	1,045	830	640	7,800	703
23,100	23,200	2,145	1,930	1,715	1,495	1,280	1,065	850	650	7,850	711
23,200	23,300	2,165	1,945	1,730	1,515	1,300	1,085	865	660	7,900	719
23,300	23,400	2,180	1,965	1,750	1,535	1,315	1,100	890	675	7,950	727
23,400	23,500	2,200	1,985	1,765	1,550	1,335	1,125	905	690	8,000	736
23,500	23,600	2,220	2,000	1,785	1,570	1,355	1,140	925	710	8,070	744
23,600	23,700	2,235	2,020	1,805	1,590	1,375	1,160	945	730	8,120	752
23,700	23,800	2,255	2,040	1,825	1,615	1,395	1,180	965	750	8,170	760
23,800	23,900	2,275	2,060	1,850	1,635	1,415	1,200	985	770	8,220	768
23,900	24,000	2,295	2,080	1,870	1,655	1,435	1,220	1,005	790	8,270	776
24,000円		2,305	2,095	1,880	1,665	1,445	1,230	1,015	800	8,320	785
24,000円を超え26,000円に満たない金額		24,000円の場合の税額に、その日の社会保険料等控除後の給与等の金額のうち24,000円を超える金額の20.42％に相当する金額を加算した金額								8,320円に、その日の社会保険料等控除後の給与等の金額のうち24,000円を超える金額の40.84％に相当する金額を加算した金額	785円に、その日の社会保険料等控除後の給与等の金額のうち24,000円を超える金額の10.21％に相当する金額を加算した金額
26,000円		円 2,715	円 2,505	円 2,290	円 2,075	円 1,855	円 1,640	円 1,425	円 1,210		円 989
26,000円を超え32,000円に満たない金額		26,000円の場合の税額に、その日の社会保険料等控除後の給与等の金額のうち26,000円を超える金額の23.483％に相当する金額を加算した金額									989円に、その日の社会保険料等控除後の給与等の金額のうち26,000円を超える金額の20.42％に相当する金額を加算した金額
32,000円		円 4,125	円 3,915	円 3,700	円 3,485	円 3,265	円 3,050	円 2,835	円 2,620		円 2,214
32,000円を超え57,000円に満たない金額		32,000円の場合の税額に、その日の社会保険料等控除後の給与等の金額のうち32,000円を超える金額の33.693％に相当する金額を加算した金額									2,214円に、その日の社会保険料等控除後の給与等の金額のうち32,000円を超える金額の25.525％に相当する金額を加算した金額

日額表（六）

参　考（日額表）

その日の社会保険料等控除後の給与等の金額	甲 扶養親族等の数								乙	丙
以上　　未満	0人	1人	2人	3人	4人	5人	6人	7人	税額	税額
57,000円	12,550円	12,340円	12,125円	11,910円	11,690円	11,475円	11,260円	11,045円	21,800円	8,595円
57,000円を超え72,500円に満たない金額	57,000円の場合の税額に、その日の社会保険料等控除後の給与等の金額のうち57,000円を超える金額の40.84％に相当する金額を加算した金額								21,800円に、その日の社会保険料等控除後の給与等の金額のうち57,000円を超える金額の45.945％に相当する金額を加算した金額	8,595円に、その日の社会保険料等控除後の給与等の金額のうち57,000円を超える金額の33.693％に相当する金額を加算した金額
72,500円	19,060円	18,845円	18,635円	18,420円	18,200円	17,985円	17,770円	17,555円		
72,500円を超え73,500円に満たない金額	72,500円の場合の税額に、その日の社会保険料等控除後の給与等の金額のうち72,500円を超える金額の40.84％に相当する金額を加算した金額									
73,500円	19,655円	19,440円	19,225円	19,010円	18,790円	18,575円	18,360円	18,150円		
73,500円を超え75,000円に満たない金額	73,500円の場合の税額に、その日の社会保険料等控除後の給与等の金額のうち73,500円を超える金額の40.84％に相当する金額を加算した金額									
75,000円	20,450円	20,235円	20,020円	19,805円	19,585円	19,375円	19,160円	18,945円		
75,000円を超え116,500円に満たない金額	75,000円の場合の税額に、その日の社会保険料等控除後の給与等の金額のうち75,000円を超える金額の40.84％に相当する金額を加算した金額									
116,500円	37,400円	37,185円	36,970円	36,755円	36,535円	36,325円	36,110円	35,895円		28,643円
116,500円を超える金額	116,500円の場合の税額に、その日の社会保険料等控除後の給与等の金額のうち116,500円を超える金額の45.945％に相当する金額を加算した金額									28,643円に、その日の社会保険料等控除後の給与等の金額のうち116,500円を超える金額の40.84％に相当する金額を加算した金額

日額表（七）

その日の社会保険料等控除後の給与等の金額	甲								乙	丙
	扶　養　親　族　等　の　数								税　額	税　額
	0　人	1　人	2　人	3　人	4　人	5　人	6　人	7　人		
以　上　　未　満	税							額		
扶養親族等の数が7人を超える場合には、扶養親族等の数が7人の場合の税額から、その7人を超える1人ごとに50円を控除した金額									従たる給与についての扶養控除等申告書が提出されている場合には、当該申告書に記載された扶養親族等の数に応じ、扶養親族等1人ごとに50円を、上の各欄によって求めた税額から控除した金額	―

参　考（日額表）

(注)　この表において「扶養親族等」とは、源泉対象配偶者及び控除対象扶養親族をいいます。

(備考)　税額の求め方は、次のとおりです。

1　「給与所得者の扶養控除等申告書」(以下この表において「扶養控除等申告書」といいます。)の提出があった人

(1)　まず、その人のその日の給与等の金額から、その給与等の金額から控除される社会保険料等の金額を控除した金額を求めます。

(2)　次に、扶養控除等申告書により申告された扶養親族等(その申告書に記載されていないものとされる源泉控除対象配偶者を除きます。また、扶養親族等が国外居住親族である場合には、親族に該当する旨を証する書類が扶養控除申告書に添付又は提示された扶養親族等に限ります。)の数が7人以下である場合には、(1)により求めた金額に応じて「その日の社会保険料等控除後の給与等の金額」欄の該当する行を求め、その行と扶養親族等の数に応じた甲欄の該当欄との交わるところに記載されている金額を求めます。これが求める税額です。

(3)　扶養控除等申告書により申告された扶養親族等の数が7人を超える場合には、(1)により求めた金額に応じて、扶養親族等の数が7人であるものとして(2)により求めた税額から、扶養親族等の数が7人を超える1人ごとに50円を控除した金額を求めます。これが求める税額です。

(4)　(2)及び(3)の場合において、扶養控除等申告書にその人が障害者(特別障害者を含みます。)、寡婦、ひとり親又は勤労学生に該当する旨の記載があるときは、扶養親族等の数にこれらの一に該当するごとに1人を加算した数を、扶養控除等申告書にその人の同一生計配偶者又は扶養親族のうちに障害者(特別障害者を含みます。)又は同居特別障害者(障害者(特別障害者を含みます。)又は同居特別障害者が国外居住親族である場合には、親族に該当する旨を証する書類が扶養控除等申告書に添付され、又は当該書類が扶養控除等申告書の提出の際に提示された障害者(特別障害者を含みます。)又は同居特別障害者に限ります。)に該当する人がいる旨の記載があるときは、扶養親族等の数にこれらの一に該当するごとに1人を加算した数を、それぞれ(2)及び(3)の扶養親族等の数とします。

2　扶養控除等申告書の提出がない人(「従たる給与についての扶養控除等申告書」の提出があった人を含みます。)

(1)　(2)に該当する場合を除き、その人のその日の給与等の金額から、その給与等の金額から控除される社会保険料等の金額を控除し、その控除後の金額に応じて「その日の社会保険料等控除後の給与等の金額」欄の該当する行を求め、その行と乙欄との交わるところに記載されている金額(「従たる給与についての扶養控除等申告書」の提出があった場合には、その申告書により申告された扶養親族等の数に応じ、扶養親族等1人ごとに50円を控除した金額)を求めます。これが求める税額です。

(2)　その給与等が所得税法第185条第1項第3号(労働した日ごとに支払われる給与等)に掲げる給与等であるときは、その人のその日の給与等の金額から、その給与等の金額から控除される社会保険料等の金額を控除し、その控除後の金額に応じて「その日の社会保険料等控除後の給与等の金額」欄の該当する行を求め、その行と丙欄との交わるところに記載されている金額を求めます。これが求める税額です。

　　　ただし、継続して2か月を超えて支払うこととなった場合には、その2か月を超える部分の期間につき支払われる給与等は、労働した日ごとに支払われる給与等には含まれませんので、税額の求め方は1又は2(1)によります。

令和5年分の賞与 に対する源泉徴収税額の算出率の表（令和2年3月31日財務省告示第81号改正）

		甲							
賞与の金額に乗ずべき率		扶　　　養　　　親　　　族							
		0　人		1　　人		2　　人		3　　人	
		前　月　の　社　会　保　険　料　等　控							
		以　　上	未　　満	以　　上	未　　満	以　　上	未　　満	以　　上	未　　満
%		千円	千円	千円	千円	千円	千円	千円	千円
0.000		68千円未満		94千円未満		133千円未満		171千円未満	
2.042		68	79	94	243	133	269	171	295
4.084		79	252	243	282	269	312	295	345
6.126		252	300	282	338	312	369	345	398
8.168		300	334	338	365	369	393	398	417
10.210		334	363	365	394	393	420	417	445
12.252		363	395	394	422	420	450	445	477
14.294		395	426	422	455	450	484	477	510
16.336		426	520	455	520	484	520	510	544
18.378		520	601	520	617	520	632	544	647
20.420		601	678	617	699	632	721	647	745
22.462		678	708	699	733	721	757	745	782
24.504		708	745	733	771	757	797	782	823
26.546		745	788	771	814	797	841	823	868
28.588		788	846	814	874	841	902	868	931
30.630		846	914	874	944	902	975	931	1,005
32.672		914	1,312	944	1,336	975	1,360	1,005	1,385
35.735		1,312	1,521	1,336	1,526	1,360	1,526	1,385	1,538
38.798		1,521	2,621	1,526	2,645	1,526	2,669	1,538	2,693
41.861		2,621	3,495	2,645	3,527	2,669	3,559	2,693	3,590
45.945		3,495千円以上		3,527千円以上		3,559千円以上		3,590千円以上	

（注）　この表において「扶養親族等」とは、源泉控除対象配偶者及び控除対象扶養親族をいいます。

また、「賞与の金額に乗ずべき率」の賞与の金額とは、賞与の金額から控除される社会保険料等の金額がある場合には、その社会保険料等控除後の金額をいいます。

（備考）　賞与の金額に乗ずべき率の求め方は、次のとおりです。

1　「給与所得者の扶養控除等申告書」（以下この表において「扶養控除等申告書」といいます。）の提出があった人（4に該当する場合を除きます。）

(1)　まず、その人の前月中の給与等（賞与を除きます。以下この表において同じ。）の金額から、その給与等の金額から控除される社会保険料等の金額（以下この表において「前月中の社会保険料等の金額」といいます。）を控除した金額を求めます。

(2)　次に、扶養控除等申告書により申告された扶養親族等（その申告書に記載されていないものとされる源泉控除対象配偶者を除きます。また、扶養親族等が国外居住親族である場合には、親族に該当する旨を証する書類が扶養控除等申告書等に添付又は提示された扶養親族等に限ります。）の数と(1)により求めた金額とに応じて甲欄の「前月の社会保険料等控除後の給与等の金額」欄の該当する行を求めます。

(3)　(2)により求めた行と「賞与の金額に乗ずべき率」欄との交わるところに記載されている率を求めます。これが求める率です。

2　1の場合において、扶養控除等申告書にその人が障害者（特別障害者を含みます。）、寡婦、ひとり親又は勤労学生に該当する旨の記載があるときは、扶養親族等の数にこれらの一に該当するごとに1人を加算した数を、扶養控除等申告書にその人の同一生計配偶者又は扶養親族のうちに障害者（特別障害者を含みます。）又は同居特別障害者（障害者（特別障害者を含みます。）又は同居特別障害者が国外居住親族である場合には、親族に該当する旨を証する書類が扶養控除等申告書に添付され、又は当該書類が扶養控除等申告書の提出の際に提示された障害者（特別障害者を含みます。）又は同居特別障害者に限ります。）に該当する人がいる旨の記載があるときは、扶養親族等の数にこれらの一に該当するごとに1人を加算した数を、それぞれ扶養親族等の数とします。

等			の					数		乙	
4	人	5	人	6	人	7 人 以 上				前月の社会保険料等控除後の給与等の金額	
除 後 の 給 与 等 の 金 額											
以 上	未 満	以 上	未 満	以 上	未 満	以 上	未 満			以 上	未 満
千円 210千円未満	千円	千円 243千円未満	千円	千円 275千円未満	千円	千円 308千円未満	千円			千円	千円
210	300	243	300	275	333	308	372				
300	378	300	406	333	431	372	456				
378	424	406	450	431	476	456	502				
424	444	450	472	476	499	502	523			222千円未満	
444	470	472	496	499	521	523	545				
470	503	496	525	521	547	545	571				
503	534	525	557	547	582	571	607				
534	570	557	597	582	623	607	650				
570	662	597	677	623	693	650	708				
662	768	677	792	693	815	708	838			222	293
768	806	792	831	815	856	838	880				
806	849	831	875	856	900	880	926				
849	896	875	923	900	950	926	978				
896	959	923	987	950	1,015	978	1,043				
959	1,036	987	1,066	1,015	1,096	1,043	1,127			293	524
1,036	1,409	1,066	1,434	1,096	1,458	1,127	1,482				
1,409	1,555	1,434	1,555	1,458	1,555	1,482	1,583				
1,555	2,716	1,555	2,740	1,555	2,764	1,583	2,788			524	1,118
2,716	3,622	2,740	3,654	2,764	3,685	2,788	3,717				
3,622千円以上		3,654千円以上		3,685千円以上		3,717千円以上				1,118千円以上	

3　扶養控除等申告書の提出がない人（「従たる給与についての扶養控除等申告書」の提出があった人を含み、4に該当する場合を除きます。）

(1)　その人の前月中の給与等の金額から前月中の社会保険料等の金額を控除した金額を求めます。

(2)　(1)により求めた金額に応じて乙欄の「前月の社会保険料等控除後の給与等の金額」欄の該当する行を求めます。

(3)　(2)により求めた行と「賞与の金額に乗ずべき率」欄との交わるところに記載されている率を求めます。これが求める率です。

4　前月中の給与等の金額がない場合や前月中の給与等の金額が前月中の社会保険料等の金額以下である場合又はその賞与の金額（その金額から控除される社会保険料等の金額がある場合には、その控除後の金額）が前月中の給与等の金額から前月中の社会保険料等の金額を控除した金額の10倍に相当する金額を超える場合には、この表によらず、平成24年3月31日財務省告示第115号（平成31年3月29日財務省告示第97号改正）第3項第1号イ(2)若しくはロ(2)又は第2号の規定により、月額表を使って税額を計算します。

5　1から4までの場合において、その人の受ける給与等の支給期が月の整数倍の期間ごとと定められているときは、その賞与の支払の直前に支払を受けた若しくは支払を受けるべき給与等の金額又はその給与等の金額から控除される社会保険料等の金額をその倍数で除して計算した金額を、それぞれ前月中の給与等の金額又はその金額から控除される社会保険料等の金額とみなします。

○健康保険・厚生年金保険料額表

健康保険料率・介護保険料率：令和5年3月分〜適用
厚生年金保険料率　　　　：平成29年9月分〜適用
子ども・子育て拠出金率　：令和2年4月分〜適用

標準報酬		報酬月額		全国健康保険協会管掌健康保険料				厚生年金保険料	
				介護保険第2号被保険者に該当しない場合		介護保険第2号被保険者に該当する場合		一般、坑内員・船員（厚生年金基金加入員を除く）	
				全　額	折半額	全　額	折半額	全　額	折半額
等級	月　額	円以上	円未満	10.00%	5.00%	11.82%	5.91%	18.300%	9.150%
1	58,000	〜	63,000	5,800.0	2,900.0	6,855.6	3,427.8		
2	68,000	63,000〜	73,000	6,800.0	3,400.0	8,037.6	4,018.8		
3	78,000	73,000〜	83,000	7,800.0	3,900.0	9,219.6	4,609.8		
4(1)	88,000	83,000〜	93,000	8,800.0	4,400.0	10,401.6	5,200.8	16,104.00	8,052.00
5(2)	98,000	93,000〜	101,000	9,800.0	4,900.0	11,583.6	5,791.8	17,934.00	8,967.00
6(3)	104,000	101,000〜	107,000	10,400.0	5,200.0	12,292.8	6,146.4	19,032.00	9,516.00
7(4)	110,000	107,000〜	114,000	11,000.0	5,500.0	13,002.0	6,501.0	20,130.00	10,065.00
8(5)	118,000	114,000〜	122,000	11,800.0	5,900.0	13,947.6	6,973.8	21,594.00	10,797.00
9(6)	126,000	122,000〜	130,000	12,600.0	6,300.0	14,893.2	7,446.6	23,058.00	11,529.00
10(7)	134,000	130,000〜	138,000	13,400.0	6,700.0	15,838.8	7,919.4	24,522.00	12,261.00
11(8)	142,000	138,000〜	146,000	14,200.0	7,100.0	16,784.4	8,392.2	25,986.00	12,993.00
12(9)	150,000	146,000〜	155,000	15,000.0	7,500.0	17,730.0	8,865.0	27,450.00	13,725.00
13(10)	160,000	155,000〜	165,000	16,000.0	8,000.0	18,912.0	9,456.0	29,280.00	14,640.00
14(11)	170,000	165,000〜	175,000	17,000.0	8,500.0	20,094.0	10,047.0	31,110.00	15,555.00
15(12)	180,000	175,000〜	185,000	18,000.0	9,000.0	21,276.0	10,638.0	32,940.00	16,470.00
16(13)	190,000	185,000〜	195,000	19,000.0	9,500.0	22,458.0	11,229.0	34,770.00	17,385.00
17(14)	200,000	195,000〜	210,000	20,000.0	10,000.0	23,640.0	11,820.0	36,600.00	18,300.00
18(15)	220,000	210,000〜	230,000	22,000.0	11,000.0	26,004.0	13,002.0	40,260.00	20,130.00
19(16)	240,000	230,000〜	250,000	24,000.0	12,000.0	28,368.0	14,184.0	43,920.00	21,960.00
20(17)	260,000	250,000〜	270,000	26,000.0	13,000.0	30,732.0	15,366.0	47,580.00	23,790.00
21(18)	280,000	270,000〜	290,000	28,000.0	14,000.0	33,096.0	16,548.0	51,240.00	25,620.00
22(19)	300,000	290,000〜	310,000	30,000.0	15,000.0	35,460.0	17,730.0	54,900.00	27,450.00
23(20)	320,000	310,000〜	330,000	32,000.0	16,000.0	37,824.0	18,912.0	58,560.00	29,280.00
24(21)	340,000	330,000〜	350,000	34,000.0	17,000.0	40,188.0	20,094.0	62,220.00	31,110.00
25(22)	360,000	350,000〜	370,000	36,000.0	18,000.0	42,552.0	21,276.0	65,880.00	32,940.00
26(23)	380,000	370,000〜	395,000	38,000.0	19,000.0	44,916.0	22,458.0	69,540.00	34,770.00
27(24)	410,000	395,000〜	425,000	41,000.0	20,500.0	48,462.0	24,231.0	75,030.00	37,515.00
28(25)	440,000	425,000〜	455,000	44,000.0	22,000.0	52,008.0	26,004.0	80,520.00	40,260.00
29(26)	470,000	455,000〜	485,000	47,000.0	23,500.0	55,554.0	27,777.0	86,010.00	43,005.00
30(27)	500,000	485,000〜	515,000	50,000.0	25,000.0	59,100.0	29,550.0	91,500.00	45,750.00
31(28)	530,000	515,000〜	545,000	53,000.0	26,500.0	62,646.0	31,323.0	96,990.00	48,495.00
32(29)	560,000	545,000〜	575,000	56,000.0	28,000.0	66,192.0	33,096.0	102,480.00	51,240.00
33(30)	590,000	575,000〜	605,000	59,000.0	29,500.0	69,738.0	34,869.0	107,970.00	53,985.00
34(31)	620,000	605,000〜	635,000	62,000.0	31,000.0	73,284.0	36,642.0	113,460.00	56,730.00
35(32)	650,000	635,000〜	665,000	65,000.0	32,500.0	76,830.0	38,415.0	118,950.00	59,475.00
36	680,000	665,000〜	695,000	68,000.0	34,000.0	80,376.0	40,188.0		
37	710,000	695,000〜	730,000	71,000.0	35,500.0	83,922.0	41,961.0		
38	750,000	730,000〜	770,000	75,000.0	37,500.0	88,650.0	44,325.0		
39	790,000	770,000〜	810,000	79,000.0	39,500.0	93,378.0	46,689.0		
40	830,000	810,000〜	855,000	83,000.0	41,500.0	98,106.0	49,053.0		
41	880,000	855,000〜	905,000	88,000.0	44,000.0	104,016.0	52,008.0		
42	930,000	905,000〜	955,000	93,000.0	46,500.0	109,926.0	54,963.0		
43	980,000	955,000〜	1,005,000	98,000.0	49,000.0	115,836.0	57,918.0		
44	1,030,000	1,005,000〜	1,055,000	103,000.0	51,500.0	121,746.0	60,873.0		
45	1,090,000	1,055,000〜	1,115,000	109,000.0	54,500.0	128,838.0	64,419.0		
46	1,150,000	1,115,000〜	1,175,000	115,000.0	57,500.0	135,930.0	67,965.0		
47	1,210,000	1,175,000〜	1,235,000	121,000.0	60,500.0	143,022.0	71,511.0		
48	1,270,000	1,235,000〜	1,295,000	127,000.0	63,500.0	150,114.0	75,057.0		
49	1,330,000	1,295,000〜	1,355,000	133,000.0	66,500.0	157,206.0	78,603.0		
50	1,390,000	1,355,000〜		139,000.0	69,500.0	164,298.0	82,149.0		

（単位：円）
○全国健康保険協会管掌の健康保険料率介護保険第2号被保険者に該当しない場合‥‥‥‥10.00%
全国健康保険協会管掌の健康保険料率介護保険第2号被保険者に該当する場合‥‥‥‥11.82%
○厚生年金保険料率
　一般、坑内員・船員の被保険者‥‥‥‥18.300%
　※厚生年金基金加入員‥‥‥‥13.300%〜15.900%
○子ども・子育て拠出金率‥‥‥‥0.36%
　（事業主が全額負担）

※「介護保険第2号被保険者」とは、「40歳以上65歳未満の方」であり、健康保険料率（10.00％）に介護保険料率（1.82％）が加わります。
※等級欄の（　）内の数字は、厚生年金保険の標準報酬月額等級です。
　4(1)等級の「報酬月額」欄は厚生年金保険の場合「93,000円未満」と読み替えてください。
　35(32)等級の「報酬月額」欄は厚生年金保険の場合「635,000円以上」と読み替えてください。
●健康保険組合に加入する方の保険料については、加入する健康保険組合へお問い合わせください。
●賞与に係る保険料について
　賞与に係る保険料額を算出する場合は、上記の「保険料額表」は使用できません。
　賞与に係る保険料は、標準賞与額に保険料率を乗じた額となります。（保険料率は、標準報酬月額にかかる保険料率と同じです。）
　標準賞与額は、各被保険者の賞与額から1,000円未満の端数を切り捨てた額となっています。
　標準賞与額の上限は、健康保険は年間573万円（毎年4月1日から翌年3月31日までの累計額）となり、厚生年金保険と子ども・子育て拠出金の場合は1ヶ月あたり150万円が上限となります。
●被保険者が負担する保険料（以下「被保険者負担分」）に円未満の端数がある場合について
　①事業主が、給与から被保険者負担分を控除する場合
　　被保険者負担分の端数が、50銭以下のときはその端数を切り捨てし、50銭を超える場合は切り上げて1円となります。
　②被保険者が、被保険者負担分を事業主の方に現金で支払う場合
　　被保険者負担分の端数が、50銭未満のときはその端数を切り捨てし、50銭以上のときは切り上げて1円となります。
　（注）①、②に関わらず、事業主と被保険者との間で特約がある場合は、特約に基づき端数処理をすることができます。
●上記の表は東京都の保険料額表です。他の道府県については全国健康保険協会のホームページ等でお調べ下さい。

（別表）日雇特例被保険者の保険料日額（令和5年4月1日適用）

標準賃金日額		賃金日額	保険料日額					
			介護保険第2号被保険者 に該当しない場合			介護保険第2号被保険者 に該当する場合		
			10.00% （平均保険料率）			11.82% （平均保険料率＋介護保険料率）		
等級	日額		金額	日雇特例 被保険者が 負担する額	事業主が 負担する額	金額	日雇特例 被保険者が 負担する額	事業主が 負担する額
	円	円以上　円未満	円	円	円	円	円	円
第1級	3,000	～　3,500	390	150	240	450	175	275
第2級	4,400	3,500～　5,000	570	220	350	680	260	420
第3級	5,750	5,000～　6,500	740	285	455	880	335	545
第4級	7,250	6,500～　8,000	940	360	580	1,110	425	685
第5級	8,750	8,000～　9,500	1,140	435	705	1,350	515	835
第6級	10,750	9,500～ 12,000	1,400	535	865	1,660	635	1,025
第7級	13,250	12,000～ 14,500	1,730	660	1,070	2,040	780	1,260
第8級	15,750	14,500～ 17,000	2,050	785	1,265	2,430	930	1,500
第9級	18,250	17,000～ 19,500	2,380	910	1,470	2,810	1,075	1,735
第10級	21,250	19,500～ 23,000	2,770	1,060	1,710	3,280	1,255	2,025
第11級	24,750	23,000～	3,230	1,235	1,995	3,820	1,460	2,360

◆保険料日額（金額）の計算方法
　①…標準賃金日額×平均保険料率（注）
　②…①の10円未満を切り捨てる
　③…①×31／100
　④…③の10円未満を切り捨てる
　⑤…②＋④＝保険料日額（金額）

◆日雇特例被保険者と事業主の負担額
　②×1／2＝日雇特例被保険者負担額
　②×1／2＋④＝事業主負担額

◆賞与に係る保険料について
　　賞与に係る保険料額は、賞与額の1,000円未満の端数を切り捨てた額（標準賞与額）に、平均保険料率（注）を乗じた額になります。
　　また、標準賞与額には、40万円の上限が定められています。
（注）　40歳以上65歳未満の方（介護保険第2号被保険者）は、医療に係る平均保険料率に介護保険料率が加わります。

日雇労働被保険者印紙保険料額表（平成6年8月1日適用）

等級	賃　　金　　日　　額	印紙保険料額	被保険者負担印紙保険料額
1級	11,300円以上	176円	88円
2級	8,200円以上　　11,300円未満	146円	73円
3級	8,200円未満	96円	48円

（注）　なお、上記印紙保険料の額のほかに日雇労働被保険者は、一般保険料の額を負担しなければなりません。

雇用保険料率 （令和5年4月1日適用）

　被保険者が負担する雇用保険料額は、被保険者の賃金総額に下の表の（　）内の率を乗じて得た額になります。

	事　業　の　種　類	令和4年度 令和4年10月1日～ 令和5年3月31日	令和5年度 令和5年4月1日～ 令和6年3月31日
1	2及び3以外の事業	1,000分の13.5 （1,000分の5）	1,000分の15.5 （1,000分の6）
2	土地の耕作若しくは開墾又は植物の栽植、栽培、採取若しくは伐採の事業、その他農林の事業（園芸サービスの事業を除く）	1,000分の15.5 （1,000分の6）	1,000分の17.5 （1,000分の7）
	動物の飼育又は水産動植物の採捕若しくは養殖の事業その他畜産、養蚕又は水産の事業（牛馬の育成、酪農、養鶏又は養豚の事業及び内水面養殖の事業は除く）		
	清酒の製造の事業		
3	土木、建築その他工作物の建設、改造、保存、修理、変更、破壊若しくは解体又はその準備の事業	1,000分の16.5 （1,000分の6）	1,000分の18.5 （1,000分の7）

（注）　雇用保険率の（　）内は、被保険者負担分です。

※雇用保険の被保険者負担額の端数処理について
1　被保険者負担額を源泉控除する場合
　　被保険者負担額の端数が、50銭以下の場合は切捨て、50銭1厘以上の場合は切上げとなります。
2　被保険者負担額を被保険者が現金で支払う場合
　　被保険者負担額の端数が、50銭未満の場合は切捨て、50銭以上の場合は切上げとなります。
　　ただし、これらの端数処理の取扱いは、労使の間で慣習的な取扱い等の特約がある場合にはこの限りではないので、例えば、従来切り捨てで行われていた場合、引き続き同様の取扱いを行ったとしても差し支えはありません。

課税退職所得金額の算式の表

退職手当等の区分	退　職　所　得　金　額		
一般退職手当 等の場合	$\left(\begin{array}{l}\text{一般退職手当等}\\\text{の収入金額}\end{array} - \text{退職所得控除額}\right) \times \dfrac{1}{2}$		
特定役員退職 手当等の場合	$\begin{array}{l}\text{特定役員退職手当等}\\\text{の収入金額}\end{array} - \text{退職所得控除額}$		
短期退職手当 等の場合	$\left(\begin{array}{l}\text{短期退職}\\\text{手当等の}\\\text{収入金額}\end{array} - \begin{array}{l}\text{退職}\\\text{所得}\\\text{控除額}\end{array}\right)$	300万円 以下	$\left(\begin{array}{l}\text{短期退職}\\\text{手当等の}-\begin{array}{l}\text{退職所得}\\\text{控除額}\end{array}\\\text{収入金額}\end{array}\right) \times \dfrac{1}{2}$
		300万円 超	$150\text{万円}+\left(\begin{array}{l}\text{短期退職}\\\text{手当等の}-\left(300\text{万円}+\begin{array}{l}\text{退職所得}\\\text{控除額}\end{array}\right)\\\text{収入金額}\end{array}\right)$

退職所得の源泉徴収税額の速算表

課税退職所得金額(A)		所得税率(B)	控除額(C)	税額＝((A)×(B)−(C))×102.1%
	1,950,000円以下	5 %	—	((A) × 5 %　　　　　　) ×102.1%
1,950,000円超	3,300,000円 〃	10%	97,500円	((A) ×10% −　　97,500円) ×102.1%
3,300,000円 〃	6,950,000円 〃	20%	427,500円	((A) ×20% −　427,500円) ×102.1%
6,950,000円 〃	9,000,000円 〃	23%	636,000円	((A) ×23% −　636,000円) ×102.1%
9,000,000円 〃	18,000,000円 〃	33%	1,536,000円	((A) ×33% − 1,536,000円) ×102.1%
18,000,000円 〃	40,000,000円 〃	40%	2,796,000円	((A) ×40% − 2,796,000円) ×102.1%
40,000,000円 〃		45%	4,796,000円	((A) ×45% − 4,796,000円) ×102.1%

退職所得控除—源泉徴収のための退職所得控除額の表（所法別表第六・第201条関係）—

勤 続 年 数	退職所得控除額		勤 続 年 数	退職所得控除額	
	一般退職の場合	障害退職の場合		一般退職の場合	障害退職の場合
2 年以下	千円 800	千円 1,800	24　年 25　年 26　年	10,800 11,500 12,200	千円 11,800 12,500 13,200
3　年 4　年 5　年	1,200 1,600 2,000	2,200 2,600 3,000	27　年 28　年 29　年	12,900 13,600 14,300	13,900 14,600 15,300
6　年 7　年 8　年	2,400 2,800 3,200	3,400 3,800 4,200	30　年 31　年 32　年	15,000 15,700 16,400	16,000 16,700 17,400
9　年 10　年 11　年	3,600 4,000 4,400	4,600 5,000 5,400	33　年 34　年 35　年	17,100 17,800 18,500	18,100 18,800 19,500
12　年 13　年 14　年	4,800 5,200 5,600	5,800 6,200 6,600	36　年 37　年 38　年	19,200 19,900 20,600	20,200 20,900 21,600
15　年 16　年 17　年	6,000 6,400 6,800	7,000 7,400 7,800	39　年 40　年	21,300 22,000	22,300 23,000
18　年 19　年 20　年	7,200 7,600 8,000	8,200 8,600 9,000	41年以上	22,000千円に、勤続年数が40年を超える1年ごとに700千円を加算した金額	23,000千円に、勤続年数が40年を超える1年ごとに700千円を加算した金額
21　年 22　年 23　年	8,700 9,400 10,100	9,700 10,400 11,100			

参 考（退職所得控除）

(注)　この表における用語の意味は、次のとおりです。

　(1)　「勤続年数」とは、退職手当等の支払を受ける人が、退職手当等の支払者の下においてその退職手当等の支払の基因となった退職の日まで引き続き勤務した期間により計算した一定の年数をいいます（所得税法施行令第69条）。

　(2)　「障害退職の場合」とは、障害者になったことに直接基因して退職したと認められる一定の場合をいいます（所得税法第30条第5項第3号）。

　(3)　「一般退職の場合」とは、障害退職の場合以外の退職の場合をいいます。

(備考)

　(1)　退職所得控除額は、(2)に該当する場合を除き、退職手当等に係る勤続年数に応じ「勤続年数」欄の該当する行に当てはめて求めます。この場合、一般退職のときはその行の「退職所得控除額」の「一般退職の場合」欄に記載されている金額が、また、障害退職のときはその行の「退職所得控除額」の「障害退職の場合」欄に記載されている金額が、それぞれその退職手当等に係る退職所得控除額です。

　(2)　所得税法第30条第5項第1号（退職所得控除額の計算の特例）に掲げる場合に該当するときは、同項の規定に準じて計算した金額が、その退職手当等に係る退職所得控除額です。

（参考）退職 ― 住民（一）―退職所得に係る市町村民税及び道府県民税の特別徴収税額早見表―

　この表において「退職所得控除額控除後の退職手当等の金額」とは、退職手当等の金額から退職所得控除額を控除した残額（2分の1をする前の金額です。）をいいます。

　税額の求め方は、まず、退職所得控除額控除後の退職手当等の金額を計算し、次に、その金額に応じて「退職所得控除額控除後の退職手当等の金額」欄の該当する行を求めます。そして、その行の「特別徴収税額」の「合計」欄に記載されている金額が、特別徴収する税額です。

＊　この早見表は参考ですので、「退職所得控除額控除後の退職手当等の金額（2分の1前）」が800万円以上の退職所得に係る住民税の特別徴収税額の算出にあたっては、次の算式により計算してください。

$$\left(\boxed{\begin{array}{c}①退職手当等\\の金額\end{array}} - \boxed{\begin{array}{c}②退職所得\\控除額\end{array}}\right) \times \frac{1}{2} = \boxed{\begin{array}{c}③課税退職所得金額\\（1,000円未満切捨て）\end{array}}$$

| ③課税退職所得金額 | × | ④税率 市町村民税（特別区民税）　6％／道府県民税（都民税）　4％ | = | ⑤特別徴収税額（100円未満切捨て）市町村民税（特別区民税）／道府県民税（都民税） |

＊　役員等勤続年数が5年以内の役員等（法人税法上の役員、国会議員・地方議会議員、国家公務員・地方公務員が対象となります。）については、退職所得控除額を控除した残額を2分の1する措置を適用せずに計算します。

（注）この表及び算式により求める特別徴収税額は、平成25年1月1日以降の退職所得に係るものです。

退職所得控除額控除後の退職手当等の金額(2分の1前) から	まで	特別徴収税額 市町村民税(特別区民税)	道府県民税(都民税)	合　計	退職所得控除額控除後の退職手当等の金額(2分の1前) から	まで	特別徴収税額 市町村民税(特別区民税)	道府県民税(都民税)	合　計
円	円	円	円	円	円	円	円	円	円
～	3,999	0	0	0	100,000	103,999	3,000	2,000	5,000
4,000	5,999	100	0	100	104,000	105,999	3,100	2,000	5,100
6,000	7,999	100	100	200	106,000	107,999	3,100	2,100	5,200
8,000	9,999	200	100	300	108,000	109,999	3,200	2,100	5,300
10,000	13,999	300	200	500	110,000	113,999	3,300	2,200	5,500
14,000	15,999	400	200	600	114,000	115,999	3,400	2,200	5,600
16,000	17,999	400	300	700	116,000	117,999	3,400	2,300	5,700
18,000	19,999	500	300	800	118,000	119,999	3,500	2,300	5,800
20,000	23,999	600	400	1,000	120,000	123,999	3,600	2,400	6,000
24,000	25,999	700	400	1,100	124,000	125,999	3,700	2,400	6,100
26,000	27,999	700	500	1,200	126,000	127,999	3,700	2,500	6,200
28,000	29,999	800	500	1,300	128,000	129,999	3,800	2,500	6,300
30,000	33,999	900	600	1,500	130,000	133,999	3,900	2,600	6,500
34,000	35,999	1,000	600	1,600	134,000	135,999	4,000	2,600	6,600
36,000	37,999	1,000	700	1,700	136,000	137,999	4,000	2,700	6,700
38,000	39,999	1,100	700	1,800	138,000	139,999	4,100	2,700	6,800
40,000	43,999	1,200	800	2,000	140,000	143,999	4,200	2,800	7,000
44,000	45,999	1,300	800	2,100	144,000	145,999	4,300	2,800	7,100
46,000	47,999	1,300	900	2,200	146,000	147,999	4,300	2,900	7,200
48,000	49,999	1,400	900	2,300	148,000	149,999	4,400	2,900	7,300
50,000	53,999	1,500	1,000	2,500	150,000	153,999	4,500	3,000	7,500
54,000	55,999	1,600	1,000	2,600	154,000	155,999	4,600	3,000	7,600
56,000	57,999	1,600	1,100	2,700	156,000	157,999	4,600	3,100	7,700
58,000	59,999	1,700	1,100	2,800	158,000	159,999	4,700	3,100	7,800
60,000	63,999	1,800	1,200	3,000	160,000	163,999	4,800	3,200	8,000
64,000	65,999	1,900	1,200	3,100	164,000	165,999	4,900	3,200	8,100
66,000	67,999	1,900	1,300	3,200	166,000	167,999	4,900	3,300	8,200
68,000	69,999	2,000	1,300	3,300	168,000	169,999	5,000	3,300	8,300
70,000	73,999	2,100	1,400	3,500	170,000	173,999	5,100	3,400	8,500
74,000	75,999	2,200	1,400	3,600	174,000	175,999	5,200	3,400	8,600
76,000	77,999	2,200	1,500	3,700	176,000	177,999	5,200	3,500	8,700
78,000	79,999	2,300	1,500	3,800	178,000	179,999	5,300	3,500	8,800
80,000	83,999	2,400	1,600	4,000	180,000	183,999	5,400	3,600	9,000
84,000	85,999	2,500	1,600	4,100	184,000	185,999	5,500	3,600	9,100
86,000	87,999	2,500	1,700	4,200	186,000	187,999	5,500	3,700	9,200
88,000	89,999	2,600	1,700	4,300	188,000	189,999	5,600	3,700	9,300
90,000	93,999	2,700	1,800	4,500	190,000	193,999	5,700	3,800	9,500
94,000	95,999	2,800	1,800	4,600	194,000	195,999	5,800	3,800	9,600
96,000	97,999	2,800	1,900	4,700	196,000	197,999	5,800	3,900	9,700
98,000	99,999	2,900	1,900	4,800	198,000	199,999	5,900	3,900	9,800

参　考（退職住民）

退職 ― 住民(二)

退職所得控除額控除後の退職手当等の金額(2分の1前)		特別徴収税額			退職所得控除額控除後の退職手当等の金額(2分の1前)		特別徴収税額		
から	まで	市町村民税(特別区民税)	道府県民税(都民税)	合 計	から	まで	市町村民税(特別区民税)	道府県民税(都民税)	合 計
円	円	円	円	円	円	円	円	円	円
200,000	203,999	6,000	4,000	10,000	350,000	353,999	10,500	7,000	17,500
204,000	205,999	6,100	4,000	10,100	354,000	355,999	10,600	7,000	17,600
206,000	207,999	6,100	4,100	10,200	356,000	357,999	10,600	7,100	17,700
208,000	209,999	6,200	4,100	10,300	358,000	359,999	10,700	7,100	17,800
210,000	213,999	6,300	4,200	10,500	360,000	363,999	10,800	7,200	18,000
214,000	215,999	6,400	4,200	10,600	364,000	365,999	10,900	7,200	18,100
216,000	217,999	6,400	4,300	10,700	366,000	367,999	10,900	7,300	18,200
218,000	219,999	6,500	4,300	10,800	368,000	369,999	11,000	7,300	18,300
220,000	223,999	6,600	4,400	11,000	370,000	373,999	11,100	7,400	18,500
224,000	225,999	6,700	4,400	11,100	374,000	375,999	11,200	7,400	18,600
226,000	227,999	6,700	4,500	11,200	376,000	377,999	11,200	7,500	18,700
228,000	229,999	6,800	4,500	11,300	378,000	379,999	11,300	7,500	18,800
230,000	233,999	6,900	4,600	11,500	380,000	383,999	11,400	7,600	19,000
234,000	235,999	7,000	4,600	11,600	384,000	385,999	11,500	7,600	19,100
236,000	237,999	7,000	4,700	11,700	386,000	387,999	11,500	7,700	19,200
238,000	239,999	7,100	4,700	11,800	388,000	389,999	11,600	7,700	19,300
240,000	243,999	7,200	4,800	12,000	390,000	393,999	11,700	7,800	19,500
244,000	245,999	7,300	4,800	12,100	394,000	395,999	11,800	7,800	19,600
246,000	247,999	7,300	4,900	12,200	396,000	397,999	11,800	7,900	19,700
248,000	249,999	7,400	4,900	12,300	398,000	399,999	11,900	7,900	19,800
250,000	253,999	7,500	5,000	12,500	400,000	403,999	12,000	8,000	20,000
254,000	255,999	7,600	5,000	12,600	404,000	405,999	12,100	8,000	20,100
256,000	257,999	7,600	5,100	12,700	406,000	407,999	12,100	8,100	20,200
258,000	259,999	7,700	5,100	12,800	408,000	409,999	12,200	8,100	20,300
260,000	263,999	7,800	5,200	13,000	410,000	413,999	12,300	8,200	20,500
264,000	265,999	7,900	5,200	13,100	414,000	415,999	12,400	8,200	20,600
266,000	267,999	7,900	5,300	13,200	416,000	417,999	12,400	8,300	20,700
268,000	269,999	8,000	5,300	13,300	418,000	419,999	12,500	8,300	20,800
270,000	273,999	8,100	5,400	13,500	420,000	423,999	12,600	8,400	21,000
274,000	275,999	8,200	5,400	13,600	424,000	425,999	12,700	8,400	21,100
276,000	277,999	8,200	5,500	13,700	426,000	427,999	12,700	8,500	21,200
278,000	279,999	8,300	5,500	13,800	428,000	429,999	12,800	8,500	21,300
280,000	283,999	8,400	5,600	14,000	430,000	433,999	12,900	8,600	21,500
284,000	285,999	8,500	5,600	14,100	434,000	435,999	13,000	8,600	21,600
286,000	287,999	8,500	5,700	14,200	436,000	437,999	13,000	8,700	21,700
288,000	289,999	8,600	5,700	14,300	438,000	439,999	13,100	8,700	21,800
290,000	293,999	8,700	5,800	14,500	440,000	443,999	13,200	8,800	22,000
294,000	295,999	8,800	5,800	14,600	444,000	445,999	13,300	8,800	22,100
296,000	297,999	8,800	5,900	14,700	446,000	447,999	13,300	8,900	22,200
298,000	299,999	8,900	5,900	14,800	448,000	449,999	13,400	8,900	22,300
300,000	303,999	9,000	6,000	15,000	450,000	453,999	13,500	9,000	22,500
304,000	305,999	9,100	6,000	15,100	454,000	455,999	13,600	9,000	22,600
306,000	307,999	9,100	6,100	15,200	456,000	457,999	13,600	9,100	22,700
308,000	309,999	9,200	6,100	15,300	458,000	459,999	13,700	9,100	22,800
310,000	313,999	9,300	6,200	15,500	460,000	463,999	13,800	9,200	23,000
314,000	315,999	9,400	6,200	15,600	464,000	465,999	13,900	9,200	23,100
316,000	317,999	9,400	6,300	15,700	466,000	467,999	13,900	9,300	23,200
318,000	319,999	9,500	6,300	15,800	468,000	469,999	14,000	9,300	23,300
320,000	323,999	9,600	6,400	16,000	470,000	473,999	14,100	9,400	23,500
324,000	325,999	9,700	6,400	16,100	474,000	475,999	14,200	9,400	23,600
326,000	327,999	9,700	6,500	16,200	476,000	477,999	14,200	9,500	23,700
328,000	329,999	9,800	6,500	16,300	478,000	479,999	14,300	9,500	23,800
330,000	333,999	9,900	6,600	16,500	480,000	483,999	14,400	9,600	24,000
334,000	335,999	10,000	6,600	16,600	484,000	485,999	14,500	9,600	24,100
336,000	337,999	10,000	6,700	16,700	486,000	487,999	14,500	9,700	24,200
338,000	339,999	10,100	6,700	16,800	488,000	489,999	14,600	9,700	24,300
340,000	343,999	10,200	6,800	17,000	490,000	493,999	14,700	9,800	24,500
344,000	345,999	10,300	6,800	17,100	494,000	495,999	14,800	9,800	24,600
346,000	347,999	10,300	6,900	17,200	496,000	497,999	14,800	9,900	24,700
348,000	349,999	10,400	6,900	17,300	498,000	499,999	14,900	9,900	24,800

参 考〈退職住民〉

退職 — 住民(三)

退職所得控除額控除後の退職手当等の金額(2分の1前)		特別徴収税額			退職所得控除額控除後の退職手当等の金額(2分の1前)		特別徴収税額		
から	まで	市町村民税(特別区民税)	道府県民税(都民税)	合計	から	まで	市町村民税(特別区民税)	道府県民税(都民税)	合計
円	円	円	円	円	円	円	円	円	円
500,000	503,999	15,000	10,000	25,000	650,000	653,999	19,500	13,000	32,500
504,000	505,999	15,100	10,000	25,100	654,000	655,999	19,600	13,000	32,600
506,000	507,999	15,100	10,100	25,200	656,000	657,999	19,600	13,100	32,700
508,000	509,999	15,200	10,100	25,300	658,000	659,999	19,700	13,100	32,800
510,000	513,999	15,300	10,200	25,500	660,000	663,999	19,800	13,200	33,000
514,000	515,999	15,400	10,200	25,600	664,000	665,999	19,900	13,200	33,100
516,000	517,999	15,400	10,300	25,700	666,000	667,999	19,900	13,300	33,200
518,000	519,999	15,500	10,300	25,800	668,000	669,999	20,000	13,300	33,300
520,000	523,999	15,600	10,400	26,000	670,000	673,999	20,100	13,400	33,500
524,000	525,999	15,700	10,400	26,100	674,000	675,999	20,200	13,400	33,600
526,000	527,999	15,700	10,500	26,200	676,000	677,999	20,200	13,500	33,700
528,000	529,999	15,800	10,500	26,300	678,000	679,999	20,300	13,500	33,800
530,000	533,999	15,900	10,600	26,500	680,000	683,999	20,400	13,600	34,000
534,000	535,999	16,000	10,600	26,600	684,000	685,999	20,500	13,600	34,100
536,000	537,999	16,000	10,700	26,700	686,000	687,999	20,500	13,700	34,200
538,000	539,999	16,100	10,700	26,800	688,000	689,999	20,600	13,700	34,300
540,000	543,999	16,200	10,800	27,000	690,000	693,999	20,700	13,800	34,500
544,000	545,999	16,300	10,800	27,100	694,000	695,999	20,800	13,800	34,600
546,000	547,999	16,300	10,900	27,200	696,000	697,999	20,800	13,900	34,700
548,000	549,999	16,400	10,900	27,300	698,000	699,999	20,900	13,900	34,800
550,000	553,999	16,500	11,000	27,500	700,000	703,999	21,000	14,000	35,000
554,000	555,999	16,600	11,000	27,600	704,000	705,999	21,100	14,000	35,100
556,000	557,999	16,600	11,100	27,700	706,000	707,999	21,100	14,100	35,200
558,000	559,999	16,700	11,100	27,800	708,000	709,999	21,200	14,100	35,300
560,000	563,999	16,800	11,200	28,000	710,000	713,999	21,300	14,200	35,500
564,000	565,999	16,900	11,200	28,100	714,000	715,999	21,400	14,200	35,600
566,000	567,999	16,900	11,300	28,200	716,000	717,999	21,400	14,300	35,700
568,000	569,999	17,000	11,300	28,300	718,000	719,999	21,500	14,300	35,800
570,000	573,999	17,100	11,400	28,500	720,000	723,999	21,600	14,400	36,000
574,000	575,999	17,200	11,400	28,600	724,000	725,999	21,700	14,400	36,100
576,000	577,999	17,200	11,500	28,700	726,000	727,999	21,700	14,500	36,200
578,000	579,999	17,300	11,500	28,800	728,000	729,999	21,800	14,500	36,300
580,000	583,999	17,400	11,600	29,000	730,000	733,999	21,900	14,600	36,500
584,000	585,999	17,500	11,600	29,100	734,000	735,999	22,000	14,600	36,600
586,000	587,999	17,500	11,700	29,200	736,000	737,999	22,000	14,700	36,700
588,000	589,999	17,600	11,700	29,300	738,000	739,999	22,100	14,700	36,800
590,000	593,999	17,700	11,800	29,500	740,000	743,999	22,200	14,800	37,000
594,000	595,999	17,800	11,800	29,600	744,000	745,999	22,300	14,800	37,100
596,000	597,999	17,800	11,900	29,700	746,000	747,999	22,300	14,900	37,200
598,000	599,999	17,900	11,900	29,800	748,000	749,999	22,400	14,900	37,300
600,000	603,999	18,000	12,000	30,000	750,000	753,999	22,500	15,000	37,500
604,000	605,999	18,100	12,000	30,100	754,000	755,999	22,600	15,000	37,600
606,000	607,999	18,100	12,100	30,200	756,000	757,999	22,600	15,100	37,700
608,000	609,999	18,200	12,100	30,300	758,000	759,999	22,700	15,100	37,800
610,000	613,999	18,300	12,200	30,500	760,000	763,999	22,800	15,200	38,000
614,000	615,999	18,400	12,200	30,600	764,000	765,999	22,900	15,200	38,100
616,000	617,999	18,400	12,300	30,700	766,000	767,999	22,900	15,300	38,200
618,000	619,999	18,500	12,300	30,800	768,000	769,999	23,000	15,300	38,300
620,000	623,999	18,600	12,400	31,000	770,000	773,999	23,100	15,400	38,500
624,000	625,999	18,700	12,400	31,100	774,000	775,999	23,200	15,400	38,600
626,000	627,999	18,700	12,500	31,200	776,000	777,999	23,200	15,500	38,700
628,000	629,999	18,800	12,500	31,300	778,000	779,999	23,300	15,500	38,800
630,000	633,999	18,900	12,600	31,500	780,000	783,999	23,400	15,600	39,000
634,000	635,999	19,000	12,600	31,600	784,000	785,999	23,500	15,600	39,100
636,000	637,999	19,000	12,700	31,700	786,000	787,999	23,500	15,700	39,200
638,000	639,999	19,100	12,700	31,800	788,000	789,999	23,600	15,700	39,300
640,000	643,999	19,200	12,800	32,000	790,000	793,999	23,700	15,800	39,500
644,000	645,999	19,300	12,800	32,100	794,000	795,999	23,800	15,800	39,600
646,000	647,999	19,300	12,900	32,200	796,000	797,999	23,800	15,900	39,700
648,000	649,999	19,400	12,900	32,300	798,000	799,999	23,900	15,900	39,800

参 考(退職住民)

退職 ― 住民（四）

退職所得控除額控除後の退職手当等の金額（2分の1前）		特別徴収税額			退職所得控除額控除後の退職手当等の金額（2分の1前）		特別徴収税額		
から	まで	市町村民税（特別区民税）	道府県民税（都民税）	合計	から	まで	市町村民税（特別区民税）	道府県民税（都民税）	合計
円	円	円	円	円	円	円	円	円	円
800,000	803,999	24,000	16,000	40,000	950,000	953,999	28,500	19,000	47,500
804,000	805,999	24,100	16,000	40,100	954,000	955,999	28,600	19,000	47,600
806,000	807,999	24,100	16,100	40,200	956,000	957,999	28,600	19,100	47,700
808,000	809,999	24,200	16,100	40,300	958,000	959,999	28,700	19,100	47,800
810,000	813,999	24,300	16,200	40,500	960,000	963,999	28,800	19,200	48,000
814,000	815,999	24,400	16,200	40,600	964,000	965,999	28,900	19,200	48,100
816,000	817,999	24,400	16,300	40,700	966,000	967,999	28,900	19,300	48,200
818,000	819,999	24,500	16,300	40,800	968,000	969,999	29,000	19,300	48,300
820,000	823,999	24,600	16,400	41,000	970,000	973,999	29,100	19,400	48,500
824,000	825,999	24,700	16,400	41,100	974,000	975,999	29,200	19,400	48,600
826,000	827,999	24,700	16,500	41,200	976,000	977,999	29,200	19,500	48,700
828,000	829,999	24,800	16,500	41,300	978,000	979,999	29,300	19,500	48,800
830,000	833,999	24,900	16,600	41,500	980,000	983,999	29,400	19,600	49,000
834,000	835,999	25,000	16,600	41,600	984,000	985,999	29,500	19,600	49,100
836,000	837,999	25,000	16,700	41,700	986,000	987,999	29,500	19,700	49,200
838,000	839,999	25,100	16,700	41,800	988,000	989,999	29,600	19,700	49,300
840,000	843,999	25,200	16,800	42,000	990,000	993,999	29,700	19,800	49,500
844,000	845,999	25,300	16,800	42,100	994,000	995,999	29,800	19,800	49,600
846,000	847,999	25,300	16,900	42,200	996,000	997,999	29,800	19,900	49,700
848,000	849,999	25,400	16,900	42,300	998,000	999,999	29,900	19,900	49,800
850,000	853,999	25,500	17,000	42,500	1,000,000	1,003,999	30,000	20,000	50,000
854,000	855,999	25,600	17,000	42,600	1,004,000	1,005,999	30,100	20,000	50,100
856,000	857,999	25,600	17,100	42,700	1,006,000	1,007,999	30,100	20,100	50,200
858,000	859,999	25,700	17,100	42,800	1,008,000	1,009,999	30,200	20,100	50,300
860,000	863,999	25,800	17,200	43,000	1,010,000	1,013,999	30,300	20,200	50,500
864,000	865,999	25,900	17,200	43,100	1,014,000	1,015,999	30,400	20,200	50,600
866,000	867,999	25,900	17,300	43,200	1,016,000	1,017,999	30,400	20,300	50,700
868,000	869,999	26,000	17,300	43,300	1,018,000	1,019,999	30,500	20,300	50,800
870,000	873,999	26,100	17,400	43,500	1,020,000	1,023,999	30,600	20,400	51,000
874,000	875,999	26,200	17,400	43,600	1,024,000	1,025,999	30,700	20,400	51,100
876,000	877,999	26,200	17,500	43,700	1,026,000	1,027,999	30,700	20,500	51,200
878,000	879,999	26,300	17,500	43,800	1,028,000	1,029,999	30,800	20,500	51,300
880,000	883,999	26,400	17,600	44,000	1,030,000	1,033,999	30,900	20,600	51,500
884,000	885,999	26,500	17,600	44,100	1,034,000	1,035,999	31,000	20,600	51,600
886,000	887,999	26,500	17,700	44,200	1,036,000	1,037,999	31,000	20,700	51,700
888,000	889,999	26,600	17,700	44,300	1,038,000	1,039,999	31,100	20,700	51,800
890,000	893,999	26,700	17,800	44,500	1,040,000	1,043,999	31,200	20,800	52,000
894,000	895,999	26,800	17,800	44,600	1,044,000	1,045,999	31,300	20,800	52,100
896,000	897,999	26,800	17,900	44,700	1,046,000	1,047,999	31,300	20,900	52,200
898,000	899,999	26,900	17,900	44,800	1,048,000	1,049,999	31,400	20,900	52,300
900,000	903,999	27,000	18,000	45,000	1,050,000	1,053,999	31,500	21,000	52,500
904,000	905,999	27,100	18,000	45,100	1,054,000	1,055,999	31,600	21,000	52,600
906,000	907,999	27,100	18,100	45,200	1,056,000	1,057,999	31,600	21,100	52,700
908,000	909,999	27,200	18,100	45,300	1,058,000	1,059,999	31,700	21,100	52,800
910,000	913,999	27,300	18,200	45,500	1,060,000	1,063,999	31,800	21,200	53,000
914,000	915,999	27,400	18,200	45,600	1,064,000	1,065,999	31,900	21,200	53,100
916,000	917,999	27,400	18,300	45,700	1,066,000	1,067,999	31,900	21,300	53,200
918,000	919,999	27,500	18,300	45,800	1,068,000	1,069,999	32,000	21,300	53,300
920,000	923,999	27,600	18,400	46,000	1,070,000	1,073,999	32,100	21,400	53,500
924,000	925,999	27,700	18,400	46,100	1,074,000	1,075,999	32,200	21,400	53,600
926,000	927,999	27,700	18,500	46,200	1,076,000	1,077,999	32,200	21,500	53,700
928,000	929,999	27,800	18,500	46,300	1,078,000	1,079,999	32,300	21,500	53,800
930,000	933,999	27,900	18,600	46,500	1,080,000	1,083,999	32,400	21,600	54,000
934,000	935,999	28,000	18,600	46,600	1,084,000	1,085,999	32,500	21,600	54,100
936,000	937,999	28,000	18,700	46,700	1,086,000	1,087,999	32,500	21,700	54,200
938,000	939,999	28,100	18,700	46,800	1,088,000	1,089,999	32,600	21,700	54,300
940,000	943,999	28,200	18,800	47,000	1,090,000	1,093,999	32,700	21,800	54,500
944,000	945,999	28,300	18,800	47,100	1,094,000	1,095,999	32,800	21,800	54,600
946,000	947,999	28,300	18,900	47,200	1,096,000	1,097,999	32,800	21,900	54,700
948,000	949,999	28,400	18,900	47,300	1,098,000	1,099,999	32,900	21,900	54,800

参考（退職住民）

退職 — 住民(五)

退職所得控除額控除後の退職手当等の金額(2分の1前) から	まで	特別徴収税額 市町村民税(特別区民税)	道府県民税(都民税)	合計	退職所得控除額控除後の退職手当等の金額(2分の1前) から	まで	特別徴収税額 市町村民税(特別区民税)	道府県民税(都民税)	合計
円	円	円	円	円	円	円	円	円	円
1,100,000	1,103,999	33,000	22,000	55,000	1,250,000	1,253,999	37,500	25,000	62,500
1,104,000	1,105,999	33,100	22,000	55,100	1,254,000	1,255,999	37,600	25,000	62,600
1,106,000	1,107,999	33,100	22,100	55,200	1,256,000	1,257,999	37,600	25,100	62,700
1,108,000	1,109,999	33,200	22,100	55,300	1,258,000	1,259,999	37,700	25,100	62,800
1,110,000	1,113,999	33,300	22,200	55,500	1,260,000	1,263,999	37,800	25,200	63,000
1,114,000	1,115,999	33,400	22,200	55,600	1,264,000	1,265,999	37,900	25,200	63,100
1,116,000	1,117,999	33,400	22,300	55,700	1,266,000	1,267,999	37,900	25,300	63,200
1,118,000	1,119,999	33,500	22,300	55,800	1,268,000	1,269,999	38,000	25,300	63,300
1,120,000	1,123,999	33,600	22,400	56,000	1,270,000	1,273,999	38,100	25,400	63,500
1,124,000	1,125,999	33,700	22,400	56,100	1,274,000	1,275,999	38,200	25,400	63,600
1,126,000	1,127,999	33,700	22,500	56,200	1,276,000	1,277,999	38,200	25,500	63,700
1,128,000	1,129,999	33,800	22,500	56,300	1,278,000	1,279,999	38,300	25,500	63,800
1,130,000	1,133,999	33,900	22,600	56,500	1,280,000	1,283,999	38,400	25,600	64,000
1,134,000	1,135,999	34,000	22,600	56,600	1,284,000	1,285,999	38,500	25,600	64,100
1,136,000	1,137,999	34,000	22,700	56,700	1,286,000	1,287,999	38,500	25,700	64,200
1,138,000	1,139,999	34,100	22,700	56,800	1,288,000	1,289,999	38,600	25,700	64,300
1,140,000	1,143,999	34,200	22,800	57,000	1,290,000	1,293,999	38,700	25,800	64,500
1,144,000	1,145,999	34,300	22,800	57,100	1,294,000	1,295,999	38,800	25,800	64,600
1,146,000	1,147,999	34,300	22,900	57,200	1,296,000	1,297,999	38,800	25,900	64,700
1,148,000	1,149,999	34,400	22,900	57,300	1,298,000	1,299,999	38,900	25,900	64,800
1,150,000	1,153,999	34,500	23,000	57,500	1,300,000	1,303,999	39,000	26,000	65,000
1,154,000	1,155,999	34,600	23,000	57,600	1,304,000	1,305,999	39,100	26,000	65,100
1,156,000	1,157,999	34,600	23,100	57,700	1,306,000	1,307,999	39,100	26,100	65,200
1,158,000	1,159,999	34,700	23,100	57,800	1,308,000	1,309,999	39,200	26,100	65,300
1,160,000	1,163,999	34,800	23,200	58,000	1,310,000	1,313,999	39,300	26,200	65,500
1,164,000	1,165,999	34,900	23,200	58,100	1,314,000	1,315,999	39,400	26,200	65,600
1,166,000	1,167,999	34,900	23,300	58,200	1,316,000	1,317,999	39,400	26,300	65,700
1,168,000	1,169,999	35,000	23,300	58,300	1,318,000	1,319,999	39,500	26,300	65,800
1,170,000	1,173,999	35,100	23,400	58,500	1,320,000	1,323,999	39,600	26,400	66,000
1,174,000	1,175,999	35,200	23,400	58,600	1,324,000	1,325,999	39,700	26,400	66,100
1,176,000	1,177,999	35,200	23,500	58,700	1,326,000	1,327,999	39,700	26,500	66,200
1,178,000	1,179,999	35,300	23,500	58,800	1,328,000	1,329,999	39,800	26,500	66,300
1,180,000	1,183,999	35,400	23,600	59,000	1,330,000	1,333,999	39,900	26,600	66,500
1,184,000	1,185,999	35,500	23,600	59,100	1,334,000	1,335,999	40,000	26,600	66,600
1,186,000	1,187,999	35,500	23,700	59,200	1,336,000	1,337,999	40,000	26,700	66,700
1,188,000	1,189,999	35,600	23,700	59,300	1,338,000	1,339,999	40,100	26,700	66,800
1,190,000	1,193,999	35,700	23,800	59,500	1,340,000	1,343,999	40,200	26,800	67,000
1,194,000	1,195,999	35,800	23,800	59,600	1,344,000	1,345,999	40,300	26,800	67,100
1,196,000	1,197,999	35,800	23,900	59,700	1,346,000	1,347,999	40,300	26,900	67,200
1,198,000	1,199,999	35,900	23,900	59,800	1,348,000	1,349,999	40,400	26,900	67,300
1,200,000	1,203,999	36,000	24,000	60,000	1,350,000	1,353,999	40,500	27,000	67,500
1,204,000	1,205,999	36,100	24,000	60,100	1,354,000	1,355,999	40,600	27,000	67,600
1,206,000	1,207,999	36,100	24,100	60,200	1,356,000	1,357,999	40,600	27,100	67,700
1,208,000	1,209,999	36,200	24,100	60,300	1,358,000	1,359,999	40,700	27,100	67,800
1,210,000	1,213,999	36,300	24,200	60,500	1,360,000	1,363,999	40,800	27,200	68,000
1,214,000	1,215,999	36,400	24,200	60,600	1,364,000	1,365,999	40,900	27,200	68,100
1,216,000	1,217,999	36,400	24,300	60,700	1,366,000	1,367,999	40,900	27,300	68,200
1,218,000	1,219,999	36,500	24,300	60,800	1,368,000	1,369,999	41,000	27,300	68,300
1,220,000	1,223,999	36,600	24,400	61,000	1,370,000	1,373,999	41,100	27,400	68,500
1,224,000	1,225,999	36,700	24,400	61,100	1,374,000	1,375,999	41,200	27,400	68,600
1,226,000	1,227,999	36,700	24,500	61,200	1,376,000	1,377,999	41,200	27,500	68,700
1,228,000	1,229,999	36,800	24,500	61,300	1,378,000	1,379,999	41,300	27,500	68,800
1,230,000	1,233,999	36,900	24,600	61,500	1,380,000	1,383,999	41,400	27,600	69,000
1,234,000	1,235,999	37,000	24,600	61,600	1,384,000	1,385,999	41,500	27,600	69,100
1,236,000	1,237,999	37,000	24,700	61,700	1,386,000	1,387,999	41,500	27,700	69,200
1,238,000	1,239,999	37,100	24,700	61,800	1,388,000	1,389,999	41,600	27,700	69,300
1,240,000	1,243,999	37,200	24,800	62,000	1,390,000	1,393,999	41,700	27,800	69,500
1,244,000	1,245,999	37,300	24,800	62,100	1,394,000	1,395,999	41,800	27,800	69,600
1,246,000	1,247,999	37,300	24,900	62,200	1,396,000	1,397,999	41,800	27,900	69,700
1,248,000	1,249,999	37,400	24,900	62,300	1,398,000	1,399,999	41,900	27,900	69,800

参 考(退職住民)

退職 ― 住民（六）

参 考（退職住民）

退職所得控除額控除後の退職手当等の金額（2分の1前）		特別徴収税額			退職所得控除額控除後の退職手当等の金額（2分の1前）		特別徴収税額		
から	まで	市町村民税（特別区民税）	道府県民税（都民税）	合計	から	まで	市町村民税（特別区民税）	道府県民税（都民税）	合計
円	円	円	円	円	円	円	円	円	円
1,400,000	1,403,999	42,000	28,000	70,000	1,550,000	1,553,999	46,500	31,000	77,500
1,404,000	1,405,999	42,100	28,000	70,100	1,554,000	1,555,999	46,600	31,000	77,600
1,406,000	1,407,999	42,100	28,100	70,200	1,556,000	1,557,999	46,600	31,100	77,700
1,408,000	1,409,999	42,200	28,100	70,300	1,558,000	1,559,999	46,700	31,100	77,800
1,410,000	1,413,999	42,300	28,200	70,500	1,560,000	1,563,999	46,800	31,200	78,000
1,414,000	1,415,999	42,400	28,200	70,600	1,564,000	1,565,999	46,900	31,200	78,100
1,416,000	1,417,999	42,400	28,300	70,700	1,566,000	1,567,999	46,900	31,300	78,200
1,418,000	1,419,999	42,500	28,300	70,800	1,568,000	1,569,999	47,000	31,300	78,300
1,420,000	1,423,999	42,600	28,400	71,000	1,570,000	1,573,999	47,100	31,400	78,500
1,424,000	1,425,999	42,700	28,400	71,100	1,574,000	1,575,999	47,200	31,400	78,600
1,426,000	1,427,999	42,700	28,500	71,200	1,576,000	1,577,999	47,200	31,500	78,700
1,428,000	1,429,999	42,800	28,500	71,300	1,578,000	1,579,999	47,300	31,500	78,800
1,430,000	1,433,999	42,900	28,600	71,500	1,580,000	1,583,999	47,400	31,600	79,000
1,434,000	1,435,999	43,000	28,600	71,600	1,584,000	1,585,999	47,500	31,600	79,100
1,436,000	1,437,999	43,000	28,700	71,700	1,586,000	1,587,999	47,500	31,700	79,200
1,438,000	1,439,999	43,100	28,700	71,800	1,588,000	1,589,999	47,600	31,700	79,300
1,440,000	1,443,999	43,200	28,800	72,000	1,590,000	1,593,999	47,700	31,800	79,500
1,444,000	1,445,999	43,300	28,800	72,100	1,594,000	1,595,999	47,800	31,800	79,600
1,446,000	1,447,999	43,300	28,900	72,200	1,596,000	1,597,999	47,800	31,900	79,700
1,448,000	1,449,999	43,400	28,900	72,300	1,598,000	1,599,999	47,900	31,900	79,800
1,450,000	1,453,999	43,500	29,000	72,500	1,600,000	1,603,999	48,000	32,000	80,000
1,454,000	1,455,999	43,600	29,000	72,600	1,604,000	1,605,999	48,100	32,000	80,100
1,456,000	1,457,999	43,600	29,100	72,700	1,606,000	1,607,999	48,100	32,100	80,200
1,458,000	1,459,999	43,700	29,100	72,800	1,608,000	1,609,999	48,200	32,100	80,300
1,460,000	1,463,999	43,800	29,200	73,000	1,610,000	1,613,999	48,300	32,200	80,500
1,464,000	1,465,999	43,900	29,200	73,100	1,614,000	1,615,999	48,400	32,200	80,600
1,466,000	1,467,999	43,900	29,300	73,200	1,616,000	1,617,999	48,400	32,300	80,700
1,468,000	1,469,999	44,000	29,300	73,300	1,618,000	1,619,999	48,500	32,300	80,800
1,470,000	1,473,999	44,100	29,400	73,500	1,620,000	1,623,999	48,600	32,400	81,000
1,474,000	1,475,999	44,200	29,400	73,600	1,624,000	1,625,999	48,700	32,400	81,100
1,476,000	1,477,999	44,200	29,500	73,700	1,626,000	1,627,999	48,700	32,500	81,200
1,478,000	1,479,999	44,300	29,500	73,800	1,628,000	1,629,999	48,800	32,500	81,300
1,480,000	1,483,999	44,400	29,600	74,000	1,630,000	1,633,999	48,900	32,600	81,500
1,484,000	1,485,999	44,500	29,600	74,100	1,634,000	1,635,999	49,000	32,600	81,600
1,486,000	1,487,999	44,500	29,700	74,200	1,636,000	1,637,999	49,000	32,700	81,700
1,488,000	1,489,999	44,600	29,700	74,300	1,638,000	1,639,999	49,100	32,700	81,800
1,490,000	1,493,999	44,700	29,800	74,500	1,640,000	1,643,999	49,200	32,800	82,000
1,494,000	1,495,999	44,800	29,800	74,600	1,644,000	1,645,999	49,300	32,800	82,100
1,496,000	1,497,999	44,800	29,900	74,700	1,646,000	1,647,999	49,300	32,900	82,200
1,498,000	1,499,999	44,900	29,900	74,800	1,648,000	1,649,999	49,400	32,900	82,300
1,500,000	1,503,999	45,000	30,000	75,000	1,650,000	1,653,999	49,500	33,000	82,500
1,504,000	1,505,999	45,100	30,000	75,100	1,654,000	1,655,999	49,600	33,000	82,600
1,506,000	1,507,999	45,100	30,100	75,200	1,656,000	1,657,999	49,600	33,100	82,700
1,508,000	1,509,999	45,200	30,100	75,300	1,658,000	1,659,999	49,700	33,100	82,800
1,510,000	1,513,999	45,300	30,200	75,500	1,660,000	1,663,999	49,800	33,200	83,000
1,514,000	1,515,999	45,400	30,200	75,600	1,664,000	1,665,999	49,900	33,200	83,100
1,516,000	1,517,999	45,400	30,300	75,700	1,666,000	1,667,999	49,900	33,300	83,200
1,518,000	1,519,999	45,500	30,300	75,800	1,668,000	1,669,999	50,000	33,300	83,300
1,520,000	1,523,999	45,600	30,400	76,000	1,670,000	1,673,999	50,100	33,400	83,500
1,524,000	1,525,999	45,700	30,400	76,100	1,674,000	1,675,999	50,200	33,400	83,600
1,526,000	1,527,999	45,700	30,500	76,200	1,676,000	1,677,999	50,200	33,500	83,700
1,528,000	1,529,999	45,800	30,500	76,300	1,678,000	1,679,999	50,300	33,500	83,800
1,530,000	1,533,999	45,900	30,600	76,500	1,680,000	1,683,999	50,400	33,600	84,000
1,534,000	1,535,999	46,000	30,600	76,600	1,684,000	1,685,999	50,500	33,600	84,100
1,536,000	1,537,999	46,000	30,700	76,700	1,686,000	1,687,999	50,500	33,700	84,200
1,538,000	1,539,999	46,100	30,700	76,800	1,688,000	1,689,999	50,600	33,700	84,300
1,540,000	1,543,999	46,200	30,800	77,000	1,690,000	1,693,999	50,700	33,800	84,500
1,544,000	1,545,999	46,300	30,800	77,100	1,694,000	1,695,999	50,800	33,800	84,600
1,546,000	1,547,999	46,300	30,900	77,200	1,696,000	1,697,999	50,800	33,900	84,700
1,548,000	1,549,999	46,400	30,900	77,300	1,698,000	1,699,999	50,900	33,900	84,800

退職 ― 住民（七）

退職所得控除額控除後の退職手当等の金額(2分の1前)		特別徴収税額			退職所得控除額控除後の退職手当等の金額(2分の1前)		特別徴収税額		
から	まで	市町村民税(特別区民税)	道府県民税(都民税)	合計	から	まで	市町村民税(特別区民税)	道府県民税(都民税)	合計
円	円	円	円	円	円	円	円	円	円
1,700,000	1,703,999	51,000	34,000	85,000	1,850,000	1,853,999	55,500	37,000	92,500
1,704,000	1,705,999	51,100	34,000	85,100	1,854,000	1,855,999	55,600	37,000	92,600
1,706,000	1,707,999	51,100	34,100	85,200	1,856,000	1,857,999	55,600	37,100	92,700
1,708,000	1,709,999	51,200	34,100	85,300	1,858,000	1,859,999	55,700	37,100	92,800
1,710,000	1,713,999	51,300	34,200	85,500	1,860,000	1,863,999	55,800	37,200	93,000
1,714,000	1,715,999	51,400	34,200	85,600	1,864,000	1,865,999	55,900	37,200	93,100
1,716,000	1,717,999	51,400	34,300	85,700	1,866,000	1,867,999	55,900	37,300	93,200
1,718,000	1,719,999	51,500	34,300	85,800	1,868,000	1,869,999	56,000	37,300	93,300
1,720,000	1,723,999	51,600	34,400	86,000	1,870,000	1,873,999	56,100	37,400	93,500
1,724,000	1,725,999	51,700	34,400	86,100	1,874,000	1,875,999	56,200	37,400	93,600
1,726,000	1,727,999	51,700	34,500	86,200	1,876,000	1,877,999	56,200	37,500	93,700
1,728,000	1,729,999	51,800	34,500	86,300	1,878,000	1,879,999	56,300	37,500	93,800
1,730,000	1,733,999	51,900	34,600	86,500	1,880,000	1,883,999	56,400	37,600	94,000
1,734,000	1,735,999	52,000	34,600	86,600	1,884,000	1,885,999	56,500	37,600	94,100
1,736,000	1,737,999	52,000	34,700	86,700	1,886,000	1,887,999	56,500	37,700	94,200
1,738,000	1,739,999	52,100	34,700	86,800	1,888,000	1,889,999	56,600	37,700	94,300
1,740,000	1,743,999	52,200	34,800	87,000	1,890,000	1,893,999	56,700	37,800	94,500
1,744,000	1,745,999	52,300	34,800	87,100	1,894,000	1,895,999	56,800	37,800	94,600
1,746,000	1,747,999	52,300	34,900	87,200	1,896,000	1,897,999	56,800	37,900	94,700
1,748,000	1,749,999	52,400	34,900	87,300	1,898,000	1,899,999	56,900	37,900	94,800
1,750,000	1,753,999	52,500	35,000	87,500	1,900,000	1,903,999	57,000	38,000	95,000
1,754,000	1,755,999	52,600	35,000	87,600	1,904,000	1,905,999	57,100	38,000	95,100
1,756,000	1,757,999	52,600	35,100	87,700	1,906,000	1,907,999	57,100	38,100	95,200
1,758,000	1,759,999	52,700	35,100	87,800	1,908,000	1,909,999	57,200	38,100	95,300
1,760,000	1,763,999	52,800	35,200	88,000	1,910,000	1,913,999	57,300	38,200	95,500
1,764,000	1,765,999	52,900	35,200	88,100	1,914,000	1,915,999	57,400	38,200	95,600
1,766,000	1,767,999	52,900	35,300	88,200	1,916,000	1,917,999	57,400	38,300	95,700
1,768,000	1,769,999	53,000	35,300	88,300	1,918,000	1,919,999	57,500	38,300	95,800
1,770,000	1,773,999	53,100	35,400	88,500	1,920,000	1,923,999	57,600	38,400	96,000
1,774,000	1,775,999	53,200	35,400	88,600	1,924,000	1,925,999	57,700	38,400	96,100
1,776,000	1,777,999	53,200	35,500	88,700	1,926,000	1,927,999	57,700	38,500	96,200
1,778,000	1,779,999	53,300	35,500	88,800	1,928,000	1,929,999	57,800	38,500	96,300
1,780,000	1,783,999	53,400	35,600	89,000	1,930,000	1,933,999	57,900	38,600	96,500
1,784,000	1,785,999	53,500	35,600	89,100	1,934,000	1,935,999	58,000	38,600	96,600
1,786,000	1,787,999	53,500	35,700	89,200	1,936,000	1,937,999	58,000	38,700	96,700
1,788,000	1,789,999	53,600	35,700	89,300	1,938,000	1,939,999	58,100	38,700	96,800
1,790,000	1,793,999	53,700	35,800	89,500	1,940,000	1,943,999	58,200	38,800	97,000
1,794,000	1,795,999	53,800	35,800	89,600	1,944,000	1,945,999	58,300	38,800	97,100
1,796,000	1,797,999	53,800	35,900	89,700	1,946,000	1,947,999	58,300	38,900	97,200
1,798,000	1,799,999	53,900	35,900	89,800	1,948,000	1,949,999	58,400	38,900	97,300
1,800,000	1,803,999	54,000	36,000	90,000	1,950,000	1,953,999	58,500	39,000	97,500
1,804,000	1,805,999	54,100	36,000	90,100	1,954,000	1,955,999	58,600	39,000	97,600
1,806,000	1,807,999	54,100	36,100	90,200	1,956,000	1,957,999	58,600	39,100	97,700
1,808,000	1,809,999	54,200	36,100	90,300	1,958,000	1,959,999	58,700	39,100	97,800
1,810,000	1,813,999	54,300	36,200	90,500	1,960,000	1,963,999	58,800	39,200	98,000
1,814,000	1,815,999	54,400	36,200	90,600	1,964,000	1,965,999	58,900	39,200	98,100
1,816,000	1,817,999	54,400	36,300	90,700	1,966,000	1,967,999	58,900	39,300	98,200
1,818,000	1,819,999	54,500	36,300	90,800	1,968,000	1,969,999	59,000	39,300	98,300
1,820,000	1,823,999	54,600	36,400	91,000	1,970,000	1,973,999	59,100	39,400	98,500
1,824,000	1,825,999	54,700	36,400	91,100	1,974,000	1,975,999	59,200	39,400	98,600
1,826,000	1,827,999	54,700	36,500	91,200	1,976,000	1,977,999	59,200	39,500	98,700
1,828,000	1,829,999	54,800	36,500	91,300	1,978,000	1,979,999	59,300	39,500	98,800
1,830,000	1,833,999	54,900	36,600	91,500	1,980,000	1,983,999	59,400	39,600	99,000
1,834,000	1,835,999	55,000	36,600	91,600	1,984,000	1,985,999	59,500	39,600	99,100
1,836,000	1,837,999	55,000	36,700	91,700	1,986,000	1,987,999	59,500	39,700	99,200
1,838,000	1,839,999	55,100	36,700	91,800	1,988,000	1,989,999	59,600	39,700	99,300
1,840,000	1,843,999	55,200	36,800	92,000	1,990,000	1,993,999	59,700	39,800	99,500
1,844,000	1,845,999	55,300	36,800	92,100	1,994,000	1,995,999	59,800	39,800	99,600
1,846,000	1,847,999	55,300	36,900	92,200	1,996,000	1,997,999	59,800	39,900	99,700
1,848,000	1,849,999	55,400	36,900	92,300	1,998,000	1,999,999	59,900	39,900	99,800

参考（退職住民）

退職 — 住民（八）

退職所得控除額控除後の退職手当等の金額（2分の1前）		特別徴収税額			退職所得控除額控除後の退職手当等の金額（2分の1前）		特別徴収税額		
から	まで	市町村民税（特別区民税）	道府県民税（都民税）	合計	から	まで	市町村民税（特別区民税）	道府県民税（都民税）	合計
円	円	円	円	円	円	円	円	円	円
2,000,000	2,003,999	60,000	40,000	100,000	2,150,000	2,153,999	64,500	43,000	107,500
2,004,000	2,005,999	60,100	40,000	100,100	2,154,000	2,155,999	64,600	43,000	107,600
2,006,000	2,007,999	60,100	40,100	100,200	2,156,000	2,157,999	64,600	43,100	107,700
2,008,000	2,009,999	60,200	40,100	100,300	2,158,000	2,159,999	64,700	43,100	107,800
2,010,000	2,013,999	60,300	40,200	100,500	2,160,000	2,163,999	64,800	43,200	108,000
2,014,000	2,015,999	60,400	40,200	100,600	2,164,000	2,165,999	64,900	43,200	108,100
2,016,000	2,017,999	60,400	40,300	100,700	2,166,000	2,167,999	64,900	43,300	108,200
2,018,000	2,019,999	60,500	40,300	100,800	2,168,000	2,169,999	65,000	43,300	108,300
2,020,000	2,023,999	60,600	40,400	101,000	2,170,000	2,173,999	65,100	43,400	108,500
2,024,000	2,025,999	60,700	40,400	101,100	2,174,000	2,175,999	65,200	43,400	108,600
2,026,000	2,027,999	60,700	40,500	101,200	2,176,000	2,177,999	65,200	43,500	108,700
2,028,000	2,029,999	60,800	40,500	101,300	2,178,000	2,179,999	65,300	43,500	108,800
2,030,000	2,033,999	60,900	40,600	101,500	2,180,000	2,183,999	65,400	43,600	109,000
2,034,000	2,035,999	61,000	40,600	101,600	2,184,000	2,185,999	65,500	43,600	109,100
2,036,000	2,037,999	61,000	40,700	101,700	2,186,000	2,187,999	65,500	43,700	109,200
2,038,000	2,039,999	61,100	40,700	101,800	2,188,000	2,189,999	65,600	43,700	109,300
2,040,000	2,043,999	61,200	40,800	102,000	2,190,000	2,193,999	65,700	43,800	109,500
2,044,000	2,045,999	61,300	40,800	102,100	2,194,000	2,195,999	65,800	43,800	109,600
2,046,000	2,047,999	61,300	40,900	102,200	2,196,000	2,197,999	65,800	43,900	109,700
2,048,000	2,049,999	61,400	40,900	102,300	2,198,000	2,199,999	65,900	43,900	109,800
2,050,000	2,053,999	61,500	41,000	102,500	2,200,000	2,203,999	66,000	44,000	110,000
2,054,000	2,055,999	61,600	41,000	102,600	2,204,000	2,205,999	66,100	44,000	110,100
2,056,000	2,057,999	61,600	41,100	102,700	2,206,000	2,207,999	66,100	44,100	110,200
2,058,000	2,059,999	61,700	41,100	102,800	2,208,000	2,209,999	66,200	44,100	110,300
2,060,000	2,063,999	61,800	41,200	103,000	2,210,000	2,213,999	66,300	44,200	110,500
2,064,000	2,065,999	61,900	41,200	103,100	2,214,000	2,215,999	66,400	44,200	110,600
2,066,000	2,067,999	61,900	41,300	103,200	2,216,000	2,217,999	66,400	44,300	110,700
2,068,000	2,069,999	62,000	41,300	103,300	2,218,000	2,219,999	66,500	44,300	110,800
2,070,000	2,073,999	62,100	41,400	103,500	2,220,000	2,223,999	66,600	44,400	111,000
2,074,000	2,075,999	62,200	41,400	103,600	2,224,000	2,225,999	66,700	44,400	111,100
2,076,000	2,077,999	62,200	41,500	103,700	2,226,000	2,227,999	66,700	44,500	111,200
2,078,000	2,079,999	62,300	41,500	103,800	2,228,000	2,229,999	66,800	44,500	111,300
2,080,000	2,083,999	62,400	41,600	104,000	2,230,000	2,233,999	66,900	44,600	111,500
2,084,000	2,085,999	62,500	41,600	104,100	2,234,000	2,235,999	67,000	44,600	111,600
2,086,000	2,087,999	62,500	41,700	104,200	2,236,000	2,237,999	67,000	44,700	111,700
2,088,000	2,089,999	62,600	41,700	104,300	2,238,000	2,239,999	67,100	44,700	111,800
2,090,000	2,093,999	62,700	41,800	104,500	2,240,000	2,243,999	67,200	44,800	112,000
2,094,000	2,095,999	62,800	41,800	104,600	2,244,000	2,245,999	67,300	44,800	112,100
2,096,000	2,097,999	62,800	41,900	104,700	2,246,000	2,247,999	67,300	44,900	112,200
2,098,000	2,099,999	62,900	41,900	104,800	2,248,000	2,249,999	67,400	44,900	112,300
2,100,000	2,103,999	63,000	42,000	105,000	2,250,000	2,253,999	67,500	45,000	112,500
2,104,000	2,105,999	63,100	42,000	105,100	2,254,000	2,255,999	67,600	45,000	112,600
2,106,000	2,107,999	63,100	42,100	105,200	2,256,000	2,257,999	67,600	45,100	112,700
2,108,000	2,109,999	63,200	42,100	105,300	2,258,000	2,259,999	67,700	45,100	112,800
2,110,000	2,113,999	63,300	42,200	105,500	2,260,000	2,263,999	67,800	45,200	113,000
2,114,000	2,115,999	63,400	42,200	105,600	2,264,000	2,265,999	67,900	45,200	113,100
2,116,000	2,117,999	63,400	42,300	105,700	2,266,000	2,267,999	67,900	45,300	113,200
2,118,000	2,119,999	63,500	42,300	105,800	2,268,000	2,269,999	68,000	45,300	113,300
2,120,000	2,123,999	63,600	42,400	106,000	2,270,000	2,273,999	68,100	45,400	113,500
2,124,000	2,125,999	63,700	42,400	106,100	2,274,000	2,275,999	68,200	45,400	113,600
2,126,000	2,127,999	63,700	42,500	106,200	2,276,000	2,277,999	68,200	45,500	113,700
2,128,000	2,129,999	63,800	42,500	106,300	2,278,000	2,279,999	68,300	45,500	113,800
2,130,000	2,133,999	63,900	42,600	106,500	2,280,000	2,283,999	68,400	45,600	114,000
2,134,000	2,135,999	64,000	42,600	106,600	2,284,000	2,285,999	68,500	45,600	114,100
2,136,000	2,137,999	64,000	42,700	106,700	2,286,000	2,287,999	68,500	45,700	114,200
2,138,000	2,139,999	64,100	42,700	106,800	2,288,000	2,289,999	68,600	45,700	114,300
2,140,000	2,143,999	64,200	42,800	107,000	2,290,000	2,293,999	68,700	45,800	114,500
2,144,000	2,145,999	64,300	42,800	107,100	2,294,000	2,295,999	68,800	45,800	114,600
2,146,000	2,147,999	64,300	42,900	107,200	2,296,000	2,297,999	68,800	45,900	114,700
2,148,000	2,149,999	64,400	42,900	107,300	2,298,000	2,299,999	68,900	45,900	114,800

参 考（退職住民）

退職 ― 住民(九)

退職所得控除額控除後の退職手当等の金額(2分の1前) から	まで	特別徴収税額 市町村民税(特別区民税)	道府県民税(都民税)	合計	退職所得控除額控除後の退職手当等の金額(2分の1前) から	まで	特別徴収税額 市町村民税(特別区民税)	道府県民税(都民税)	合計
円	円	円	円	円	円	円	円	円	円
2,300,000	2,303,999	69,000	46,000	115,000	2,450,000	2,453,999	73,500	49,000	122,500
2,304,000	2,305,999	69,100	46,000	115,100	2,454,000	2,455,999	73,600	49,000	122,600
2,306,000	2,307,999	69,100	46,100	115,200	2,456,000	2,457,999	73,600	49,100	122,700
2,308,000	2,309,999	69,200	46,100	115,300	2,458,000	2,459,999	73,700	49,100	122,800
2,310,000	2,313,999	69,300	46,200	115,500	2,460,000	2,463,999	73,800	49,200	123,000
2,314,000	2,315,999	69,400	46,200	115,600	2,464,000	2,465,999	73,900	49,200	123,100
2,316,000	2,317,999	69,400	46,300	115,700	2,466,000	2,467,999	73,900	49,300	123,200
2,318,000	2,319,999	69,500	46,300	115,800	2,468,000	2,469,999	74,000	49,300	123,300
2,320,000	2,323,999	69,600	46,400	116,000	2,470,000	2,473,999	74,100	49,400	123,500
2,324,000	2,325,999	69,700	46,400	116,100	2,474,000	2,475,999	74,200	49,400	123,600
2,326,000	2,327,999	69,700	46,500	116,200	2,476,000	2,477,999	74,200	49,500	123,700
2,328,000	2,329,999	69,800	46,500	116,300	2,478,000	2,479,999	74,300	49,500	123,800
2,330,000	2,333,999	69,900	46,600	116,500	2,480,000	2,483,999	74,400	49,600	124,000
2,334,000	2,335,999	70,000	46,600	116,600	2,484,000	2,485,999	74,500	49,600	124,100
2,336,000	2,337,999	70,000	46,700	116,700	2,486,000	2,487,999	74,500	49,700	124,200
2,338,000	2,339,999	70,100	46,700	116,800	2,488,000	2,489,999	74,600	49,700	124,300
2,340,000	2,343,999	70,200	46,800	117,000	2,490,000	2,493,999	74,700	49,800	124,500
2,344,000	2,345,999	70,300	46,800	117,100	2,494,000	2,495,999	74,800	49,800	124,600
2,346,000	2,347,999	70,300	46,900	117,200	2,496,000	2,497,999	74,800	49,900	124,700
2,348,000	2,349,999	70,400	46,900	117,300	2,498,000	2,499,999	74,900	49,900	124,800
2,350,000	2,353,999	70,500	47,000	117,500	2,500,000	2,503,999	75,000	50,000	125,000
2,354,000	2,355,999	70,600	47,000	117,600	2,504,000	2,505,999	75,100	50,000	125,100
2,356,000	2,357,999	70,600	47,100	117,700	2,506,000	2,507,999	75,100	50,100	125,200
2,358,000	2,359,999	70,700	47,100	117,800	2,508,000	2,509,999	75,200	50,100	125,300
2,360,000	2,363,999	70,800	47,200	118,000	2,510,000	2,513,999	75,300	50,200	125,500
2,364,000	2,365,999	70,900	47,200	118,100	2,514,000	2,515,999	75,400	50,200	125,600
2,366,000	2,367,999	70,900	47,300	118,200	2,516,000	2,517,999	75,400	50,300	125,700
2,368,000	2,369,999	71,000	47,300	118,300	2,518,000	2,519,999	75,500	50,300	125,800
2,370,000	2,373,999	71,100	47,400	118,500	2,520,000	2,523,999	75,600	50,400	126,000
2,374,000	2,375,999	71,200	47,400	118,600	2,524,000	2,525,999	75,700	50,400	126,100
2,376,000	2,377,999	71,200	47,500	118,700	2,526,000	2,527,999	75,700	50,500	126,200
2,378,000	2,379,999	71,300	47,500	118,800	2,528,000	2,529,999	75,800	50,500	126,300
2,380,000	2,383,999	71,400	47,600	119,000	2,530,000	2,533,999	75,900	50,600	126,500
2,384,000	2,385,999	71,500	47,600	119,100	2,534,000	2,535,999	76,000	50,600	126,600
2,386,000	2,387,999	71,500	47,700	119,200	2,536,000	2,537,999	76,000	50,700	126,700
2,388,000	2,389,999	71,600	47,700	119,300	2,538,000	2,539,999	76,100	50,700	126,800
2,390,000	2,393,999	71,700	47,800	119,500	2,540,000	2,543,999	76,200	50,800	127,000
2,394,000	2,395,999	71,800	47,800	119,600	2,544,000	2,545,999	76,300	50,800	127,100
2,396,000	2,397,999	71,800	47,900	119,700	2,546,000	2,547,999	76,300	50,900	127,200
2,398,000	2,399,999	71,900	47,900	119,800	2,548,000	2,549,999	76,400	50,900	127,300
2,400,000	2,403,999	72,000	48,000	120,000	2,550,000	2,553,999	76,500	51,000	127,500
2,404,000	2,405,999	72,100	48,000	120,100	2,554,000	2,555,999	76,600	51,000	127,600
2,406,000	2,407,999	72,100	48,100	120,200	2,556,000	2,557,999	76,600	51,100	127,700
2,408,000	2,409,999	72,200	48,100	120,300	2,558,000	2,559,999	76,700	51,100	127,800
2,410,000	2,413,999	72,300	48,200	120,500	2,560,000	2,563,999	76,800	51,200	128,000
2,414,000	2,415,999	72,400	48,200	120,600	2,564,000	2,565,999	76,900	51,200	128,100
2,416,000	2,417,999	72,400	48,300	120,700	2,566,000	2,567,999	76,900	51,300	128,200
2,418,000	2,419,999	72,500	48,300	120,800	2,568,000	2,569,999	77,000	51,300	128,300
2,420,000	2,423,999	72,600	48,400	121,000	2,570,000	2,573,999	77,100	51,400	128,500
2,424,000	2,425,999	72,700	48,400	121,100	2,574,000	2,575,999	77,200	51,400	128,600
2,426,000	2,427,999	72,700	48,500	121,200	2,576,000	2,577,999	77,200	51,500	128,700
2,428,000	2,429,999	72,800	48,500	121,300	2,578,000	2,579,999	77,300	51,500	128,800
2,430,000	2,433,999	72,900	48,600	121,500	2,580,000	2,583,999	77,400	51,600	129,000
2,434,000	2,435,999	73,000	48,600	121,600	2,584,000	2,585,999	77,500	51,600	129,100
2,436,000	2,437,999	73,000	48,700	121,700	2,586,000	2,587,999	77,500	51,700	129,200
2,438,000	2,439,999	73,100	48,700	121,800	2,588,000	2,589,999	77,600	51,700	129,300
2,440,000	2,443,999	73,200	48,800	122,000	2,590,000	2,593,999	77,700	51,800	129,500
2,444,000	2,445,999	73,300	48,800	122,100	2,594,000	2,595,999	77,800	51,800	129,600
2,446,000	2,447,999	73,300	48,900	122,200	2,596,000	2,597,999	77,800	51,900	129,700
2,448,000	2,449,999	73,400	48,900	122,300	2,598,000	2,599,999	77,900	51,900	129,800

参考(退職住民)

退職 ― 住民（十）

参 考（退職住民）

退職所得控除額控除後の退職手当等の金額(2分の1前)		特別徴収税額			退職所得控除額控除後の退職手当等の金額(2分の1前)		特別徴収税額		
から	まで	市町村民税(特別区民税)	道府県民税(都民税)	合計	から	まで	市町村民税(特別区民税)	道府県民税(都民税)	合計
円	円	円	円	円	円	円	円	円	円
2,600,000	2,603,999	78,000	52,000	130,000	2,750,000	2,753,999	82,500	55,000	137,500
2,604,000	2,605,999	78,100	52,000	130,100	2,754,000	2,755,999	82,600	55,000	137,600
2,606,000	2,607,999	78,100	52,100	130,200	2,756,000	2,757,999	82,600	55,100	137,700
2,608,000	2,609,999	78,200	52,100	130,300	2,758,000	2,759,999	82,700	55,100	137,800
2,610,000	2,613,999	78,300	52,200	130,500	2,760,000	2,763,999	82,800	55,200	138,000
2,614,000	2,615,999	78,400	52,200	130,600	2,764,000	2,765,999	82,900	55,200	138,100
2,616,000	2,617,999	78,400	52,300	130,700	2,766,000	2,767,999	82,900	55,300	138,200
2,618,000	2,619,999	78,500	52,300	130,800	2,768,000	2,769,999	83,000	55,300	138,300
2,620,000	2,623,999	78,600	52,400	131,000	2,770,000	2,773,999	83,100	55,400	138,500
2,624,000	2,625,999	78,700	52,400	131,100	2,774,000	2,775,999	83,200	55,400	138,600
2,626,000	2,627,999	78,700	52,500	131,200	2,776,000	2,777,999	83,200	55,500	138,700
2,628,000	2,629,999	78,800	52,500	131,300	2,778,000	2,779,999	83,300	55,500	138,800
2,630,000	2,633,999	78,900	52,600	131,500	2,780,000	2,783,999	83,400	55,600	139,000
2,634,000	2,635,999	79,000	52,600	131,600	2,784,000	2,785,999	83,500	55,600	139,100
2,636,000	2,637,999	79,000	52,700	131,700	2,786,000	2,787,999	83,500	55,700	139,200
2,638,000	2,639,999	79,100	52,700	131,800	2,788,000	2,789,999	83,600	55,700	139,300
2,640,000	2,643,999	79,200	52,800	132,000	2,790,000	2,793,999	83,700	55,800	139,500
2,644,000	2,645,999	79,300	52,800	132,100	2,794,000	2,795,999	83,800	55,800	139,600
2,646,000	2,647,999	79,300	52,900	132,200	2,796,000	2,797,999	83,800	55,900	139,700
2,648,000	2,649,999	79,400	52,900	132,300	2,798,000	2,799,999	83,900	55,900	139,800
2,650,000	2,653,999	79,500	53,000	132,500	2,800,000	2,803,999	84,000	56,000	140,000
2,654,000	2,655,999	79,600	53,000	132,600	2,804,000	2,805,999	84,100	56,000	140,100
2,656,000	2,657,999	79,600	53,100	132,700	2,806,000	2,807,999	84,100	56,100	140,200
2,658,000	2,659,999	79,700	53,100	132,800	2,808,000	2,809,999	84,200	56,100	140,300
2,660,000	2,663,999	79,800	53,200	133,000	2,810,000	2,813,999	84,300	56,200	140,500
2,664,000	2,665,999	79,900	53,200	133,100	2,814,000	2,815,999	84,400	56,200	140,600
2,666,000	2,667,999	79,900	53,300	133,200	2,816,000	2,817,999	84,400	56,300	140,700
2,668,000	2,669,999	80,000	53,300	133,300	2,818,000	2,819,999	84,500	56,300	140,800
2,670,000	2,673,999	80,100	53,400	133,500	2,820,000	2,823,999	84,600	56,400	141,000
2,674,000	2,675,999	80,200	53,400	133,600	2,824,000	2,825,999	84,700	56,400	141,100
2,676,000	2,677,999	80,200	53,500	133,700	2,826,000	2,827,999	84,700	56,500	141,200
2,678,000	2,679,999	80,300	53,500	133,800	2,828,000	2,829,999	84,800	56,500	141,300
2,680,000	2,683,999	80,400	53,600	134,000	2,830,000	2,833,999	84,900	56,600	141,500
2,684,000	2,685,999	80,500	53,600	134,100	2,834,000	2,835,999	85,000	56,600	141,600
2,686,000	2,687,999	80,500	53,700	134,200	2,836,000	2,837,999	85,000	56,700	141,700
2,688,000	2,689,999	80,600	53,700	134,300	2,838,000	2,839,999	85,100	56,700	141,800
2,690,000	2,693,999	80,700	53,800	134,500	2,840,000	2,843,999	85,200	56,800	142,000
2,694,000	2,695,999	80,800	53,800	134,600	2,844,000	2,845,999	85,300	56,800	142,100
2,696,000	2,697,999	80,800	53,900	134,700	2,846,000	2,847,999	85,300	56,900	142,200
2,698,000	2,699,999	80,900	53,900	134,800	2,848,000	2,849,999	85,400	56,900	142,300
2,700,000	2,703,999	81,000	54,000	135,000	2,850,000	2,853,999	85,500	57,000	142,500
2,704,000	2,705,999	81,100	54,000	135,100	2,854,000	2,855,999	85,600	57,000	142,600
2,706,000	2,707,999	81,100	54,100	135,200	2,856,000	2,857,999	85,600	57,100	142,700
2,708,000	2,709,999	81,200	54,100	135,300	2,858,000	2,859,999	85,700	57,100	142,800
2,710,000	2,713,999	81,300	54,200	135,500	2,860,000	2,863,999	85,800	57,200	143,000
2,714,000	2,715,999	81,400	54,200	135,600	2,864,000	2,865,999	85,900	57,200	143,100
2,716,000	2,717,999	81,400	54,300	135,700	2,866,000	2,867,999	85,900	57,300	143,200
2,718,000	2,719,999	81,500	54,300	135,800	2,868,000	2,869,999	86,000	57,300	143,300
2,720,000	2,723,999	81,600	54,400	136,000	2,870,000	2,873,999	86,100	57,400	143,500
2,724,000	2,725,999	81,700	54,400	136,100	2,874,000	2,875,999	86,200	57,400	143,600
2,726,000	2,727,999	81,700	54,500	136,200	2,876,000	2,877,999	86,200	57,500	143,700
2,728,000	2,729,999	81,800	54,500	136,300	2,878,000	2,879,999	86,300	57,500	143,800
2,730,000	2,733,999	81,900	54,600	136,500	2,880,000	2,883,999	86,400	57,600	144,000
2,734,000	2,735,999	82,000	54,600	136,600	2,884,000	2,885,999	86,500	57,600	144,100
2,736,000	2,737,999	82,000	54,700	136,700	2,886,000	2,887,999	86,500	57,700	144,200
2,738,000	2,739,999	82,100	54,700	136,800	2,888,000	2,889,999	86,600	57,700	144,300
2,740,000	2,743,999	82,200	54,800	137,000	2,890,000	2,893,999	86,700	57,800	144,500
2,744,000	2,745,999	82,300	54,800	137,100	2,894,000	2,895,999	86,800	57,800	144,600
2,746,000	2,747,999	82,300	54,900	137,200	2,896,000	2,897,999	86,800	57,900	144,700
2,748,000	2,749,999	82,400	54,900	137,300	2,898,000	2,899,999	86,900	57,900	144,800

退職 — 住民(十一)

退職所得控除額控除後の退職手当等の金額(2分の1前)		特別徴収税額			退職所得控除額控除後の退職手当等の金額(2分の1前)		特別徴収税額		
から	まで	市町村民税(特別区民税)	道府県民税(都民税)	合計	から	まで	市町村民税(特別区民税)	道府県民税(都民税)	合計
円	円	円	円	円	円	円	円	円	円
2,900,000	2,903,999	87,000	58,000	145,000	3,050,000	3,053,999	91,500	61,000	152,500
2,904,000	2,905,999	87,100	58,000	145,100	3,054,000	3,055,999	91,600	61,000	152,600
2,906,000	2,907,999	87,100	58,100	145,200	3,056,000	3,057,999	91,600	61,100	152,700
2,908,000	2,909,999	87,200	58,100	145,300	3,058,000	3,059,999	91,700	61,100	152,800
2,910,000	2,913,999	87,300	58,200	145,500	3,060,000	3,063,999	91,800	61,200	153,000
2,914,000	2,915,999	87,400	58,200	145,600	3,064,000	3,065,999	91,900	61,200	153,100
2,916,000	2,917,999	87,400	58,300	145,700	3,066,000	3,067,999	91,900	61,300	153,200
2,918,000	2,919,999	87,500	58,300	145,800	3,068,000	3,069,999	92,000	61,300	153,300
2,920,000	2,923,999	87,600	58,400	146,000	3,070,000	3,073,999	92,100	61,400	153,500
2,924,000	2,925,999	87,700	58,400	146,100	3,074,000	3,075,999	92,200	61,400	153,600
2,926,000	2,927,999	87,700	58,500	146,200	3,076,000	3,077,999	92,200	61,500	153,700
2,928,000	2,929,999	87,800	58,500	146,300	3,078,000	3,079,999	92,300	61,500	153,800
2,930,000	2,933,999	87,900	58,600	146,500	3,080,000	3,083,999	92,400	61,600	154,000
2,934,000	2,935,999	88,000	58,600	146,600	3,084,000	3,085,999	92,500	61,600	154,100
2,936,000	2,937,999	88,000	58,700	146,700	3,086,000	3,087,999	92,500	61,700	154,200
2,938,000	2,939,999	88,100	58,700	146,800	3,088,000	3,089,999	92,600	61,700	154,300
2,940,000	2,943,999	88,200	58,800	147,000	3,090,000	3,093,999	92,700	61,800	154,500
2,944,000	2,945,999	88,300	58,800	147,100	3,094,000	3,095,999	92,800	61,800	154,600
2,946,000	2,947,999	88,300	58,900	147,200	3,096,000	3,097,999	92,800	61,900	154,700
2,948,000	2,949,999	88,400	58,900	147,300	3,098,000	3,099,999	92,900	61,900	154,800
2,950,000	2,953,999	88,500	59,000	147,500	3,100,000	3,103,999	93,000	62,000	155,000
2,954,000	2,955,999	88,600	59,000	147,600	3,104,000	3,105,999	93,100	62,000	155,100
2,956,000	2,957,999	88,600	59,100	147,700	3,106,000	3,107,999	93,100	62,100	155,200
2,958,000	2,959,999	88,700	59,100	147,800	3,108,000	3,109,999	93,200	62,100	155,300
2,960,000	2,963,999	88,800	59,200	148,000	3,110,000	3,113,999	93,300	62,200	155,500
2,964,000	2,965,999	88,900	59,200	148,100	3,114,000	3,115,999	93,400	62,200	155,600
2,966,000	2,967,999	88,900	59,300	148,200	3,116,000	3,117,999	93,400	62,300	155,700
2,968,000	2,969,999	89,000	59,300	148,300	3,118,000	3,119,999	93,500	62,300	155,800
2,970,000	2,973,999	89,100	59,400	148,500	3,120,000	3,123,999	93,600	62,400	156,000
2,974,000	2,975,999	89,200	59,400	148,600	3,124,000	3,125,999	93,700	62,400	156,100
2,976,000	2,977,999	89,200	59,500	148,700	3,126,000	3,127,999	93,700	62,500	156,200
2,978,000	2,979,999	89,300	59,500	148,800	3,128,000	3,129,999	93,800	62,500	156,300
2,980,000	2,983,999	89,400	59,600	149,000	3,130,000	3,133,999	93,900	62,600	156,500
2,984,000	2,985,999	89,500	59,600	149,100	3,134,000	3,135,999	94,000	62,600	156,600
2,986,000	2,987,999	89,500	59,700	149,200	3,136,000	3,137,999	94,000	62,700	156,700
2,988,000	2,989,999	89,600	59,700	149,300	3,138,000	3,139,999	94,100	62,700	156,800
2,990,000	2,993,999	89,700	59,800	149,500	3,140,000	3,143,999	94,200	62,800	157,000
2,994,000	2,995,999	89,800	59,800	149,600	3,144,000	3,145,999	94,300	62,800	157,100
2,996,000	2,997,999	89,800	59,900	149,700	3,146,000	3,147,999	94,300	62,900	157,200
2,998,000	2,999,999	89,900	59,900	149,800	3,148,000	3,149,999	94,400	62,900	157,300
3,000,000	3,003,999	90,000	60,000	150,000	3,150,000	3,153,999	94,500	63,000	157,500
3,004,000	3,005,999	90,100	60,000	150,100	3,154,000	3,155,999	94,600	63,000	157,600
3,006,000	3,007,999	90,100	60,100	150,200	3,156,000	3,157,999	94,600	63,100	157,700
3,008,000	3,009,999	90,200	60,100	150,300	3,158,000	3,159,999	94,700	63,100	157,800
3,010,000	3,013,999	90,300	60,200	150,500	3,160,000	3,163,999	94,800	63,200	158,000
3,014,000	3,015,999	90,400	60,200	150,600	3,164,000	3,165,999	94,900	63,200	158,100
3,016,000	3,017,999	90,400	60,300	150,700	3,166,000	3,167,999	94,900	63,300	158,200
3,018,000	3,019,999	90,500	60,300	150,800	3,168,000	3,169,999	95,000	63,300	158,300
3,020,000	3,023,999	90,600	60,400	151,000	3,170,000	3,173,999	95,100	63,400	158,500
3,024,000	3,025,999	90,700	60,400	151,100	3,174,000	3,175,999	95,200	63,400	158,600
3,026,000	3,027,999	90,700	60,500	151,200	3,176,000	3,177,999	95,200	63,500	158,700
3,028,000	3,029,999	90,800	60,500	151,300	3,178,000	3,179,999	95,300	63,500	158,800
3,030,000	3,033,999	90,900	60,600	151,500	3,180,000	3,183,999	95,400	63,600	159,000
3,034,000	3,035,999	91,000	60,600	151,600	3,184,000	3,185,999	95,500	63,600	159,100
3,036,000	3,037,999	91,000	60,700	151,700	3,186,000	3,187,999	95,500	63,700	159,200
3,038,000	3,039,999	91,100	60,700	151,800	3,188,000	3,189,999	95,600	63,700	159,300
3,040,000	3,043,999	91,200	60,800	152,000	3,190,000	3,193,999	95,700	63,800	159,500
3,044,000	3,045,999	91,300	60,800	152,100	3,194,000	3,195,999	95,800	63,800	159,600
3,046,000	3,047,999	91,300	60,900	152,200	3,196,000	3,197,999	95,800	63,900	159,700
3,048,000	3,049,999	91,400	60,900	152,300	3,198,000	3,199,999	95,900	63,900	159,800

参 考(退職住民)

退職 ― 住民(十二)

退職所得控除額控除後の退職手当等の金額(2分の1前)		特別徴収税額			退職所得控除額控除後の退職手当等の金額(2分の1前)		特別徴収税額		
から	まで	市町村民税(特別区民税)	道府県民税(都民税)	合計	から	まで	市町村民税(特別区民税)	道府県民税(都民税)	合計
円	円	円	円	円	円	円	円	円	円
3,200,000	3,203,999	96,000	64,000	160,000	3,350,000	3,353,999	100,500	67,000	167,500
3,204,000	3,205,999	96,100	64,000	160,100	3,354,000	3,355,999	100,600	67,000	167,600
3,206,000	3,207,999	96,100	64,100	160,200	3,356,000	3,357,999	100,600	67,100	167,700
3,208,000	3,209,999	96,200	64,100	160,300	3,358,000	3,359,999	100,700	67,100	167,800
3,210,000	3,213,999	96,300	64,200	160,500	3,360,000	3,363,999	100,800	67,200	168,000
3,214,000	3,215,999	96,400	64,200	160,600	3,364,000	3,365,999	100,900	67,200	168,100
3,216,000	3,217,999	96,400	64,300	160,700	3,366,000	3,367,999	100,900	67,300	168,200
3,218,000	3,219,999	96,500	64,300	160,800	3,368,000	3,369,999	101,000	67,300	168,300
3,220,000	3,223,999	96,600	64,400	161,000	3,370,000	3,373,999	101,100	67,400	168,500
3,224,000	3,225,999	96,700	64,400	161,100	3,374,000	3,375,999	101,200	67,400	168,600
3,226,000	3,227,999	96,700	64,500	161,200	3,376,000	3,377,999	101,200	67,500	168,700
3,228,000	3,229,999	96,800	64,500	161,300	3,378,000	3,379,999	101,300	67,500	168,800
3,230,000	3,233,999	96,900	64,600	161,500	3,380,000	3,383,999	101,400	67,600	169,000
3,234,000	3,235,999	97,000	64,600	161,600	3,384,000	3,385,999	101,500	67,600	169,100
3,236,000	3,237,999	97,000	64,700	161,700	3,386,000	3,387,999	101,500	67,700	169,200
3,238,000	3,239,999	97,100	64,700	161,800	3,388,000	3,389,999	101,600	67,700	169,300
3,240,000	3,243,999	97,200	64,800	162,000	3,390,000	3,393,999	101,700	67,800	169,500
3,244,000	3,245,999	97,300	64,800	162,100	3,394,000	3,395,999	101,800	67,800	169,600
3,246,000	3,247,999	97,300	64,900	162,200	3,396,000	3,397,999	101,800	67,900	169,700
3,248,000	3,249,999	97,400	64,900	162,300	3,398,000	3,399,999	101,900	67,900	169,800
3,250,000	3,253,999	97,500	65,000	162,500	3,400,000	3,403,999	102,000	68,000	170,000
3,254,000	3,255,999	97,600	65,000	162,600	3,404,000	3,405,999	102,100	68,000	170,100
3,256,000	3,257,999	97,600	65,100	162,700	3,406,000	3,407,999	102,100	68,100	170,200
3,258,000	3,259,999	97,700	65,100	162,800	3,408,000	3,409,999	102,200	68,100	170,300
3,260,000	3,263,999	97,800	65,200	163,000	3,410,000	3,413,999	102,300	68,200	170,500
3,264,000	3,265,999	97,900	65,200	163,100	3,414,000	3,415,999	102,400	68,200	170,600
3,266,000	3,267,999	97,900	65,300	163,200	3,416,000	3,417,999	102,400	68,300	170,700
3,268,000	3,269,999	98,000	65,300	163,300	3,418,000	3,419,999	102,500	68,300	170,800
3,270,000	3,273,999	98,100	65,400	163,500	3,420,000	3,423,999	102,600	68,400	171,000
3,274,000	3,275,999	98,200	65,400	163,600	3,424,000	3,425,999	102,700	68,400	171,100
3,276,000	3,277,999	98,200	65,500	163,700	3,426,000	3,427,999	102,700	68,500	171,200
3,278,000	3,279,999	98,300	65,500	163,800	3,428,000	3,429,999	102,800	68,500	171,300
3,280,000	3,283,999	98,400	65,600	164,000	3,430,000	3,433,999	102,900	68,600	171,500
3,284,000	3,285,999	98,500	65,600	164,100	3,434,000	3,435,999	103,000	68,600	171,600
3,286,000	3,287,999	98,500	65,700	164,200	3,436,000	3,437,999	103,000	68,700	171,700
3,288,000	3,289,999	98,600	65,700	164,300	3,438,000	3,439,999	103,100	68,700	171,800
3,290,000	3,293,999	98,700	65,800	164,500	3,440,000	3,443,999	103,200	68,800	172,000
3,294,000	3,295,999	98,800	65,800	164,600	3,444,000	3,445,999	103,300	68,800	172,100
3,296,000	3,297,999	98,800	65,900	164,700	3,446,000	3,447,999	103,300	68,900	172,200
3,298,000	3,299,999	98,900	65,900	164,800	3,448,000	3,449,999	103,400	68,900	172,300
3,300,000	3,303,999	99,000	66,000	165,000	3,450,000	3,453,999	103,500	69,000	172,500
3,304,000	3,305,999	99,100	66,000	165,100	3,454,000	3,455,999	103,600	69,000	172,600
3,306,000	3,307,999	99,100	66,100	165,200	3,456,000	3,457,999	103,600	69,100	172,700
3,308,000	3,309,999	99,200	66,100	165,300	3,458,000	3,459,999	103,700	69,100	172,800
3,310,000	3,313,999	99,300	66,200	165,500	3,460,000	3,463,999	103,800	69,200	173,000
3,314,000	3,315,999	99,400	66,200	165,600	3,464,000	3,465,999	103,900	69,200	173,100
3,316,000	3,317,999	99,400	66,300	165,700	3,466,000	3,467,999	103,900	69,300	173,200
3,318,000	3,319,999	99,500	66,300	165,800	3,468,000	3,469,999	104,000	69,300	173,300
3,320,000	3,323,999	99,600	66,400	166,000	3,470,000	3,473,999	104,100	69,400	173,500
3,324,000	3,325,999	99,700	66,400	166,100	3,474,000	3,475,999	104,200	69,400	173,600
3,326,000	3,327,999	99,700	66,500	166,200	3,476,000	3,477,999	104,200	69,500	173,700
3,328,000	3,329,999	99,800	66,500	166,300	3,478,000	3,479,999	104,300	69,500	173,800
3,330,000	3,333,999	99,900	66,600	166,500	3,480,000	3,483,999	104,400	69,600	174,000
3,334,000	3,335,999	100,000	66,600	166,600	3,484,000	3,485,999	104,500	69,600	174,100
3,336,000	3,337,999	100,000	66,700	166,700	3,486,000	3,487,999	104,500	69,700	174,200
3,338,000	3,339,999	100,100	66,700	166,800	3,488,000	3,489,999	104,600	69,700	174,300
3,340,000	3,343,999	100,200	66,800	167,000	3,490,000	3,493,999	104,700	69,800	174,500
3,344,000	3,345,999	100,300	66,800	167,100	3,494,000	3,495,999	104,800	69,800	174,600
3,346,000	3,347,999	100,300	66,900	167,200	3,496,000	3,497,999	104,800	69,900	174,700
3,348,000	3,349,999	100,400	66,900	167,300	3,498,000	3,499,999	104,900	69,900	174,800

参 考(退職住民)

退職 — 住民(十三)

退職所得控除額控除後の退職手当等の金額(2分の1前)		特別徴収税額			退職所得控除額控除後の退職手当等の金額(2分の1前)		特別徴収税額		
から	まで	市町村民税(特別区民税)	道府県民税(都民税)	合計	から	まで	市町村民税(特別区民税)	道府県民税(都民税)	合計
円	円	円	円	円	円	円	円	円	円
3,500,000	3,503,999	105,000	70,000	175,000	3,650,000	3,653,999	109,500	73,000	182,500
3,504,000	3,505,999	105,100	70,000	175,100	3,654,000	3,655,999	109,600	73,000	182,600
3,506,000	3,507,999	105,100	70,100	175,200	3,656,000	3,657,999	109,600	73,100	182,700
3,508,000	3,509,999	105,200	70,100	175,300	3,658,000	3,659,999	109,700	73,100	182,800
3,510,000	3,513,999	105,300	70,200	175,500	3,660,000	3,663,999	109,800	73,200	183,000
3,514,000	3,515,999	105,400	70,200	175,600	3,664,000	3,665,999	109,900	73,200	183,100
3,516,000	3,517,999	105,400	70,300	175,700	3,666,000	3,667,999	109,900	73,300	183,200
3,518,000	3,519,999	105,500	70,300	175,800	3,668,000	3,669,999	110,000	73,300	183,300
3,520,000	3,523,999	105,600	70,400	176,000	3,670,000	3,673,999	110,100	73,400	183,500
3,524,000	3,525,999	105,700	70,400	176,100	3,674,000	3,675,999	110,200	73,400	183,600
3,526,000	3,527,999	105,700	70,500	176,200	3,676,000	3,677,999	110,200	73,500	183,700
3,528,000	3,529,999	105,800	70,500	176,300	3,678,000	3,679,999	110,300	73,500	183,800
3,530,000	3,533,999	105,900	70,600	176,500	3,680,000	3,683,999	110,400	73,600	184,000
3,534,000	3,535,999	106,000	70,600	176,600	3,684,000	3,685,999	110,500	73,600	184,100
3,536,000	3,537,999	106,000	70,700	176,700	3,686,000	3,687,999	110,500	73,700	184,200
3,538,000	3,539,999	106,100	70,700	176,800	3,688,000	3,689,999	110,600	73,700	184,300
3,540,000	3,543,999	106,200	70,800	177,000	3,690,000	3,693,999	110,700	73,800	184,500
3,544,000	3,545,999	106,300	70,800	177,100	3,694,000	3,695,999	110,800	73,800	184,600
3,546,000	3,547,999	106,300	70,900	177,200	3,696,000	3,697,999	110,800	73,900	184,700
3,548,000	3,549,999	106,400	70,900	177,300	3,698,000	3,699,999	110,900	73,900	184,800
3,550,000	3,553,999	106,500	71,000	177,500	3,700,000	3,703,999	111,000	74,000	185,000
3,554,000	3,555,999	106,600	71,000	177,600	3,704,000	3,705,999	111,100	74,000	185,100
3,556,000	3,557,999	106,700	71,100	177,700	3,706,000	3,707,999	111,100	74,100	185,200
3,558,000	3,559,999	106,700	71,100	177,800	3,708,000	3,709,999	111,200	74,100	185,300
3,560,000	3,563,999	106,800	71,200	178,000	3,710,000	3,713,999	111,300	74,200	185,500
3,564,000	3,565,999	106,900	71,200	178,100	3,714,000	3,715,999	111,400	74,200	185,600
3,566,000	3,567,999	106,900	71,300	178,200	3,716,000	3,717,999	111,400	74,300	185,700
3,568,000	3,569,999	107,000	71,300	178,300	3,718,000	3,719,999	111,500	74,300	185,800
3,570,000	3,573,999	107,100	71,400	178,500	3,720,000	3,723,999	111,600	74,400	186,000
3,574,000	3,575,999	107,200	71,400	178,600	3,724,000	3,725,999	111,700	74,400	186,100
3,576,000	3,577,999	107,200	71,500	178,700	3,726,000	3,727,999	111,700	74,500	186,200
3,578,000	3,579,999	107,300	71,500	178,800	3,728,000	3,729,999	111,800	74,500	186,300
3,580,000	3,583,999	107,400	71,600	179,000	3,730,000	3,733,999	111,900	74,600	186,500
3,584,000	3,585,999	107,500	71,600	179,100	3,734,000	3,735,999	112,000	74,600	186,600
3,586,000	3,587,999	107,500	71,700	179,200	3,736,000	3,737,999	112,000	74,700	186,700
3,588,000	3,589,999	107,600	71,700	179,300	3,738,000	3,739,999	112,100	74,700	186,800
3,590,000	3,593,999	107,700	71,800	179,500	3,740,000	3,743,999	112,200	74,800	187,000
3,594,000	3,595,999	107,800	71,800	179,600	3,744,000	3,745,999	112,300	74,800	187,100
3,596,000	3,597,999	107,800	71,900	179,700	3,746,000	3,747,999	112,300	74,900	187,200
3,598,000	3,599,999	107,900	71,900	179,800	3,748,000	3,749,999	112,400	74,900	187,300
3,600,000	3,603,999	108,000	72,000	180,000	3,750,000	3,753,999	112,500	75,000	187,500
3,604,000	3,605,999	108,100	72,000	180,100	3,754,000	3,755,999	112,600	75,000	187,600
3,606,000	3,607,999	108,100	72,100	180,200	3,756,000	3,757,999	112,600	75,100	187,700
3,608,000	3,609,999	108,200	72,100	180,300	3,758,000	3,759,999	112,700	75,100	187,800
3,610,000	3,613,999	108,300	72,200	180,500	3,760,000	3,763,999	112,800	75,200	188,000
3,614,000	3,615,999	108,400	72,200	180,600	3,764,000	3,765,999	112,900	75,200	188,100
3,616,000	3,617,999	108,400	72,300	180,700	3,766,000	3,767,999	112,900	75,300	188,200
3,618,000	3,619,999	108,500	72,300	180,800	3,768,000	3,769,999	113,000	75,300	188,300
3,620,000	3,623,999	108,600	72,400	181,000	3,770,000	3,773,999	113,100	75,400	188,500
3,624,000	3,625,999	108,700	72,400	181,100	3,774,000	3,775,999	113,200	75,400	188,600
3,626,000	3,627,999	108,700	72,500	181,200	3,776,000	3,777,999	113,200	75,500	188,700
3,628,000	3,629,999	108,800	72,500	181,300	3,778,000	3,779,999	113,300	75,500	188,800
3,630,000	3,633,999	108,900	72,600	181,500	3,780,000	3,783,999	113,400	75,600	189,000
3,634,000	3,635,999	109,000	72,600	181,600	3,784,000	3,785,999	113,500	75,600	189,100
3,636,000	3,637,999	109,000	72,700	181,700	3,786,000	3,787,999	113,500	75,700	189,200
3,638,000	3,639,999	109,100	72,700	181,800	3,788,000	3,789,999	113,600	75,700	189,300
3,640,000	3,643,999	109,200	72,800	182,000	3,790,000	3,793,999	113,700	75,800	189,500
3,644,000	3,645,999	109,300	72,800	182,100	3,794,000	3,795,999	113,800	75,800	189,600
3,646,000	3,647,999	109,300	72,900	182,200	3,796,000	3,797,999	113,800	75,900	189,700
3,648,000	3,649,999	109,400	72,900	182,300	3,798,000	3,799,999	113,900	75,900	189,800

参考(退職住民)

退職 － 住民(十四)

退職所得控除額控除後の退職手当等の金額(2分の1前)		特別徴収税額			退職所得控除額控除後の退職手当等の金額(2分の1前)		特別徴収税額		
から	まで	市町村民税(特別区民税)	道府県民税(都民税)	合計	から	まで	市町村民税(特別区民税)	道府県民税(都民税)	合計
円	円	円	円	円	円	円	円	円	円
3,800,000	3,803,999	114,000	76,000	190,000	3,950,000	3,953,999	118,500	79,000	197,500
3,804,000	3,805,999	114,100	76,000	190,100	3,954,000	3,955,999	118,600	79,000	197,600
3,806,000	3,807,999	114,100	76,100	190,200	3,956,000	3,957,999	118,600	79,100	197,700
3,808,000	3,809,999	114,200	76,100	190,300	3,958,000	3,959,999	118,700	79,100	197,800
3,810,000	3,813,999	114,300	76,200	190,500	3,960,000	3,963,999	118,800	79,200	198,000
3,814,000	3,815,999	114,400	76,200	190,600	3,964,000	3,965,999	118,900	79,200	198,100
3,816,000	3,817,999	114,400	76,300	190,700	3,966,000	3,967,999	118,900	79,300	198,200
3,818,000	3,819,999	114,500	76,300	190,800	3,968,000	3,969,999	119,000	79,300	198,300
3,820,000	3,823,999	114,600	76,400	191,000	3,970,000	3,973,999	119,100	79,400	198,500
3,824,000	3,825,999	114,700	76,400	191,100	3,974,000	3,975,999	119,200	79,400	198,600
3,826,000	3,827,999	114,700	76,500	191,200	3,976,000	3,977,999	119,200	79,500	198,700
3,828,000	3,829,999	114,800	76,500	191,300	3,978,000	3,979,999	119,300	79,500	198,800
3,830,000	3,833,999	114,900	76,600	191,500	3,980,000	3,983,999	119,400	79,600	199,000
3,834,000	3,835,999	115,000	76,600	191,600	3,984,000	3,985,999	119,500	79,600	199,100
3,836,000	3,837,999	115,000	76,700	191,700	3,986,000	3,987,999	119,500	79,700	199,200
3,838,000	3,839,999	115,100	76,700	191,800	3,988,000	3,989,999	119,600	79,700	199,300
3,840,000	3,843,999	115,200	76,800	192,000	3,990,000	3,993,999	119,700	79,800	199,500
3,844,000	3,845,999	115,300	76,800	192,100	3,994,000	3,995,999	119,800	79,800	199,600
3,846,000	3,847,999	115,300	76,900	192,200	3,996,000	3,997,999	119,800	79,900	199,700
3,848,000	3,849,999	115,400	76,900	192,300	3,998,000	3,999,999	119,900	79,900	199,800
3,850,000	3,853,999	115,500	77,000	192,500	4,000,000	4,003,999	120,000	80,000	200,000
3,854,000	3,855,999	115,600	77,000	192,600	4,004,000	4,005,999	120,100	80,000	200,100
3,856,000	3,857,999	115,600	77,100	192,700	4,006,000	4,007,999	120,100	80,100	200,200
3,858,000	3,859,999	115,700	77,100	192,800	4,008,000	4,009,999	120,200	80,100	200,300
3,860,000	3,863,999	115,800	77,200	193,000	4,010,000	4,013,999	120,300	80,200	200,500
3,864,000	3,865,999	115,900	77,200	193,100	4,014,000	4,015,999	120,400	80,200	200,600
3,866,000	3,867,999	115,900	77,300	193,200	4,016,000	4,017,999	120,400	80,300	200,700
3,868,000	3,869,999	116,000	77,300	193,300	4,018,000	4,019,999	120,500	80,300	200,800
3,870,000	3,873,999	116,100	77,400	193,500	4,020,000	4,023,999	120,600	80,400	201,000
3,874,000	3,875,999	116,200	77,400	193,600	4,024,000	4,025,999	120,700	80,400	201,100
3,876,000	3,877,999	116,200	77,500	193,700	4,026,000	4,027,999	120,700	80,500	201,200
3,878,000	3,879,999	116,300	77,500	193,800	4,028,000	4,029,999	120,800	80,500	201,300
3,880,000	3,883,999	116,400	77,600	194,000	4,030,000	4,033,999	120,900	80,600	201,500
3,884,000	3,885,999	116,500	77,600	194,100	4,034,000	4,035,999	121,000	80,600	201,600
3,886,000	3,887,999	116,500	77,700	194,200	4,036,000	4,037,999	121,000	80,700	201,700
3,888,000	3,889,999	116,600	77,700	194,300	4,038,000	4,039,999	121,100	80,700	201,800
3,890,000	3,893,999	116,700	77,800	194,500	4,040,000	4,043,999	121,200	80,800	202,000
3,894,000	3,895,999	116,800	77,800	194,600	4,044,000	4,045,999	121,300	80,800	202,100
3,896,000	3,897,999	116,800	77,900	194,700	4,046,000	4,047,999	121,300	80,900	202,200
3,898,000	3,899,999	116,900	77,900	194,800	4,048,000	4,049,999	121,400	80,900	202,300
3,900,000	3,903,999	117,000	78,000	195,000	4,050,000	4,053,999	121,500	81,000	202,500
3,904,000	3,905,999	117,100	78,000	195,100	4,054,000	4,055,999	121,600	81,000	202,600
3,906,000	3,907,999	117,100	78,100	195,200	4,056,000	4,057,999	121,600	81,100	202,700
3,908,000	3,909,999	117,200	78,100	195,300	4,058,000	4,059,999	121,700	81,100	202,800
3,910,000	3,913,999	117,300	78,200	195,500	4,060,000	4,063,999	121,800	81,200	203,000
3,914,000	3,915,999	117,400	78,200	195,600	4,064,000	4,065,999	121,900	81,200	203,100
3,916,000	3,917,999	117,400	78,300	195,700	4,066,000	4,067,999	121,900	81,300	203,200
3,918,000	3,919,999	117,500	78,300	195,800	4,068,000	4,069,999	122,000	81,300	203,300
3,920,000	3,923,999	117,600	78,400	196,000	4,070,000	4,073,999	122,100	81,400	203,500
3,924,000	3,925,999	117,700	78,400	196,100	4,074,000	4,075,999	122,200	81,400	203,600
3,926,000	3,927,999	117,700	78,500	196,200	4,076,000	4,077,999	122,200	81,500	203,700
3,928,000	3,929,999	117,800	78,500	196,300	4,078,000	4,079,999	122,300	81,500	203,800
3,930,000	3,933,999	117,900	78,600	196,500	4,080,000	4,083,999	122,400	81,600	204,000
3,934,000	3,935,999	118,000	78,600	196,600	4,084,000	4,085,999	122,500	81,600	204,100
3,936,000	3,937,999	118,000	78,700	196,700	4,086,000	4,087,999	122,500	81,700	204,200
3,938,000	3,939,999	118,100	78,700	196,800	4,088,000	4,089,999	122,600	81,700	204,300
3,940,000	3,943,999	118,200	78,800	197,000	4,090,000	4,093,999	122,700	81,800	204,500
3,944,000	3,945,999	118,300	78,800	197,100	4,094,000	4,095,999	122,800	81,800	204,600
3,946,000	3,947,999	118,300	78,900	197,200	4,096,000	4,097,999	122,800	81,900	204,700
3,948,000	3,949,999	118,400	78,900	197,300	4,098,000	4,099,999	122,900	81,900	204,800

参考(退職住民)

退職 ― 住民(十五)

退職所得控除額控除後の退職手当等の金額(2分の1前)		特別徴収税額			退職所得控除額控除後の退職手当等の金額(2分の1前)		特別徴収税額		
から	まで	市町村民税(特別区民税)	道府県民税(都民税)	合計	から	まで	市町村民税(特別区民税)	道府県民税(都民税)	合計
円	円	円	円	円	円	円	円	円	円
4,100,000	4,103,999	123,000	82,000	205,000	4,250,000	4,253,999	127,600	85,000	212,500
4,104,000	4,105,999	123,100	82,000	205,100	4,254,000	4,255,999	127,600	85,000	212,600
4,106,000	4,107,999	123,100	82,100	205,200	4,256,000	4,257,999	127,600	85,100	212,700
4,108,000	4,109,999	123,200	82,100	205,300	4,258,000	4,259,999	127,700	85,100	212,800
4,110,000	4,113,999	123,300	82,200	205,500	4,260,000	4,263,999	127,800	85,200	213,000
4,114,000	4,115,999	123,400	82,200	205,600	4,264,000	4,265,999	127,900	85,200	213,100
4,116,000	4,117,999	123,400	82,300	205,700	4,266,000	4,267,999	127,900	85,300	213,200
4,118,000	4,119,999	123,500	82,300	205,800	4,268,000	4,269,999	128,000	85,300	213,300
4,120,000	4,123,999	123,600	82,400	206,000	4,270,000	4,273,999	128,100	85,400	213,500
4,124,000	4,125,999	123,700	82,400	206,100	4,274,000	4,275,999	128,200	85,400	213,600
4,126,000	4,127,999	123,700	82,500	206,200	4,276,000	4,277,999	128,200	85,500	213,700
4,128,000	4,129,999	123,800	82,500	206,300	4,278,000	4,279,999	128,300	85,500	213,800
4,130,000	4,133,999	123,900	82,600	206,500	4,280,000	4,283,999	128,400	85,600	214,000
4,134,000	4,135,999	124,000	82,600	206,600	4,284,000	4,285,999	128,500	85,600	214,100
4,136,000	4,137,999	124,000	82,700	206,700	4,286,000	4,287,999	128,500	85,700	214,200
4,138,000	4,139,999	124,100	82,700	206,800	4,288,000	4,289,999	128,600	85,700	214,300
4,140,000	4,143,999	124,200	82,800	207,000	4,290,000	4,293,999	128,700	85,800	214,500
4,144,000	4,145,999	124,300	82,800	207,100	4,294,000	4,295,999	128,800	85,800	214,600
4,146,000	4,147,999	124,300	82,900	207,200	4,296,000	4,297,999	128,800	85,900	214,700
4,148,000	4,149,999	124,400	82,900	207,300	4,298,000	4,299,999	128,900	85,900	214,800
4,150,000	4,153,999	124,500	83,000	207,500	4,300,000	4,303,999	129,000	86,000	215,000
4,154,000	4,155,999	124,600	83,000	207,600	4,304,000	4,305,999	129,100	86,000	215,100
4,156,000	4,157,999	124,600	83,100	207,700	4,306,000	4,307,999	129,100	86,100	215,200
4,158,000	4,159,999	124,700	83,100	207,800	4,308,000	4,309,999	129,200	86,100	215,300
4,160,000	4,163,999	124,800	83,200	208,000	4,310,000	4,313,999	129,300	86,200	215,500
4,164,000	4,165,999	124,900	83,200	208,100	4,314,000	4,315,999	129,400	86,200	215,600
4,166,000	4,167,999	124,900	83,300	208,200	4,316,000	4,317,999	129,400	86,300	215,700
4,168,000	4,169,999	125,000	83,300	208,300	4,318,000	4,319,999	129,500	86,300	215,800
4,170,000	4,173,999	125,100	83,400	208,500	4,320,000	4,323,999	129,600	86,400	216,000
4,174,000	4,175,999	125,200	83,400	208,600	4,324,000	4,325,999	129,700	86,400	216,100
4,176,000	4,177,999	125,200	83,500	208,700	4,326,000	4,327,999	129,700	86,500	216,200
4,178,000	4,179,999	125,300	83,500	208,800	4,328,000	4,329,999	129,800	86,500	216,300
4,180,000	4,183,999	125,400	83,600	209,000	4,330,000	4,333,999	129,900	86,600	216,500
4,184,000	4,185,999	125,500	83,600	209,100	4,334,000	4,335,999	130,000	86,600	216,600
4,186,000	4,187,999	125,500	83,700	209,200	4,336,000	4,337,999	130,000	86,700	216,700
4,188,000	4,189,999	125,600	83,700	209,300	4,338,000	4,339,999	130,100	86,700	216,800
4,190,000	4,193,999	125,700	83,800	209,500	4,340,000	4,343,999	130,200	86,800	217,000
4,194,000	4,195,999	125,800	83,800	209,600	4,344,000	4,345,999	130,300	86,800	217,100
4,196,000	4,197,999	125,800	83,900	209,700	4,346,000	4,347,999	130,300	86,900	217,200
4,198,000	4,199,999	125,900	83,900	209,800	4,348,000	4,349,999	130,400	86,900	217,300
4,200,000	4,203,999	126,000	84,000	210,000	4,350,000	4,353,999	130,500	87,000	217,500
4,204,000	4,205,999	126,100	84,000	210,100	4,354,000	4,355,999	130,600	87,000	217,600
4,206,000	4,207,999	126,100	84,100	210,200	4,356,000	4,357,999	130,600	87,100	217,700
4,208,000	4,209,999	126,200	84,100	210,300	4,358,000	4,359,999	130,700	87,100	217,800
4,210,000	4,213,999	126,300	84,200	210,500	4,360,000	4,363,999	130,800	87,200	218,000
4,214,000	4,215,999	126,400	84,200	210,600	4,364,000	4,365,999	130,900	87,200	218,100
4,216,000	4,217,999	126,400	84,300	210,700	4,366,000	4,367,999	130,900	87,300	218,200
4,218,000	4,219,999	126,500	84,300	210,800	4,368,000	4,369,999	131,000	87,300	218,300
4,220,000	4,223,999	126,600	84,400	211,000	4,370,000	4,373,999	131,100	87,400	218,500
4,224,000	4,225,999	126,700	84,400	211,100	4,374,000	4,375,999	131,200	87,400	218,600
4,226,000	4,227,999	126,700	84,500	211,200	4,376,000	4,377,999	131,200	87,500	218,700
4,228,000	4,229,999	126,800	84,500	211,300	4,378,000	4,379,999	131,300	87,500	218,800
4,230,000	4,233,999	126,900	84,600	211,500	4,380,000	4,383,999	131,400	87,600	219,000
4,234,000	4,235,999	127,000	84,600	211,600	4,384,000	4,385,999	131,500	87,600	219,100
4,236,000	4,237,999	127,000	84,700	211,700	4,386,000	4,387,999	131,500	87,700	219,200
4,238,000	4,239,999	127,100	84,700	211,800	4,388,000	4,389,999	131,600	87,700	219,300
4,240,000	4,243,999	127,200	84,800	212,000	4,390,000	4,393,999	131,700	87,800	219,500
4,244,000	4,245,999	127,300	84,800	212,100	4,394,000	4,395,999	131,800	87,800	219,600
4,246,000	4,247,999	127,300	84,900	212,200	4,396,000	4,397,999	131,800	87,900	219,700
4,248,000	4,249,999	127,400	84,900	212,300	4,398,000	4,399,999	131,900	87,900	219,800

参考(退職住民)

退職 ― 住民（十六）

退職所得控除額控除後の退職手当等の金額（2分の1前）		特別徴収税額			退職所得控除額控除後の退職手当等の金額（2分の1前）		特別徴収税額		
から	まで	市町村民税（特別区民税）	道府県民税（都民税）	合計	から	まで	市町村民税（特別区民税）	道府県民税（都民税）	合計
円	円	円	円	円	円	円	円	円	円
4,400,000	4,403,999	132,000	88,000	220,000	4,550,000	4,553,999	136,500	91,000	227,500
4,404,000	4,405,999	132,100	88,000	220,100	4,554,000	4,555,999	136,600	91,000	227,600
4,406,000	4,407,999	132,100	88,100	220,200	4,556,000	4,557,999	136,600	91,100	227,700
4,408,000	4,409,999	132,200	88,100	220,300	4,558,000	4,559,999	136,700	91,100	227,800
4,410,000	4,413,999	132,300	88,200	220,500	4,560,000	4,563,999	136,800	91,200	228,000
4,414,000	4,415,999	132,400	88,200	220,600	4,564,000	4,565,999	136,900	91,200	228,100
4,416,000	4,417,999	132,400	88,300	220,700	4,566,000	4,567,999	136,900	91,300	228,200
4,418,000	4,419,999	132,500	88,300	220,800	4,568,000	4,569,999	137,000	91,300	228,300
4,420,000	4,423,999	132,600	88,400	221,000	4,570,000	4,573,999	137,100	91,400	228,500
4,424,000	4,425,999	132,700	88,400	221,100	4,574,000	4,575,999	137,200	91,400	228,600
4,426,000	4,427,999	132,700	88,500	221,200	4,576,000	4,577,999	137,200	91,500	228,700
4,428,000	4,429,999	132,800	88,500	221,300	4,578,000	4,579,999	137,300	91,500	228,800
4,430,000	4,433,999	132,900	88,600	221,500	4,580,000	4,583,999	137,400	91,600	229,000
4,434,000	4,435,999	133,000	88,600	221,600	4,584,000	4,585,999	137,500	91,600	229,100
4,436,000	4,437,999	133,000	88,700	221,700	4,586,000	4,587,999	137,500	91,700	229,200
4,438,000	4,439,999	133,100	88,700	221,800	4,588,000	4,589,999	137,600	91,700	229,300
4,440,000	4,443,999	133,200	88,800	222,000	4,590,000	4,593,999	137,700	91,800	229,500
4,444,000	4,445,999	133,300	88,800	222,100	4,594,000	4,595,999	137,800	91,800	229,600
4,446,000	4,447,999	133,300	88,900	222,200	4,596,000	4,597,999	137,800	91,900	229,700
4,448,000	4,449,999	133,400	88,900	222,300	4,598,000	4,599,999	137,900	91,900	229,800
4,450,000	4,453,999	133,500	89,000	222,500	4,600,000	4,603,999	138,000	92,000	230,000
4,454,000	4,455,999	133,600	89,000	222,600	4,604,000	4,605,999	138,100	92,000	230,100
4,456,000	4,457,999	133,600	89,100	222,700	4,606,000	4,607,999	138,100	92,100	230,200
4,458,000	4,459,999	133,700	89,100	222,800	4,608,000	4,609,999	138,200	92,100	230,300
4,460,000	4,463,999	133,800	89,200	223,000	4,610,000	4,613,999	138,300	92,200	230,500
4,464,000	4,465,999	133,900	89,200	223,100	4,614,000	4,615,999	138,400	92,200	230,600
4,466,000	4,467,999	133,900	89,300	223,200	4,616,000	4,617,999	138,400	92,300	230,700
4,468,000	4,469,999	134,000	89,300	223,300	4,618,000	4,619,999	138,500	92,300	230,800
4,470,000	4,473,999	134,100	89,400	223,500	4,620,000	4,623,999	138,600	92,400	231,000
4,474,000	4,475,999	134,200	89,400	223,600	4,624,000	4,625,999	138,700	92,400	231,100
4,476,000	4,477,999	134,200	89,500	223,700	4,626,000	4,627,999	138,700	92,500	231,200
4,478,000	4,479,999	134,300	89,500	223,800	4,628,000	4,629,999	138,800	92,500	231,300
4,480,000	4,483,999	134,400	89,600	224,000	4,630,000	4,633,999	138,900	92,600	231,500
4,484,000	4,485,999	134,500	89,600	224,100	4,634,000	4,635,999	139,000	92,600	231,600
4,486,000	4,487,999	134,500	89,700	224,200	4,636,000	4,637,999	139,000	92,700	231,700
4,488,000	4,489,999	134,600	89,700	224,300	4,638,000	4,639,999	139,100	92,700	231,800
4,490,000	4,493,999	134,700	89,800	224,500	4,640,000	4,643,999	139,200	92,800	232,000
4,494,000	4,495,999	134,800	89,800	224,600	4,644,000	4,645,999	139,300	92,800	232,100
4,496,000	4,497,999	134,800	89,900	224,700	4,646,000	4,647,999	139,300	92,900	232,200
4,498,000	4,499,999	134,900	89,900	224,800	4,648,000	4,649,999	139,400	92,900	232,300
4,500,000	4,503,999	135,000	90,000	225,000	4,650,000	4,653,999	139,500	93,000	232,500
4,504,000	4,505,999	135,100	90,000	225,100	4,654,000	4,655,999	139,600	93,000	232,600
4,506,000	4,507,999	135,100	90,100	225,200	4,656,000	4,657,999	139,600	93,100	232,700
4,508,000	4,509,999	135,200	90,100	225,300	4,658,000	4,659,999	139,700	93,100	232,800
4,510,000	4,513,999	135,300	90,200	225,500	4,660,000	4,663,999	139,800	93,200	233,000
4,514,000	4,515,999	135,400	90,200	225,600	4,664,000	4,665,999	139,900	93,200	233,100
4,516,000	4,517,999	135,400	90,300	225,700	4,666,000	4,667,999	139,900	93,300	233,200
4,518,000	4,519,999	135,500	90,300	225,800	4,668,000	4,669,999	140,000	93,300	233,300
4,520,000	4,523,999	135,600	90,400	226,000	4,670,000	4,673,999	140,100	93,400	233,500
4,524,000	4,525,999	135,700	90,400	226,100	4,674,000	4,675,999	140,200	93,400	233,600
4,526,000	4,527,999	135,700	90,500	226,200	4,676,000	4,677,999	140,200	93,500	233,700
4,528,000	4,529,999	135,800	90,500	226,300	4,678,000	4,679,999	140,300	93,500	233,800
4,530,000	4,533,999	135,900	90,600	226,500	4,680,000	4,683,999	140,400	93,600	234,000
4,534,000	4,535,999	136,000	90,600	226,600	4,684,000	4,685,999	140,500	93,600	234,100
4,536,000	4,537,999	136,000	90,700	226,700	4,686,000	4,687,999	140,500	93,700	234,200
4,538,000	4,539,999	136,100	90,700	226,800	4,688,000	4,689,999	140,600	93,700	234,300
4,540,000	4,543,999	136,200	90,800	227,000	4,690,000	4,693,999	140,700	93,800	234,500
4,544,000	4,545,999	136,300	90,800	227,100	4,694,000	4,695,999	140,800	93,800	234,600
4,546,000	4,547,999	136,300	90,900	227,200	4,696,000	4,697,999	140,800	93,900	234,700
4,548,000	4,549,999	136,400	90,900	227,300	4,698,000	4,699,999	140,900	93,900	234,800

参 考（退職住民）

退職 ― 住民（十七）

退職所得控除額控除後の退職手当等の金額（2分の1前）		特別徴収税額			退職所得控除額控除後の退職手当等の金額（2分の1前）		特別徴収税額		
から	まで	市町村民税（特別区民税）	道府県民税（都民税）	合計	から	まで	市町村民税（特別区民税）	道府県民税（都民税）	合計
円	円	円	円	円	円	円	円	円	円
4,700,000	4,703,999	141,000	94,000	235,000	4,850,000	4,853,999	145,500	97,000	242,500
4,704,000	4,705,999	141,100	94,000	235,100	4,854,000	4,855,999	145,600	97,000	242,600
4,706,000	4,707,999	141,100	94,100	235,200	4,856,000	4,857,999	145,600	97,100	242,700
4,708,000	4,709,999	141,200	94,100	235,300	4,858,000	4,859,999	145,700	97,100	242,800
4,710,000	4,713,999	141,300	94,200	235,500	4,860,000	4,863,999	145,800	97,200	243,000
4,714,000	4,715,999	141,400	94,200	235,600	4,864,000	4,865,999	145,900	97,200	243,100
4,716,000	4,717,999	141,400	94,300	235,700	4,866,000	4,867,999	145,900	97,300	243,200
4,718,000	4,719,999	141,500	94,300	235,800	4,868,000	4,869,999	146,000	97,300	243,300
4,720,000	4,723,999	141,600	94,400	236,000	4,870,000	4,873,999	146,100	97,400	243,500
4,724,000	4,725,999	141,700	94,400	236,100	4,874,000	4,875,999	146,200	97,400	243,600
4,726,000	4,727,999	141,700	94,500	236,200	4,876,000	4,877,999	146,200	97,500	243,700
4,728,000	4,729,999	141,800	94,500	236,300	4,878,000	4,879,999	146,300	97,500	243,800
4,730,000	4,733,999	141,900	94,600	236,500	4,880,000	4,883,999	146,400	97,600	244,000
4,734,000	4,735,999	142,000	94,600	236,600	4,884,000	4,885,999	146,500	97,600	244,100
4,736,000	4,737,999	142,000	94,700	236,700	4,886,000	4,887,999	146,500	97,700	244,200
4,738,000	4,739,999	142,100	94,700	236,800	4,888,000	4,889,999	146,600	97,700	244,300
4,740,000	4,743,999	142,200	94,800	237,000	4,890,000	4,893,999	146,700	97,800	244,500
4,744,000	4,745,999	142,300	94,800	237,100	4,894,000	4,895,999	146,800	97,800	244,600
4,746,000	4,747,999	142,300	94,900	237,200	4,896,000	4,897,999	146,800	97,900	244,700
4,748,000	4,749,999	142,400	94,900	237,300	4,898,000	4,899,999	146,900	97,900	244,800
4,750,000	4,753,999	142,500	95,000	237,500	4,900,000	4,903,999	147,000	98,000	245,000
4,754,000	4,755,999	142,600	95,000	237,600	4,904,000	4,905,999	147,100	98,000	245,100
4,756,000	4,757,999	142,600	95,100	237,700	4,906,000	4,907,999	147,100	98,100	245,200
4,758,000	4,759,999	142,700	95,100	237,800	4,908,000	4,909,999	147,200	98,100	245,300
4,760,000	4,763,999	142,800	95,200	238,000	4,910,000	4,913,999	147,300	98,200	245,500
4,764,000	4,765,999	142,900	95,200	238,100	4,914,000	4,915,999	147,400	98,200	245,600
4,766,000	4,767,999	142,900	95,300	238,200	4,916,000	4,917,999	147,400	98,300	245,700
4,768,000	4,769,999	143,000	95,300	238,300	4,918,000	4,919,999	147,500	98,300	245,800
4,770,000	4,773,999	143,100	95,400	238,500	4,920,000	4,923,999	147,600	98,400	246,000
4,774,000	4,775,999	143,200	95,400	238,600	4,924,000	4,925,999	147,700	98,400	246,100
4,776,000	4,777,999	143,200	95,500	238,700	4,926,000	4,927,999	147,700	98,500	246,200
4,778,000	4,779,999	143,300	95,500	238,800	4,928,000	4,929,999	147,800	98,500	246,300
4,780,000	4,783,999	143,400	95,600	239,000	4,930,000	4,933,999	147,900	98,600	246,500
4,784,000	4,785,999	143,500	95,600	239,100	4,934,000	4,935,999	148,000	98,600	246,600
4,786,000	4,787,999	143,500	95,700	239,200	4,936,000	4,937,999	148,000	98,700	246,700
4,788,000	4,789,999	143,600	95,700	239,300	4,938,000	4,939,999	148,100	98,700	246,800
4,790,000	4,793,999	143,700	95,800	239,500	4,940,000	4,943,999	148,200	98,800	247,000
4,794,000	4,795,999	143,800	95,800	239,600	4,944,000	4,945,999	148,300	98,800	247,100
4,796,000	4,797,999	143,800	95,900	239,700	4,946,000	4,947,999	148,300	98,900	247,200
4,798,000	4,799,999	143,900	95,900	239,800	4,948,000	4,949,999	148,400	98,900	247,300
4,800,000	4,803,999	144,000	96,000	240,000	4,950,000	4,953,999	148,500	99,000	247,500
4,804,000	4,805,999	144,100	96,000	240,100	4,954,000	4,955,999	148,600	99,000	247,600
4,806,000	4,807,999	144,100	96,100	240,200	4,956,000	4,957,999	148,600	99,100	247,700
4,808,000	4,809,999	144,200	96,100	240,300	4,958,000	4,959,999	148,700	99,100	247,800
4,810,000	4,813,999	144,300	96,200	240,500	4,960,000	4,963,999	148,800	99,200	248,000
4,814,000	4,815,999	144,400	96,200	240,600	4,964,000	4,965,999	148,900	99,200	248,100
4,816,000	4,817,999	144,400	96,300	240,700	4,966,000	4,967,999	148,900	99,300	248,200
4,818,000	4,819,999	144,500	96,300	240,800	4,968,000	4,969,999	149,000	99,300	248,300
4,820,000	4,823,999	144,600	96,400	241,000	4,970,000	4,973,999	149,100	99,400	248,500
4,824,000	4,825,999	144,700	96,400	241,100	4,974,000	4,975,999	149,200	99,400	248,600
4,826,000	4,827,999	144,700	96,500	241,200	4,976,000	4,977,999	149,200	99,500	248,700
4,828,000	4,829,999	144,800	96,500	241,300	4,978,000	4,979,999	149,300	99,500	248,800
4,830,000	4,833,999	144,900	96,600	241,500	4,980,000	4,983,999	149,400	99,600	249,000
4,834,000	4,835,999	145,000	96,600	241,600	4,984,000	4,985,999	149,500	99,600	249,100
4,836,000	4,837,999	145,000	96,700	241,700	4,986,000	4,987,999	149,500	99,700	249,200
4,838,000	4,839,999	145,100	96,700	241,800	4,988,000	4,989,999	149,600	99,700	249,300
4,840,000	4,843,999	145,200	96,800	242,000	4,990,000	4,993,999	149,700	99,800	249,500
4,844,000	4,845,999	145,300	96,800	242,100	4,994,000	4,995,999	149,800	99,800	249,600
4,846,000	4,847,999	145,300	96,900	242,200	4,996,000	4,997,999	149,800	99,900	249,700
4,848,000	4,849,999	145,400	96,900	242,300	4,998,000	4,999,999	149,900	99,900	249,800

参 考（退職住民）

退職 ─ 住民(十八)

参 考(退職住民)

退職所得控除額控除後の退職手当等の金額(2分の1前)		特別徴収税額			退職所得控除額控除後の退職手当等の金額(2分の1前)		特別徴収税額		
から	まで	市町村民税(特別区民税)	道府県民税(都民税)	合計	から	まで	市町村民税(特別区民税)	道府県民税(都民税)	合計
円	円	円	円	円	円	円	円	円	円
5,000,000	5,003,999	150,000	100,000	250,000	5,150,000	5,153,999	154,500	103,000	257,500
5,004,000	5,005,999	150,100	100,000	250,100	5,154,000	5,155,999	154,600	103,000	257,600
5,006,000	5,007,999	150,100	100,100	250,200	5,156,000	5,157,999	154,600	103,100	257,700
5,008,000	5,009,999	150,200	100,100	250,300	5,158,000	5,159,999	154,700	103,100	257,800
5,010,000	5,013,999	150,300	100,200	250,500	5,160,000	5,163,999	154,800	103,200	258,000
5,014,000	5,015,999	150,400	100,200	250,600	5,164,000	5,165,999	154,900	103,200	258,100
5,016,000	5,017,999	150,400	100,300	250,700	5,166,000	5,167,999	154,900	103,300	258,200
5,018,000	5,019,999	150,500	100,300	250,800	5,168,000	5,169,999	155,000	103,300	258,300
5,020,000	5,023,999	150,600	100,400	251,000	5,170,000	5,173,999	155,100	103,400	258,500
5,024,000	5,025,999	150,700	100,400	251,100	5,174,000	5,175,999	155,200	103,400	258,600
5,026,000	5,027,999	150,700	100,500	251,200	5,176,000	5,177,999	155,200	103,500	258,700
5,028,000	5,029,999	150,800	100,500	251,300	5,178,000	5,179,999	155,300	103,500	258,800
5,030,000	5,033,999	150,900	100,600	251,500	5,180,000	5,183,999	155,400	103,600	259,000
5,034,000	5,035,999	151,000	100,600	251,600	5,184,000	5,185,999	155,500	103,600	259,100
5,036,000	5,037,999	151,000	100,700	251,700	5,186,000	5,187,999	155,500	103,700	259,200
5,038,000	5,039,999	151,100	100,700	251,800	5,188,000	5,189,999	155,600	103,700	259,300
5,040,000	5,043,999	151,200	100,800	252,000	5,190,000	5,193,999	155,700	103,800	259,500
5,044,000	5,045,999	151,300	100,800	252,100	5,194,000	5,195,999	155,800	103,800	259,600
5,046,000	5,047,999	151,300	100,900	252,200	5,196,000	5,197,999	155,800	103,900	259,700
5,048,000	5,049,999	151,400	100,900	252,300	5,198,000	5,199,999	155,900	103,900	259,800
5,050,000	5,053,999	151,500	101,000	252,500	5,200,000	5,203,999	156,000	104,000	260,000
5,054,000	5,055,999	151,600	101,000	252,600	5,204,000	5,205,999	156,000	104,000	260,100
5,056,000	5,057,999	151,600	101,100	252,700	5,206,000	5,207,999	156,100	104,100	260,200
5,058,000	5,059,999	151,700	101,100	252,800	5,208,000	5,209,999	156,200	104,100	260,300
5,060,000	5,063,999	151,800	101,200	253,000	5,210,000	5,213,999	156,300	104,200	260,500
5,064,000	5,065,999	151,900	101,200	253,100	5,214,000	5,215,999	156,400	104,200	260,600
5,066,000	5,067,999	151,900	101,300	253,200	5,216,000	5,217,999	156,400	104,300	260,700
5,068,000	5,069,999	152,000	101,300	253,300	5,218,000	5,219,999	156,500	104,300	260,800
5,070,000	5,073,999	152,100	101,400	253,500	5,220,000	5,223,999	156,600	104,400	261,000
5,074,000	5,075,999	152,200	101,400	253,600	5,224,000	5,225,999	156,700	104,400	261,100
5,076,000	5,077,999	152,200	101,500	253,700	5,226,000	5,227,999	156,700	104,500	261,200
5,078,000	5,079,999	152,300	101,500	253,800	5,228,000	5,229,999	156,800	104,500	261,300
5,080,000	5,083,999	152,400	101,600	254,000	5,230,000	5,233,999	156,900	104,600	261,500
5,084,000	5,085,999	152,500	101,600	254,100	5,234,000	5,235,999	157,000	104,600	261,600
5,086,000	5,087,999	152,500	101,700	254,200	5,236,000	5,237,999	157,000	104,700	261,700
5,088,000	5,089,999	152,600	101,700	254,300	5,238,000	5,239,999	157,100	104,700	261,800
5,090,000	5,093,999	152,700	101,800	254,500	5,240,000	5,243,999	157,200	104,800	262,000
5,094,000	5,095,999	152,800	101,800	254,600	5,244,000	5,245,999	157,300	104,800	262,100
5,096,000	5,097,999	152,800	101,900	254,700	5,246,000	5,247,999	157,300	104,900	262,200
5,098,000	5,099,999	152,900	101,900	254,800	5,248,000	5,249,999	157,400	104,900	262,300
5,100,000	5,103,999	153,000	102,000	255,000	5,250,000	5,253,999	157,500	105,000	262,500
5,104,000	5,105,999	153,100	102,000	255,100	5,254,000	5,255,999	157,600	105,000	262,600
5,106,000	5,107,999	153,100	102,100	255,200	5,256,000	5,257,999	157,600	105,100	262,700
5,108,000	5,109,999	153,200	102,100	255,300	5,258,000	5,259,999	157,700	105,100	262,800
5,110,000	5,113,999	153,300	102,200	255,500	5,260,000	5,263,999	157,800	105,200	263,000
5,114,000	5,115,999	153,400	102,200	255,600	5,264,000	5,265,999	157,900	105,200	263,100
5,116,000	5,117,999	153,400	102,300	255,700	5,266,000	5,267,999	157,900	105,300	263,200
5,118,000	5,119,999	153,500	102,300	255,800	5,268,000	5,269,999	158,000	105,300	263,300
5,120,000	5,123,999	153,600	102,400	256,000	5,270,000	5,273,999	158,100	105,400	263,500
5,124,000	5,125,999	153,700	102,400	256,100	5,274,000	5,275,999	158,200	105,400	263,600
5,126,000	5,127,999	153,700	102,500	256,200	5,276,000	5,277,999	158,200	105,500	263,700
5,128,000	5,129,999	153,800	102,500	256,300	5,278,000	5,279,999	158,300	105,500	263,800
5,130,000	5,133,999	153,900	102,600	256,500	5,280,000	5,283,999	158,400	105,600	264,000
5,134,000	5,135,999	154,000	102,600	256,600	5,284,000	5,285,999	158,500	105,600	264,100
5,136,000	5,137,999	154,000	102,700	256,700	5,286,000	5,287,999	158,500	105,700	264,200
5,138,000	5,139,999	154,100	102,700	256,800	5,288,000	5,289,999	158,600	105,700	264,300
5,140,000	5,143,999	154,200	102,800	257,000	5,290,000	5,293,999	158,700	105,800	264,500
5,144,000	5,145,999	154,300	102,800	257,100	5,294,000	5,295,999	158,800	105,800	264,600
5,146,000	5,147,999	154,300	102,900	257,200	5,296,000	5,297,999	158,800	105,900	264,700
5,148,000	5,149,999	154,400	102,900	257,300	5,298,000	5,299,999	158,900	105,900	264,800

退職 — 住民（十九）

退職所得控除額控除後の退職手当等の金額(2分の1前)		特別徴収税額			退職所得控除額控除後の退職手当等の金額(2分の1前)		特別徴収税額		
から	まで	市町村民税(特別区民税)	道府県民税(都民税)	合計	から	まで	市町村民税(特別区民税)	道府県民税(都民税)	合計
円	円	円	円	円	円	円	円	円	円
5,300,000	5,303,999	159,000	106,000	265,000	5,450,000	5,453,999	163,500	109,000	272,500
5,304,000	5,305,999	159,100	106,000	265,100	5,454,000	5,455,999	163,600	109,000	272,600
5,306,000	5,307,999	159,100	106,100	265,200	5,456,000	5,457,999	163,600	109,100	272,700
5,308,000	5,309,999	159,200	106,100	265,300	5,458,000	5,459,999	163,700	109,100	272,800
5,310,000	5,313,999	159,300	106,200	265,500	5,460,000	5,463,999	163,800	109,200	273,000
5,314,000	5,315,999	159,400	106,200	265,600	5,464,000	5,465,999	163,900	109,200	273,100
5,316,000	5,317,999	159,400	106,300	265,700	5,466,000	5,467,999	163,900	109,300	273,200
5,318,000	5,319,999	159,500	106,300	265,800	5,468,000	5,469,999	164,000	109,300	273,300
5,320,000	5,323,999	159,600	106,400	266,000	5,470,000	5,473,999	164,100	109,400	273,500
5,324,000	5,325,999	159,700	106,400	266,100	5,474,000	5,475,999	164,200	109,400	273,600
5,326,000	5,327,999	159,700	106,500	266,200	5,476,000	5,477,999	164,200	109,500	273,700
5,328,000	5,329,999	159,800	106,500	266,300	5,478,000	5,479,999	164,300	109,500	273,800
5,330,000	5,333,999	159,900	106,600	266,500	5,480,000	5,483,999	164,400	109,600	274,000
5,334,000	5,335,999	160,000	106,600	266,600	5,484,000	5,485,999	164,500	109,600	274,100
5,336,000	5,337,999	160,000	106,700	266,700	5,486,000	5,487,999	164,500	109,700	274,200
5,338,000	5,339,999	160,100	106,700	266,800	5,488,000	5,489,999	164,600	109,700	274,300
5,340,000	5,343,999	160,200	106,800	267,000	5,490,000	5,493,999	164,700	109,800	274,500
5,344,000	5,345,999	160,300	106,800	267,100	5,494,000	5,495,999	164,800	109,800	274,600
5,346,000	5,347,999	160,300	106,900	267,200	5,496,000	5,497,999	164,800	109,900	274,700
5,348,000	5,349,999	160,400	106,900	267,300	5,498,000	5,499,999	164,900	109,900	274,800
5,350,000	5,353,999	160,500	107,000	267,500	5,500,000	5,503,999	165,000	110,000	275,000
5,354,000	5,355,999	160,600	107,000	267,600	5,504,000	5,505,999	165,100	110,000	275,100
5,356,000	5,357,999	160,600	107,100	267,700	5,506,000	5,507,999	165,100	110,100	275,200
5,358,000	5,359,999	160,700	107,100	267,800	5,508,000	5,509,999	165,200	110,100	275,300
5,360,000	5,363,999	160,800	107,200	268,000	5,510,000	5,513,999	165,300	110,200	275,500
5,364,000	5,365,999	160,900	107,200	268,100	5,514,000	5,515,999	165,400	110,200	275,600
5,366,000	5,367,999	160,900	107,300	268,200	5,516,000	5,517,999	165,400	110,300	275,700
5,368,000	5,369,999	161,000	107,300	268,300	5,518,000	5,519,999	165,500	110,300	275,800
5,370,000	5,373,999	161,100	107,400	268,500	5,520,000	5,523,999	165,600	110,400	276,000
5,374,000	5,375,999	161,200	107,400	268,600	5,524,000	5,525,999	165,700	110,400	276,100
5,376,000	5,377,999	161,200	107,500	268,700	5,526,000	5,527,999	165,700	110,500	276,200
5,378,000	5,379,999	161,300	107,500	268,800	5,528,000	5,529,999	165,800	110,500	276,300
5,380,000	5,383,999	161,400	107,600	269,000	5,530,000	5,533,999	165,900	110,600	276,500
5,384,000	5,385,999	161,500	107,600	269,100	5,534,000	5,535,999	166,000	110,600	276,600
5,386,000	5,387,999	161,500	107,700	269,200	5,536,000	5,537,999	166,000	110,700	276,700
5,388,000	5,389,999	161,600	107,700	269,300	5,538,000	5,539,999	166,100	110,700	276,800
5,390,000	5,393,999	161,700	107,800	269,500	5,540,000	5,543,999	166,200	110,800	277,000
5,394,000	5,395,999	161,800	107,800	269,600	5,544,000	5,545,999	166,300	110,800	277,100
5,396,000	5,397,999	161,800	107,900	269,700	5,546,000	5,547,999	166,300	110,900	277,200
5,398,000	5,399,999	161,900	107,900	269,800	5,548,000	5,549,999	166,400	110,900	277,300
5,400,000	5,403,999	162,000	108,000	270,000	5,550,000	5,553,999	166,500	111,000	277,500
5,404,000	5,405,999	162,100	108,000	270,100	5,554,000	5,555,999	166,600	111,000	277,600
5,406,000	5,407,999	162,100	108,100	270,200	5,556,000	5,557,999	166,600	111,100	277,700
5,408,000	5,409,999	162,200	108,100	270,300	5,558,000	5,559,999	166,700	111,100	277,800
5,410,000	5,413,999	162,300	108,200	270,500	5,560,000	5,563,999	166,800	111,200	278,000
5,414,000	5,415,999	162,400	108,200	270,600	5,564,000	5,565,999	166,900	111,200	278,100
5,416,000	5,417,999	162,400	108,300	270,700	5,566,000	5,567,999	166,900	111,300	278,200
5,418,000	5,419,999	162,500	108,300	270,800	5,568,000	5,569,999	167,000	111,300	278,300
5,420,000	5,423,999	162,600	108,400	271,000	5,570,000	5,573,999	167,100	111,400	278,500
5,424,000	5,425,999	162,700	108,400	271,100	5,574,000	5,575,999	167,200	111,400	278,600
5,426,000	5,427,999	162,700	108,500	271,200	5,576,000	5,577,999	167,200	111,500	278,700
5,428,000	5,429,999	162,800	108,500	271,300	5,578,000	5,579,999	167,300	111,500	278,800
5,430,000	5,433,999	162,900	108,600	271,500	5,580,000	5,583,999	167,400	111,600	279,000
5,434,000	5,435,999	163,000	108,600	271,600	5,584,000	5,585,999	167,500	111,600	279,100
5,436,000	5,437,999	163,000	108,700	271,700	5,586,000	5,587,999	167,500	111,700	279,200
5,438,000	5,439,999	163,100	108,700	271,800	5,588,000	5,589,999	167,600	111,700	279,300
5,440,000	5,443,999	163,200	108,800	272,000	5,590,000	5,593,999	167,700	111,800	279,500
5,444,000	5,445,999	163,300	108,800	272,100	5,594,000	5,595,999	167,800	111,800	279,600
5,446,000	5,447,999	163,300	108,900	272,200	5,596,000	5,597,999	167,800	111,900	279,700
5,448,000	5,449,999	163,400	108,900	272,300	5,598,000	5,599,999	167,900	111,900	279,800

参考（退職住民）

退職 ― 住民（二十）

参考（退職住民）

退職所得控除額控除後の退職手当等の金額（2分の1前）		特別徴収税額			退職所得控除額控除後の退職手当等の金額（2分の1前）		特別徴収税額		
から	まで	市町村民税（特別区民税）	道府県民税（都民税）	合計	から	まで	市町村民税（特別区民税）	道府県民税（都民税）	合計
円	円	円	円	円	円	円	円	円	円
5,600,000	5,603,999	168,000	112,000	280,000	5,750,000	5,753,999	172,500	115,000	287,500
5,604,000	5,605,999	168,100	112,000	280,100	5,754,000	5,755,999	172,600	115,000	287,600
5,606,000	5,607,999	168,100	112,100	280,200	5,756,000	5,757,999	172,600	115,100	287,700
5,608,000	5,609,999	168,200	112,100	280,300	5,758,000	5,759,999	172,700	115,100	287,800
5,610,000	5,613,999	168,300	112,200	280,500	5,760,000	5,763,999	172,800	115,200	288,000
5,614,000	5,615,999	168,400	112,200	280,600	5,764,000	5,765,999	172,900	115,200	288,100
5,616,000	5,617,999	168,400	112,300	280,700	5,766,000	5,767,999	172,900	115,300	288,200
5,618,000	5,619,999	168,500	112,300	280,800	5,768,000	5,769,999	173,000	115,300	288,300
5,620,000	5,623,999	168,600	112,400	281,000	5,770,000	5,773,999	173,100	115,400	288,500
5,624,000	5,625,999	168,700	112,400	281,100	5,774,000	5,775,999	173,200	115,400	288,600
5,626,000	5,627,999	168,700	112,500	281,200	5,776,000	5,777,999	173,200	115,500	288,700
5,628,000	5,629,999	168,800	112,500	281,300	5,778,000	5,779,999	173,300	115,500	288,800
5,630,000	5,633,999	168,900	112,600	281,500	5,780,000	5,783,999	173,400	115,600	289,000
5,634,000	5,635,999	169,000	112,600	281,600	5,784,000	5,785,999	173,500	115,600	289,100
5,636,000	5,637,999	169,000	112,700	281,700	5,786,000	5,787,999	173,500	115,700	289,200
5,638,000	5,639,999	169,100	112,700	281,800	5,788,000	5,789,999	173,600	115,700	289,300
5,640,000	5,643,999	169,200	112,800	282,000	5,790,000	5,793,999	173,700	115,800	289,500
5,644,000	5,645,999	169,300	112,800	282,100	5,794,000	5,795,999	173,800	115,800	289,600
5,646,000	5,647,999	169,300	112,900	282,200	5,796,000	5,797,999	173,800	115,900	289,700
5,648,000	5,649,999	169,400	112,900	282,300	5,798,000	5,799,999	173,900	115,900	289,800
5,650,000	5,653,999	169,500	113,000	282,500	5,800,000	5,803,999	174,000	116,000	290,000
5,654,000	5,655,999	169,600	113,000	282,600	5,804,000	5,805,999	174,100	116,000	290,100
5,656,000	5,657,999	169,600	113,100	282,700	5,806,000	5,807,999	174,100	116,100	290,200
5,658,000	5,659,999	169,700	113,100	282,800	5,808,000	5,809,999	174,200	116,100	290,300
5,660,000	5,663,999	169,800	113,200	283,000	5,810,000	5,813,999	174,300	116,200	290,500
5,664,000	5,665,999	169,900	113,200	283,100	5,814,000	5,815,999	174,400	116,200	290,600
5,666,000	5,667,999	169,900	113,300	283,200	5,816,000	5,817,999	174,400	116,300	290,700
5,668,000	5,669,999	170,000	113,300	283,300	5,818,000	5,819,999	174,500	116,300	290,800
5,670,000	5,673,999	170,100	113,400	283,500	5,820,000	5,823,999	174,600	116,400	291,000
5,674,000	5,675,999	170,200	113,400	283,600	5,824,000	5,825,999	174,700	116,400	291,100
5,676,000	5,677,999	170,200	113,500	283,700	5,826,000	5,827,999	174,700	116,500	291,200
5,678,000	5,679,999	170,300	113,500	283,800	5,828,000	5,829,999	174,800	116,500	291,300
5,680,000	5,683,999	170,400	113,600	284,000	5,830,000	5,833,999	174,900	116,600	291,500
5,684,000	5,685,999	170,500	113,600	284,100	5,834,000	5,835,999	175,000	116,600	291,600
5,686,000	5,687,999	170,500	113,700	284,200	5,836,000	5,837,999	175,000	116,700	291,700
5,688,000	5,689,999	170,600	113,700	284,300	5,838,000	5,839,999	175,100	116,700	291,800
5,690,000	5,693,999	170,700	113,800	284,500	5,840,000	5,843,999	175,200	116,800	292,000
5,694,000	5,695,999	170,800	113,800	284,600	5,844,000	5,845,999	175,300	116,800	292,100
5,696,000	5,697,999	170,800	113,900	284,700	5,846,000	5,847,999	175,300	116,900	292,200
5,698,000	5,699,999	170,900	113,900	284,800	5,848,000	5,849,999	175,400	116,900	292,300
5,700,000	5,703,999	171,000	114,000	285,000	5,850,000	5,853,999	175,500	117,000	292,500
5,704,000	5,705,999	171,100	114,000	285,100	5,854,000	5,855,999	175,600	117,000	292,600
5,706,000	5,707,999	171,100	114,100	285,200	5,856,000	5,857,999	175,600	117,100	292,700
5,708,000	5,709,999	171,200	114,100	285,300	5,858,000	5,859,999	175,700	117,100	292,800
5,710,000	5,713,999	171,300	114,200	285,500	5,860,000	5,863,999	175,800	117,200	293,000
5,714,000	5,715,999	171,400	114,200	285,600	5,864,000	5,865,999	175,900	117,200	293,100
5,716,000	5,717,999	171,400	114,300	285,700	5,866,000	5,867,999	175,900	117,300	293,200
5,718,000	5,719,999	171,500	114,300	285,800	5,868,000	5,869,999	176,000	117,300	293,300
5,720,000	5,723,999	171,600	114,400	286,000	5,870,000	5,873,999	176,100	117,400	293,500
5,724,000	5,725,999	171,700	114,400	286,100	5,874,000	5,875,999	176,200	117,400	293,600
5,726,000	5,727,999	171,700	114,500	286,200	5,876,000	5,877,999	176,200	117,500	293,700
5,728,000	5,729,999	171,800	114,500	286,300	5,878,000	5,879,999	176,300	117,500	293,800
5,730,000	5,733,999	171,900	114,600	286,500	5,880,000	5,883,999	176,400	117,600	294,000
5,734,000	5,735,999	172,000	114,600	286,600	5,884,000	5,885,999	176,500	117,600	294,100
5,736,000	5,737,999	172,000	114,700	286,700	5,886,000	5,887,999	176,500	117,700	294,200
5,738,000	5,739,999	172,100	114,700	286,800	5,888,000	5,889,999	176,600	117,700	294,300
5,740,000	5,743,999	172,200	114,800	287,000	5,890,000	5,893,999	176,700	117,800	294,500
5,744,000	5,745,999	172,300	114,800	287,100	5,894,000	5,895,999	176,800	117,800	294,600
5,746,000	5,747,999	172,300	114,900	287,200	5,896,000	5,897,999	176,800	117,900	294,700
5,748,000	5,749,999	172,400	114,900	287,300	5,898,000	5,899,999	176,900	117,900	294,800

退職 — 住民（二十一）

退職所得控除額控除後の退職手当等の金額(2分の1前) から	まで	市町村民税(特別区民税)	道府県民税(都民税)	合計	退職所得控除額控除後の退職手当等の金額(2分の1前) から	まで	市町村民税(特別区民税)	道府県民税(都民税)	合計
円	円	円	円	円	円	円	円	円	円
5,900,000	5,903,999	177,000	118,000	295,000	6,050,000	6,053,999	181,500	121,000	302,500
5,904,000	5,905,999	177,100	118,000	295,100	6,054,000	6,055,999	181,600	121,000	302,600
5,906,000	5,907,999	177,100	118,100	295,200	6,056,000	6,057,999	181,600	121,100	302,700
5,908,000	5,909,999	177,200	118,100	295,300	6,058,000	6,059,999	181,700	121,100	302,800
5,910,000	5,913,999	177,300	118,200	295,500	6,060,000	6,063,999	181,800	121,200	303,000
5,914,000	5,915,999	177,400	118,200	295,600	6,064,000	6,065,999	181,900	121,200	303,100
5,916,000	5,917,999	177,400	118,300	295,700	6,066,000	6,067,999	181,900	121,300	303,200
5,918,000	5,919,999	177,500	118,300	295,800	6,068,000	6,069,999	182,000	121,300	303,300
5,920,000	5,923,999	177,600	118,400	296,000	6,070,000	6,073,999	182,100	121,400	303,500
5,924,000	5,925,999	177,700	118,400	296,100	6,074,000	6,075,999	182,200	121,400	303,600
5,926,000	5,927,999	177,700	118,500	296,200	6,076,000	6,077,999	182,200	121,500	303,700
5,928,000	5,929,999	177,800	118,500	296,300	6,078,000	6,079,999	182,300	121,500	303,800
5,930,000	5,933,999	177,900	118,600	296,500	6,080,000	6,083,999	182,400	121,600	304,000
5,934,000	5,935,999	178,000	118,600	296,600	6,084,000	6,085,999	182,500	121,600	304,100
5,936,000	5,937,999	178,000	118,700	296,700	6,086,000	6,087,999	182,500	121,700	304,200
5,938,000	5,939,999	178,100	118,700	296,800	6,088,000	6,089,999	182,600	121,700	304,300
5,940,000	5,943,999	178,200	118,800	297,000	6,090,000	6,093,999	182,700	121,800	304,500
5,944,000	5,945,999	178,300	118,800	297,100	6,094,000	6,095,999	182,800	121,800	304,600
5,946,000	5,947,999	178,300	118,900	297,200	6,096,000	6,097,999	182,800	121,900	304,700
5,948,000	5,949,999	178,400	118,900	297,300	6,098,000	6,099,999	182,900	121,900	304,800
5,950,000	5,953,999	178,500	119,000	297,500	6,100,000	6,103,999	183,000	122,000	305,000
5,954,000	5,955,999	178,600	119,000	297,600	6,104,000	6,105,999	183,100	122,000	305,100
5,956,000	5,957,999	178,600	119,100	297,700	6,106,000	6,107,999	183,100	122,100	305,200
5,958,000	5,959,999	178,700	119,100	297,800	6,108,000	6,109,999	183,200	122,100	305,300
5,960,000	5,963,999	178,800	119,200	298,000	6,110,000	6,113,999	183,300	122,200	305,500
5,964,000	5,965,999	178,900	119,200	298,100	6,114,000	6,115,999	183,400	122,200	305,600
5,966,000	5,967,999	178,900	119,300	298,200	6,116,000	6,117,999	183,400	122,300	305,700
5,968,000	5,969,999	179,000	119,300	298,300	6,118,000	6,119,999	183,500	122,300	305,800
5,970,000	5,973,999	179,100	119,400	298,500	6,120,000	6,123,999	183,600	122,400	306,000
5,974,000	5,975,999	179,200	119,400	298,600	6,124,000	6,125,999	183,700	122,400	306,100
5,976,000	5,977,999	179,200	119,500	298,700	6,126,000	6,127,999	183,700	122,500	306,200
5,978,000	5,979,999	179,300	119,500	298,800	6,128,000	6,129,999	183,800	122,500	306,300
5,980,000	5,983,999	179,400	119,600	299,000	6,130,000	6,133,999	183,900	122,600	306,500
5,984,000	5,985,999	179,500	119,600	299,100	6,134,000	6,135,999	184,000	122,600	306,600
5,986,000	5,987,999	179,500	119,700	299,200	6,136,000	6,137,999	184,000	122,700	306,700
5,988,000	5,989,999	179,600	119,700	299,300	6,138,000	6,139,999	184,100	122,700	306,800
5,990,000	5,993,999	179,700	119,800	299,500	6,140,000	6,143,999	184,200	122,800	307,000
5,994,000	5,995,999	179,800	119,800	299,600	6,144,000	6,145,999	184,300	122,800	307,100
5,996,000	5,997,999	179,800	119,900	299,700	6,146,000	6,147,999	184,300	122,900	307,200
5,998,000	5,999,999	179,900	119,900	299,800	6,148,000	6,149,999	184,400	122,900	307,300
6,000,000	6,003,999	180,000	120,000	300,000	6,150,000	6,153,999	184,500	123,000	307,500
6,004,000	6,005,999	180,100	120,000	300,100	6,154,000	6,155,999	184,600	123,000	307,600
6,006,000	6,007,999	180,100	120,100	300,200	6,156,000	6,157,999	184,600	123,100	307,700
6,008,000	6,009,999	180,200	120,100	300,300	6,158,000	6,159,999	184,700	123,100	307,800
6,010,000	6,013,999	180,300	120,200	300,500	6,160,000	6,163,999	184,800	123,200	308,000
6,014,000	6,015,999	180,400	120,200	300,600	6,164,000	6,165,999	184,900	123,200	308,100
6,016,000	6,017,999	180,400	120,300	300,700	6,166,000	6,167,999	184,900	123,300	308,200
6,018,000	6,019,999	180,500	120,300	300,800	6,168,000	6,169,999	185,000	123,300	308,300
6,020,000	6,023,999	180,600	120,400	301,000	6,170,000	6,173,999	185,100	123,400	308,500
6,024,000	6,025,999	180,700	120,400	301,100	6,174,000	6,175,999	185,200	123,400	308,600
6,026,000	6,027,999	180,700	120,500	301,200	6,176,000	6,177,999	185,200	123,500	308,700
6,028,000	6,029,999	180,800	120,500	301,300	6,178,000	6,179,999	185,300	123,500	308,800
6,030,000	6,033,999	180,900	120,600	301,500	6,180,000	6,183,999	185,400	123,600	309,000
6,034,000	6,035,999	181,000	120,600	301,600	6,184,000	6,185,999	185,500	123,600	309,100
6,036,000	6,037,999	181,000	120,700	301,700	6,186,000	6,187,999	185,500	123,700	309,200
6,038,000	6,039,999	181,100	120,700	301,800	6,188,000	6,189,999	185,600	123,700	309,300
6,040,000	6,043,999	181,200	120,800	302,000	6,190,000	6,193,999	185,700	123,800	309,500
6,044,000	6,045,999	181,300	120,800	302,100	6,194,000	6,195,999	185,800	123,800	309,600
6,046,000	6,047,999	181,300	120,900	302,200	6,196,000	6,197,999	185,800	123,900	309,700
6,048,000	6,049,999	181,400	120,900	302,300	6,198,000	6,199,999	185,900	123,900	309,800

参考（退職住民）

退職 ― 住民（二十二）

退職所得控除額控除後の退職手当等の金額（2分の1前）		特別徴収税額			退職所得控除額控除後の退職手当等の金額（2分の1前）		特別徴収税額		
から	まで	市町村民税（特別区民税）	道府県民税（都民税）	合計	から	まで	市町村民税（特別区民税）	道府県民税（都民税）	合計
円	円	円	円	円	円	円	円	円	円
6,200,000	6,203,999	186,000	124,000	310,000	6,350,000	6,353,999	190,500	127,000	317,500
6,204,000	6,205,999	186,100	124,000	310,100	6,354,000	6,355,999	190,600	127,000	317,600
6,206,000	6,207,999	186,100	124,100	310,200	6,356,000	6,357,999	190,600	127,100	317,700
6,208,000	6,209,999	186,200	124,100	310,300	6,358,000	6,359,999	190,700	127,100	317,800
6,210,000	6,213,999	186,300	124,200	310,500	6,360,000	6,363,999	190,800	127,200	318,000
6,214,000	6,215,999	186,400	124,200	310,600	6,364,000	6,365,999	190,900	127,200	318,100
6,216,000	6,217,999	186,400	124,300	310,700	6,366,000	6,367,999	190,900	127,300	318,200
6,218,000	6,219,999	186,500	124,300	310,800	6,368,000	6,369,999	191,000	127,300	318,300
6,220,000	6,223,999	186,600	124,400	311,000	6,370,000	6,373,999	191,100	127,400	318,500
6,224,000	6,225,999	186,700	124,400	311,100	6,374,000	6,375,999	191,200	127,400	318,600
6,226,000	6,227,999	186,700	124,500	311,200	6,376,000	6,377,999	191,200	127,500	318,700
6,228,000	6,229,999	186,800	124,500	311,300	6,378,000	6,379,999	191,300	127,500	318,800
6,230,000	6,233,999	186,900	124,600	311,500	6,380,000	6,383,999	191,400	127,600	319,000
6,234,000	6,235,999	187,000	124,600	311,600	6,384,000	6,385,999	191,500	127,600	319,100
6,236,000	6,237,999	187,000	124,700	311,700	6,386,000	6,387,999	191,500	127,700	319,200
6,238,000	6,239,999	187,100	124,700	311,800	6,388,000	6,389,999	191,600	127,700	319,300
6,240,000	6,243,999	187,200	124,800	312,000	6,390,000	6,393,999	191,700	127,800	319,500
6,244,000	6,245,999	187,300	124,800	312,100	6,394,000	6,395,999	191,800	127,800	319,600
6,246,000	6,247,999	187,300	124,900	312,200	6,396,000	6,397,999	191,800	127,900	319,700
6,248,000	6,249,999	187,400	124,900	312,300	6,398,000	6,399,999	191,900	127,900	319,800
6,250,000	6,253,999	187,500	125,000	312,500	6,400,000	6,403,999	192,000	128,000	320,000
6,254,000	6,255,999	187,600	125,000	312,600	6,404,000	6,405,999	192,100	128,000	320,100
6,256,000	6,257,999	187,600	125,100	312,700	6,406,000	6,407,999	192,100	128,100	320,200
6,258,000	6,259,999	187,700	125,100	312,800	6,408,000	6,409,999	192,200	128,100	320,300
6,260,000	6,263,999	187,800	125,200	313,000	6,410,000	6,413,999	192,300	128,200	320,500
6,264,000	6,265,999	187,900	125,200	313,100	6,414,000	6,415,999	192,400	128,200	320,600
6,266,000	6,267,999	187,900	125,300	313,200	6,416,000	6,417,999	192,400	128,300	320,700
6,268,000	6,269,999	188,000	125,300	313,300	6,418,000	6,419,999	192,500	128,300	320,800
6,270,000	6,273,999	188,100	125,400	313,500	6,420,000	6,423,999	192,600	128,400	321,000
6,274,000	6,275,999	188,200	125,400	313,600	6,424,000	6,425,999	192,700	128,400	321,100
6,276,000	6,277,999	188,200	125,500	313,700	6,426,000	6,427,999	192,700	128,500	321,200
6,278,000	6,279,999	188,300	125,500	313,800	6,428,000	6,429,999	192,800	128,500	321,300
6,280,000	6,283,999	188,400	125,600	314,000	6,430,000	6,433,999	192,900	128,600	321,500
6,284,000	6,285,999	188,500	125,600	314,100	6,434,000	6,435,999	193,000	128,600	321,600
6,286,000	6,287,999	188,500	125,700	314,200	6,436,000	6,437,999	193,000	128,700	321,700
6,288,000	6,289,999	188,600	125,700	314,300	6,438,000	6,439,999	193,100	128,700	321,800
6,290,000	6,293,999	188,700	125,800	314,500	6,440,000	6,443,999	193,200	128,800	322,000
6,294,000	6,295,999	188,800	125,800	314,600	6,444,000	6,445,999	193,300	128,800	322,100
6,296,000	6,297,999	188,800	125,900	314,700	6,446,000	6,447,999	193,300	128,900	322,200
6,298,000	6,299,999	188,900	125,900	314,800	6,448,000	6,449,999	193,400	128,900	322,300
6,300,000	6,303,999	189,000	126,000	315,000	6,450,000	6,453,999	193,500	129,000	322,500
6,304,000	6,305,999	189,100	126,000	315,100	6,454,000	6,455,999	193,600	129,000	322,600
6,306,000	6,307,999	189,100	126,100	315,200	6,456,000	6,457,999	193,600	129,100	322,700
6,308,000	6,309,999	189,200	126,100	315,300	6,458,000	6,459,999	193,700	129,100	322,800
6,310,000	6,313,999	189,300	126,200	315,500	6,460,000	6,463,999	193,800	129,200	323,000
6,314,000	6,315,999	189,400	126,200	315,600	6,464,000	6,465,999	193,900	129,200	323,100
6,316,000	6,317,999	189,400	126,300	315,700	6,466,000	6,467,999	193,900	129,300	323,200
6,318,000	6,319,999	189,500	126,300	315,800	6,468,000	6,469,999	194,000	129,300	323,300
6,320,000	6,323,999	189,600	126,400	316,000	6,470,000	6,473,999	194,100	129,400	323,500
6,324,000	6,325,999	189,700	126,400	316,100	6,474,000	6,475,999	194,200	129,400	323,600
6,326,000	6,327,999	189,700	126,500	316,200	6,476,000	6,477,999	194,200	129,500	323,700
6,328,000	6,329,999	189,800	126,500	316,300	6,478,000	6,479,999	194,300	129,500	323,800
6,330,000	6,333,999	189,900	126,600	316,500	6,480,000	6,483,999	194,400	129,600	324,000
6,334,000	6,335,999	190,000	126,600	316,600	6,484,000	6,485,999	194,500	129,600	324,100
6,336,000	6,337,999	190,000	126,700	316,700	6,486,000	6,487,999	194,500	129,700	324,200
6,338,000	6,339,999	190,100	126,700	316,800	6,488,000	6,489,999	194,600	129,700	324,300
6,340,000	6,343,999	190,200	126,800	317,000	6,490,000	6,493,999	194,700	129,800	324,500
6,344,000	6,345,999	190,300	126,800	317,100	6,494,000	6,495,999	194,800	129,800	324,600
6,346,000	6,347,999	190,300	126,900	317,200	6,496,000	6,497,999	194,800	129,900	324,700
6,348,000	6,349,999	190,400	126,900	317,300	6,498,000	6,499,999	194,900	129,900	324,800

参考（退職住民）

退職 ― 住民(二十三)

退職所得控除額控除後の退職手当等の金額(2分の1前)		特 別 徴 収 税 額			退職所得控除額控除後の退職手当等の金額(2分の1前)		特 別 徴 収 税 額		
から	まで	市 町 村民 税(特別区民税)	道 府 県民 税(都 民 税)	合 計	から	まで	市 町 村民 税(特別区民税)	道 府 県民 税(都 民 税)	合 計
円	円	円	円	円	円	円	円	円	円
6,500,000	6,503,999	195,000	130,000	325,000	6,650,000	6,653,999	199,500	133,000	332,500
6,504,000	6,505,999	195,100	130,000	325,100	6,654,000	6,655,999	199,600	133,000	332,600
6,506,000	6,507,999	195,100	130,100	325,200	6,656,000	6,657,999	199,600	133,100	332,700
6,508,000	6,509,999	195,200	130,100	325,300	6,658,000	6,659,999	199,700	133,100	332,800
6,510,000	6,513,999	195,300	130,200	325,500	6,660,000	6,663,999	199,800	133,200	333,000
6,514,000	6,515,999	195,400	130,200	325,600	6,664,000	6,665,999	199,900	133,200	333,100
6,516,000	6,517,999	195,400	130,300	325,700	6,666,000	6,667,999	199,900	133,300	333,200
6,518,000	6,519,999	195,500	130,300	325,800	6,668,000	6,669,999	200,000	133,300	333,300
6,520,000	6,523,999	195,600	130,400	326,000	6,670,000	6,673,999	200,100	133,400	333,500
6,524,000	6,525,999	195,700	130,400	326,100	6,674,000	6,675,999	200,200	133,400	333,600
6,526,000	6,527,999	195,700	130,500	326,200	6,676,000	6,677,999	200,200	133,500	333,700
6,528,000	6,529,999	195,800	130,500	326,300	6,678,000	6,679,999	200,300	133,500	333,800
6,530,000	6,533,999	195,900	130,600	326,500	6,680,000	6,683,999	200,400	133,600	334,000
6,534,000	6,535,999	196,000	130,600	326,600	6,684,000	6,685,999	200,500	133,600	334,100
6,536,000	6,537,999	196,000	130,700	326,700	6,686,000	6,687,999	200,500	133,700	334,200
6,538,000	6,539,999	196,100	130,700	326,800	6,688,000	6,689,999	200,600	133,700	334,300
6,540,000	6,543,999	196,200	130,800	327,000	6,690,000	6,693,999	200,700	133,800	334,500
6,544,000	6,545,999	196,300	130,800	327,100	6,694,000	6,695,999	200,800	133,800	334,600
6,546,000	6,547,999	196,300	130,900	327,200	6,696,000	6,697,999	200,800	133,900	334,700
6,548,000	6,549,999	196,400	130,900	327,300	6,698,000	6,699,999	200,900	133,900	334,800
6,550,000	6,553,999	196,500	131,000	327,500	6,700,000	6,703,999	201,000	134,000	335,000
6,554,000	6,555,999	196,600	131,000	327,600	6,704,000	6,705,999	201,100	134,000	335,100
6,556,000	6,557,999	196,600	131,100	327,700	6,706,000	6,707,999	201,100	134,100	335,200
6,558,000	6,559,999	196,700	131,100	327,800	6,708,000	6,709,999	201,200	134,100	335,300
6,560,000	6,563,999	196,800	131,200	328,000	6,710,000	6,713,999	201,300	134,200	335,500
6,564,000	6,565,999	196,900	131,200	328,100	6,714,000	6,715,999	201,400	134,200	335,600
6,566,000	6,567,999	196,900	131,300	328,200	6,716,000	6,717,999	201,400	134,300	335,700
6,568,000	6,569,999	197,000	131,300	328,300	6,718,000	6,719,999	201,500	134,300	335,800
6,570,000	6,573,999	197,100	131,400	328,500	6,720,000	6,723,999	201,600	134,400	336,000
6,574,000	6,575,999	197,200	131,400	328,600	6,724,000	6,725,999	201,700	134,400	336,100
6,576,000	6,577,999	197,200	131,500	328,700	6,726,000	6,727,999	201,700	134,500	336,200
6,578,000	6,579,999	197,300	131,500	328,800	6,728,000	6,729,999	201,800	134,500	336,300
6,580,000	6,583,999	197,400	131,600	329,000	6,730,000	6,733,999	201,900	134,600	336,500
6,584,000	6,585,999	197,500	131,600	329,100	6,734,000	6,735,999	202,000	134,600	336,600
6,586,000	6,587,999	197,500	131,700	329,200	6,736,000	6,737,999	202,000	134,700	336,700
6,588,000	6,589,999	197,600	131,700	329,300	6,738,000	6,739,999	202,100	134,700	336,800
6,590,000	6,593,999	197,700	131,800	329,500	6,740,000	6,743,999	202,200	134,800	337,000
6,594,000	6,595,999	197,800	131,800	329,600	6,744,000	6,745,999	202,300	134,800	337,100
6,596,000	6,597,999	197,800	131,900	329,700	6,746,000	6,747,999	202,300	134,900	337,200
6,598,000	6,599,999	197,900	131,900	329,800	6,748,000	6,749,999	202,400	134,900	337,300
6,600,000	6,603,999	198,000	132,000	330,000	6,750,000	6,753,999	202,500	135,000	337,500
6,604,000	6,605,999	198,100	132,000	330,100	6,754,000	6,755,999	202,600	135,000	337,600
6,606,000	6,607,999	198,100	132,100	330,200	6,756,000	6,757,999	202,600	135,100	337,700
6,608,000	6,609,999	198,200	132,100	330,300	6,758,000	6,759,999	202,700	135,100	337,800
6,610,000	6,613,999	198,300	132,200	330,500	6,760,000	6,763,999	202,800	135,200	338,000
6,614,000	6,615,999	198,400	132,200	330,600	6,764,000	6,765,999	202,900	135,200	338,100
6,616,000	6,617,999	198,400	132,300	330,700	6,766,000	6,767,999	202,900	135,300	338,200
6,618,000	6,619,999	198,500	132,300	330,800	6,768,000	6,769,999	203,000	135,300	338,300
6,620,000	6,623,999	198,600	132,400	331,000	6,770,000	6,773,999	203,100	135,400	338,500
6,624,000	6,625,999	198,700	132,400	331,100	6,774,000	6,775,999	203,200	135,400	338,600
6,626,000	6,627,999	198,700	132,500	331,200	6,776,000	6,777,999	203,200	135,500	338,700
6,628,000	6,629,999	198,800	132,500	331,300	6,778,000	6,779,999	203,300	135,500	338,800
6,630,000	6,633,999	198,900	132,600	331,500	6,780,000	6,783,999	203,400	135,600	339,000
6,634,000	6,635,999	199,000	132,600	331,600	6,784,000	6,785,999	203,500	135,600	339,100
6,636,000	6,637,999	199,000	132,700	331,700	6,786,000	6,787,999	203,500	135,700	339,200
6,638,000	6,639,999	199,100	132,700	331,800	6,788,000	6,789,999	203,600	135,700	339,300
6,640,000	6,643,999	199,200	132,800	332,000	6,790,000	6,793,999	203,700	135,800	339,500
6,644,000	6,645,999	199,300	132,800	332,100	6,794,000	6,795,999	203,800	135,800	339,600
6,646,000	6,647,999	199,300	132,900	332,200	6,796,000	6,797,999	203,800	135,900	339,700
6,648,000	6,649,999	199,400	132,900	332,300	6,798,000	6,799,999	203,900	135,900	339,800

参 考(退職住民)

― 67 ―

退職 ― 住民（二十四）

参 考（退職住民）

退職所得控除額控除後の退職手当等の金額（2分の1前）		特 別 徴 収 税 額			退職所得控除額控除後の退職手当等の金額（2分の1前）		特 別 徴 収 税 額		
から	まで	市町村民税（特別区民税）	道府県民税（都民税）	合 計	から	まで	市町村民税（特別区民税）	道府県民税（都民税）	合 計
円	円	円	円	円	円	円	円	円	円
6,800,000	6,803,999	204,000	136,000	340,000	6,950,000	6,953,999	208,500	139,000	347,500
6,804,000	6,805,999	204,100	136,000	340,100	6,954,000	6,955,999	208,600	139,000	347,600
6,806,000	6,807,999	204,100	136,100	340,200	6,956,000	6,957,999	208,600	139,100	347,700
6,808,000	6,809,999	204,200	136,100	340,300	6,958,000	6,959,999	208,700	139,100	347,800
6,810,000	6,813,999	204,300	136,200	340,500	6,960,000	6,963,999	208,800	139,200	348,000
6,814,000	6,815,999	204,400	136,200	340,600	6,964,000	6,965,999	208,900	139,200	348,100
6,816,000	6,817,999	204,400	136,300	340,700	6,966,000	6,967,999	208,900	139,300	348,200
6,818,000	6,819,999	204,500	136,300	340,800	6,968,000	6,969,999	209,000	139,300	348,300
6,820,000	6,823,999	204,600	136,400	341,000	6,970,000	6,973,999	209,100	139,400	348,500
6,824,000	6,825,999	204,700	136,400	341,100	6,974,000	6,975,999	209,200	139,400	348,600
6,826,000	6,827,999	204,700	136,500	341,200	6,976,000	6,977,999	209,200	139,500	348,700
6,828,000	6,829,999	204,800	136,500	341,300	6,978,000	6,979,999	209,300	139,500	348,800
6,830,000	6,833,999	204,900	136,600	341,500	6,980,000	6,983,999	209,400	139,600	349,000
6,834,000	6,835,999	205,000	136,600	341,600	6,984,000	6,985,999	209,500	139,600	349,100
6,836,000	6,837,999	205,000	136,700	341,700	6,986,000	6,987,999	209,500	139,700	349,200
6,838,000	6,839,999	205,100	136,700	341,800	6,988,000	6,989,999	209,600	139,700	349,300
6,840,000	6,843,999	205,200	136,800	342,000	6,990,000	6,993,999	209,700	139,800	349,500
6,844,000	6,845,999	205,300	136,800	342,100	6,994,000	6,995,999	209,800	139,800	349,600
6,846,000	6,847,999	205,300	136,900	342,200	6,996,000	6,997,999	209,800	139,900	349,700
6,848,000	6,849,999	205,400	136,900	342,300	6,998,000	6,999,999	209,900	139,900	349,800
6,850,000	6,853,999	205,500	137,000	342,500	7,000,000	7,003,999	210,000	140,000	350,000
6,854,000	6,855,999	205,600	137,000	342,600	7,004,000	7,005,999	210,100	140,000	350,100
6,856,000	6,857,999	205,600	137,100	342,700	7,006,000	7,007,999	210,100	140,100	350,200
6,858,000	6,859,999	205,700	137,100	342,800	7,008,000	7,009,999	210,200	140,100	350,300
6,860,000	6,863,999	205,800	137,200	343,000	7,010,000	7,013,999	210,300	140,200	350,500
6,864,000	6,865,999	205,900	137,200	343,100	7,014,000	7,015,999	210,400	140,200	350,600
6,866,000	6,867,999	205,900	137,300	343,200	7,016,000	7,017,999	210,400	140,300	350,700
6,868,000	6,869,999	206,000	137,300	343,300	7,018,000	7,019,999	210,500	140,300	350,800
6,870,000	6,873,999	206,100	137,400	343,500	7,020,000	7,023,999	210,600	140,400	351,000
6,874,000	6,875,999	206,200	137,400	343,600	7,024,000	7,025,999	210,700	140,400	351,100
6,876,000	6,877,999	206,200	137,500	343,700	7,026,000	7,027,999	210,700	140,500	351,200
6,878,000	6,879,999	206,300	137,500	343,800	7,028,000	7,029,999	210,800	140,500	351,300
6,880,000	6,883,999	206,400	137,600	344,000	7,030,000	7,033,999	210,900	140,600	351,500
6,884,000	6,885,999	206,500	137,600	344,100	7,034,000	7,035,999	211,000	140,600	351,600
6,886,000	6,887,999	206,500	137,700	344,200	7,036,000	7,037,999	211,000	140,700	351,700
6,888,000	6,889,999	206,600	137,700	344,300	7,038,000	7,039,999	211,100	140,700	351,800
6,890,000	6,893,999	206,700	137,800	344,500	7,040,000	7,043,999	211,200	140,800	352,000
6,894,000	6,895,999	206,800	137,800	344,600	7,044,000	7,045,999	211,300	140,800	352,100
6,896,000	6,897,999	206,800	137,900	344,700	7,046,000	7,047,999	211,300	140,900	352,200
6,898,000	6,899,999	206,900	137,900	344,800	7,048,000	7,049,999	211,400	140,900	352,300
6,900,000	6,903,999	207,000	138,000	345,000	7,050,000	7,053,999	211,500	141,000	352,500
6,904,000	6,905,999	207,100	138,000	345,100	7,054,000	7,055,999	211,600	141,000	352,600
6,906,000	6,907,999	207,100	138,100	345,200	7,056,000	7,057,999	211,600	141,100	352,700
6,908,000	6,909,999	207,200	138,100	345,300	7,058,000	7,059,999	211,700	141,100	352,800
6,910,000	6,913,999	207,300	138,200	345,500	7,060,000	7,063,999	211,800	141,200	353,000
6,914,000	6,915,999	207,400	138,200	345,600	7,064,000	7,065,999	211,900	141,200	353,100
6,916,000	6,917,999	207,400	138,300	345,700	7,066,000	7,067,999	211,900	141,300	353,200
6,918,000	6,919,999	207,500	138,300	345,800	7,068,000	7,069,999	212,000	141,300	353,300
6,920,000	6,923,999	207,600	138,400	346,000	7,070,000	7,073,999	212,100	141,400	353,500
6,924,000	6,925,999	207,700	138,400	346,100	7,074,000	7,075,999	212,200	141,400	353,600
6,926,000	6,927,999	207,700	138,500	346,200	7,076,000	7,077,999	212,200	141,500	353,700
6,928,000	6,929,999	207,800	138,500	346,300	7,078,000	7,079,999	212,300	141,500	353,800
6,930,000	6,933,999	207,900	138,600	346,500	7,080,000	7,083,999	212,400	141,600	354,000
6,934,000	6,935,999	208,000	138,600	346,600	7,084,000	7,085,999	212,500	141,600	354,100
6,936,000	6,937,999	208,000	138,700	346,700	7,086,000	7,087,999	212,500	141,700	354,200
6,938,000	6,939,999	208,100	138,700	346,800	7,088,000	7,089,999	212,600	141,700	354,300
6,940,000	6,943,999	208,200	138,800	347,000	7,090,000	7,093,999	212,700	141,800	354,500
6,944,000	6,945,999	208,300	138,800	347,100	7,094,000	7,095,999	212,800	141,800	354,600
6,946,000	6,947,999	208,300	138,900	347,200	7,096,000	7,097,999	212,800	141,900	354,700
6,948,000	6,949,999	208,400	138,900	347,300	7,098,000	7,099,999	212,900	141,900	354,800

退職 ― 住民(二十五)

退職所得控除額控除後の退職手当等の金額(2分の1前)		特別徴収税額			退職所得控除額控除後の退職手当等の金額(2分の1前)		特別徴収税額		
から	まで	市町村民税(特別区民税)	道府県民税(都民税)	合計	から	まで	市町村民税(特別区民税)	道府県民税(都民税)	合計
円	円	円	円	円	円	円	円	円	円
7,100,000	7,103,999	213,000	142,000	355,000	7,250,000	7,253,999	217,500	145,000	362,500
7,104,000	7,105,999	213,100	142,000	355,100	7,254,000	7,255,999	217,600	145,000	362,600
7,106,000	7,107,999	213,100	142,100	355,200	7,256,000	7,257,999	217,600	145,100	362,700
7,108,000	7,109,999	213,200	142,100	355,300	7,258,000	7,259,999	217,700	145,100	362,800
7,110,000	7,113,999	213,300	142,200	355,500	7,260,000	7,263,999	217,800	145,200	363,000
7,114,000	7,115,999	213,400	142,200	355,600	7,264,000	7,265,999	217,900	145,200	363,100
7,116,000	7,117,999	213,400	142,300	355,700	7,266,000	7,267,999	217,900	145,300	363,200
7,118,000	7,119,999	213,500	142,300	355,800	7,268,000	7,269,999	218,000	145,300	363,300
7,120,000	7,123,999	213,600	142,400	356,000	7,270,000	7,273,999	218,100	145,400	363,500
7,124,000	7,125,999	213,700	142,400	356,100	7,274,000	7,275,999	218,200	145,400	363,600
7,126,000	7,127,999	213,700	142,500	356,200	7,276,000	7,277,999	218,200	145,500	363,700
7,128,000	7,129,999	213,800	142,500	356,300	7,278,000	7,279,999	218,300	145,500	363,800
7,130,000	7,133,999	213,900	142,600	356,500	7,280,000	7,283,999	218,400	145,600	364,000
7,134,000	7,135,999	214,000	142,600	356,600	7,284,000	7,285,999	218,500	145,600	364,100
7,136,000	7,137,999	214,000	142,700	356,700	7,286,000	7,287,999	218,500	145,700	364,200
7,138,000	7,139,999	214,100	142,700	356,800	7,288,000	7,289,999	218,600	145,700	364,300
7,140,000	7,143,999	214,200	142,800	357,000	7,290,000	7,293,999	218,700	145,800	364,500
7,144,000	7,145,999	214,300	142,800	357,100	7,294,000	7,295,999	218,800	145,800	364,600
7,146,000	7,147,999	214,300	142,900	357,200	7,296,000	7,297,999	218,800	145,900	364,700
7,148,000	7,149,999	214,400	142,900	357,300	7,298,000	7,299,999	218,900	145,900	364,800
7,150,000	7,153,999	214,500	143,000	357,500	7,300,000	7,303,999	219,000	146,000	365,000
7,154,000	7,155,999	214,600	143,000	357,600	7,304,000	7,305,999	219,100	146,000	365,100
7,156,000	7,157,999	214,600	143,100	357,700	7,306,000	7,307,999	219,100	146,100	365,200
7,158,000	7,159,999	214,700	143,100	357,800	7,308,000	7,309,999	219,200	146,100	365,300
7,160,000	7,163,999	214,800	143,200	358,000	7,310,000	7,313,999	219,300	146,200	365,500
7,164,000	7,165,999	214,900	143,200	358,100	7,314,000	7,315,999	219,400	146,200	365,600
7,166,000	7,167,999	214,900	143,300	358,200	7,316,000	7,317,999	219,400	146,300	365,700
7,168,000	7,169,999	215,000	143,300	358,300	7,318,000	7,319,999	219,500	146,300	365,800
7,170,000	7,173,999	215,100	143,400	358,500	7,320,000	7,323,999	219,600	146,400	366,000
7,174,000	7,175,999	215,200	143,400	358,600	7,324,000	7,325,999	219,700	146,400	366,100
7,176,000	7,177,999	215,200	143,500	358,700	7,326,000	7,327,999	219,700	146,500	366,200
7,178,000	7,179,999	215,300	143,500	358,800	7,328,000	7,329,999	219,800	146,500	366,300
7,180,000	7,183,999	215,400	143,600	359,000	7,330,000	7,333,999	219,900	146,600	366,500
7,184,000	7,185,999	215,500	143,600	359,100	7,334,000	7,335,999	220,000	146,600	366,600
7,186,000	7,187,999	215,500	143,700	359,200	7,336,000	7,337,999	220,000	146,700	366,700
7,188,000	7,189,999	215,600	143,700	359,300	7,338,000	7,339,999	220,100	146,700	366,800
7,190,000	7,193,999	215,700	143,800	359,500	7,340,000	7,343,999	220,200	146,800	367,000
7,194,000	7,195,999	215,800	143,800	359,600	7,344,000	7,345,999	220,300	146,800	367,100
7,196,000	7,197,999	215,800	143,900	359,700	7,346,000	7,347,999	220,300	146,900	367,200
7,198,000	7,199,999	215,900	143,900	359,800	7,348,000	7,349,999	220,400	146,900	367,300
7,200,000	7,203,999	216,000	144,000	360,000	7,350,000	7,353,999	220,500	147,000	367,500
7,204,000	7,205,999	216,100	144,000	360,100	7,354,000	7,355,999	220,600	147,000	367,600
7,206,000	7,207,999	216,100	144,100	360,200	7,356,000	7,357,999	220,600	147,100	367,700
7,208,000	7,209,999	216,200	144,100	360,300	7,358,000	7,359,999	220,700	147,100	367,800
7,210,000	7,213,999	216,300	144,200	360,500	7,360,000	7,363,999	220,800	147,200	368,000
7,214,000	7,215,999	216,400	144,200	360,600	7,364,000	7,365,999	220,900	147,200	368,100
7,216,000	7,217,999	216,400	144,300	360,700	7,366,000	7,367,999	220,900	147,300	368,200
7,218,000	7,219,999	216,500	144,300	360,800	7,368,000	7,369,999	221,000	147,300	368,300
7,220,000	7,223,999	216,600	144,400	361,000	7,370,000	7,373,999	221,100	147,400	368,500
7,224,000	7,225,999	216,700	144,400	361,100	7,374,000	7,375,999	221,200	147,400	368,600
7,226,000	7,227,999	216,700	144,500	361,200	7,376,000	7,377,999	221,200	147,500	368,700
7,228,000	7,229,999	216,800	144,500	361,300	7,378,000	7,379,999	221,300	147,500	368,800
7,230,000	7,233,999	216,900	144,600	361,500	7,380,000	7,383,999	221,400	147,600	369,000
7,234,000	7,235,999	217,000	144,600	361,600	7,384,000	7,385,999	221,500	147,600	369,100
7,236,000	7,237,999	217,000	144,700	361,700	7,386,000	7,387,999	221,500	147,700	369,200
7,238,000	7,239,999	217,100	144,700	361,800	7,388,000	7,389,999	221,600	147,700	369,300
7,240,000	7,243,999	217,200	144,800	362,000	7,390,000	7,393,999	221,700	147,800	369,500
7,244,000	7,245,999	217,300	144,800	362,100	7,394,000	7,395,999	221,800	147,800	369,600
7,246,000	7,247,999	217,300	144,900	362,200	7,396,000	7,397,999	221,800	147,900	369,700
7,248,000	7,249,999	217,400	144,900	362,300	7,398,000	7,399,999	221,900	147,900	369,800

参 考(退職住民)

退職 ― 住民（二十六）

退職所得控除額控除後の退職手当等の金額（2分の1前）		特別徴収税額			退職所得控除額控除後の退職手当等の金額（2分の1前）		特別徴収税額		
から	まで	市町村民税（特別区民税）	道府県民税（都民税）	合計	から	まで	市町村民税（特別区民税）	道府県民税（都民税）	合計
円	円	円	円	円	円	円	円	円	円
7,400,000	7,403,999	222,000	148,000	370,000	7,550,000	7,553,999	226,500	151,000	377,500
7,404,000	7,405,999	222,100	148,000	370,100	7,554,000	7,555,999	226,600	151,000	377,600
7,406,000	7,407,999	222,100	148,100	370,200	7,556,000	7,557,999	226,600	151,100	377,700
7,408,000	7,409,999	222,200	148,100	370,300	7,558,000	7,559,999	226,700	151,100	377,800
7,410,000	7,413,999	222,300	148,200	370,500	7,560,000	7,563,999	226,800	151,200	378,000
7,414,000	7,415,999	222,400	148,200	370,600	7,564,000	7,565,999	226,900	151,200	378,100
7,416,000	7,417,999	222,400	148,300	370,700	7,566,000	7,567,999	226,900	151,300	378,200
7,418,000	7,419,999	222,500	148,300	370,800	7,568,000	7,569,999	227,000	151,300	378,300
7,420,000	7,423,999	222,600	148,400	371,000	7,570,000	7,573,999	227,100	151,400	378,500
7,424,000	7,425,999	222,700	148,400	371,100	7,574,000	7,575,999	227,200	151,400	378,600
7,426,000	7,427,999	222,700	148,500	371,200	7,576,000	7,577,999	227,200	151,500	378,700
7,428,000	7,429,999	222,800	148,500	371,300	7,578,000	7,579,999	227,300	151,500	378,800
7,430,000	7,433,999	222,900	148,600	371,500	7,580,000	7,583,999	227,400	151,600	379,000
7,434,000	7,435,999	223,000	148,600	371,600	7,584,000	7,585,999	227,500	151,600	379,100
7,436,000	7,437,999	223,000	148,700	371,700	7,586,000	7,587,999	227,500	151,700	379,200
7,438,000	7,439,999	223,100	148,700	371,800	7,588,000	7,589,999	227,600	151,700	379,300
7,440,000	7,443,999	223,200	148,800	372,000	7,590,000	7,593,999	227,700	151,800	379,500
7,444,000	7,445,999	223,300	148,800	372,100	7,594,000	7,595,999	227,800	151,800	379,600
7,446,000	7,447,999	223,300	148,900	372,200	7,596,000	7,597,999	227,800	151,900	379,700
7,448,000	7,449,999	223,400	148,900	372,300	7,598,000	7,599,999	227,900	151,900	379,800
7,450,000	7,453,999	223,500	149,000	372,500	7,600,000	7,603,999	228,000	152,000	380,000
7,454,000	7,455,999	223,600	149,000	372,600	7,604,000	7,605,999	228,100	152,000	380,100
7,456,000	7,457,999	223,600	149,100	372,700	7,606,000	7,607,999	228,100	152,100	380,200
7,458,000	7,459,999	223,700	149,100	372,800	7,608,000	7,609,999	228,200	152,100	380,300
7,460,000	7,463,999	223,800	149,200	373,000	7,610,000	7,613,999	228,300	152,200	380,500
7,464,000	7,465,999	223,900	149,200	373,100	7,614,000	7,615,999	228,400	152,200	380,600
7,466,000	7,467,999	223,900	149,300	373,200	7,616,000	7,617,999	228,400	152,300	380,700
7,468,000	7,469,999	224,000	149,300	373,300	7,618,000	7,619,999	228,500	152,300	380,800
7,470,000	7,473,999	224,100	149,400	373,500	7,620,000	7,623,999	228,600	152,400	381,000
7,474,000	7,475,999	224,200	149,400	373,600	7,624,000	7,625,999	228,700	152,400	381,100
7,476,000	7,477,999	224,200	149,500	373,700	7,626,000	7,627,999	228,700	152,500	381,200
7,478,000	7,479,999	224,300	149,500	373,800	7,628,000	7,629,999	228,800	152,500	381,300
7,480,000	7,483,999	224,400	149,600	374,000	7,630,000	7,633,999	228,900	152,600	381,500
7,484,000	7,485,999	224,500	149,600	374,100	7,634,000	7,635,999	229,000	152,600	381,600
7,486,000	7,487,999	224,500	149,700	374,200	7,636,000	7,637,999	229,000	152,700	381,700
7,488,000	7,489,999	224,600	149,700	374,300	7,638,000	7,639,999	229,100	152,700	381,800
7,490,000	7,493,999	224,700	149,800	374,500	7,640,000	7,643,999	229,200	152,800	382,000
7,494,000	7,495,999	224,800	149,800	374,600	7,644,000	7,645,999	229,300	152,800	382,100
7,496,000	7,497,999	224,800	149,900	374,700	7,646,000	7,647,999	229,300	152,900	382,200
7,498,000	7,499,999	224,900	149,900	374,800	7,648,000	7,649,999	229,400	152,900	382,300
7,500,000	7,503,999	225,000	150,000	375,000	7,650,000	7,653,999	229,500	153,000	382,500
7,504,000	7,505,999	225,100	150,000	375,100	7,654,000	7,655,999	229,600	153,000	382,600
7,506,000	7,507,999	225,100	150,100	375,200	7,656,000	7,657,999	229,600	153,100	382,700
7,508,000	7,509,999	225,200	150,100	375,300	7,658,000	7,659,999	229,700	153,100	382,800
7,510,000	7,513,999	225,300	150,200	375,500	7,660,000	7,663,999	229,800	153,200	383,000
7,514,000	7,515,999	225,400	150,200	375,600	7,664,000	7,665,999	229,900	153,200	383,100
7,516,000	7,517,999	225,400	150,300	375,700	7,666,000	7,667,999	229,900	153,300	383,200
7,518,000	7,519,999	225,500	150,300	375,800	7,668,000	7,669,999	230,000	153,300	383,300
7,520,000	7,523,999	225,600	150,400	376,000	7,670,000	7,673,999	230,100	153,400	383,500
7,524,000	7,525,999	225,700	150,400	376,100	7,674,000	7,675,999	230,200	153,400	383,600
7,526,000	7,527,999	225,700	150,500	376,200	7,676,000	7,677,999	230,200	153,500	383,700
7,528,000	7,529,999	225,800	150,500	376,300	7,678,000	7,679,999	230,300	153,500	383,800
7,530,000	7,533,999	225,900	150,600	376,500	7,680,000	7,683,999	230,400	153,600	384,000
7,534,000	7,535,999	226,000	150,600	376,600	7,684,000	7,685,999	230,500	153,600	384,100
7,536,000	7,537,999	226,000	150,700	376,700	7,686,000	7,687,999	230,500	153,700	384,200
7,538,000	7,539,999	226,100	150,700	376,800	7,688,000	7,689,999	230,600	153,700	384,300
7,540,000	7,543,999	226,200	150,800	377,000	7,690,000	7,693,999	230,700	153,800	384,500
7,544,000	7,545,999	226,300	150,800	377,100	7,694,000	7,695,999	230,800	153,800	384,600
7,546,000	7,547,999	226,300	150,900	377,200	7,696,000	7,697,999	230,800	153,900	384,700
7,548,000	7,549,999	226,400	150,900	377,300	7,698,000	7,699,999	230,900	153,900	384,800

参考（退職住民）

退職 — 住民（二十七）

退職所得控除額控除後の退職手当等の金額(2分の1前)		特別徴収税額			退職所得控除額控除後の退職手当等の金額(2分の1前)		特別徴収税額		
から	まで	市町村民税(特別区民税)	道府県民税(都民税)	合計	から	まで	市町村民税(特別区民税)	道府県民税(都民税)	合計
円	円	円	円	円	円	円	円	円	円
7,700,000	7,703,999	231,000	154,000	385,000	7,850,000	7,853,999	235,500	157,000	392,500
7,704,000	7,705,999	231,100	154,000	385,100	7,854,000	7,855,999	235,600	157,000	392,600
7,706,000	7,707,999	231,100	154,100	385,200	7,856,000	7,857,999	235,600	157,100	392,700
7,708,000	7,709,999	231,200	154,100	385,300	7,858,000	7,859,999	235,700	157,100	392,800
7,710,000	7,713,999	231,300	154,200	385,500	7,860,000	7,863,999	235,800	157,200	393,000
7,714,000	7,715,999	231,400	154,200	385,600	7,864,000	7,865,999	235,900	157,200	393,100
7,716,000	7,717,999	231,400	154,300	385,700	7,866,000	7,867,999	235,900	157,300	393,200
7,718,000	7,719,999	231,500	154,300	385,800	7,868,000	7,869,999	236,000	157,300	393,300
7,720,000	7,723,999	231,600	154,400	386,000	7,870,000	7,873,999	236,100	157,400	393,500
7,724,000	7,725,999	231,700	154,400	386,100	7,874,000	7,875,999	236,200	157,400	393,600
7,726,000	7,727,999	231,700	154,500	386,200	7,876,000	7,877,999	236,200	157,500	393,700
7,728,000	7,729,999	231,800	154,500	386,300	7,878,000	7,879,999	236,300	157,500	393,800
7,730,000	7,733,999	231,900	154,600	386,500	7,880,000	7,883,999	236,400	157,600	394,000
7,734,000	7,735,999	232,000	154,600	386,600	7,884,000	7,885,999	236,500	157,600	394,100
7,736,000	7,737,999	232,000	154,700	386,700	7,886,000	7,887,999	236,500	157,700	394,200
7,738,000	7,739,999	232,100	154,700	386,800	7,888,000	7,889,999	236,600	157,700	394,300
7,740,000	7,743,999	232,200	154,800	387,000	7,890,000	7,893,999	236,700	157,800	394,500
7,744,000	7,745,999	232,300	154,800	387,100	7,894,000	7,895,999	236,800	157,800	394,600
7,746,000	7,747,999	232,300	154,900	387,200	7,896,000	7,897,999	236,800	157,900	394,700
7,748,000	7,749,999	232,400	154,900	387,300	7,898,000	7,899,999	236,900	157,900	394,800
7,750,000	7,753,999	232,500	155,000	387,500	7,900,000	7,903,999	237,000	158,000	395,000
7,754,000	7,755,999	232,600	155,000	387,600	7,904,000	7,905,999	237,100	158,000	395,100
7,756,000	7,757,999	232,600	155,100	387,700	7,906,000	7,907,999	237,100	158,100	395,200
7,758,000	7,759,999	232,700	155,100	387,800	7,908,000	7,909,999	237,200	158,100	395,300
7,760,000	7,763,999	232,800	155,200	388,000	7,910,000	7,913,999	237,300	158,200	395,500
7,764,000	7,765,999	232,900	155,200	388,100	7,914,000	7,915,999	237,400	158,200	395,600
7,766,000	7,767,999	232,900	155,300	388,200	7,916,000	7,917,999	237,400	158,300	395,700
7,768,000	7,769,999	233,000	155,300	388,300	7,918,000	7,919,999	237,500	158,300	395,800
7,770,000	7,773,999	233,100	155,400	388,500	7,920,000	7,923,999	237,600	158,400	396,000
7,774,000	7,775,999	233,200	155,400	388,600	7,924,000	7,925,999	237,700	158,400	396,100
7,776,000	7,777,999	233,200	155,500	388,700	7,926,000	7,927,999	237,700	158,500	396,200
7,778,000	7,779,999	233,300	155,500	388,800	7,928,000	7,929,999	237,800	158,500	396,300
7,780,000	7,783,999	233,400	155,600	389,000	7,930,000	7,933,999	237,900	158,600	396,500
7,784,000	7,785,999	233,500	155,600	389,100	7,934,000	7,935,999	238,000	158,600	396,600
7,786,000	7,787,999	233,500	155,700	389,200	7,936,000	7,937,999	238,000	158,700	396,700
7,788,000	7,789,999	233,600	155,700	389,300	7,938,000	7,939,999	238,100	158,700	396,800
7,790,000	7,793,999	233,700	155,800	389,500	7,940,000	7,943,999	238,200	158,800	397,000
7,794,000	7,795,999	233,800	155,800	389,600	7,944,000	7,945,999	238,300	158,800	397,100
7,796,000	7,797,999	233,800	155,900	389,700	7,946,000	7,947,999	238,300	158,900	397,200
7,798,000	7,799,999	233,900	155,900	389,800	7,948,000	7,949,999	238,400	158,900	397,300
7,800,000	7,803,999	234,000	156,000	390,000	7,950,000	7,953,999	238,500	159,000	397,500
7,804,000	7,805,999	234,100	156,000	390,100	7,954,000	7,955,999	238,600	159,000	397,600
7,806,000	7,807,999	234,100	156,100	390,200	7,956,000	7,957,999	238,600	159,100	397,700
7,808,000	7,809,999	234,200	156,100	390,300	7,958,000	7,959,999	238,700	159,100	397,800
7,810,000	7,813,999	234,300	156,200	390,500	7,960,000	7,963,999	238,800	159,200	398,000
7,814,000	7,815,999	234,400	156,200	390,600	7,964,000	7,965,999	238,900	159,200	398,100
7,816,000	7,817,999	234,400	156,300	390,700	7,966,000	7,967,999	238,900	159,300	398,200
7,818,000	7,819,999	234,500	156,300	390,800	7,968,000	7,969,999	239,000	159,300	398,300
7,820,000	7,823,999	234,600	156,400	391,000	7,970,000	7,973,999	239,100	159,400	398,500
7,824,000	7,825,999	234,700	156,400	391,100	7,974,000	7,975,999	239,200	159,400	398,600
7,826,000	7,827,999	234,700	156,500	391,200	7,976,000	7,977,999	239,200	159,500	398,700
7,828,000	7,829,999	234,800	156,500	391,300	7,978,000	7,979,999	239,300	159,500	398,800
7,830,000	7,833,999	234,900	156,600	391,500	7,980,000	7,983,999	239,400	159,600	399,000
7,834,000	7,835,999	235,000	156,600	391,600	7,984,000	7,985,999	239,500	159,600	399,100
7,836,000	7,837,999	235,000	156,700	391,700	7,986,000	7,987,999	239,500	159,700	399,200
7,838,000	7,839,999	235,100	156,700	391,800	7,988,000	7,989,999	239,600	159,700	399,300
7,840,000	7,843,999	235,200	156,800	392,000	7,990,000	7,993,999	239,700	159,800	399,500
7,844,000	7,845,999	235,300	156,800	392,100	7,994,000	7,995,999	239,800	159,800	399,600
7,846,000	7,847,999	235,300	156,900	392,200	7,996,000	7,997,999	239,800	159,900	399,700
7,848,000	7,849,999	235,400	156,900	392,300	7,998,000	7,999,999	239,900	159,900	399,800

参 考（退職住民）

公的年金等に係る雑所得の速算表 （所法35条関係）

区分	公的年金等の収入金額 (A)	公的年金等に係る雑所得以外の所得に係る合計所得金額		
		1,000万円以下	1,000万円超 2,000万円以下	2,000万円超
65歳未満	130万円以下	A－60万円	A－50万円	A－40万円
	130万円超 410万円以下	A×75％－27.5万円	A×75％－17.5万円	A×75％－7.5万円
	410万円超 770万円以下	A×85％－68.5万円	A×85％－58.5万円	A×85％－48.5万円
	770万円超 1,000万円以下	A×95％－145.5万円	A×95％－135.5万円	A×95％－125.5万円
	1,000万円超	A－195.5万円	A－185.5万円	A－175.5万円
65歳以上	330万円以下	A－110万円	A－100万円	A－90万円
	330万円超 410万円以下	A×75％－27.5万円	A×75％－17.5万円	A×75％－7.5万円
	410万円超 770万円以下	A×85％－68.5万円	A×85％－58.5万円	A×85％－48.5万円
	770万円超 1,000万円以下	A×95％－145.5万円	A×95％－135.5万円	A×95％－125.5万円
	1,000万円超	A－195.5万円	A－185.5万円	A－175.5万円

参　考（公的年金等の所得金額の速算表）

第1 昨年と比べて変わった点
（源泉所得税関係）

```
┌─ 主な改正点 ─┐

 Ⅰ　令和5年度の主な改正

 　1　給与所得の源泉徴収票等の電子交付の特例

 　2　支払調書等の光ディスク等による提出に係る承認申請等の廃止

 　3　国外居住扶養親族の改正

 【参考】　令和6年分以後に適用される改正

 　1　給与所得者の保険料控除申告書の改正

 　2　給与所得者の扶養控除等申告書の改正

 　3　給与所得の源泉徴収票の税務署長への提出の特例
```

Ⅰ　令和5年度の主な改正

1　給与所得の源泉徴収票等の電子交付の特例

　給与支払者は、あらかじめ給与所得者から書面又は電磁的方法による承諾を得て書面による給与所得の源泉徴収票及び給与等の支払明細書の交付に代えて、源泉徴収票等に記載すべき事項を電磁的方法により提供することができることとされています（所法226④）。

　給与支払者が給与所得者から承諾を得ようとする場合において、その給与支払者が定める期限までに承諾をしない旨の回答がないときは承諾があったものとみなす旨の通知をし、その期限までにその給与所得者から回答がなかったときは、その承諾を得たものとみなすこととされました（所規95の2②）。

　この改正は、給与支払者が令和5年4月1日以後に行う通知について適用されます。

2　支払調書等の光ディスク等による提出に係る承認申請等の廃止

　支払調書等の提出義務者のうち電子情報処理組織（e-Tax）又は光ディスク等による提出義務の対象者とならない者が、支払調書等を光ディスク等で提出するためには税務署長の承認等を要

— 73 —

第1　昨年と比べて変わった点

することとされていましたが、これらの手続きが廃止されました。

この改正は、令和5年4月1日以後に提出すべき支払調書等について適用されます。

3　国外居住扶養親族の改正

令和2年度の税制改正により国外居住扶養親族の範囲が次のように改正され、令和5年分の所得税から適用されています。

(1)　扶養控除の対象となる国外居住親族

① 　年齢16歳以上30歳未満の者

② 　年齢70歳以上の者

③ 　年齢30歳以上70歳未満の者で次に掲げる者のいずれかに該当するもの

イ　留学により国内に住所及び居所を有しなくなった者

ロ　障害者

ハ　扶養控除の適用を受けようとする居住者からその年において生活費又は教育費に充てるための支払を38万円以上受けている者

(2)　この改正に伴い、添付等を要する親族関係書類及び送金関係書類も改正されています（100ページ参照）。

【参考】令和6年分以後に適用される改正

1　給与所得者の保険料控除申告書の改正

給与所得者の保険料控除申告書の記載内容について、申告者との続柄の記載を要しないこととされました。

この改正は、令和6年10月1日以後に支払を受けるべき給与等について提出する「給与所得者の保険料控除申告書」について適用されます。

2　給与所得者の扶養控除等申告書の改正

給与所得者の扶養控除等申告書について、その申告書に記載すべき事項がその年の前年の申告内容と異動がない場合には、その記載すべき事項の記載に代えて、その異動がない旨を記載した簡易な「給与所得者の扶養控除等申告書」を提出することができることとされました。

この改正は、令和7年1月1日以後に支払を受けるべき給与等について提出する「給与所得者の扶養控除等申告書について適用されます。

3　給与所得の源泉徴収票の税務署長への提出の特例

給与所得の源泉徴収票のうち一定のものは翌年1月31日までに税務署長に提出することとされ

第1　昨年と比べて変わった点

ています。

　この給与所得の源泉徴収票について、一定の事項が記載された給与支払報告書を市区町村の長に提出した場合には、この報告書に記載された給与等について、その給与支払者はその給与所得の源泉徴収票を税務署長に提出したものとみなすこととされました。

　この改正は、令和9年1月1日以後に提出すべき源泉徴収票について適用されます。

第2　年末調整とは

┌─ ポイント ─┐

1　年末調整とは

　年末調整とは、毎月の給与等について支払の都度源泉徴収した税額の年間合計額と、その人のその年中の給与総額について計算した年税額との過不足額を精算するための手続です。

2　年末調整を必要とする理由

　毎月の給与等について源泉徴収した税額は、税額表の仕組みや年の中途における扶養親族の異動などにより必ずしも年税額とは一致しないため、その精算手段として年末調整という手続が必要となります。

3　年末調整を行う時期

　年末調整は、原則として、その年最後の給与を支払う際に行います。

　ただし、年の中途で死亡退職したり非居住者となった人など一定の人については、そのような事実が発生したときに年末調整を行うことになります。

1　年末調整とは

　我が国の所得税は、いわゆる申告納税制度によっています。この制度は、所得者自身が1年ごとに自分の所得とそれに対する税額を計算して、これを翌年2月16日から3月15日までの間に自主的に申告し、その申告した税額を自主的に納付することを建前とするものです。

　しかし、給料や賞与などの給与所得のように、その支払者がこれらの支払をする際にその都度税額を計算し、支払金額からその税額を天引きして国に納めることになっているものもあります。このように、特定の所得についてその支払者が支払の際に所得税を徴収して納付することを源泉徴収といい、このような制度を「**源泉徴収制度**」といいます。

　この源泉徴収される所得税は、申告納税による税額のいわば前払のようなものですが、仮に、給与所得者の全てが確定申告書を提出して前払した税額の過不足額を精算することとしたのでは、給与所得者にとっても、国にとっても、非常に手数がかかります。そこで、所得税法では、給与所得については給与等の支払者に源泉徴収事務の一環として税額の精算の事務を行うことを定め、これによって大部分の給与所得者は確定申告書を提出しなくてもよいことになっています。

第2　年末調整とは

この給与等の支払者による毎月の給与等について支払の都度源泉徴収した税額の年間合計額と、給与所得者のその年中の給与総額について計算した年税額との過不足額を精算するための手続を、通常年末に行うことから「**年末調整**」といいます。大部分の給与所得者にとって、この年末調整は所得税の確定申告に代わる重要な役割を果たしています。

　また、復興特別所得税についても、平成25年1月1日から令和19年12月31日までの間に生じる所得のうち、所得税の源泉徴収の対象とされている所得については、所得税を徴収する際に、復興特別所得税を併せて徴収し、徴収した所得税と併せて納付することになります。

2　年末調整を必要とする理由

　年末調整を必要とする理由としては、主として次のようなものがあります。

(1)　税額表の作り方によるもの

　源泉徴収税額表は、給与所得控除額や源泉控除対象配偶者の有無、扶養控除額、障害者控除額、基礎控除額などの各所得控除額と税率適用上の階級区分を、それぞれ月割額、日割額にして各階級ごとの税額を計算していますので、年の中途で給与等の金額に異動があった場合には、年間の所得に対する税率よりも高い税率によって計算された税額を徴収されていたり、年間を通じれば全額受けられる各種の控除が一部しか受けられないことになってしまったりするため、調整が必要になります。

　また、源泉徴収税額表には、所得金額調整控除が適用される場合の控除額、老人扶養親族や障害者の割増控除などは考慮せずに通常の扶養控除額と同額として織り込まれていますので、これらの割増控除等が受けられる場合には、同じく調整が必要となります。

(2)　扶養親族等の異動によるもの

　所得者が障害者（特別障害者）、寡婦、ひとり親、勤労学生に、所得者の配偶者が源泉控除対象配偶者、同一生計配偶者である障害者（特別障害者）に、また、所得者のその他の親族が控除対象扶養親族（特定扶養親族、老人扶養親族（同居老親等））、障害者（特別障害者）に該当するかどうかは、毎月の給与等の源泉徴収では便宜上その月の給与等を支払う時の現況によっていますが、所得税法上は、これらの諸控除の判定を、原則として毎年12月31日の現況によることとされていますので、年の中途でこれらに該当する人の数が増加したり減少したりすると、その控除額に増減が生じることになり、調整が必要になります。

(3)　徴収した賞与等の税額が概算で算出されていることによるもの

　賞与に対する徴収税額は、通常の場合、前月中に支払を受けた普通給与の金額を基準として「賞

第2　年末調整とは

与に対する源泉徴収税額の算出率の表」を適用し、その税率によって算出しているため、たまた
ま前月中に支払った給与等が少なかった場合には、算出された賞与の税額は低額となり、反対に
前月中に支払った給与等が高かった場合には、算出された賞与の税額は高額となります。

　また、「賞与に対する源泉徴収税額の算出率の表」は年間の賞与を月収（賞与を支給する月の前
月の普通給与）の5か月分と仮定して計算した率により作成されているため、実際に支給された
年間の賞与が、月収の5か月分に満たない場合又は反対に月収の5か月分を超える場合には、そ
の算出率の表の税率を乗じて得た税額は、年間の所得に対する年税額の割合に比較して、高額で
あったり低額であったりすることになり、調整が必要になります。

（4）　税額表の所得金額の階級区分に差異があることによるもの

　月額表、日額表などの源泉徴収税額表に掲げられている給与等の階級区分と、年末調整のため
の算出所得税額の速算表に掲げられている給与等の年税額とには差異があります。すなわち、月
額表、日額表の給与等の階級区分ごとの給与等の金額をそのまま1年分（給料12か月分と賞与5
か月分）に換算したものが年末調整の所得税額となっているわけではありません。したがって、
この食い違いに当てはまる給与額である場合には、給与等を支払う際に源泉徴収した税額の合計
額が年税額よりも多額であったり、少額であったりすることになり、調整が必要になります。

（5）　配偶者控除及び配偶者特別控除によるもの

　配偶者控除及び配偶者特別控除は給与所得者や配偶者の所得金額により控除額が異なりますの
で、毎月の源泉徴収の際には源泉控除対象配偶者として控除を受けていたとしても、年末調整の
段階で「給与所得者の配偶者控除等申告書」を提出することにより所定の額が控除されることに
なっているため、調整が必要になります。

（6）　社会保険料控除によるもの

　社会保険料は、毎月の源泉徴収に当たり、計算の便宜上給与等の収入金額から控除しています
が、本来は所得金額から控除されるべきものであり、年末調整の際には原則どおり給与所得控除
後の給与等の金額から控除されることになるため、調整が必要になります。

　また、例えば①国民健康保険の保険料又は国民健康保険税、②健康保険法、厚生年金保険法又
は船員保険法の規定に基づき任意継続被保険者が負担する保険料、③国民年金の保険料などは、
毎月の給与等からは控除されず、「給与所得者の保険料控除申告書」を提出することにより年末調
整の際に控除されることになっているため、同じく調整が必要になります。

（7）　小規模企業共済等掛金控除、生命保険料控除及び地震保険料控除によるもの

　給与所得者についての小規模企業共済等掛金控除、生命保険料控除及び地震保険料控除は、毎

— 78 —

月の源泉徴収の際には控除せず、「給与所得者の保険料控除申告書」を提出することにより、年末調整の段階で一括して控除されることになっているため、調整が必要になります。

(8) 住宅借入金等特別控除によるもの

住宅借入金等特別控除はその年の所得税額から控除するもので、居住を開始した年分については確定申告により控除を受ける必要がありますが、適用2年目からは「給与所得者の（特定増改築等）住宅借入金等特別控除申告書」を提出することにより、年末調整において住宅借入金等特別控除額を算出所得税額から控除することができますので、調整が必要になります。

3　年末調整を行う時期

年末調整は、給与の支払者がその年最後の給与を支払う際に行うことになっています。

したがって、その年最後の給与を支払う月（通常は12月）中に給与と賞与とを支払うような場合には、そのいずれか遅い方を支給する際に年末調整を行うことになります。

（ケース1）

（ケース2）

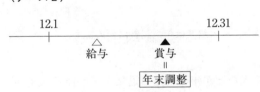

ただし、賞与の支給より給与の支給が後となり、その給与の支払がその年の最後の給与の支払となるときは、年末調整により不足額が生じた場合における税額の精算の便宜等を考慮して、賞与を支給する時点で最後の給与の見積額及びそれに対する見積税額等を含めたところで年末調整を行ってもよいことになっています。

なお、この場合、最後の給与の実際の支給額がその見積額と異なることとなったときは、その実際の支給額によって年末調整の再計算をしなければなりません。

— 79 —

第2　年末調整とは

（ケース3）

　また、①年の中途で死亡した人、②海外支店に転勤したこと等により非居住者となった人、③著しい心身の障害のために退職した人で退職の時期からみて明らかにその年中に再就職することができないと認められ、かつ、退職後その年中に給与の支払を受けることとなっていない人、④12月に支給期の到来する給与の支払を受けた後に退職した人については、そのような事実が発生したときに年末調整を行います。

（ケース4）

（ケース5）

（注）　死亡した又は出国の日が給与の支給日である場合、その給与は年末調整に含めます。

　また、いわゆるパートタイマーとして働いている人などが年の中途で退職する場合で、その年中の給与の収入金額が103万円以下である人は、退職の際に年末調整を行います（退職後、本年中に給与の支払を受けると見込まれる人を除きます。）。

— 80 —

第3　年末調整を行う給与

───＝ ポイント ＝───

1　年末調整を行う給与

　年末調整は、原則として、本年最後に給与を支払う際に、「給与所得者の扶養控除等（異動）申告書」を主たる給与の支払者に提出している次の人に対して、「本年中に支払うべきことが確定した給与」について行います（所法190、所基通190－1）。

① 　本年最後の給与（通常は本年12月の給与）を支払う時まで在職している人

② 　本年の中途で死亡により退職した人

③ 　本年の中途で海外支店等に転勤したことなどにより、日本に住所を有しなくなった人（いわゆる「非居住者」となった人）

④ 　本年の中途で著しい心身の障害のため退職した人で、その退職の時期からみて本年中に再就職することが明らかに不可能と認められ、かつ、その退職後、給与等の支払を受けることになっていない人

⑤ 　12月に支給期の到来する給与等の支払を受けた後に退職した人

⑥ 　いわゆるパートタイマーとして働いている人などが年の中途で退職する場合で、その年中の給与の収入金額が103万円以下である人（退職後、本年中に給与の支払を受けると見込まれる人を除きます。）

　なお、本年中に国内に住所又は1年以上の居所がなかった期間（いわゆる「非居住者」であった期間）の給与や、本年中に支払うべきことが確定した給与の合計額が2,000万円を超える人の給与については、年末調整を行いません（所法190）。

(注) 　「従たる給与についての扶養控除等（異動）申告書」を提出している人の給与（いわゆる「乙欄適用の給与」）については、年末調整を行うことはできません。

2　年末調整を行わない給与

　年末調整を行わない給与とは、次に掲げる人に支払う給与をいいます（所法190、災免法3⑥）。

① 　本年最後の給与を支給する時までに「給与所得者の扶養控除等（異動）申告書」を提出していない人

② 　本年中に支払うべきことが確定した給与の合計額が2,000万円を超える人

③ 　災害により被害を受け、「災害被害者に対する租税の減免、徴収猶予等に関する法

── 81 ──

第3　年末調整を行う給与

律」第3条第2項又は第5項の規定により、本年中の給与に対する源泉所得税及び復興特別所得税の徴収猶予又は還付を受けた人

④　本年の中途で退職した人（ただし、上記1②、④及び⑤に該当する人を除きます。）

⑤　国内に住所又は1年以上の居所を有しない人（非居住者）

(注)　年の中途で就職した人で、就職前における勤務先で支給を受けた給与の金額、控除された社会保険料等、源泉徴収税額等が判明しない人の給与については、年末調整を行いません。

年末調整を行う給与のチェックポイント

1　「給与所得者の扶養控除等（異動）申告書」の提出があるか。

2　本年中に支払うべきことが確定した給与の合計額が2,000万円以下か。

3　中途就職者の就職前の給与の有無等を確認したか。

4　年の中途で退職した人のうち、年末調整の対象となる人か。

5　非居住者期間中に支払った給与は含まれていないか。

6　災害により被害を受け、本年中の給与等に対する源泉所得税の徴収猶予又は還付を受けていないか。

7　月額表又は日額表の甲欄適用者か。

1　年末調整を行う給与

　年末調整を行う給与の範囲は、おおむね以上のとおりですが、年末調整に際しては、特に次のことに留意する必要があります。

(1)　「本年中に支払うべきことが確定した給与」の意義

　「本年中に支払うべきことが確定した給与」とは、本年1月1日から12月31日までの間に給与の支払者が給与所得者に対し支払うべきことの確定した給与をいいます（所法36①）。これを逆に給与所得者の側からいえば、本年1月1日から12月31日までの間に収入すべき時期が到来した給与ということになります（所基通36－9）。

　したがって、本年中に支払ったものであっても前年以前分の未払給与は含まれませんが、反対に、本年中の給与で未払となったものを来年以降に繰り越して支払うこととなった場合のその繰越分は、本年中に支払うべきことが確定した給与に含まれることになります。

— 82 —

第3　年末調整を行う給与

〔図解〕

　なお、**死亡した人に対して支払うべき給与等**で、その死亡後に収入すべき時期（支給期）が到来するもののうち、相続税法の規定により相続税の課税価格計算の基礎に算入されるものについては、所得税を課税しないこととされていますので、死亡した人に係る給与等の年末調整に当たってはこの金額を含める必要はありません（所基通9－17）。

　（注）　死亡した日が給与等の支給日である場合、その給与等は年末調整に含めます。

○　給与所得の収入金額の収入すべき時期

　給与所得の収入金額の収入すべき時期については、次に掲げる日によることとされています（所基通36－9）。

イ　契約又は慣習その他株主総会の決議等により支給日が定められている給与等（次のロに掲げるものを除きます。）についてはその支給日、その日が定められていないものについてはその支給を受けた日

　通常、当月分の給与等については、当月中に到来する給料日に支給されることが多く、この場合は特に問題となりませんが、いわゆる「翌月払」を採用している場合には注意が必要です。

　いわゆる「翌月払」とは、毎月の月初から月末までの勤務に対する給与の支給日が翌月10日と定められているような場合をいいますが、例えば、本年1月10日に支払われた給与は前年の12月分の勤務に係るものではありますが、本年中に収入すべき時期が到来した給与となり、本年の年末調整の対象となります。一方、本年12月分の勤務に対する給与については支給日が翌年の1月10日となりますので、本年中に収入すべき時期が到来した給与とはならず、本年の年末調整の対象とはならないことになります。

〔図解〕
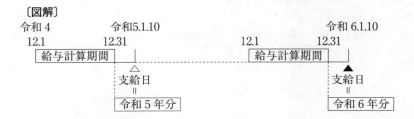

　すなわち、この例の場合は、前年12月1日から本年11月30日までの勤務に対して支払われる給与が「本年の年末調整の対象となる給与」になります。そこで、いわゆる「翌月払」の場合には、前年の勤務に対して本年中に支払った給与の金額を、本年の年末調整を行う給与の金額

第3 年末調整を行う給与

に含めることを忘れないようにしなければなりません。

　なお、いわゆる「翌月払」を採用している場合であっても、12月分の給与については翌年の1月ではなく12月中の支払日に支給することとしている場合には、上記のような状態が生じないことはいうまでもありません。

ロ　役員に対する賞与のうち、株主総会の決議等によりその算定の基礎となる利益に関する指標の数値が確定し支給金額が定められるものその他利益を基礎として支給金額が定められるものについては、その決議等があった日。ただし、その決議等が支給する金額の総額だけを定めるにとどまり、各人ごとの具体的な支給金額を定めていない場合には、各人ごとの支給金額が具体的に定められた日

　つまり、株主総会の決議等により、個々の役員に支払う賞与の額が定められた場合は、その決議等の日となります。また、株主総会においては利益を基礎として役員に対する賞与の総額だけを決議し、各役員に対して支払う賞与の具体的金額の決定については取締役会に一任したような場合には、各役員に対して支払う賞与の金額が具体的に定められた取締役会の日が、その賞与の収入すべき時期となります。例えば、昨年11月末の株主総会においては利益を基礎とする役員賞与の総額を定めたにとどまり、本年1月末の取締役会で具体的金額を決定したというような場合は、その賞与の収入すべき時期は、本年1月末の取締役会の日となり、本年の年末調整に含めなければなりません。

ハ　給与規程の改訂が既往にさかのぼって実施されたため、既往の期間に対応して支払われる新旧給与の差額に相当する給与等で、その支給日が定められているものについてはその支給日、その日が定められていないものについてはその改訂の効力が生じた日

　例えば、給与のベースアップが本年4月10日に決定し、昨年10月までさかのぼって実施されることになったため、昨年10月から本年3月までの期間の給与の改訂差額を本年4月25日に一括して支給することとした場合のその給与の改訂差額についての収入すべき時期は、その差額の支給日として定めた4月25日となります。

　したがって、昨年の10月から12月までの期間に対応する給与の改訂差額も、本年の年末調整の対象となる給与の金額に含めなければなりません。

〔図解〕

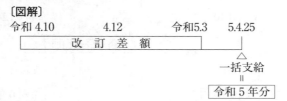

ニ　通常の給与規程によって支給される賞与ではありませんが、税法等の規定によって賞与等として取り扱うこととなる給与等（債務の免除による利益その他の経済的利益）で、その支給日があらかじめ定められているものについてはその支給日、その日が定められていないものについつ

第3　年末調整を行う給与

いては、現実にその支給を受けた日（その日が明らかでない場合には、その支給が行われたと認められる事業年度の終了の日）

　このような給与等で、その収入すべき時期が本年中に到来するものについては、本年の年末調整を行う給与の金額にこれを含めなければなりません。

（2）　中途就職者の「本年中に支払うべきことが確定した給与」の計算

　年末調整の対象となる「本年中に支払うべきことが確定した給与」には、原則として、他の給与の支払者が支払った給与は含まれませんが、本年の中途で就職した人で、その人が就職前に他の給与の支払者のもとに勤務していたことがあるときは、その人が他の給与の支払者に「給与所得者の扶養控除等（異動）申告書」を提出して支払を受けた本年分の給与があったかどうかを確認し、もし支払を受けていた場合には、その支払を受けた給与の金額を「本年中に支払うべきことが確定した給与」に含めて、年末調整を行わなければなりません（所基通190－2(3)）。

　このような場合には、他の給与の支払者から支払を受けた給与の金額、給与から控除された社会保険料等の金額及び源泉徴収された所得税額及び復興特別所得税額を源泉徴収票で確認の上、これらの金額を就職後に支払った給与等の金額に含めて年末調整の計算を行うことになります。

　したがって、中途就職者については、その就職前の他の給与の支払者から交付を受けた源泉徴収票を提出させることが必要となります。ただし、官庁間における人事異動あるいは同一会社内の本店から支店への転勤のような場合には、前の勤務先の実績を職員別給与簿又は源泉徴収簿等によりそのまま引き継いで、本年分の給与等の計算を行って差し支えありません。

　なお、例えば、本年3月に学校を卒業して4月に初めて就職した人で、就職前に他の給与の支払者から給与の支払を受けていなかったことが明らかな人については、就職後のその年中に支払うべきことが確定した給与等のみで年末調整の計算を行うことになります。

（3）　債務の免除による利益その他の経済的利益

　本年中に支払うべきことが確定した債務の免除による利益その他の経済的利益（以下「債務の免除による利益等」といいます。）の金額と源泉徴収税額は、本年分の給与の総支給金額及び徴収済税額のそれぞれの合計額に加算して年末調整を行わなければなりません。そこで、この加算漏れを防止するために、本年中に支払うべきことが確定した債務の免除による利益等がある場合には、その金額と源泉徴収税額を源泉徴収簿（又は給与台帳等）に忘れずに記載しておく必要があります。

第3　年末調整を行う給与

【参　考】　債務の免除による利益等とは

債務の免除による利益等とは、法人が次に掲げるもののような行為をしたことによりその役員等に対して実質的に給与を支給したと同様な経済的効果をもたらすものをいいます（法基通9－2－9）。

① 役員等に対して物品その他の資産を贈与した場合におけるその資産の価額に相当する金額

② 役員等に対して所有資産を低い価額で譲渡した場合におけるその資産の価額と譲渡価額との差額に相当する金額

③ 役員等から高い価額で資産を買い入れた場合におけるその資産の価額と買入価額との差額に相当する金額

④ 役員等に対して有する債権を放棄し又は免除した場合（貸倒れに該当する場合を除きます。）におけるその放棄し又は免除した債権の額に相当する金額

⑤ 役員等から債務を無償で引き受けた場合におけるその引き受けた債務の額に相当する金額

⑥ 役員等に対してその居住の用に供する土地又は家屋を無償又は低い価額で提供した場合における通常取得すべき賃貸料の額と実際徴収した賃貸料の額との差額に相当する金額

⑦ 役員等に対して金銭を無償又は通常の利率よりも低い利率で貸付けをした場合における通常取得すべき利率により計算した利息の額と実際徴収した利息の額との差額に相当する金額

⑧ 役員等に対して無償又は低い対価で⑥及び⑦に掲げるもの以外の用役の提供をした場合における通常その用役の対価として収入すべき金額と実際に収入した対価の額との差額に相当する金額

⑨ 役員等に対して機密費、接待費、交際費、旅費等の名義で支給したもののうち、その法人の業務のために使用したことが明らかでないもの

⑩ 役員等のために個人的費用を負担した場合におけるその費用の額に相当する金額

⑪ 役員等が社交団体等の会員となるため又は会員となっているために要する当該社交団体の入会金、経常会費その他当該社交団体の運営のために要する費用で当該役員等の負担すべきものを法人が負担した場合におけるその負担した費用の額に相当する金額

⑫ 法人が役員等を被保険者及び保険金受取人とする生命保険契約を締結してその保険料の額の全部又は一部を負担した場合におけるその負担した保険料の額に相当する金額

（4）　納税の告知を受けた給与

本年中に課税漏れとなっていた給与があり、その給与に対する源泉所得税及び復興特別所得税について、税務署から納税の告知を受けて納付した場合には、その給与の金額と徴収税額を、本年分の給与の総支給金額と徴収済税額のそれぞれの合計額に加算して年末調整を行わなければなりません。そこでこの加算漏れを防止するために、本年分の課税漏れ給与について納税の告知を受けた給与の金額と徴収税額を源泉徴収簿（又は給与台帳等）にあらかじめ記載しておく必要があります。

なお、このような場合、**納税の告知を受けた所得税額及び復興特別所得税額を給与の支払者が負担するときには、その支払者がその負担をした日にその負担した所得税額及び復興特別所得税額に相当する金額の給与の支払をしたものとして取り扱われますので、特に注意する必要があります**（所法36、所基通221－1、復興財確法28①）。

第3　年末調整を行う給与

（5）　主たる給与の支払者と従たる給与の支払者とが入れ替わった場合の給与

　2か所以上から給与の支払を受けている人で、年の中途から、主たる給与の支払者（「給与所得者の扶養控除等（異動）申告書」の提出先）と従たる給与の支払者（「給与所得者の扶養控除等（異動）申告書」を提出していない人又は「従たる給与についての扶養控除等（異動）申告書」を提出した人に対する給与の支払者）とが入れ替わった場合には、本年最後の給与の支払をする主たる給与の支払者が年末調整を行うことになります（所法190、所基通190－2(3)）。

　この場合、年末調整の対象とすべき給与の金額と徴収税額は、次の表に示すとおりです。

〔主たる給与の支払者が入れ替わった場合の年末調整〕

給与の支払者	給与の支払区分とその支給期間		給与の金額	徴収税額	年末調整を行うべき給与の支払者、年末調整に算入すべき給与の金額、徴収税額
甲社	主	1月～8月	(イ)	A	乙社が年末調整を行う。 給与の金額＝(イ)＋(ハ)＋(ニ) 徴収税額＝A＋C＋D
甲社	従	9月～12月	(ロ)	B	^
乙社	従	1月～8月	(ハ)	C	^
乙社	主	9月～12月	(ニ)	D	^

　この表をさらに図解すれば次のとおりです。

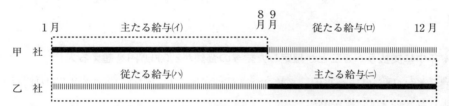

　すなわち、点線の枠内の給与（(イ)＋(ハ)＋(ニ)）が年末調整の対象となります。

　なお、甲社の従たる給与(ロ)については年末調整を行った(イ)、(ハ)、(ニ)とともに確定申告で精算します。

（6）　引き続き雇用する日雇労務者の給与

　日雇労務者の給与については、通常、給与所得の源泉徴収税額表（日額表）の丙欄を適用して源泉徴収をしますが、そのような人でも継続して2か月を超えて雇用することとなった場合の源泉徴収については、扶養控除等申告書の提出の有無に応じて給与所得の源泉徴収税額表（日額表）の甲欄又は乙欄を適用することになっています。

　なお、このような人から扶養控除等申告書の提出があった場合には、年末調整の対象となる給与は、甲欄を適用した給与だけでなく丙欄を適用した給与を加えたものになります（所基通190－2(2)）。

〔図解〕

第3　年末調整を行う給与

2　年末調整を行わない給与

（1）　本年最後の給与を支給する時までに「給与所得者の扶養控除等（異動）申告書」を提出していない人

「給与所得者の扶養控除等（異動）申告書」を提出していない人とは、通常、次のような人をいいます。

①　2か所以上から給与の支払を受けており、他の給与の支払者に「給与所得者の扶養控除等（異動）申告書」を提出している人

②　日々雇い入れられる人で、日額表の「丙欄」により所得税及び復興特別所得税の源泉徴収を受けている人

③　継続して同一の雇用主に雇用され、かつ、他から給与の支払を受けていないにもかかわらず、「給与所得者の扶養控除等（異動）申告書」を提出していない人

これらの人に支払った給与については、原則として、年末調整を行うことはできませんが、上記のうち③に該当する人については、本年最後の給与を支払う日の前日までに「給与所得者の扶養控除等（異動）申告書」を提出させるようにし、その提出を受けた上で年末調整を行ってください。

（2）　本年中に支払うべきことが確定した給与の金額が2,000万円を超える人

年末調整を行う給与は、本年中に支払うべきことが確定した給与の金額が2,000万円以下の人の給与に限られています（所法190）。

したがって、本年最後の給与を支払う際に、本年中に支払うべきことが確定した給与の金額が2,000万円を超えることとなる人の給与については、年末調整はできないこととなります。

この場合、前述したいわゆる認定賞与や納税の告知を受けた給与がある場合には、それらも含めて2,000万円以下であるかどうかを判定しますので注意してください。なお、このような人は、所得税及び復興特別所得税の確定申告書を提出することにより税額を精算することになります。

（3）　災害被害者で源泉所得税及び復興特別所得税の徴収猶予又は還付を受けた人

本年中に震災、風水害、落雷、火災等による被害を受け、「災害被害者に対する租税の減免、徴収猶予等に関する法律」第3条第2項又は第5項の規定により、本年中の給与所得について源泉徴収される所得税及び復興特別所得税の徴収猶予又は還付を受けた人は、徴収猶予又は還付を受けた税額の精算を所得税及び復興特別所得税の確定申告によって行うこととなっていますので、このような人に支払った給与については、年末調整を行いません（災免法3⑥。詳しくは330ページ及び358ページ以降を参照してください。）。

— 88 —

第3　年末調整を行う給与

(4)　本年の中途で退職した人（死亡により退職となった人などを除きます。）

　年の中途で退職した人は、その後再就職した場合、再就職先において年末調整を行うことになりますので、その人の退職時までの給与については年末調整を行わないことになっています。

　ただし、死亡により退職した人には再就職ということはあり得ないことですから、その死亡時までの給与について年末調整を行うことになります。また、心身の障害のために退職した人で退職の時期及び障害の程度からみて本年中に再就職することが明らかに不可能と認められ、かつ、退職後給与等の支払を受けることになっていない場合のその退職時までの給与については、その退職の際に年末調整を行うことになっています（所基通190－1）。

(5)　国内に住所又は1年以上居所のない人（非居住者）

　国内に住所又は1年以上の居所を有しない人（これらの人を「非居住者」といいます。）に支払った給与については、年末調整を行いません（所法190）。また、非居住者であった人が、本年最後の給与の支給時には国内に住所等を有するいわゆる居住者となった場合も、その人が非居住者であった期間に支払われた給与については、年末調整の計算に含めません。

(注)　居住者となった日以後に支給期が到来する給与等については、非居住者であった期間の勤務に基づく給与等も年末調整に含めます。

第4　年末調整の準備

ポイント

○　年末調整によって正しい年税額を算出するためには、まず、その準備として次に掲げる事務を行う必要があります。

　これは準備とはいえ、実際には年末調整事務の前提となる事実や金額を確認・集計するもので非常に重要なものです。

　この準備が正しく行われないと正しい年税額が算出されないことになりますから、十分注意してください。

①　扶養親族等（異動）申告書の記載事項の検討

②　基礎控除申告書の受理と記載内容の検討

③　配偶者控除等申告書の受理と記載内容の検討

④　所得金額調整控除申告書の受理と記載内容の検討

　　(注)　基礎控除申告書、配偶者控除等申告書及び所得金額調整控除申告書は1枚の申告用紙になっています。

⑤　生命保険料、地震保険料、社会保険料及び小規模企業共済等掛金の控除に係る保険料控除申告書の受理と記載内容の検討

⑥　（特定増改築等）住宅借入金等特別控除申告書の受理と記載内容の検討

⑦　本年中の給与と徴収税額等の集計

○　令和3年4月1日以後、上記①から⑥の申告書を給与所得者が給与の支払者に提出する場合、次の要件を満たすときはその記載内容を電磁的方法により電子提出することができます。

(1)　給与所得者等が行う電磁的方法による記載事項の提供を適正に受けることができる措置を講じていること。

(2)　給与所得者等から電磁的方法により提供を受けた記載事項について、その提供をした給与所得者等を特定するための必要な措置を講じていること。

(3)　給与所得者等から電磁的方法により提供を受けた記載事項について、電子計算機の映像面への表示及び書面への出力をするための必要な措置を講じていること。

第4　年末調整の準備

一　扶養控除等（異動）申告書の記載事項の検討

ポイント

○　扶養控除、障害者控除、寡婦控除、ひとり親控除及び勤労学生控除の適用は、給与所得者から提出された扶養控除等（異動）申告書（以下「扶養控除等申告書」といいます。）の申告内容に基づいて控除します。

○　配偶者控除又は配偶者特別控除は、「配偶者控除等申告書」を提出することにより年末調整で控除を受けますので、年末調整の際には源泉控除対象配偶者について内容を検討する必要はありません。

　　ただし、その配偶者が同一生計配偶者（控除対象配偶者を含みます。）として同居特別障害者、特別障害者、一般の障害者等に該当する場合には、障害者控除の適用がありますので注意が必要です。

(注)　同一生計配偶者とは所得者と生計を一にする配偶者（青色申告者の事業専従者としてその青色申告者から給与の支払を受けている人や白色申告者の事業専従者となっている人（以下「青色事業専従者等」といいます。）を除きます。）のうち、合計所得金額が48万円以下の人をいいます。

○　年末調整の計算に当たっては、改めて申告書に記載された親族（青色事業専従者等を除きます。）が所得者と生計を一にしているかどうか、その年中の合計所得金額の見積額が48万円以下であるかどうか、記載漏れ等はないかなどを確認し、扶養親族を確定させなければなりません。

(注)　合計所得金額の計算において、給与所得から控除する所得金額調整控除については「子ども・特別障害者を有する者等の所得金額調整控除（子ども等）」及び「給与所得と年金所得の両方を有する者の所得金額調整控除（年金等）」の両方の調整控除を考慮する必要があります（113ページ、130ページ参照）。

○　非居住者である扶養親族が控除対象扶養親族として控除を受ける場合、その扶養親族が障害者控除を受ける場合、非居住者である同一生計配偶者が障害者控除を受ける場合には、「親族関係書類」及び「送金関係書類」が必要です。

○　具体的な手順としては、既に提出されている「給与所得者の扶養控除等申告書」を、いったん各人に返し、申告書の記載事項に誤りや漏れがないかどうかを検討してもらいます。次に、再提出してもらった申告書の内容を検討した上、源泉徴収簿の「扶養控除等の申告」欄の記載が正しいかどうかを確認し、補正を要するものについては補正します。

○　この申告書が給与の支払者に提出された時は、税務署に提出されたものとみなされます。また、特に提出を求められたとき以外は税務署へ提出する必要はありません。

○　この申告書の提出を受けた給与の支払者は、その申告書の提出期限の属する年の翌

第4　年末調整の準備

　年1月10日の翌日から7年間保存する必要があります。

○　「給与所得者の扶養控除等申告書」には、原則として受給者や源泉控除対象配偶者、又は同一生計配偶者、扶養親族のマイナンバーを記載することとされています（〔付録1〕2（282ページ）参照）。

扶養控除等申告書の記載のチェックポイント

共　通

　控除対象扶養親族に当たるかどうかについて、その年12月31日（年の中途で死亡した人については死亡の時）の現況で判定しているか。

「A　源泉控除対象配偶者」欄

　源泉控除対象配偶者として記載がある場合は、月々の給与等の源泉徴収税額の計算をする際に扶養親族等の数に1を加えて税額を計算しますが、年末調整では控除の対象となりません。

　なお、源泉控除対象配偶者とは、合計所得金額が900万円以下の居住者で、その居住者と生計を一にするもの（青色事業専従者等を除きます。）のうち、合計所得金額が95万円以下の人をいいます。

「B　控除対象扶養親族」欄

1　居住者である場合、年齢16歳以上（平成20年1月1日以前に生まれた人）の親族か。

　(注)　「年齢の計算に関する法律」は、ある人の年齢はその人の誕生日の前日の午後12時に1歳加算すると規定していますので、平成20年1月1日に生まれた人は誕生日の前日である令和5年12月31日の午後12時に16歳になります。

2　非居住者である場合、次に掲げる親族か。

　(注)　非居住者とは、国内に住所又は現在まで引き続いて1年以上の居所を有しない人をいいます。

　(1)　年齢16歳以上30歳未満の人（平成6年1月2日から平成20年1月1日までの間に生まれた人）

　(2)　年齢70歳以上の人（昭和29年1月1日以前に生まれた人）

　(3)　年齢30歳以上70歳未満（昭和29年1月2日から平成6年1月1日までの間に生まれた人）のうち、次のいずれかに該当する人か。

　　イ　留学により国内に住所及び居所を有しなくなった人

　　ロ　障害者

　　ハ　所得者からその年において生活費又は教育費に充てるための支払を38万円以上受け

— 92 —

ている人

3 所得者と生計を一にしているか。

勤務等の都合上、日常の起居を共にしていない場合、常に生活費等の送金を受けている
などの事実があるか。

4 その年中の合計所得金額の見積額が48万円以下か。

5 「老人扶養親族」

(1) 「同居老親等」

老人扶養親族（年齢70歳以上（昭和29年1月1日以前に生まれた人））のうち、所得
者又はその配偶者の直系尊属（父母、祖父母など）で所得者又はその配偶者との同居を
常況としている人。

(2) 「その他」

同居老親等以外の老人扶養親族

6 「特定扶養親族」

年齢19歳以上23歳未満（平成13年1月2日から平成17年1月1日までの間に生まれた
人）の人。

7 「非居住者である親族」及び「生計を一にする事実」

控除対象扶養親族が非居住者である場合、「非居住者である親族」の区分に応じて、そ
の非居住者の年齢が16歳以上30歳未満（平成6年1月2日から平成20年1月1日までの間
に生まれた人）又は70歳以上（昭和29年1月1日以前に生まれた人）であるときは「16歳
以上30歳未満又は70歳以上」欄に、その非居住者の年齢が30歳以上70歳未満（昭和29年1
月2日から平成6年1月1日までの間に生まれた人）であるときは、「留学」、「障害者」
又は「38万円以上の支払」の該当欄にチェックされているか。

「生計を一にする事実」には、年末調整時にその親族に送金等をした金額の合計額が記
載されているか。

「C 障害者、寡婦、ひとり親又は勤労学生」欄

1 「障害者、寡婦、ひとり親又は勤労学生」

該当する項目及び欄にチェックされているか。

障害者は所得者本人、同一生計配偶者（控除対象配偶者を含みます。）又は扶養親族を
対象とし、寡婦、ひとり親又は勤労学生は所得者本人のみが対象となります。

(注) 同一生計配偶者又は扶養親族とは、居住者の合計所得金額にかかわらず、その居住者と生
計を一にする配偶者又は扶養親族（16未満の扶養親族を含みます。）のうち、合計所得金額が
48万円以下の人をいいます。

2 「障害者又は勤労学生の内容」

第4　年末調整の準備

(1)　障害者（特別障害者）の場合……障害の状態又は交付を受けている手帳等の種類、交付年月日、障害の程度（障害の等級）などの障害者に該当する事実の記載はあるか。

　　所得者以外の人が障害者である場合には、その氏名等が記載されているか。

(2)　勤労学生の場合……学校名・入学年月日、本年中の所得の種類と見積額が記載されているか。各種学校の生徒等については、証明書の添付はあるか。

(注)　寡婦及びひとり親の場合は該当する事実を記載する必要はありません。

　本年の中途において、扶養控除等申告書の記載内容について異動があった場合には、異動申告をさせる必要があります（所法194①②）。

　異動申告を要する場合の主なものは、次のとおりです。

①　本年中に子が就職したことなどにより、控除対象扶養親族の数が減少した場合

②　本年中に本人が障害者、寡婦、ひとり親若しくは勤労学生等に該当することとなった場合又は障害者、寡婦、ひとり親若しくは勤労学生等に該当しなくなった場合、あるいは同一生計配偶者又は扶養親族のうち障害者に該当することとなった人がある場合

③　同一生計配偶者又は控除対象扶養親族に該当していた人が、本年の中途において、生計を一にしないこととなったり、あるいはその人のその年中の所得金額が控除の対象とすることができる範囲の金額を超えることとなったため、これらに該当しないこととなった場合

④　親族の本年分の所得金額の見積額が、控除の対象とすることができる範囲の金額を超えるものと見込まれたため、扶養控除等申告書に控除対象者として記載しなかった場合で、その親族の本年分の所得金額が控除の対象とすることができる範囲の金額であることとなったため、控除の対象とすることができることとなった場合

【参　考】　住民税に関する事項

　個人住民税における非課税制度（地法24の5、295）の適用について、扶養親族の数が判定要件に含まれますので、本年中に子の出生等により16歳未満の扶養親族が増加することとなった場合には「16歳未満の扶養親族」欄に記載します。なお、国外に居住する16歳未満の扶養親族である場合には、「控除対象外国外扶養親族」欄に「○」印を付します。

　また、本年中に退職手当等の支払を受けたことにより年末調整において控除対象とされない配偶者（退職所得を除く合計所得金額が133万円以下である人に限ります。）又は扶養親族であっても、住民税における扶養親族等を判定する合計所得金額に退職所得は含まれませんので「退職手当等を有する配偶者・扶養親族」欄に所要事項を記載します。

　「寡婦又はひとり親」欄は、退職所得を除く合計所得金額が48万円以下となる扶養親族を有することにより、寡婦又はひとり親に該当する場合にチェックを付します。

第4　年末調整の準備

令和5年分 給与所得者の扶養控除等（異動）申告書

第4　年末調整の準備

1　扶 養 控 除

(1)　扶 養 控 除 額

　所得者が控除対象扶養親族を有する場合には、その所得者の所得金額から次の区分に応じ、1人につき次の金額を控除します（所法84、措法41の16）。

区　　　　　　　　　分		控　除　額
一般の控除対象扶養親族		380,000円
特 定 扶 養 親 族		630,000円
老 人 扶 養 親 族	同居老親等以外の人	480,000円
	同 居 老 親 等	580,000円

(2)　扶 養 親 族 と は

①　扶 養 親 族 と は

　「扶養親族」とは、所得者と生計を一にする配偶者以外の親族又は児童福祉法の規定により里親に委託された児童（原則として、年齢が18歳未満の人に限られます。）及び老人福祉法の規定により養護受託者に委託された老人（原則として、年齢が65歳以上の人に限られます。）で、本年中の合計所得金額が48万円以下の人をいいます（所法2①三十四、194④、所基通2－49）。

　なお、非居住者である扶養親族を「国外居住親族」といいます。

　(注)1　「生計を一にする」については、110ページを参照してください。
　　　2　合計所得金額については、110ページを参照してください。
　　　3　青色事業専従者として給与の支払を受ける人及び白色事業専従者は扶養親族となりません。

　また、扶養親族であるかどうかの判定は、その年の12月31日（年の中途で死亡した人については死亡時）の現況によることになっています（所法85）。

— 96 —

第4　年末調整の準備

② 親族とは

「親族」とは、民法の規定に従って6親等内の血族及び3親等内の姻族をいい、姻族とは自己の配偶者の血族及び自己の血族の配偶者をいいます（民法725）（次の「親族表」を参照してください。）。

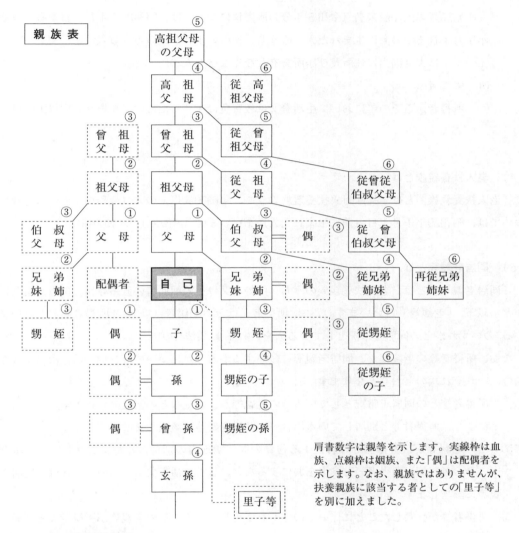

(3) 控除対象扶養親族とは

扶養控除の対象となる「控除対象扶養親族」とは、扶養親族のうち、次に掲げる人をいいます（所法②三十四の二）。

① 居住者のうち、年齢16歳以上の人（令和5年分の所得税については、平成20年1月1日以前に生まれた人）

② 非居住者のうち、次に掲げる人（以下「国外居住扶養親族」といいます。）

　(注) （9）に掲げる親族関係書類等の添付等が必要です。

イ　年齢16歳以上30歳未満の人（令和5年分の所得税については、平成6年1月2日から平成20年1月1日までの間に生まれた人）

ロ　年齢70歳以上の人（令和5年分の所得税については、昭和29年1月1日以前に生まれた人）

ハ　年齢30歳以上70歳未満（令和5年分の所得税については、昭和29年1月2日から平成6年1月1日までの間に生まれた人）のうち、次のいずれかに該当する人

　(イ)　留学により国内に住所及び居所を有しなくなった人

　(ロ)　障害者

　(ハ)　所得者からその年において生活費又は教育費に充てるための支払を38万円以上受けている人

（4）　老人扶養親族とは

　「老人扶養親族」とは、控除対象扶養親族のうち、年齢70歳以上の人（令和5年分の所得税については、昭和29年1月1日以前に生まれた人）をいいます（所法2①三十四の四）。

（5）　同居老親等とは

　「同居老親等」とは、老人扶養親族のうち、所得者又はその配偶者の直系尊属（父母、祖父母など（以下、「老親等」といいます。））で、所得者又はその配偶者（以下、「所得者等」といいます。）のいずれかとの同居を常況としている人をいいます（措法41の16①）。

　なお、所得者等の老親等が、同居老親等に該当するかどうかについては、例えば、次のような場合、それぞれ次のとおりとなります。

①　所得者等との同居を常況としているその老親等が、病気などの治療のため入院していることにより、所得者等と別居している場合……同居老親等に該当します。

②　その老親等が、所得者等の居住する建物の同一敷地内の別棟の建物に居住している場合……その老親等が所得者等と食事を共にするなど、日常生活を共にしているときは、同居老親等に該当します。

③　所得者等が転勤したことに伴いその住所を変更したため、その老親等が所得者等と別居している場合……同居老親等に該当しません。

（6）　特定扶養親族とは

　「特定扶養親族」とは、控除対象扶養親族のうち、年齢19歳以上23歳未満の人（令和5年分の所得税については、平成13年1月2日から平成17年1月1日までの間に生まれた人）をいいます（所法2①三十四の三）。

第4　年末調整の準備

（7）　同一世帯に所得者が2人以上いる場合

　同一世帯に所得者が2人以上いる場合には、その世帯内の控除対象扶養親族を分けて申告しても差し支えありませんが、1人の控除対象扶養親族を2人以上の所得者が重複して申告することはできません（所法85⑤、所令219）。

　なお、いずれの所得者の控除対象扶養親族とするかは、その所得者が提出した「給与所得者の扶養控除等申告書」の「B　控除対象扶養親族」欄に記載されたところによりますが、他の所得者の控除対象扶養親族とした扶養親族はこの申告書の「D　他の所得者が控除を受ける扶養親族等」欄に記入します。

（8）　所得者が死亡した場合等の控除対象扶養親族等の移替え

　年の中途において死亡し又は出国をした所得者の控除対象扶養親族として控除された人であっても、その後その年中において相続人等他の所得者の控除対象扶養親族にも該当する人については、所定の手続を経て、その他の所得者が自分の控除対象配偶者又は控除対象扶養親族として控除することができます（所基通83～84－1）。

（9）　国外居住扶養親族に係る親族関係書類等の添付等

　国外居住親族について控除対象扶養親族の適用を受ける場合には、扶養控除等申告書に次の「親族関係書類」及び「送金関係書類」を添付又は提示（以下「添付等」といいます。）し、さらに留学の場合は「留学ビザ等書類」を併せて添付等することとされています。

　また、38万円以上の送金の場合は送金関係書類のうちその人への支払額が38万円以上であることを明らかにする書類（以下「38万円送金書類」といいます。）を添付等することとされています（所法194、所令262④、316の2）。

　また、親族関係書類、留学ビザ等書類、送金関係書類又は38万円送金書類が外国語により作成されている場合には、訳文を添付等することとされています。

　(注)　非居住者とは、国内に住所又は現在まで引き続いて1年以上の居所を有しない者をいいます。

　非居住者である次の親族等で所得者の控除対象とされた者についても「親族関係書類」及び「送金関係書類」の添付等をすることとされています。

　a　国外居住障害者　障害者控除の対象とされた者

　b　国外居住配偶者　配偶者控除又は配偶者特別控除の対象とされた配偶者

　c　国外居住扶養親族　控除対象扶養親族とされた者

第4　年末調整の準備

国外居住扶養親族の適用を受けるために必要な書類

		扶養控除等申告書の提出時	年末調整時
年齢16歳以上30歳未満の人又は70歳以上		親族関係書類	送金関係書類
年齢30歳以上70歳未満	(イ) 留学により国内に住所及び居所を有しなくなった人	親族関係書類及び留学ビザ等書類	送金関係書類
	(ロ) 障害者	親族関係書類	送金関係書類
	(ハ) 所得者からその年において生活費又は教育費に充てるための支払を38万円以上受けている人	親族関係書類	38万円送金関係書類

① **親 族 関 係 書 類**

　イ　親族関係書類とは、次のいずれかの書類をいいます（所規73の2②一）。

　(イ)　戸籍の附票の写しその他国又は地方公共団体が発行した書類でその非居住者がその居住者の親族であることを証するもの及びその親族の旅券の写し

　(ロ)　外国政府又は外国の地方公共団体が発行した書類で、その非居住者がその居住者の親族であることを証するもの（その親族の氏名、住所及び生年月日の記載があるものに限ります。）

　ハ　具体的な取扱い

　(イ)　日本国籍を有する国外居住親族

　　　社員の子が長期留学等により非居住者となった場合など、その国外居住親族が日本国籍を有しているときは、戸籍の附票の写しなどの親子関係を証明する書類とその子の旅券の写しが親族関係書類となります。

　(ロ)　外国人社員の国外居住親族

　　　外国政府等が発行した戸籍謄本、出生証明書、婚姻証明書等によりその社員の親族であることを確認することになりますが、複数の関係書類によらなければ親族関係を証明できないこともあります。

　(ハ)　非居住者である年少扶養親族

　　　年齢16歳未満の年少扶養親族は、控除対象扶養親族とはされませんので、非居住者である年少扶養親族が同居特別障害者、特別障害者又は一般の障害者控除の適用を受ける場合を除き、親族関係書類の添付等は必要ありません。

② **留学ビザ等書類**

　留学ビザ等書類とは、外国政府又は外国の地方公共団体が発行した次の書類で、その非居住者が外国における留学の在留資格に相当する資格をもってその外国に在留することにより国内に住所及び居所を有しなくなったことを証する次のいずれかの書類をいいます（所規74の2②二）。

— 100 —

第4　年末調整の準備

　イ　外国における査証（ビザ）に類する書類の写し

　ロ　外国における在留カードに相当する書類の写し

③　送金関係書類

　イ　送金関係書類とは、その年において所得者と生計が一であることを明らかにする次の(イ)又は(ロ)の書類で、その非居住者である親族の生活費又は教育費に充てるためのその所得者からの支払が、必要の都度、行われたことを明らかにするものをいいます（所規73の2③）。

　(イ)　金融機関（資金決済に関する法律第2条第3項に規定する資金移動業者を含みます。）が行う為替取引により、その所得者からその親族へ向けた支払が行われたことを明らかにする書類

　(ロ)　いわゆるクレジットカード発行会社が交付したカードを提示して、その親族等が商品等を購入したこと及びその商品等の購入代金に相当する額をその居住者から受領したことを明らかにする書類

　ロ　留意事項

　(イ)　国外居住親族が配偶者と子の場合、配偶者にまとめて生活費や教育費を送金等しているときは、その送金関係書類は配偶者にのみ有効な送金関係書類となりますので、子に対する送金関係資料が別に必要となります（所基通120−8、194〜198共−3）。

　(ロ)　送金関係書類は、原則としてその年に送金したすべての資料を添付等しますが、その年に同一の国外居住親族に3回以上送金した場合には、次の明細書を提出し、最初と最後の支払に係る送金関係書類を添付等し、添付等しなかった送金関係書類はその居住者が保管することとして差し支えありません（所基通120−9、194〜198共−3）。

　　A　居住者の氏名及び住所

　　B　支払を受けた国外居住親族の氏名

　　C　支払日

　　（注）　支払日とは、金融機関については所得者が非居住者に金銭を送付した日、クレジットカード等については販売会社等にクレジットカード等を提示又は通知した日をいいます。

　　D　支払方法（上記イの(イ)又は(ロ)のいずれの支払方法によるかの区分）

　　E　支払額

④　38万円以上送金書類

　上記③の送金関係書類のうち、所得者からその国外居住親族への支払の金額の合計額が38万円以上であることを明らかにする書類をいいます（所規74の2④）。

　同一の国外居住親族に3回以上の送金をした場合は、上記③ロ(ロ)の取扱いを適用できますが、最初と最後の支払金額の合計額が38万円未満であるときは、明細書に加えて支払金額の合計額が38万円以上であることを明らかにする送金関係書類を添付等することとされています（所基通194〜198共−3、120−6〜9）。

— 101 —

第4　年末調整の準備

　また、38万円以上の送金であるかどうかは、次のように判定します。

イ　金融機関が行う為替取引の場合

　(イ)　その支払は、所得者が生活費又は教育費に充てるための金銭の送金をした日に行われたものとされます。

　(ロ)　送金関係書類に送金手数料等の手数料の額が記載されている場合には、これらの送金手数料を含めて差支えありません。

　(ハ)　その支払が外貨で行われる場合には、その所得者が送金した金融機関の送金した日におけるその外国通貨に係る対顧客直物電信売相場と対顧客直物電信買相場の仲値（以下「電信売買相場の仲値」といいます。）により本邦通貨に換算します。ただし、本邦通貨により外国通貨を購入し直ちに送金するときは、現に支出した本邦通貨の額を円換算額とすることができます。

ロ　クレジットカード等を利用する場合

　(イ)　その支払は、クレジットカード等を利用した日に行われたものとされます。

　(ロ)　そのクレジットカード等の利用が外国通貨で決済された場合には、そのクレジットカード等の利用した日における電信売買相場の仲値により本邦通貨に換算します。ただし、その外国通貨で決済されたものについて本邦通貨で表示される預貯金の口座から引き落として支払われるときは、現に支出した本邦通貨の額を円換算額とすることができます。

　(注)　1　邦貨換算については、その支払を受ける金額の合計額につき、その年最後の支払の日の電信売買相場の仲値又はその最後の支払に係る実際に適用された外国為替の売相場により一括して換算した金額によることもできます。

　　　　2　電信売買相場の仲値は、原則として、その支払に係る金融機関のものによりますが、その所得者の主たる取引金融機関のものなど合理的なものを継続して使用している場合にはこれによることができます。

2　障　害　者　控　除

（1）　障害者控除額

　所得者自身又はその同一生計配偶者（控除対象配偶者を含みます。）や扶養親族（年齢16才未満の年少扶養親族を含みます。）が障害者に該当する場合には、その所得者の所得金額から次の区分に応じ、1人につき次の金額を控除します（所法79）。

　なお、所得者が控除対象配偶者又は控除対象扶養親族の対象とした人が障害者に該当する場合、これらの人を対象とした障害者控除はその所得者のみが適用を受けることができます（所基通79−1）。

第4　年末調整の準備

区　　分	本　人	控除対象配偶者又は扶養親族
一般の障害者	270,000円	
特別障害者	400,000円	
同居特別障害者		750,000円

（2）　障害者（特別障害者）とは

　障害者控除の対象となる「障害者」とは、所得者自身又はその同一生計配偶者（控除対象配偶者を含みます。）や扶養親族（年少扶養親族を含みます。）で、本年12月31日（年の中途で死亡した人については、死亡の時）の現況において、次のいずれかに該当する人をいいます（所法2①二十八、二十九、85、所令10）。

区　　　　分	特　別　障　害　者	一般の障害者
①　精神上の障害により事理を弁識する能力を欠く常況にある人	全て特別障害者になります	
②　児童相談所、知的障害者更生相談所、精神保健福祉センター又は精神保健指定医の判定により知的障害者とされた人	重度の知的障害者とされた人	その他の人
③　精神保健及び精神障害者福祉に関する法律の規定により「精神障害者保健福祉手帳」の交付を受けている人	障害等級が1級であるとされた人	その他の人
④　身体障害者福祉法の規定により「身体障害者手帳」に身体上の障害がある者として記載されている人	障害の程度が1級又は2級であるとされた人	その他の人
⑤　戦傷病者特別援護法の規定により「戦傷病者手帳」の交付を受けている人	障害の程度が恩給法別表第1号表ノ2の特別項症から第三項症までであるとされた人	その他の人
⑥　原子爆弾被爆者に対する援護に関する法律第11条第1項の規定による厚生労働大臣の認定を受けている人	全て特別障害者になります	
⑦　常に就床を要し、複雑な介護を要する人	全て特別障害者になります	
⑧　精神又は身体に障害のある年齢65歳以上の人で、その障害の程度が①、②又は④に掲げる人に準ずるものとして市町村長等の認定を受けている人	①、②及び④に準じて判定します	

（3）　同居特別障害者とは

　「同居特別障害者」とは、所得者の同一生計配偶者（控除対象配偶者を含みます。）又は扶養

第4　年末調整の準備

親族（年少扶養親族を含みます。）が特別障害者で、所得者、所得者の配偶者又は所得者と生計を一にするその他の親族のいずれかとの同居を常況としている人をいいます（所法79③）。

(注)　病気の治療のための1年以上入院している人であっても、同居に該当するものとして取り扱って差し支えありません。

　　　ただし、老人ホームなどへ入所している場合には、その老人ホームが居所となりますので同居しているとはいえません。

(4)　常に就床を要し、複雑な介護を要する人とは

　「常に就床を要し、複雑な介護を要する人」とは、障害者であるかどうかを判定すべき時（その年の12月31日又は死亡時）の現況において、引き続き6か月以上にわたり身体の障害により就床を要し、介護を受けなければ自ら排便等をすることができない程度の状態にあると認められる人をいいます（所基通2-39）。

(5)　障害者として取り扱うことができる人

　年末調整を行うときまでに身体障害者手帳や戦傷病者手帳の交付を受けていない人であっても、現にこれらの手帳の交付を申請中の人又はこれらの手帳の交付を受けるための身体障害者福祉法第15条第1項《身体障害者手帳》若しくは戦傷病者特別援護法施行規則第1条第4号《手帳の交付の請求》に規定する医師の診断書を持っている人で、年末調整を行う時点において、明らかにこれらの手帳の交付が受けられる程度の障害があると認められる人については、その障害の程度に応じ、一般の障害者又は特別障害者として取り扱ってよいことになっています（所基通2-38）。

(6)　国外居住障害者に係る親族関係書類等の添付等

　非居住者である同一生計配偶者又は扶養親族が同居特別障害者、特別障害者又は一般の障害者に該当する場合には、扶養控除等申告書に親族関係書類等及び送金関係書類の添付等が必要となりますので前記1(9)（99ページ）を参考にしてください。

　ただし、その人が控除対象配偶者、配偶者特別控除又は控除対象扶養親族の対象者として、既にこれらの書類の添付等をしている場合は必要ありません。

3　寡　婦　控　除

(1)　寡　婦　控　除　額

　所得者自身が寡婦に該当する場合には、27万円を所得金額から控除します（所法80）。

(2)　寡　婦　と　は

　寡婦控除の対象となる「寡婦」とは、所得者自身が本年12月31日（本年の中途で死亡した人に

第4　年末調整の準備

ついては、死亡の時）の現況において、次に該当する人をいいます（所法2①三十、85①、所令11、所規1の3）。

> （注）　年の中途で夫と死別した妻でその年において寡婦に該当するものは、たとえその者が死別した夫につき配偶者控除の規定の適用を受ける場合であっても、寡婦控除の適用があります（所基通80－1）。

① 夫と離婚した後婚姻をしていない者のうち、次に掲げる要件を満たすもの

イ 扶養親族を有すること。

ロ 合計所得金額が500万円以下であること。

ハ その者と事実上婚姻関係と同様の事情にあると認められる者がいないこと。

② 夫と死別した後婚姻をしていない者又は夫の生死の明らかでない一定の者のうち、次に掲げる要件を満たすもの

イ 合計所得金額が500万円以下であること。

ロ その者と事実上婚姻関係と同様の事情にあると認められる者がいないこと。

（3）　非事実婚要件

非事実婚要件とされる上記の「その者と事実上婚姻関係と同様の事情にあると認められる者がいないこと」とは、次に掲げる者をいいます。

① その者が住民票に世帯主と記載されている者である場合には、その者と同一の世帯に属する者の住民票に世帯主との続柄が世帯主の未届の夫である旨その他の世帯主と事実上婚姻関係と同様の事情にあると認められる続柄である旨の記載がされた者

② その者が住民票に世帯主と記載されている者でない場合には、その者の住民票に世帯主との続柄が世帯主の未届の夫である旨その他の世帯主と事実上婚姻関係と同様の事情にあると認められる続柄である旨の記載がされているときのその世帯主

（4）　夫の生死が明らかでない人

「夫の生死が明らかでない人」とは、次に掲げる人の妻をいいます（所令11①、11の2①）。

① 太平洋戦争の終結の当時、もとの陸海軍に属していた人で、まだ国内に帰らない人

② 上記①に掲げた人以外の人で、太平洋戦争の終結の当時国外にあってまだ国内に帰らず、かつ、その帰らないことについて上記①と同様の事情があると認められる人

③ 船舶や航空機が沈没したり墜落したり行方不明となった際に現にその船舶や航空機に乗っていた人又は船舶や航空機に乗っていてその航行中に行方不明となった人で、3か月以上その生死が明らかでない人

④ 上記③に掲げた人以外の人で、死亡の原因となるべき危難に遭遇した人のうち、その危難が去った後1年以上その生死が明らかでない人

⑤ 上記①から④までに掲げた人のほか、3年以上その生死が明らかでない人

— 105 —

第4　年末調整の準備

(5)　生死が明らかでない人の範囲

　上記(4)の③又は④に掲げた危難に遭遇した人で、同一の危難に遭遇した人について既に死亡が確認されているなど、その危難の状況からみて生存していることが期待できないと認められるものについては、その危難があった時からその妻は寡婦に該当するものとしてよいことになっています。この場合において、後日その人の生存が確認されたときにおいても、その確認された日前の寡婦の判定については訂正を要しません（所基通2－42）。

　ただし、寡婦に該当するかどうかは、その年の12月31日（年の中途で死亡した人については死亡時）の現況によることになっていますので、例えば、1月に事故が発生し夫の生死が不明であった場合でも12月31日に至って夫又は妻の生存が確認されたときのように、その判定時において前述の要件を欠いている場合には、寡婦に該当しないことになります。

4　ひとり親控除

(1)　ひとり親控除額

　所得者自身がひとり親に該当する場合には、35万円を所得金額から控除します（所法81）。

(2)　ひとり親とは

　ひとり親控除の対象となる「ひとり親」とは、所得者自身が本年12月31日（年の中途で死亡した人については、死亡の時）の現況において、現に婚姻をしていない者又は配偶者の生死の明らかでない一定の者のうち、次に該当する人をいいます（所法2①三十一、85①、所令11の2、所規1の4）。

- **(注)**　年の中途で夫又は妻と死別した妻又は夫でその年においてひとり親に該当するものは、たとえその者が死別した夫又は妻につき配偶者控除の規定の適用を受ける場合であっても、ひとり親控除の適用があります（所基通81－1）。

- ①　その者と生計を一にする子（他の者の同一生計配偶者又は扶養親族とされている者を除き、その年分の総所得金額、退職所得金額及び山林所得金額の合計額が48万円以下のものに限ります。）を有すること。
- ②　合計所得金額が500万円以下であること。
- ③　その者と事実上婚姻関係と同様の事情にあると認められる者がいないこと（非事実婚要件）。

(3)　非事実婚要件

　非事実婚要件とされる上記の「その者と事実上婚姻関係と同様の事情にあると認められる者がいないこと」とは、次に掲げる者をいいます。

- ①　その者が住民票に世帯主と記載されている者である場合には、その者と同一の世帯に属す

第4　年末調整の準備

る者の住民票に世帯主との続柄が世帯主の未届の夫又は未届の妻である旨その他の世帯主と事実上婚姻関係と同様の事情にあると認められる続柄である旨の記載がされた者

②　その者が住民票に世帯主と記載されている者でない場合には、その者の住民票に世帯主との続柄が世帯主の未届の夫又は未届の妻である旨その他の世帯主と事実上婚姻関係と同様の事情にあると認められる続柄である旨の記載がされているときのその世帯主

（4）　配偶者の生死が明らかでない人

「配偶者の生死が明らかでない人」とは、上記3（4）及び（5）を参照してください。

5　勤労学生控除

（1）　勤労学生控除額

所得者自身が勤労学生に該当する場合には、所得金額から27万円を控除します（所法82）。

（2）　勤労学生とは

勤労学生控除の対象となる「勤労学生」とは、本年12月31日（本年の中途で死亡した人については、死亡の時）の現況において、次に掲げる要件のいずれにも該当する人をいいます（所法2①三十二、85①、所令11の3）。

①　学校についての要件

勤労学生に該当するためには、次の学校等のうちいずれかの学生、生徒、児童又は訓練生でなければなりません。

イ　学校教育法第1条《学校の範囲》に規定する大学、高等専門学校、中等教育学校、高等学校、義務教育学校、中学校、小学校又は特別支援学校

ロ　国、地方公共団体又は私立学校法第3条《定義》に規定する学校法人、同法第64条第4項《私立専修学校及び私立各種学校》の規定により設立された法人（準学校法人）若しくは独立行政法人国立病院機構、独立行政法人労働者健康安全機構、日本赤十字社、商工会議所、健康保険組合、健康保険組合連合会、国民健康保険団体連合会、国家公務員共済組合連合会、社会福祉法人、宗教法人、一般社団法人及び一般財団法人並びに農業協同組合法第10条第1項第11号に掲げる事業を行う農業協同組合連合会及び医療法人が設置した学校教育法第124条《専修学校》に規定する専修学校又は同法第134条第1項《各種学校》に規定する各種学校で、一定の条件に該当する課程を履修させるもの

ハ　認定職業訓練を行う職業訓練法人で、一定の条件に該当する課程を履修させるもの

（注）　上記ロ及びハにおける「一定の条件に該当する課程」とは、次の課程のいずれの区分に属するかに応じ、それぞれに掲げる事項に該当する課程をいいます（所令11の3②）。

— 107 —

第4　年末調整の準備

(1)　学校教育法第124条《専修学校》に規定する専修学校の同法第125条第1項《専修学校の課程》
に規定する高等課程及び専門課程

①　職業に必要な技術の教授をすること

②　その修業期間が1年以上であること

③　その1年の授業時間数が800時間以上であること（夜間その他特別な時間において授業を
行う場合にはその1年の授業時間数が450時間以上であり、かつ、その修業期間を通ずる授業
時間数が800時間以上であること）

④　その授業が年2回を超えない一定の時期に開始され、かつ、その終期が明確に定められて
いること

(2)　上記(1)に掲げる課程以外の課程

①　上記(1)の①及び④に掲げる事項

②　その修業期間(普通科、専攻科その他これらに類する区別された課程があり、それぞれの
修業期間が1年以上であって、一の課程に他の課程が継続する場合には、これらの課程の修
業期間を通算した期間）が2年以上であること

③　その1年の授業時間数(普通科、専攻科その他これらに類する区別された課程がある場合
には、それぞれの課程の授業時間数）が680時間以上であること

② **所得の種類についての要件**

　勤労学生控除を受けようとする人は、自己の勤労に基づいて得た事業所得、給与所得、退職所
得又は雑所得（以下、これらを「給与所得等」といいます。）のいずれかを有する人でなければな
りません。

　したがって、自己の勤労に基づいて得た所得ではない配当所得、不動産所得等だけを有する人
は、勤労学生控除を受けることはできません。

③ **所得金額についての要件**

　勤労学生控除を受けようとする人は、合計所得金額が75万円以下であり、かつ、合計所得金額
のうち、給与所得等以外の所得に係る部分の金額が10万円以下でなければなりません。

　したがって、給与所得だけの場合は、給与の収入金額が130万円以下であればよいことになりま
す。

　(注)　合計所得金額の意味については、110ページを参照して下さい。

（3）　各種学校等の生徒である場合の手続

　各種学校等の生徒が勤労学生控除を受けるためには、扶養控除等申告書にその控除に関する事
項を記載するとともに、前記(2)①ロ及びハの専修学校、各種学校又はいわゆる職業訓練学校の
生徒等の場合には、次に掲げる書類を申告書に添付しなければなりません(所法194③、所令316の
2、所規47の2④、73の2)。

①　その各種学校等の課程が所定の条件に該当するものである旨を文部科学大臣又は厚生労働
大臣が証する書類の写しとしてその各種学校等の長から交付を受けたもの

②　その人が所定の条件に該当する課程を履修する生徒である旨をその各種学校等の長が証す
る書類

— 108 —

第4　年末調整の準備

したがって、給与の支払者としては、申告書への記載の有無と、文部科学大臣等の証明書の写し及び学校長等の証明書の添付の有無によって判断すればよいことになり、その学校が所定の要件に該当する課程を設置しているかどうかの判定は、直接には必要がないということになります。

以上により勤労学生控除の対象となる勤労学生に該当するかどうかの判定は、その年の12月31日（年の中途で死亡した人については死亡時）の現況によることになっていますので、その判定すべきときにおいて先の要件を欠いている場合には、その年分の所得については、勤労学生控除は受けられないことになります（所法85①）。

6　障害者、寡婦及び勤労学生の諸控除の関係

(1)　障害者控除は、所得者自身が障害者である場合のほか所得者の同一生計配偶者又は扶養親族が障害者である場合にも適用がありますが、寡婦控除、ひとり親控除及び勤労学生控除は所得者自身がこれらに該当する場合に限り適用があります（所法79〜82）。

　　ここでいう扶養親族とは、扶養控除の対象とはならない年齢16歳未満の扶養親族（年少扶養親族）も含まれます。

(2)　「障害者であり、勤労学生である場合」、「寡婦又はひとり親であり、勤労学生である場合」、「障害者であり、寡婦又はひとり親である場合」には、いずれも重複して控除が受けられ、また、「障害者であり、寡婦又はひとり親であり、勤労学生である場合」には、三種類全ての控除が受けられることになります。

7　判定の時期

所得者の同一生計配偶者又は扶養親族が障害者に該当するかどうか、特定扶養親族、老人扶養親族、その他の控除対象扶養控除又はその他の扶養親族に該当するかどうかは、その年の12月31日（年の中途で死亡した場合には、その死亡の時）の現況によることとされています（所法85②③）。

また、所得者が障害者、寡婦、ひとり親又は勤労学生に該当するかどうかは、その年の12月31日（年の中途で死亡し又は出国をする場合には、その死亡又は出国の時）の現況によることとされています（所法85①）。

年の中途で死亡し又は出国をした所得者の親族が控除対象扶養親族の対象となる親族であるかどうかについて、居住者と生計を一にしていたかどうかはその死亡又は出国の時の現況により、合計所得金額は死亡又は出国の時の現況により見積もったその年1月1日から12月31日までの見積額によります（所法85①、所基通85－1）。

　(注)　年の中途で死亡し又は出国をした所得者の控除対象扶養親族とされた者であっても、その後その年中において相続人等他の所得者の控除対象配偶者又は生計を一にする配偶者又は控除対象扶

— 109 —

第4　年末調整の準備

養親族にも該当する場合には、その所得者が自己の控除対象配偶者、生計を一にする配偶者又は控除対象扶養親族として控除することができます（所基通83〜84−1）。

8　「生計を一にする」とは

控除対象配偶者及び扶養親族の判定をする場合、「**生計を一にする**」ということが条件の一つとされていますが、「生計を一にする」とは、必ずしも同一の家屋に起居していることをいうものではありません。例えば、勤務、修学、療養等の都合上他の親族と日常の起居を共にしていない場合であっても、常に生活費、学資金、療養費等の送金が行われている場合や、勤務、修学等の余暇には家に帰って起居を共にすることを常例としている場合には、生計を一にするものとされます。

また、親族が同一の家屋に起居している場合には、明らかに互いに独立した生活を営んでいると認められる場合を除き、これらの親族は生計を一にするものとして取り扱われます（所基通2−47）。

（注）　国外扶養親族については、生計を一にすることを明らかにする書類として送金関係書類の添付等を行うこととされています（所規73の2③）。

9　合計所得金額

（1）　合計所得金額とは

合計所得金額とは、次の金額の合計額をいいます（所法2①三十イ、措法8の4③、31③一、32④、37の10⑥一、37の11⑥、37の12の2④⑧、37の13の2⑨、41の5⑫一、41の5の2⑫一、41の14②一、41の15④、所基通2−41）。

①　純損失又は雑損失の繰越控除、居住用財産の買換え等の場合の譲渡損失の繰越控除及び特定居住用財産の譲渡損失の繰越控除を適用しないで計算した総所得金額

②　上場株式等に係る配当所得等について、申告分離課税の適用を受けることとした場合のその配当所得等の金額（上場株式等に係る譲渡損失の損益通算の適用がある場合には、その適用後の金額及び上場株式等に係る譲渡損失の繰越控除の適用がある場合には、その適用前の金額）

③　土地・建物等の譲渡所得の金額（長期譲渡所得の金額（特別控除前）と短期譲渡所得の金額（特別控除前））

④　一般株式等に係る譲渡所得等の金額（特定投資株式に係る譲渡損失の繰越控除の適用がある場合には、その適用前の金額）又は上場株式等に係る譲渡所得等の金額（上場株式等に係る譲渡損失の繰越控除又は特定投資株式に係る譲渡損失の繰越控除等の適用がある場合には、その適用前の金額）

⑤　先物取引に係る雑所得等の金額（先物取引の差金等決済に係る損失の繰越控除の適用がある場合には、その適用前の金額）

第4　年末調整の準備

⑥　退職所得金額

⑦　山林所得金額

（2）　合計所得金額に含まないもの

　控除対象配偶者等に該当するかどうかを判定するに当たっての合計所得金額には、非課税とされる所得のほか、租税特別措置法の規定によって分離課税とされ、あるいは確定申告をしないことを選択した、次のような所得は含まれません（措通3－1、3の3－16、8の2－2、8の3－1、41の9－4、41の10・41の12共－1、措通（譲）37の11の5－1）。

1　利子所得のうち、次のもの

（1）　源泉分離課税とされるもの

　イ　次の一般利子等

　　(イ)　特定公社債以外の公社債等の利子（同族会社が発行した特定個人等が支払を受ける利子、国外公社債の利子及び源泉徴収の対象とされないものを除きます。）

　　(ロ)　預貯金の利子

　　(ハ)　合同運用信託の収益の分配及び私募による公社債投資信託の収益の分配

　ロ　国外一般公社債等の利子

　ハ　利子等とみなされる勤労者財産形成貯蓄保険契約に基づき支払を受ける差益

（2）　確定申告をしないことを選択した利子等

　イ　特定公社債の利子

　ロ　公社債投資信託のうち、次のいずれかのものの収益の分配

　　(イ)　設定に係る募集が一定の公募によるもの

　　(ロ)　受益権が金融商品取引所に上場又は外国金融商品市場において売買されているもの

　ハ　公募公社債等運用投資信託の収益の分配

　ニ　国外一般公社債等の利子等以外の国外公社債等の利子等

　(注)　上記の特定公社債とは、次の公社債をいいます。

　　①　金融商品取引所に上場されている公社債、外国金融商品市場において売買されている公社債その他これらに類するもの

　　②　国債及び地方債

　　③　外国又はその地方公共団体が発行し、又は保証する債権

　　④　会社以外の法人が特別の法律により発行する一定の債権

　　⑤　公社債でその発行の際の有価証券の募集が一定の公募により行われたもの

　　⑥　社債のうち、その発行の日前9月以内（外国法人にあっては12月以内）に有価証券報告書等を内閣総理大臣に提出している法人が発行するもの

　　⑦　金融商品取引所等においてその規則に基づき公表された公社債等情報に基づき発行する一定の公社債

　　⑧　国外において発行された一定の公社債

　　⑨　外国法人が発行し、又は保証する一定の債権

第4　年末調整の準備

⑩　銀行業等を行う法人等が発行した一定の社債

⑪　平成27年12月31日以前に発行された公社債（同族会社が発行したものを除きます。）

2　配当所得のうち、次のもの

(1)　源泉分離課税とされるもの

イ　私募公社債等運用投資信託の収益の分配（上場株式等に該当するものを除きます。）

ロ　特定目的信託の社債的受益権の剰余金の配当（上場株式等に該当するものを除き、私募のものに限ります。）

(2)　確定申告をしないことを選択した配当等

イ　上場株式等の配当等（特定株式投資信託（ETF など）の収益の分配を含みます。）

ロ　公募証券投資信託の収益の分配（特定株式投資信託及び公社債投資信託を除きます。）

ハ　特定投資法人の投資口の配当等

ニ　公募投資信託の収益の分配（証券投資信託、特定株式投資信託及び公募公社債等運用投資信託を除きます。）

ホ　公募特定受益証券発行信託の収益の分配

ヘ　特定目的信託の社債的受益権の剰余金の配当（公募のものに限ります。）

ト　上記イからヘ以外の配当等で、1銘柄について1回に支払を受けるべき金額が10万円に配当計算期間の月数（最高12か月）を乗じてこれを12で除して計算した金額以下の配当等

3　源泉分離課税とされる割引債の償還差益、定期積金の給付補塡金等及び懸賞金付預貯金等の懸賞金等

4　源泉徴収選択口座を通じて行った上場株式等の譲渡による所得等で確定申告をしないことを選択したもの

第4　年末調整の準備

（3）　所得の種類・収入・必要経費の範囲等

① 給 与 所 得	イ　給与所得の金額は、給与等の収入金額から給与所得控除額を控除した後の金額とされており、次の表により求めた金額となります。

（注）「給与所得控除後の給与等の金額」（8ページから16ページ）によっても求められます。

給与の収入金額（Ⓐ）		給与所得の金額
円以上	円以下	
1	550,999	0 円
551,000	1,618,999	Ⓐ − 550,000円
1,619,000	1,619,999	1,069,000円
1,620,000	1,621,999	1,070,000円
1,622,000	1,623,999	1,072,000円
1,624,000	1,627,999	1,074,000円
1,628,000	1,799,999	⇒ ①：Ⓐ÷4　（千円未満切捨て）＝Ⓑ ②：Ⓑ×2.4＋100,000円
1,800,000	3,599,999	⇒ ①：Ⓐ÷4　（千円未満切捨て）＝Ⓑ ②：Ⓑ×2.8− 80,000円
3,600,000	6,599,999	⇒ ①：Ⓐ÷4　（千円未満切捨て）＝Ⓑ ②：Ⓑ×3.2−440,000円
6,600,000	8,499,999	Ⓐ×90％−1,100,000円
8,500,000		Ⓐ−1,950,000円

ロ　俸給、給料、賞与や賃金（パートタイマーやアルバイトとして支払を受けるものを含みます。）は、給与所得となります。

ハ　所得金額調整控除

(イ)　こども・特別障害者等を有する者等の所得金額調整控除（131ページ参照）

その年の給与等の収入金額が850万円を超える居住者で、特別障害者に該当するもの、年齢23歳未満の扶養親族を有するもの又は特別障害者である同一生計配偶者若しくは扶養親族を有するものに係る総所得金額の計算をする場合には、その年中の給与等の収入金額（1,000万円を限度とします。）から850万円を控除した金額の10％相当額（最高15万円・1円未満の端数切上げ）を給与所得の金額から控除します（措法41の3の3①）。

$$\left(\substack{給与等の収入金額\\（1,000万円限度）}−850万円\right)×10％＝所得金額調整控除額（子ども等）$$

(ロ)　給与所得と年金所得の双方を有する者に対する所得金額調整控

給与等と公的年金等の双方の収入金額がある居住者で、給与所得控除後の給与等の金額と公的年金等に係る雑所得の金額の合計額が10万円を超えるものの総所得金額の計算は、給与所得の金額から次の調整額（最高10万円）を控除します（措法41の3の3②）。

給与所得控除後の給与等の金額（10万円限度）＋公的年金等に係る雑所得の金額（10万円限度）−10万円＝所得金額調整控除額（年金等）

② 事業所得	イ　事業所得の所得金額は、総収入金額から必要経費を控除した後の金額となります。 ロ　農業、林業、水産養殖業、製造業、卸売業、小売業や金融業などのサービス業のほか対価を得て継続的に行う事業による所得は、事業所得となります。

— 113 —

第4　年末調整の準備

	ハ　必要経費になるものは、上記事業の収入を得るために必要な売上原価や販売費・一般管理費その他の費用です。 ニ　家内労働法に規定する家内労働者、外交員、集金人、電力量計の検針人その他特定の者に対して継続的に人的役務の提供を行うことを業務とする人（家内労働者等）については、55万円（収入金額を限度とし、他に給与所得を有する場合には、給与所得控除額を控除した残額とします。）の必要経費が認められます（措法27、措令18の2）。
③ 雑 所 得	イ　雑所得の所得金額は、次の㋑と㋺を合計した金額となります。 　㋑　公的年金等に係る雑所得……収入金額から公的年金等控除額を控除した残額（所法35④、措法41の15の3①） 　公的年金等に係る雑所得の速算表 　この速算表は、公的年金等の所得金額（公的年金等控除額の控除後）を計算する表です。

区分	公的年金等の収入金額（A）	公的年金等に係る雑所得以外の所得に係る合計所得金額		
		1,000万円以下	1,000万円超 2,000万円以下	2,000万円超
65歳未満	130万円以下	A－60万円	A－50万円	A－40万円
	130万円超 410万円以下	A×75% －27.5万円	A×75% －17.5万円	A×75% －7.5万円
	410万円超 770万円以下	A×85% －68.5万円	A×85% －58.5万円	A×85% －48.5万円
	770万円超 1,000万円以下	A×95% －145.5万円	A×95% －135.5万円	A×95% －125.5万円
	1,000万円超	A－195.5万円	A－185.5万円	A－175.5万円
65歳以上	330万円以下	A－110万円	A－100万円	A－90万円
	330万円超 410万円以下	A×75% －27.5万円	A×75% －17.5万円	A×75% －7.5万円
	410万円超 770万円以下	A×85% －68.5万円	A×85% －58.5万円	A×85% －48.5万円
	770万円超 1,000万円以下	A×95% －145.5万円	A×95% －135.5万円	A×95% －125.5万円
	1,000万円超	A－195.5万円	A－185.5万円	A－175.5万円

	㋺　公的年金等以外の雑所得……総収入金額から必要経費を控除した金額 ロ　原稿料や印税、講演料、放送出演料、貸金の利子、生命保険契約等に基づく年金など他のいずれの所得にも該当しない所得や恩給（一時恩給を除きます。）、国民年金、厚生年金、共済年金などの公的年金等は、雑所得となります。 ハ　家内労働者等の雑所得についても、②**事業所得**のニと同様に55万円の必要経費が認められます。
④ 配当所得	イ　配当所得の所得金額は、収入金額からその元本を取得するために要した負債の利子（事業所得、譲渡所得又は雑所得の基因となった株式を取得するために要した負債の利子を除きます。）を控除した後の金額となります。 ロ　源泉分離課税とされる私募公社債等運用投資信託の収益の分配（上場株式等に該当するものを除きます。）及び特定目的信託の社債的受益権の剰余金の配当（上場株式等に該当するものを除き、私募のものに限ります。）については、収入金額に含まれません。

第4　年末調整の準備

	ハ　確定申告をしないことを選択した配当等については、収入金額に含まれません（111ページ参照）。
⑤不動産所得	イ　不動産所得の所得金額は、総収入金額から必要経費を控除した後の金額となります。 ロ　不動産の貸付けに際し受け取る権利金や頭金、更新料、名義書換料も不動産所得になります。しかし、借地権などの設定により一時に受ける権利金や頭金などについては譲渡所得や事業所得になる場合があります。 ハ　必要経費になるものは、貸し付けた不動産についての修繕費、損害保険料、租税公課や減価償却費などです。
⑥退職所得	イ　退職所得の金額は、その退職手当等が一般退職手当等、特定役員退職手当等又は短期退職手当等であるかにより、次のニにより計算します。 ロ　退職手当、一時恩給その他の退職により一時に受ける給与などの所得のほか、社会保険制度等に基づく一時金などで退職所得となるものもあります。 ハ　退職所得控除額は勤続年数を基にして次のように計算しますが、本年中に支払を受ける退職手当等の勤続期間に一般退職手当等、特定役員退職手当等及び短期退職手当等との重複期間がある場合には、退職所得控除額を調整することになっています。

勤続年数が20年以下の場合	40万円×勤続年数 （80万円に満たない場合には80万円）
勤続年数が20年を超える場合	800万円＋70万円×（勤続年数－20年）

(注) 1　障害者になったことに直接起因して退職した場合には、上記により求めた金額に100万円を加算します。

2　本年中に支払を受けた退職手当等と前年以前4年内（本年中に確定拠出年金法に規定する老齢給付金の一時金の支払を受ける場合は19年内（令和4年3月31日以前に支払を受けた場合は14年内））に支払を受けた退職手当等との勤続期間が重複している場合にも、退職所得控除額の調整が必要になります。

ニ　退職所得金額の計算

本年中に支払を受ける退職手当等が次のいずれかの場合の退職所得金額は、それぞれ次のように計算します。

なお、特定役員退職手当等とは役員等としての勤続年数が5年以下、短期退職手当等とは役員等以外のものとしての勤続年数が5年以下、である者がその勤続年数に対応する退職手当等として支払を受けるものをいいます（所法30④⑤）。

退職手当等の区分	退職所得金額		
一般退職手当等の場合	（一般退職手当等の収入金額－退職所得控除額）×$\frac{1}{2}$		
特定役員退職手当等の場合	特定役員退職手当等の収入金額－退職所得控除額		
短期退職手当等の場合		300万円以下	$\left(\begin{array}{c}\text{短期退職}\\\text{手当等の}\\\text{収入金額}\end{array}-\begin{array}{c}\text{退職所得}\\\text{控除額}\end{array}\right)×\frac{1}{2}$
		300万円超	150万円＋$\left\{\begin{array}{c}\text{短期退職}\\\text{手当等の}\\\text{収入金額}\end{array}-\left(300万円＋\begin{array}{c}\text{退職所得}\\\text{控除額}\end{array}\right)\right\}$

第4　年末調整の準備

	ホ　次の場合には上記ニとは異なり退職所得控除額の調整が必要になります。 　イ　本年中に短期退職手当等と一般退職手当等の支払を受ける場合 　ロ　本年中に特定役員退職手当等と一般退職手当等の支払を受ける場合 　ハ　本年中に特定役員退職手当等と短期退職手当等の支払を受ける場合 　ニ　本年中に特定役員退職手当等、短期退職手当等と一般退職手当等の支払を受ける場合 ヘ　本年中に支給を受けた退職手当等の勤続期間が、本年の前年以前4年内（本年の退職手当等が確定拠出年金による一時金である場合は19年以内）に他から受けた退職手当等の勤続期間と重複している場合は、退職所得控除額の調整が必要になります。
⑦上記①～⑥ 以外の所得	その他の所得には、次のようなものがあります。 ・譲渡所得 　　土地、建物や自動車、機械、ゴルフ会員権、書画、骨とう、貴金属などの資産の譲渡による所得 ・山林所得 　　山林（保有期間5年超）の伐採又は譲渡による所得 ・一時所得 　　賞金や懸賞当せん金、競馬・競輪の払戻金（営利を目的とする継続的行為から生じたものを除きます。）、生命保険契約等に基づく一時金、損害保険契約等に基づく満期返戻金、遺失物拾得の報労金などによる所得 ・総合課税の対象となる利子所得 　**(注)**　預貯金（勤務先預金を含みます。）や公社債の利子、公社債投資信託や貸付信託の収益の分配金などは利子所得となり、源泉分離課税が適用されるもの及び確定申告をしないことを選択したものは収入金額に含まれません（111ページ参照）。 ・申告分離課税を選択した上場株式等に係る配当所得等 ・申告分離課税の適用を受けた上場及び一般株式等に係る譲渡所得等 　**(注)**　源泉徴収選択口座を通じて行った上場株式等の譲渡による所得等で確定申告をしないことを選択した所得等は、収入金額に含まれません。 ・先物取引に係る雑所得等

10　従たる給与についての扶養控除等申告書

　2か所以上から給与の支払を受けている人で、主たる給与の支払者から支払を受けるその年中の給与の見積額から給与所得控除額及びその給与から控除される社会保険料等の見積額を控除した金額が、その人の適用を受ける障害者控除額、寡婦控除額、ひとり親控除額及び勤労学生控除額、源泉控除対象配偶者について控除を受ける配偶者控除額又は配偶者特別控除額、扶養控除額及び基礎控除額の合計額に満たないと見込まれる場合には、源泉控除対象配偶者又は控除対象扶養親族を分けて従たる給与の方からも控除を受けることができることとなっています（所法195）。

　従たる給与からこのような控除を受けようとする場合には、「従たる給与についての扶養控除等

（異動）申告書」に従たる給与から控除を受けようとする源泉控除対象配偶者又は控除対象扶養親族について記載し、従たる給与の支払者に提出することが必要ですが、年末調整に当たっては、この申告書と「給与所得者の扶養控除等（異動）申告書」と混同しないように注意しなければなりません。それは、本年最後に支払う給与が従たる給与である人については、たとえ「従たる給与についての扶養控除等（異動）申告書」が提出されていても年末調整を行わないこととされているからです（所法190）。

11 源泉徴収簿の記入

　扶養控除等申告書の記載内容の検討を行い、正しく記載されていることを確認した上、源泉徴収簿の「扶養控除等の申告」及び「従たる給与から控除する源泉控除対象配偶者と控除対象扶養親族との合計数」欄に該当するものを記入します。

　また、「年末調整」欄の「扶養控除額及び障害者等の控除額の合計額⑱」欄に控除の適用を受けた控除額の合計額を記入します。

第4　年末調整の準備

二　基礎控除申告書の受理と検討

ポイント

○　年末調整で基礎控除を受けようとする給与所得者は、本年最後の給与の支払を受ける日の前日までに、「給与所得者の基礎控除申告書」を主たる給与の支払者に提出しなければいけません。

○　給与所得者の合計所得金額が2,500万円を超える場合には、基礎控除の適用を受けることはできません。

(注)　合計所得金額の計算において、給与所得から控除する所得金額調整控除については「子ども・特別障害者を有する者等の所得金額調整控除（子ども等）」及び「給与所得と年金所得の双方を有する者の所得金額調整控除（年金等）」の双方の調整控除を考慮する必要があります（113ページ、130ページ参照）。

○　この申告書が給与の支払者に提出されたときは、税務署に提出されたものとみなされます。また、特に提出を求められたとき以外は税務署へ提出する必要はありません。

○　この申告書の提出を受けた給与の支払者は、申告書の提出期限の属する年の翌年1月10日の翌日から7年間その申告書を保存する必要があります。

基礎控除申告書の記載のチェックポイント

「あなたの本年中の合計所得金額の見積額」欄

1　給与所得の収入金額の見積額及びその所得金額が記載されているか。

　　また、給与所得以外の所得がある場合にはその所得金額の見積額が記載されているか。

2　本年の収入金額がこの年末調整の対象となる給与等のみである場合には、その所得者の合計所得金額は1,805万円以下ですから、基礎控除額は48万円となります。

　　ただし、他に給与所得や給与所得以外の所得がある場合、給与所得の金額との合計額が2,400万円を超えるときは基礎控除額が異なります。

「控除額の計算」欄

　合計所得金額の見積額に基づいて、「判定」欄にチェックがされているか。

　「基礎控除の額」チェックに応じた控除額が記入されているか。

　「区分Ⅰ」は配偶者控除等申告書を作成する場合に使用し、(A)、(B)又は(C)の区分を記載します。

第4　年末調整の準備

1　基礎控除額

基礎控除額は所得者の合計所得金額により、次の表の額となります（所法86）。

居住者の合計所得金額		基礎控除額
	2,400万円以下	48万円
2,400万円超	2,450万円以下	32万円
2,450万円超	2,500万円以下	16万円
2,500万円超		0 円

2　年末調整による適用手続

給与所得者が年末調整の際に基礎控除の適用を受ける場合には、給与の支払者に「給与所得者の基礎控除申告書」提出することとされています。また、この申告書に必要事項を記載することにより基礎控除の額を求めることができます。

第4 年末調整の準備

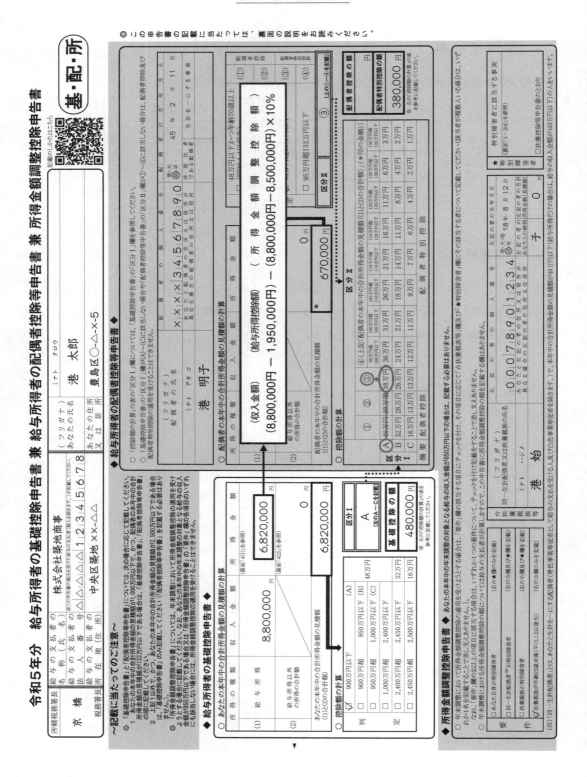

第4　年末調整の準備

三　配偶者控除等申告書の受理と検討

ポイント

○　配偶者控除又は配偶者特別控除を受けようとする給与所得者は、本年最後の給与の支払を受ける日の前日までに、「給与所得者の配偶者控除等申告書」を主たる給与の支払者に提出しなければいけません。

○　給与所得者の合計所得金額が1,000万円を超える場合又は配偶者の合計所得金額が133万円を超える場合には、配偶者控除又は配偶者特別控除の適用を受けることはできません。

(注)　合計所得金額の計算において、給与所得から控除する所得金額調整控除については「子ども・特別障害者を有する者等の所得金額調整控除（子ども等）」及び「給与所得と年金所得の両方を有する者の所得金額調整控除（年金等）」の両方の調整控除を考慮する必要があります（113ページ、130ページ参照）。

○　この申告書が給与所得者から提出されたときは、合計所得金額（見積額）に誤りがないかなど記載内容を検討し、誤りがあるときは是正させる必要があります。

○　非居住者である配偶者について、配偶者控除又は配偶者特別控除の適用を受ける場合には、「親族関係書類」及び「送金関係書類」が必要です。

○　青色申告者の事業専従者としてその青色申告者から給与の支払を受けている配偶者や白色申告者の事業専従者となっている配偶者は、配偶者控除又は配偶者特別控除の対象とはされません。

○　この申告書が給与の支払者に提出されたときは、税務署に提出されたものとみなされます。また、特に提出を求められたとき以外は税務署へ提出する必要はありません。

○　この申告書の提出を受けた給与の支払者は、申告書の提出期限の属する年の翌年1月10日の翌日から7年間その申告書を保存する必要があります。

○　「配偶者控除等申告書」には、原則として配偶者のマイナンバーを記載することとされています（〔付録1〕2（282ページ）参照）。

配偶者控除等申告書の記載のチェックポイント

「給与所得者の基礎控除申告書」の「あなたの本年中の合計所得金額の見積額」欄

1　合計所得金額の見積額は1,000万円以下か。

合計所得金額の見積額は「合計所得金額の見積額の計算」により求めます。

合計所得金額は前記**一9**を参考にしてください（110ページ参照）。

—121—

第4　年末調整の準備

　　給与所得だけの場合は、給与等の収入金額が1,195万円（所得金額調整控除の適用がある場合は1,210万円）以下となります。

　(注)　給与所得の所得金額は給与所得控除の表（8ページから16ページ）の「給与所得控除後の給与等の金額」によっても計算できます。

2　合計所得金額の見積額に基づいて、「判定」にチェックがされ、その判定結果が「区分Ⅰ（A、B又はC）」に記載されているか。

「給与所得者の配偶者控除等申告書」

1　民法上の配偶者か。

2　所得者と生計を一にしているか。

　　勤務等の都合上、日常の起居を共にしていない場合、常に生活費等の送付を受けているなどの事実があるか。

3　「非居住者である配偶者」及び「生計を一にする事実」

　　配偶者控除又は配偶者特別控除の適用を受ける配偶者が非居住者である場合には「非居住者である配偶者」欄に「○」印が付され、「生計を一にする事実」欄にその配偶者に送金等をした金額の合計額が記載されているか。

　　また、「親族関係書類」及び「送金関係書類」の添付又は提示されているか（その配偶者の「親族関係書類」を扶養控除等申告書に添付等をしている場合は不要）。

4　「配偶者の本年中の合計所得金額の見積額」欄

　　合計所得金額の見積額は「合計所得金額の見積額の計算」により求めます。

　　合計所得金額は前記一9を参考にしてください（110ページ参照）。

　　「配偶者の本年中の合計所得金額の見積額」は133万円以下か。

　　給与所得だけの場合は、給与等の収入金額が2,015,999円以下となります。

　(注)　給与所得の所得金額は給与所得控除の表（8ページから16ページ）の「給与所得控除後の給与等の金額」によっても計算できます。

5　合計所得金額の見積額に基づいて「判定」にチェックがされ、その判定結果が「区分Ⅱ（①、②、③又は④）」に記載されているか。

「控除額の計算」欄

　区分Ⅰ（A、B又はC）及び区分Ⅱ（①、②、③又は④）にそれぞれ記載した区分を「控除額の計算」の表に当てはめて求めた控除額が「配偶者控除額」又は「配偶者特別控除額」に記載されているか。

第4　年末調整の準備

1　配偶者とは

　控除の対象となる配偶者とは、民法の規定による配偶者をいいますので、婚姻をしていない人（いわゆる内縁関係の人）は該当しません。会社によっては婚姻をしていない人に対して家族手当等を支給している場合がありますが、たとえ家族手当等の支給を受けている場合であっても、民法上の配偶者でない限り、配偶者には該当しません。なお、外国人で民法の規定によれない人については、「法の適用に関する通則法」の規定によりその人の本国法によることとされています（所基通2－46）。

　また、青色申告者の事業専従者としてその青色申告者から給与の支払を受けている配偶者や白色申告者の事業専従者となっている配偶者、他の居住者の扶養親族とされている配偶者は、控除の対象とはされません。

　なお、婚姻をしていない人が配偶者以外の扶養親族に該当するか否かについては、扶養親族は6親等以内の血族又は3親等以内の姻族とされていますので、一般的には該当しないものと考えられます（96ページ（2）①参照）。

2　配偶者控除及び配偶者特別控除

（1）　配偶者控除

　所得者（合計所得金額が1,000万円以下の人に限ります。）が控除対象配偶者を有する場合には、その所得者の合計所得金額に応じて次の配偶者控除額を控除します（所法83①）。

①　合計所得金額が900万円以下の所得者……38万円（その控除対象配偶者が老人控除対象配偶者である場合には、48万円）

②　合計所得金額が900万円超950万円以下の所得者……26万円（その控除対象配偶者が老人控除対象配偶者である場合には、32万円）

③　合計所得金額が950万円超1,000万円以下の所得者……13万円（その控除対象配偶者が老人控除対象配偶者である場合には、16万円）

　なお、「老人控除対象配偶者」とは、控除対象配偶者のうち年齢70歳以上の人（令和5年分の所得税については、昭和29年1月1日以前に生まれた人）をいいます（所法2①三十三の三）。

　(注)　「年齢の計算に関する法律」は、ある人の年齢はその人の誕生日の前日の年後12時に1歳加算すると規定していますので、昭和29年1月1日に生まれた人は誕生日の前日である令和5年12月31日に70歳になります。

　これを表にすると下記3の「配偶者控除」欄のようになります。

－123－

第4　年末調整の準備

（2）　配偶者特別控除

　所得者（合計所得金額が1,000万円以下の人に限ります。）が生計を一にする配偶者（合計所得金額が133万円以下の人に限ります。）で控除対象配偶者に該当しない人を有する場合には、その所得者及びその配偶者の合計所得金額に応じて次の配偶者特別控除額を控除します（所法83の2）。

① 　その居住者の合計所得金額が900万円以下である場合……その居住者の配偶者の次に掲げる場合の区分に応じそれぞれ次に定める金額

　　イ　配偶者の合計所得金額が95万円以下である場合……38万円

　　ロ　配偶者の合計所得金額が95万円を超え130万円以下である場合……38万円からその配偶者の合計所得金額のうち93万1円を超える部分の金額（その超える部分の金額が5万円の整数倍の金額から3万円を控除した金額でないときは、5万円の整数倍の金額から3万円を控除した金額でその超える部分の金額に満たないもののうち最も多い金額）を控除した金額

　　ハ　配偶者の合計所得金額が130万円を超える場合……3万円

② 　その居住者の合計所得金額が900万円を超え950万円以下である場合……その居住者の配偶者の上記①イからハまでに掲げる場合の区分に応じそれぞれ上記①イからハまでに定める金額の3分の2に相当する金額（その金額に1万円未満の端数がある場合には、これを切り上げた金額）

③ 　その居住者の合計所得金額が950万円を超え1,000万円以下である場合……その居住者の配偶者の上記①イからハまでに掲げる場合の区分に応じそれぞれ上記①イからハまでに定める金額の3分の1に相当する金額（その金額に1万円未満の端数がある場合には、これを切り上げた金額）

これを表にすると下記3の「配偶者特別控除」欄のようになります。

（3）　配偶者控除及び配偶者特別控除が適用できない場合

　なお、夫婦の双方がお互いに配偶者特別控除の適用を受けることはできませんので、配偶者がそれぞれ適用要件を満たす場合であっても、いずれか一方の配偶者が控除しかこの控除を受けることはできません（所法83の2②）。

　また、控除対象配偶者又は生計を一にする配偶者が提出した公的年金等の扶養親族等申告書に源泉控除対象配偶者として記載された居住者は、その居住者の年末調整において配偶者控除又は配偶者特別控除を受けることはできません（所法190二ニ）。

　なお、居住者の配偶者が、給与等や公的年金等の源泉徴収において源泉控除対象配偶者に係る控除の適用を受けている場合（その配偶者がその年分の所得について、年末調整において配偶者特別控除の適用を受けなかった場合又は確定申告書の提出をして配偶者特別控除の適用を受けなかった場合を除きます。）には、その居住者は、その年分の所得税の確定申告において配偶者特別控除の適用を受けることができません。

第4　年末調整の準備

（4）　国外居住配偶者に係る親族関係書類等の添付等

　非居住者である配偶者について配偶者控除又は配偶者特別控除の適用を受ける場合には、配偶者控除等申告書に親族関係書類及び送金関係書類の添付等が必要になりますので、前記―1（9）（99ページ）を参考にしてください。

　なお、配偶者の「親族関係書類」を本年分の扶養控除等申告に添付等している場合には、この配偶者控除等申告書に「親族関係書類」を添付等する必要はありません。

（5）　年末調整による適用手続

　給与所得者が年末調整の際に配偶者控除又は配偶者特別控除の適用を受ける場合には、給与の支払者に「給与所得者の配偶者控除等申告書」を提出することとされ、この申告書に必要事項を記載することにより配偶者控除又は配偶者特別控除のいずれかの控除額が算定されます（所法195の2）。

第4　年末調整の準備

3　配偶者控除額及び配偶者特別控除額

| | | 居住者の合計所得金額
（給与所得だけの場合の居住者の給与等の収入金額（注1）） | | | 【参考】
配偶者の収入が
給与所得だけの
場合の給与等の
収入金額 |
		900万円以下 （1,095万円以下）	900万円超 950万円以下 （1,095万円超 1,145万円以下）	950万円超 1,000万円以下 （1,145万円超 1,195万円以下）	
配偶者控除	配偶者の合計所得金額 48万円以下	38万円	26万円	13万円	1,030,000円以下
	老人控除対象配偶者	48万円	32万円	16万円	
配偶者特別控除	配偶者の合計所得金額 48万円超 95万円以下	38万円	26万円	13万円	1,030,000円超 1,500,000円以下
	95万円超100万円以下	36万円	24万円	12万円	1,500,000円超 1,550,000円以下
	100万円超105万円以下	31万円	21万円	11万円	1,550,000円超 1,600,000円以下
	105万円超110万円以下	26万円	18万円	9万円	1,600,000円超 1,667,999円以下
	110万円超115万円以下	21万円	14万円	7万円	1,667,999円超 1,751,999円以下
	115万円超120万円以下	16万円	11万円	6万円	1,751,999円超 1,831,999円以下
	120万円超125万円以下	11万円	8万円	4万円	1,831,999円超 1,903,999円以下
	125万円超130万円以下	6万円	4万円	2万円	1,903,999円超 1,971,999円以下
	130万円超133万円以下	3万円	2万円	1万円	1,971,999円超 2,015,999円以下
	133万円超	0 円	0 円	0 円	2,015,999円超

(注) 1　所得金額調整控除の適用がある場合には、それぞれの収入金額に15万円を加算した額になります。

2　配偶者の所得が家内労働者等としての内職等による事業所得等だけの場合は、その収入金額が103万円以下であれば合計所得金額は48万円以下となります（措法27、113ページ②ニ参照）。

3　配偶者の所得が公的年金等に係る雑所得の場合は、公的年金の収入金額が年齢65歳以上の人は158万円以下、年齢65歳未満の人は108万円以下であれば合計所得金額が48万円以下となり配偶者控除を受けることができます。

また、年齢65歳以上の人は158万円超243万円以下、年齢65歳未満の人は108万円超214万円以下であれば配偶者特別控除を受けることができます。

公的年金等に係る雑所得の金額は前記一9（3）③イ⑦により求めます（114ページ参照）。

— 126 —

4　判定の時期

　所得者の控除対象配偶者又は配偶者特別控除の対象となる配偶者であるかどうかは、その年の
12月31日（年の中途で死亡した配偶者についてはその死亡の時）の現況によることとされていま
す（所法85②③）。

　また、年の中途で死亡し又は出国をした所得者の配偶者が控除対象配偶者又は配偶者特別控除
の対象となる配偶者であるかどうかについて、居住者と生計を一にしていたかどうかはその死亡
又は出国の時の現況により、合計所得金額は死亡又は出国の時の現況により見積もったその年１
月１日から12月31日までの見積額によります（所法85①、所基通85－１）。

　(注)　年の中途で死亡し又は出国をした所得者の控除対象配偶者又は配偶者特別控除の対象とされた
　　　　配偶者であっても、その後その年中において相続人等他の所得者の控除対象扶養親族等にも該当
　　　　する場合には、その所得者が自己の控除対象扶養親族として控除することができます（所基通83
　　　　～84－１）。

5　配偶者と死別して再婚した場合

　例えば、年の中途において控除対象配偶者である妻と死別した夫が、その年中に再婚した場合
には、控除対象配偶者に該当する妻はいずれか１人に限られ、２人分の配偶者控除は認められま
せん。また、控除対象配偶者とされなかった他の１人の妻については、原則として、扶養控除も
認められません（所法85⑥、所令220①②）。

　ただし、死亡した妻がその死亡前に他の所得者の扶養親族とされていた場合には、その死亡し
た妻についてはそのまま他の所得者の扶養親族とし、再婚後の妻については、他の要件が満たさ
れていれば控除対象配偶者とすることができます（所令220③）。

6　母国の法律により２人以上の配偶者を有している場合

　日本に居住している外国籍の人で、母国の法律により、法律上の配偶者が２人以上いる場合で
あっても、配偶者控除は１名分に限られます。なお、控除対象配偶者とした人以外のその他の配
偶者については、扶養親族の範囲から配偶者が除かれているため、扶養控除の対象となる扶養親
族とすることもできません（所法２①三十三の二、三十四、83）。

－ 127 －

第4 年末調整の準備

7 源泉徴収簿の記入

「給与所得者の配偶者控除等申告書」の記載内容の検討を行い、配偶者控除額及び配偶者特別控除額の計算が正しく行われていることを確認した上、源泉徴収簿の「年末調整」欄の「配偶者（特別）控除額⑰」欄にその控除額を記入します。

なお、配偶者が合計所得金額を有する場合には、その合計所得金額を「年末調整」欄の「配偶者の合計所得金額」欄に記入します。

第4　年末調整の準備

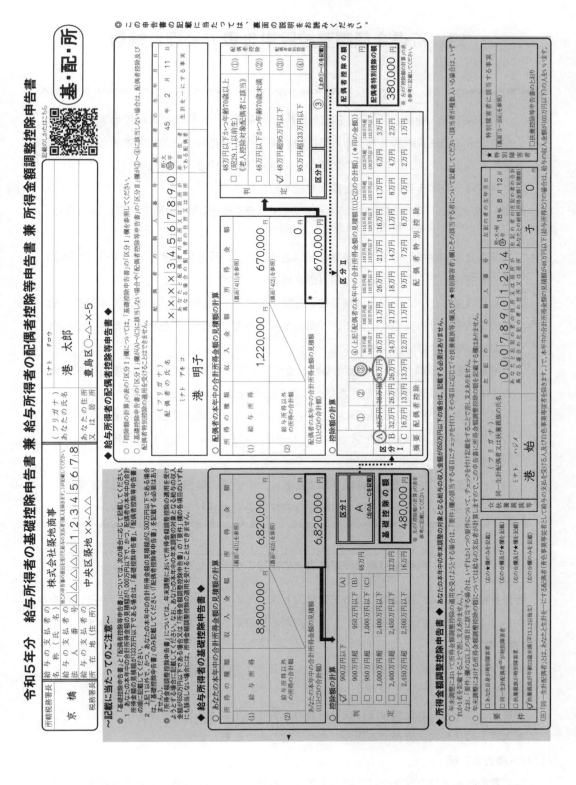

第4　年末調整の準備

四　所得金額調整控除申告書の受理と検討

ポイント

○　給与等の収入金額が850万円を超える給与所得者で、特別障害者に該当する人、年齢23歳未満の扶養親族を有する人又は特別障害者である同一生計配偶者若しくは扶養親族を有する人は、給与所得の金額から所得金額調整控除の額が控除（こども・特別障害者等を有する者等の所得金額調整控除）されます。

(注)　年末調整では「給与所得と年金所得の双方を有する者の所得金額調整控除（年金等）」（113ページ参照）は適用できません

○　所得金額調整控除の額は給与等の収入金額（1,000万円を限度とします。）から850万円を控除した金額の10%相当額（最高15万円）です。

○　年末調整において所得金額調整控除を受けようとする給与所得者は、本年最後の給与の支払を受ける日の前日までに「所得金額調整控除申告書」を主たる給与の支払者に提出しなければいけません。

○　給与の収入金額が850万を超えるかどうか判断できないときは、この申告書を提出することにより850万円を超えた場合にこの控除を受けることができます。

○　この申告書が給与の支払者に提出されたときは、税務署に提出されたものとみなされます。また、特に提出を求められたとき以外は税務署へ提出する必要はありません。

○　この申告書の提出を受けた給与の支払者は、申告書の提出期限の属する年の翌年1月10日の翌日から7年間その申告書を保存する必要があります。

所得金額調整控除申告書の記載のチェックポイント

　所得金額調整控除の額は申告書の記載事項とされていませんので給与所得者がその額を申告するのではなく、給与の支払者が年末調整の際に控除額を計算することになります。

「要件」欄

　所得金額調整控除の適用対象となる要件がチェックされているか。

「扶養親族等」欄

　対象となる同一生計配偶者又は扶養親族の氏名等が記載されているか。

　2人以上の扶養親族等がいる場合でも、1名のみを記載します。

「特別障害者」欄

　障害者の状態又は交付を受けている手帳などの種類・交付年月日・障害の等級など特別障

第4　年末調整の準備

害者に該当する事実を記載します（103ページ参照）。
　扶養控除等申告書に記載されている事実と同一の場合には「扶養控除等申告書のとおり」と記載して差し支えありません。

　令和２年分以後の所得税から給与所得控除が改正され、給与等の収入金額が850万円を超える場合の給与所得控除額が引き下げられましたが、子育てや介護をしている者の負担増とならないよう所得金額調整控除（子ども等）が創設されました。

（1）　こども・特別障害者等を有する者等の所得金額調整控除

　その年の給与等の収入金額が850万円を超える居住者が、次に掲げる者に該当する場合には、給与等の収入金額（1,000万円を限度とします。）から850万円を控除した金額の10％相当額（最高15万円）を所得金額調整控除の額として給与所得の金額から控除します（措法41の３の３①、41の３の４）。

　（給与等の収入金額－850万円）×10％＝所得金額調整控除額（子ども等）（1円未満の端数切上げ）

　イ　所得者が特別障害者である者
　ロ　特別障害者である同一生計配偶者を有する者
　ハ　特別障害者である扶養親族を有する者
　ニ　年齢23歳未満の扶養親族を有する者
　(注)1　同一生計配偶者又は扶養親族とは、所得者と生計を一にする配偶者又は親族（青色事業専従者等を除きます。）で本年中の合計所得金額が48万円以下の人をいいます（109ページ参照）。
　　　2　特別障害者とは103ページに掲げる者をいいます。

（2）　共働きである所得者等への所得金額調整控除の適用

　共働き世帯の子のように同一世帯の２人以上の所得者の扶養親族に該当する人は、これらの所得者の扶養控除の適用についてはいずれか１人の所得者の扶養親族とみなして扶養控除を適用することとされていますので、夫婦のいずれか一方のみが控除対象扶養親族の適用を受けることになります。

　しかし、所得金額調整控除については、扶養控除の適用と異なりいずれか一方の扶養親族とみなす規定はありませんので、23歳未満の子が１人であっても双方の所得者の扶養親族に該当することになります。したがって、双方の所得者の給与等の収入金額が850万円を超える場合には双方の所得者が所得金額調整控除の適用を受けることができます。

　なお、特別障害者である同一生計配偶者又は扶養親族について、２人以上の所得者がいる場合にも同様に取り扱われます（措通41の３の３－１）。

第4　年末調整の準備

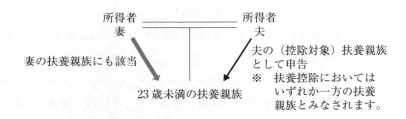

　夫及び妻のいずれも23歳未満の扶養親族を有しますので、給与の収入金額が850万円を超える場合には、夫及び妻はいずれも所得金額調整控除の適用を受けることができます。

(3)　扶養親族等の判定の時期
　特別障害者、同一生計配偶者又は年齢23歳未満の扶養親族であるかどうかは、その年の12月31日の現況により判定します。
　その所得者が年の中途で死亡又は出国する場合はその死亡又は出国の現況により、同一生計配偶者又は扶養親族が死亡している場合はその死亡の現況により判定します（措法41の3の3③、措通41の3の3－2、41の3の4－1）。

(4)　年末調整による適用手続
　給与所得者が年末調整の際に所得金額調整控除（子ども等）の適用を受ける場合には、給与の支払者に「所得金額調整控除申告書」を提出することとされています（措法41の3の4）。

(5)　源泉徴収簿の記入
　所得金額調整控除の適用がある場合は、源泉徴収簿の「年末調整」欄の所得金額調整控除額の適用の「有」に○印をするとともに、⑩欄にその金額を記入します。

第4　年末調整の準備

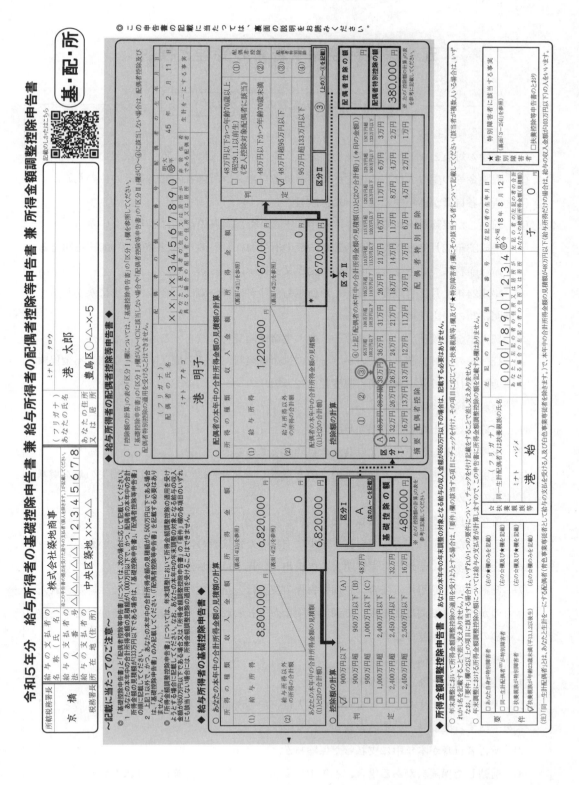

第4　年末調整の準備

五　保険料控除申告書の受理と検討

┌─ 保険料控除申告書の記載のチェックポイント ─┐

1　「生命保険料控除」欄

(1)　控除の対象となる生命保険契約、介護医療保険契約又は個人年金保険契約か。

(2)　保険金等の受取人は、そのすべてが所得者自身又は所得者の配偶者その他の親族か。

(3)　所得者自身が本年中に支払った保険料か。

(4)　前納した保険料がある場合、本年中に支払った保険料の計算に誤りはないか。

(5)　平成23年12月31日以前に契約した一般の旧生命保険料のうち、一契約9,000円を超える生命保険料については、証明書類の提出又は提示はあるか。

(6)　平成24年1月1日以後に契約した新生命保険料については、金額の多少にかかわらず証明書類の提出又は提示はあるか。

(7)　個人年金保険契約で特約部分が一般の生命保険契約に該当するものはないか。

(8)　控除額の計算に誤りはないか（一般の生命保険料、介護医療保険料及び個人年金保険料それぞれの控除の合計適用限度額は12万円）

2　「地震保険料控除」欄

(1)　控除の対象となる損害保険契約等か。

(2)　家屋・家財などを保険又は共済の目的としているか。

(3)　地震等の損害により、保険等の目的となっている資産について生じた損失の額を填補するものか。

(4)　所得者自身が本年中に支払った保険料か。

(5)　前納した保険料がある場合、本年中に支払った保険料の計算に誤りはないか。

(6)　金額の多少にかかわらず証明書類の提出又は提示はあるか。

(7)　経過措置を適用する場合、長期損害保険契約は、平成18年12月31日までに締結されたものか。保険期間は10年以上で満期保険金が支払われることになっているか。また、控除額の計算に誤りはないか。

3　「社会保険料控除」欄

(1)　控除の対象となる社会保険料か。

(2)　保険料を負担することとなっている人は、給与所得者自身又はその給与所得者と生計を一にする配偶者その他の親族か。

(3)　所得者自身が本年中に支払った保険料か。

(4)　前納した保険料がある場合、本年中に支払った保険料の計算に誤りはないか。

(5) 国民年金保険料等については、証明書類の提出又は提示はあるか。

(6) 給与から控除した保険料を集計するに当たっては、実際に本年中の給与から控除した保険料を集計（中途就職者は、前職時に支払った分を加算）しているか。

4 「小規模企業共済等掛金控除」欄

(1) 控除の対象となる小規模企業共済等掛金か。

(2) 所得者自身が直接支払ったものについて証明書類の提出又は提示はあるか。

年末調整における保険料控除等の電子化

　年末調整において保険料控除、地震保険料控除、社会保険料控除及び小規模企業共済等掛金控除に係る控除証明書等は勤務先に電子データで提供することができます。

　なお、従業員から保険料控除申告書に記載された事項を電子データにより提供を受けるためには、従業員が保険会社等から控除証明書等を電子データにより受領するシステムや勤務先がこれらを受け取るための給与システム等の導入、改修等が必要です。

(注)　令和3年4月1日以後に電子データで受領する場合、所轄税務署長への「源泉徴収に関する申告書に記載すべき事項の電磁的方法による提供の承認申請書」の提出は不要になりました。

　年末調整手続が電子化された場合は、次のような手順となります。

① 従業員が、保険会社等から控除証明書等を電子データで受領

② 従業員が、国税庁ホームページ等からダウンロードした年末調整控除申告書作成用ソフトウェア(注)に、住所・氏名等の基礎項目を入力し、①で受領した電子データをインポート（自動入力、控除額の自動計算）して年末調整申告書の電子データを作成

③ 従業員が、②の年末調整申告書データ及び①の控除証明書等データを勤務先に提供

④ 勤務先が、③で提供された電子データを給与システム等にインポートして年税額を計算

(注)　年末調整控除申告書作成用ソフトウェア（年調ソフト）とは、年末調整申告書について、従業員が控除証明書等データを活用して簡便に作成し、勤務先に提出する電子データ又は書面を作成する機能を持つ、国税庁がホームページ等において無償で提供するソフトウェアです。

　　なお、年末調整手続の電子化については、国税庁ホームページ「年末調整手続の電子化及び年調ソフト等に関するFAQ」を参考にしてください。

第4　年末調整の準備

（一）　生命保険料控除

ポイント

○　年末調整で生命保険料控除を受けようとする給与所得者は、本年最後の給与の支払を受ける日の前日までに「給与所得者の保険料控除申告書」の「生命保険料控除」の欄に控除を受けようとする保険料等を記載して、主たる給与の支払者に提出しなければなりません。

○　年末調整を行う給与の支払者は、この申告書が給与所得者から提出されたときには、生命保険料控除の適用があるかどうかその記載内容をよく検討し、誤りがあるときは是正させる必要があります。

○　この申告書が給与の支払者に提出されたときは、税務署に提出されたものとみなされます。また、特に提出を求められたとき以外は税務署へ提出する必要はありません。

○　この申告書の提出を受けた給与の支払者は、その申告書の提出期限の属する年の翌年1月10日の翌日から7年間保存する必要があります。

1　生命保険料控除とは

　生命保険料控除とは、所得者が一定の生命保険契約等に基づいて保険料若しくは掛金を支払った場合、一定の介護医療保険契約等に基づいて保険料若しくは掛金を支払った場合又は一定の個人年金保険契約等に基づいて保険料若しくは掛金を支払った場合に、その支払った所得者の申告によりその所得者の総所得金額、退職所得金額又は山林所得金額からその支払った保険料等のうち一定額（一般の生命保険料、介護医療保険料及び個人年金保険料もそれぞれ控除の最高額は4万円）を控除するというものです（所法76）。

　ただし、保険金等の受取人の全てが所得者本人又は所得者の配偶者や親族（個人年金保険の場合は親族を除きます。）であることが必要です。

　なお、平成23年12月31日以前に締結した保険契約等については、従前の一般生命保険料控除及び個人年金保険料控除（それぞれ適用限度額5万円）が適用されます。

　給与所得者の場合には、年末調整の際、「給与所得者の保険料控除申告書」を提出することにより、その控除が行われます（所法196）。

第4　年末調整の準備

2　生命保険料控除額

　生命保険料控除額は、本年中に支払った保険料や掛金を一般の生命保険料、介護医療保険料及び個人年金保険料とに区分し、その支払った保険料の合計額（剰余金の分配や割戻金の割戻しがある場合には、これらの金額を控除した金額）に応じ、それぞれ次により計算した額となります（所法76①～④）。

（1）　新生命保険料、介護医療保険料又は新個人年金保険料を支払った場合

支払った保険料等の金額	控　除　額
20,000円以下	支払った保険料等の全額
20,001円から40,000円まで	（支払った保険料等の金額の合計額）$\times \dfrac{1}{2}$＋10,000円
40,001円から80,000円まで	（支払った保険料等の金額の合計額）$\times \dfrac{1}{4}$＋20,000円
80,001円以上	一律に40,000円

（2）　旧生命保険料又は旧個人年金保険料を支払った場合

支払った保険料等の金額	控　除　額
25,000円以下	支払った保険料等の全額
25,001円から50,000円まで	（支払った保険料等の金額の合計額）$\times \dfrac{1}{2}$＋12,500円
50,001円から100,000円まで	（支払った保険料等の金額の合計額）$\times \dfrac{1}{4}$＋25,000円
100,001円以上	一律に50,000円

— 137 —

第4　年末調整の準備

（3）　新生命保険料と旧生命保険料の両方を支払った場合

保険料等の区分		控除額
一般の生命保険料	①　新生命保険料を支払った場合（③の場合を除く）	（1）の表により求めた金額(A)
	②　旧生命保険料を支払った場合（③の場合を除く）	（2）の表により求めた金額(B)
	③　新生命保険料及び旧生命保険料の両方を支払った場合	上記(A)及び(B)の金額の合計額（上限4万円）
介護医療保険料		（1）の表により求めた金額
個人年金保険料	①　新個人年金保険料を支払った場合（③の場合を除く）	（1）の表により求めた金額(C)
	②　旧個人年金保険料を支払った場合（③の場合を除く）	（2）の表により求めた金額(D)
	③　新個人年金保険料及び旧個人年金保険料の両方を支払った場合	上記(C)及び(D)の金額の合計額（上限4万円）

　一般の生命保険料、介護医療保険料及び個人年金保険料の控除額の計算方法は、表のとおりであり、一般の生命保険料、介護医療保険料及び個人年金保険料の各生命保険料控除の合計適用限度額は12万円となります。

　なお、これらの控除額の計算に当たっては、適用限度額を除き、特に制限は課されていないことから、いずれか有利なものを納税者が選択して適用できます。

　例えば、その年中に支払った新生命保険料及び旧生命保険料の両方を申告する場合には4万円が適用限度額となりますが、その年中に新生命保険料を11万円、旧生命保険料を14万円支払ったときに、旧生命保険料のみを控除の対象として5万円の控除の適用を受けることができます。

3　控除の対象となる一般の生命保険料、介護医療保険料及び個人年金保険料とは

（1）　一般の生命保険料

①　控除の対象となる「一般の生命保険料」

　生命保険料控除の対象となる「一般の生命保険料」とは、次の（2）介護医療保険料及び（3）個人年金保険料に該当するものを除いたものをいい、新生命保険料及び旧生命保険料に区分されます（所法76①⑤⑥、所令208の3、208の4、210、210の2、昭62大蔵省告示159号（最終改正平30財務省告示243号）、平22金融庁告示36号、平22農林水産省告示535号（最終改正平28農林水産省告示864号））。

　なお、この場合の保険金等の受取人は、その全てが所得者自身又は所得者の配偶者その他の親族（親族の範囲は、97ページ参照）であることが必要です。

第4　年末調整の準備

イ　新生命保険料

新生命保険料とは、平成24年1月1日以後に生命保険会社又は損害保険会社等と締結した保険契約等のうち、次に掲げるものに基づいて支払った保険料等**(注)**をいいます（所法76⑤）。

(注)　(イ)～(タ)の契約等に係るものにあっては生存又は死亡に基因して一定額の保険金等を支払うことを約する部分に係る保険料等などの一定のものに限ります。

(イ)　生命保険会社又は外国生命保険会社等と締結した生命保険契約のうち生存又は死亡に基因して一定額の保険金が支払われるもの（外国生命保険会社等については、国内で締結したものに限ります。）

(ロ)　旧簡易生命保険契約

(ハ)　農業協同組合又は農業協同組合連合会と締結した生命共済契約

(ニ)　漁業協同組合、水産加工業協同組合又は共済水産業協同組合連合会と締結した生命共済契約

(ホ)　消費生活協同組合連合会と締結した生命共済契約

(ヘ)　共済事業を行う特定共済組合、火災共済の再共済の事業を行う協同組合連合会又は特定共済組合連合会と締結した生命共済契約

(ト)　神奈川県民共済生活協同組合と締結した生命共済契約

(チ)　教職員共済生活協同組合と締結した生命共済契約

(リ)　警察職員生活協同組合と締結した生命共済契約

(ヌ)　埼玉県民共済生活協同組合と締結した生命共済契約

(ル)　全国交通運輸産業労働者共済生活協同組合と締結した生命共済契約

(ヲ)　電気通信産業労働者共済生活協同組合と締結した生命共済契約

(ワ)　日本郵政グループ労働者共済生活協同組合と締結した生命共済契約（平成29年以前に締結したものに限ります。）

(カ)　全国理容生活衛生同業組合連合会と締結した年金共済契約

(ヨ)　独立行政法人中小企業基盤整備機構（旧中小企業総合事業団）と締結した旧第2種共済契約

(タ)　確定給付企業年金に係る規約

(レ)　適格退職年金契約

(注)　1　上記の(ロ)の「旧簡易生命保険契約」とは、郵政民営化法等の施行に伴う関係法律の整備等に関する法律第2条の規定による廃止前の簡易生命保険法第3条に規定する簡易生命保険契約をいいます。

2　上記の(ヨ)の「独立行政法人中小企業基盤整備機構（旧中小企業総合事業団）と締結した旧第2種共済契約」は、生命保険料控除の対象となりますが、旧第2種共済契約を除く、共済契約に基づく掛金は、小規模企業共済等掛金控除の対象となります（所法75②一）。

3　上記の(レ)の「適格退職年金契約」とは、会社などが国税庁長官の承認を受けた退職年金契約に基づいて、その業務を行う信託会社又は保険会社に掛金を払い込み、給与の支払を受ける人

が退職した場合には、その人に対しその信託会社又は保険会社から直接退職年金又は退職一時金が支払われる契約をいいます。この契約に基づいて払い込まれた掛金のうち、退職年金又は退職一時金の支払を受ける人が負担した部分の金額が生命保険料控除の対象となります（所法76⑤四、所令210の２）。

ロ　旧生命保険料

　　旧生命保険料とは、平成23年12月31日以前に生命保険会社又は損害保険会社等と締結した保険契約等のうち、次に掲げるものに基づいて支払った保険料等をいいます（所法76⑥）。

　⑷　上記イの⑷の契約

　㋺　旧簡易生命保険契約

　㋩　生命共済契約等

　㊁　生命保険会社、外国生命保険会社等、損害保険会社又は外国損害保険会社等と締結した疾病又は身体の傷害その他これらに類する事由により保険金等が支払われる保険契約のうち、医療費等支払事由（注）に基因して保険金等が支払われるもの

　㋭　上記イの⑼及び⑽の契約等

　　(注)　「医療費等支払事由」とは、次に掲げる事由をいいます（所令208の６）。
　　　・　疾病にかかったこと又は身体の傷害を受けたことを原因とする人の状態に基因して生ずる医療費その他の費用を支払ったこと
　　　・　疾病若しくは身体の傷害又はこれらを原因とする人の状態（約款に、これらの事由に基因して一定額の保険金等を支払う旨の定めがある場合に限ります。）
　　　・　疾病又は身体の傷害により就業することができなくなったこと

②　控除の対象とならないもの

　上記①の生命保険契約等に係る保険料や掛金を支払った場合であっても、次に掲げるものは生命保険料控除の対象とはなりません（所法76⑤一・三、76⑥四、所令209、措法４の４②）。

イ　いわゆる貯蓄保険契約等の保険料等

　　保険期間又は共済期間が５年未満の生命保険契約又は生命共済契約で、次のものに係る保険料等

　⑷　被保険者又は被共済者が、保険期間又は共済期間の満了の日に生存している場合にだけ保険金又は共済金が支払われるもの

　㋺　被保険者又は被共済者が、保険期間又は共済期間の満了の日に生存している場合やその保険期間又は共済期間中に災害、特定の感染症その他これらに類する特別の事由によって死亡した場合にだけ保険金又は共済金が支払われるもの

　　(注)　上記の生命保険契約又は生命共済契約は、通常「貯蓄保険」、「生存保険」又は「貯蓄共済」などと呼ばれています。

ロ　勤労者財産形成貯蓄契約、勤労者財産形成年金貯蓄契約又は勤労者財産形成住宅貯蓄契約に基づく生命保険の保険料や生命共済の掛金

ハ　外国生命保険会社等と国外において締結した生命保険契約に基づく保険料

第4　年末調整の準備

　ニ　海外旅行期間内に発生した疾病等に基因して保険金等が支払われる保険契約に基づく保険料

　ホ　傷害保険契約に基づく保険料

　ヘ　信用保険契約に基づく保険料

（2）　介護医療保険料

　生命保険料控除の対象となる介護医療保険料は、平成24年1月1日以後に生命保険会社又は損害保険会社等と締結した次に掲げる保険契約等のうち、保険金等の受取人の全てが所得者本人又は所得者の配偶者や親族となっているものに基づき支払った保険料等で、医療費等支払事由に基因して保険金等を支払うことを約する部分に係るものなどの一定のものをいいます（所法76②⑦、所令208の6、208の7）。

　①　上記（1）①ロの�ニ）の契約

　②　疾病又は身体の傷害その他これらに類する事由に基因して保険金等が支払われる旧簡易生命保険契約又は生命共済契約等（上記（1）①イの㈻ロ）ないし㈻ヨ）を除きます。）のうち医療費等支払事由に基因して保険金等が支払われるもの

（3）　個人年金保険料

　生命保険料控除の対象となる個人年金保険料は、年金を給付する定めのある一定の生命保険契約等（退職年金を給付する定めのあるものは除かれます。）で、次の表に掲げる契約に基づいて支払った保険料等をいい、新個人年金保険料及び旧個人年金保険料に区分されます（所法76③⑧⑨、所令211、212）。

　なお、次の表の契約の範囲には、その契約の内容に傷害特約や疾病特約等が付されている場合のその特約の内容は含まれません。

第4　年末調整の準備

契約の区分	契約の範囲	契約の要件
① 生命保険 （所令211一）	契約の内容が次のイからニまでの要件を満たすもの イ　年金以外の金銭の支払は、被保険者が死亡し又は重度の障害に該当することとなった場合に限り行うものであること ロ　イの金額は、その契約の締結日以後の期間又は支払保険料の総額に応じて逓増的に定められていること ハ　年金の支払は、その支払期間を通じて年1回以上定期に行うものであり、かつ、年金の一部を一括して支払う旨の定めがないこと ニ　剰余金の分配は、年金支払開始日前に行わないもの又はその年の払込保険料の範囲内の額とするものであること	○　年金の受取人 　保険料等の払込みをする者又はその配偶者が生存している場合には、これらの者のいずれかとするものであること（所法76⑧一） ○　保険料等の払込方法 　年金支払開始日前10年以上の期間にわたって定期に行うものであること（所法76⑧二） ○　年金の支払方法 　年金の支払は、次のいずれかとするものであること（所法76⑧三、所令212）
② 旧簡易生命保険 （所令211二）	契約の内容が上記①の生命保険のイからニまでの要件を満たすもの	イ　年金の受取人の年齢が60歳に達した日以後の日で、その契約で定める日以後10年以上の期間にわたって定期に行うものであること （注）　契約で定める日は、次の日以後とすること 　㋑　1月から6月までの間に60歳となる者…前年の7月1日 　㋺　7月以後に60歳となる者…その年の1月1日
③ 農協・漁協等の生命共済 （所令211三）	契約の内容が上記①の生命保険のイからニまでの要件に相当する要件その他の一定の要件（所規40の7）を満たすもの	
④ 上記③以外の生命共済 （所令211四）	次の要件を満たすものとして、財務大臣の指定するもの イ　年金の給付を目的とする生命共済事業に関し、㋑適正に経理の区分が行われていること、㋺その事業の継続が確実であると見込まれること、㋩その契約に係る掛金の安定運用が確保されていること ロ　年金の額及び掛金の額が適正な保険数理に基づいて定められており、かつ、その契約の内容が上記生命保険の掲げる要件に相当する要件を満たしていること （注）　全国労働者共済生活協同組合連合会及び教職員共済生活協同組合の各生命共済が指定されています（昭61大蔵省告示155号（最終改正平10大蔵省告示307号））。	ロ　年金受取人が生存している期間にわたって定期に行うものであること ハ　上記イの年金の支払のほか、被保険者の重度の障害を原因として年金の支払を開始し、かつ、年金の支払開始日以後10年以上の期間にわたって、又はその者が生存している期間にわたって定期に行うものであること

イ　新個人年金保険料

　　新個人年金保険料とは、上記の表に掲げる契約のうち、平成24年1月1日以後に生命保険会社又は損害保険会社等と締結したものに基づいて支払った保険料等をいいます。

ロ　旧個人年金保険料

　　旧個人年金保険料とは、上記の表に掲げる契約のうち、平成23年12月31日以前に生命保険会社又は損害保険会社等と締結したものに基づいて支払った保険料等をいいます。

第4　年末調整の準備

4　所得者自身が本年中に支払った保険料とは

生命保険料控除の対象とされる一般の生命保険料、介護医療保険料及び個人年金保険料は、所得者自身が本年中に支払ったものに限られます（所法76①②③）。

所得者自身が本年中に支払った保険料かどうかについては、次によって判断します。

①　未払の保険料等

控除の対象となる保険料等の金額は、本年中に実際に支払ったものに限られます。したがって、本年中に払込期限が到来したものであっても、まだ実際に支払っていないものは控除の対象とはなりませんが、昨年中に払込期限が到来し、本年に入ってから支払ったものは、本年において控除の対象となります（所基通76－3⑴）。

②　いわゆる振替貸付けにより払い込まれた保険料等

本年中にいわゆる振替貸付けにより保険料等の払込みに充当した金額は、本年中において支払った保険料等の金額として控除の対象となります（所基通76－3⑵）。

(注)1　「振替貸付け」とは、払込期日までに保険料等の払込みがない契約を有効に継続させるため、保険約款などに定めるところにより、保険会社などが保険料等の払込みに充当するために貸付けを行い、その保険料等の払込みに充当する処理を行うことをいいます。この処理は、契約者からの申出によって行う場合と、契約者から反対の申出がない限り当然に行う場合とがあります。
2　いわゆる振替貸付けにより保険料等に充当した金額を後日返済しても、その返済した金額は支払った保険料等には該当しません。

③　前納した保険料等

前納した保険料等の金額については、次の算式によって計算した金額が、本年中に支払った保険料等の金額として控除の対象となります（所基通76－3⑶）。

$$\left[\begin{array}{c}\text{前納した保険料等の総額}\\\text{前納により割引された場}\\\text{合にはその割引後の金額}\end{array}\right] \times \frac{\text{前納した保険料等に係る本年}\text{中に到来する払込期日の回数}}{\text{前納した保険料等に係る払込期日の総回数}}$$

(注)　「前納した保険料等」とは、各払込期日が到来するごとに保険料等の払込みに充当するものとしてあらかじめ保険会社等に払い込んだ金額で、まだ充当されていない残額があるうちに保険事故が生じたなどにより保険料等の払込みを要しないことになったときは、その残額に相当する金額が返還されることになっているものをいいます。

④　団体扱いによる保険料等

いわゆる団体扱いによる保険料等を払い込んだ場合において、保険料等の額が減額されるときは、その減額後の額を支払った金額とします（所基通76－3⑷）。

(注)　いわゆる団体扱いの手数料を、給与の支払者が各自の払込み保険料等の全部又は一部に充当したときは、「⑤　給与の支払者が負担した保険料等」の取扱いによります。

⑤　給与の支払者が負担した保険料等

控除の対象となる保険料等は、給与の支払を受ける人が支払ったものに限られますが、給与の

— 143 —

第4　年末調整の準備

支払者が給与の支払を受ける人を保険金受取人とする生命保険契約等のために支払った保険料等のうち、給与として課税されている金額については、給与の支払を受ける人が負担したものとして控除の対象に含めます（所基通76－4）。

(注)　給与等として課税されない生命保険料等（所基通36－31～36－31の6）及び給与等として課税されない少額の保険料等（所基通36－32）は、保険料控除の対象とはなりません。

⑥　分配を受けた剰余金又は割戻金の控除

イ　剰余金の分配がある場合の控除の対象となる保険料等の金額

　　生命保険契約等については、契約締結後一定の期間（2～3年）を経過すると剰余金の分配（いわゆる契約者配当）がありますが、この剰余金の分配を受け、又は分配を受ける剰余金を保険料等の払込みに充てている人の場合には、契約上の保険料等の金額からその剰余金の額を控除した残額が控除の対象となります。この場合の剰余金の控除は、契約単位ごとに行うのではなく、全ての契約を通算した総体計算によって行います。

　　例えば、AとBの二口の生命保険契約がある場合に、Aの契約については剰余金の分配を受けるだけであり、Bの契約については保険料等を払い込むだけであるときは、Aの契約による剰余金の額は、Bの契約について払い込んだ保険料等の額から控除することになります（所基通76－6）。

保 険 契 約	支 払 保 険 料 の 額	剰 余 金 の 額	生命保険料控除の対象額
A	－	50,000円	
B	98,000円	－	
計	Ⓐ　98,000円	Ⓑ　50,000円	Ⓐ－Ⓑ　48,000円

　　生命共済の場合の割戻金についても、これと同様に取り扱われます。

　　なお、新生命保険契約等について受けた剰余金又は割戻金は、旧生命保険契約等、介護医療保険契約等、新個人年金保険契約等又は旧個人年金保険契約等に係る保険料等からは控除しないこととなります。

ロ　いわゆる据置配当

　　分配又は割戻しを受けるべきことが確定した剰余金又は割戻金の額を、保険約款などに定めるところによって保険会社などに積み立てているいわゆる据置配当については、契約者からの申出によっていつでも払い戻すこととしているものに限り、実際にその剰余金等の払戻しを受ける時期にかかわらず、その積み立てた時に剰余金等の分配を受けたものとします。したがって、このような据置配当については、契約上の保険料等の金額から控除して、控除の対象となる保険料等の金額を計算することになります（所基通76－7）。

　　なお、いわゆる据置配当のうち、保険事故の発生時又は契約期間中の解約や契約期間の満了の際など特定の時期に限って払い戻すこととしているものは、その積み立てた時には剰余金等

第4　年末調整の準備

の分配を受けたものとはならないので、実際に払戻しを受けた時に剰余金等の分配を受けたものとして処理します。

(注)1　保険金の支払とともに、又は保険金の支払開始の日以後に支払を受ける剰余金等は、一時所得（保険金が年金払のときは、雑所得）として課税されますので、これに該当する剰余金等は、保険料等から控除しなくても差し支えありません（所基通34－1(4)）。

　　2　給与の支払者が給与の支払を受ける人のために負担した保険料等が、給与として課税されるのは、その保険料等（他にも損害保険料や法定負担額を超える社会保険料を負担しているときは、その損害保険料又はその超える部分の社会保険料との合計額）の月割額が300円を超える場合です（所基通36－32）。

⑦　**配偶者等が契約者となっている保険契約の保険料**

　配偶者や子が契約者となっている保険契約について、例えばその配偶者や子に収入がないため所得者自身が支払っている場合には、その所得者が保険料控除の適用を受けることができます。

(注)　保険料を負担していない人が満期返戻金等を受け取った場合には、贈与税等の対象となります。

5　生命保険料控除を受ける手続

　給与所得者が、生命保険料控除を受けようとするときは、本年最後の給与の支払を受ける日の前日までに「給与所得者の保険料控除申告書」を主たる給与の支払者（扶養控除等申告書の提出先）に提出しなければなりませんが、この場合には、次の点に注意してください（所法196）。

① **証明書類の提出又は提示**

　生命保険料控除の適用を受けるには、本年中に支払った一般の生命保険料のうち旧生命保険料が9,000円以下である場合を除き、金額の多少にかかわらず、保険料又は掛金を支払った事実を証明する書類又は電磁的記録印刷書面を「給与所得者の保険料控除申告書」に提出又は提示しなければなりません（所令319三～七）。

　旧生命保険料が9,000円を超えるかどうかは、一契約ごとに判定します。例えば、一口7,000円の保険料等と一口8,000円の保険料等の二つの生命保険料等を支払っている人があったとしますと、この人の本年中に支払った生命保険料等の合計額は15,000円となりますが、この場合は、いずれについても証明書類の提出又は提示は要しません。また、剰余金の分配を受け又は分配を受ける剰余金を保険料等の払込みに充てている場合には、その剰余金の額をその契約上の保険料等の金額から控除した残額により9,000円を超えるかどうかを判定します。

(注)　生命保険料控除額を計算する場合の剰余金の控除は総体計算で行いますが、9,000円を超えるかどうかを判定する場合の剰余金の控除は、契約単位ごとに行います。

－145－

第4　年末調整の準備

② 証明書類の提出又は提示がない場合の処理

　証明書類の提出又は提示をしなければならないにもかかわらず、その証明書類が「給与所得者の保険料控除申告書」に提出又は提示されていない場合には、その保険料等は控除の対象とはなりません（所法196②）。例えば、一口10,000円の旧生命保険料と一口8,000円の旧生命保険料の二つの生命保険料等を支払っている人が証明書類を提出又は提示していないときは、証明書類の提出又は提示を要する一口10,000円の生命保険料等は控除の対象から除かれ、8,000円の生命保険料等だけが控除の対象となります。

　なお、申告書を提出する際に証明書類が提出又は提示されていない場合でも、翌年1月31日までに提出することを条件として一応その控除をしたところで年末調整を行って差し支えありません。この場合、同日までに提出又は提示がなかったときは、その生命保険料等を控除しないところにより年末調整の再計算を行い、それによる不足額は、2月1日以後支払う給与から徴収することになります（所基通196-1）。

③ 証明書類の種類

　生命保険料等の証明書類は、保険会社等が発行した保険料等の領収証書又は本年中に支払った生命保険料等の金額及び保険契約者の氏名などを証明するために特に発行した書類をいいますが、次のようなものについては、それぞれ次によっても差し支えありません（所基通196-3、196-4）。

　イ　契約時に払い込んだ第1回の生命保険料等（月払契約のものは除かれます。）

　　　保険料仮領収証書

　ロ　月払契約による生命保険料等

　㈠　本年9月30日以前の契約締結による生命保険料等

　　　次の事項を記載した書類

　　A　1か月分の生命保険料等の金額。ただし、本年中においてその金額に異動があった場合には、その異動前、異動後の1か月分の生命保険料等の金額及びその異動があった月

　　B　上記のほか、次に掲げるものについては、次の事項

　　㈠　本年において剰余金等の分配を受けたもの…………その剰余金等の額

　　㈡　本年中に新規契約をしたもの……………………………その契約締結の月

　　㈢　本年中に失効、解約又は契約期間が満了したもの………最後の支払月

　㈡　本年10月1日以後の契約による生命保険料等

　　　第1回の保険料仮領収証書

　ハ　勤務先を対象とする団体特約により払い込んだ新生命保険料若しくは旧生命保険料、介護医療保険料、新個人年金保険料若しくは旧個人年金保険料又は確定給付企業年金規約若しくは適格退職年金契約に基づく掛金の一部として負担した部分の金額

　　　勤務先の代表者又はその代理人が「保険料控除申告書」に記載してある支払った保険料の

第4　年末調整の準備

金額及び保険契約者の氏名などに誤りがないかどうかを確認した上、その申告書の「給与の支払者確認印」欄に確認済の押印をした場合には、証明書の提出又は提示があったものとして取り扱われます（所基通196－2）。

6　源泉徴収簿の記入

「給与所得者の保険料控除申告書」の「生命保険料控除」欄に記載されている生命保険料の内容と証明書類等を検討して、その申告に誤りがないことを確認したときは、控除額として認められる金額を源泉徴収簿の「年末調整」欄の「生命保険料の控除額⑮」欄に記入します。

第4　年末調整の準備

◎この申告書の記載に当たっては、裏面の説明をお読みください。

（保）

記載のしかたはこちら

令和 5 年分　給与所得者の保険料控除申告書

所轄税務署長	京橋　税務署長

給与の支払者の名称（氏名）	株式会社築地商事
給与の支払者の法人番号	△△△△△12345678
給与の支払者の所在地（住所）	中央区築地××-△△

あなたの氏名（フリガナ　ネリマ　ジロウ）	練馬　次郎
あなたの住所又は居所	葛飾区○-×-3

生命保険料控除

一般の生命保険料

保険会社等の名称	A生命保険 / D生命保険
保険等の種類	終身 ／ 養老
保険期間	終身 ／ 10年
保険等の契約者の氏名	練馬　次郎 ／ 練馬　次郎
保険金等の受取人　氏名	練馬　和美 ／ 練馬　和美
新・旧の区分	新・旧 ／ 新・旧
あなたが本年中に支払った保険料等の金額	(a) 16,000 ／ (a) 80,000

(a)のうち新保険料等の金額の合計額	A	80,000 円
(a)のうち旧保険料等の金額の合計額	B	16,000 円

① A の金額を下の計算式Ⅰ（新保険料等用）に当てはめて計算した金額（最高40,000円）　40,000

② B の金額を下の計算式Ⅱ（旧保険料等用）に当てはめて計算した金額（最高50,000円）　16,000

③ 計（①＋②）　40,000

③と②のいずれか大きい金額　(a) 40,000

介護医療保険料

保険会社等の名称	B生命保険
保険等の種類	介護
保険期間	終身
保険等の契約者の氏名	練馬　次郎
保険金等の受取人　氏名	練馬　和美
あなたが本年中に支払った保険料等の金額	(a) 76,000

(a)の金額の合計額　C 76,000

C の金額を下の計算式Ⅰ（新保険料等用）に当てはめて計算した金額（最高40,000円）　(a) 40,000

個人年金保険料

保険会社等の名称	C生命保険
保険等の種類	個人年金
保険期間	10年
保険等の契約者の氏名	練馬　次郎
支払開始日　令17.1.1	
保険金等の受取人　氏名	練馬　次郎 本人
新・旧の区分	新・旧
あなたが本年中に支払った保険料等の金額	(a) 50,000

④ D の金額を下の計算式Ⅰ（新保険料等用）に当てはめて計算した金額（最高40,000円）　32,500

⑤ E の金額を下の計算式Ⅱ（旧保険料等用）に当てはめて計算した金額（最高50,000円）

⑥ 計（④＋⑤）　新（旧）　32,500

⑥と⑤のいずれか大きい金額　(a) 32,500

生命保険料控除額計（③＋④＋⑥）（最高120,000円）　111,500

計算式Ⅰ（新保険料等用）	計算式Ⅱ（旧保険料等用）
A、C又はDの金額　控除額の計算式	B又はEの金額　控除額の計算式
20,000円以下　A、C又はDの全額	25,000円以下　B又はEの全額
20,001円から40,000円まで　(A、C又はD)×1/2+10,000円	25,001円から50,000円まで　(B又はE)×1/2+12,500円
40,001円から80,000円まで　(A、C又はD)×1/4+20,000円	50,001円から100,000円まで　(B又はE)×1/4+25,000円
80,001円以上　一律に40,000円	100,001円以上　一律に50,000円

※ 控除額の計算において1円未満の端数があるときは、その端数を切り上げます。

地震保険料控除

保険会社等の名称	保険等の種類（目的）	保険期間	保険等の契約者の氏名	地震保険料又は旧長期損害保険料区分	あなたが本年中に支払った保険料等のうち、ⓐ又はⓑの金額
				地震・旧長期	ⒶⒷ
				地震・旧長期	

Ⓐのうち地震保険料の金額の合計額

Ⓑのうち旧長期損害保険料の金額の合計額

Ⓐの金額（最高50,000円）

Ⓑの金額（最高15,000円）

地震保険料控除額（Ⓒの金額）（最高50,000円）

社会保険料控除

社会保険の種類	保険料支払先の名称	保険料を負担することになっている人　氏名	あなたが本年中に支払った保険料の金額
			円
合計（控除額）			

小規模企業共済等掛金控除

種類	あなたが本年中に支払った掛金の金額
独立行政法人中小企業基盤整備機構の共済契約の掛金	円
確定拠出年金法に規定する企業型年金加入者掛金	
確定拠出年金法に規定する個人型年金加入者掛金	
心身障害者扶養共済制度に関する契約の掛金	
合計（控除額）	

第4　年末調整の準備

（二）　地震保険料控除

```
┌─ ポイント ─────────────────────────────┐
```

○　地震保険料の控除についても、生命保険料控除の場合と同じように、年末調整でその控除を受けようとする給与所得者は、「給与所得者の保険料控除申告書」の「地震保険料控除」欄に控除を受けようとする保険料等を記載して、給与の支払者に提出することになっています。

○　年末調整を行う給与の支払者は、この申告書が給与所得者から提出されたときには、地震保険料控除に該当するかどうかその記載内容についてよく検討し、誤りがあったときは是正させなければなりません。

○　地震保険料控除の場合は、保険料の金額の多少にかかわらず申告書に記載された全ての保険契約について、損害保険会社等が発行した「損害保険料を支払ったことを証明する書類」を提出又は提示する必要があります。

○　なお、損害保険料控除は平成18年分をもって廃止されていますが、所得者が、平成18年12月31日までに締結した一定の長期損害保険料等を支払った場合には、経過措置の適用があります。

○　この申告書の提出を受けた給与の支払者は、その申告書の提出期限の属する年の翌年1月10日の翌日から7年間保存する必要があります。

```
└──────────────────────────────────┘
```

1　地震保険料控除とは

　地震保険料控除とは、所得者自身又はその所得者と生計を一にする配偶者その他の親族が所有する家屋で常にその居住の用に供するもの又はこれらの人が所有する生活に通常必要な家財を保険若しくは共済の目的とし、かつ、地震若しくは噴火又はこれらによる津波を直接又は間接の原因とする火災、損壊、埋没又は流出による損害により、これらの資産について生じた損失の額を塡補する保険金や共済金が支払われる損害保険契約等に係る地震等損害部分の保険料等を、所得者自身が本年中に支払った場合、その支払った所得者の申告により、その所得者の総所得金額、退職所得金額又は山林所得金額からその支払った保険料等のうち一定の金額を控除することをいいます（所法77①）。

　給与所得者の場合には、年末調整の際「給与所得者の保険料控除申告書」を提出することにより、その控除が行われます（所法196）。

－ 149 －

第4　年末調整の準備

2　地震保険料控除額

　地震保険料控除額は、本年中に支払った地震保険料の金額の合計額（最高5万円）が、その控除の対象となります（所法77①）。

　なお、本年中に損害保険契約等に基づく剰余金の分配や割戻金の割戻しを受けたり、その剰余金や割戻金を地震保険料の払込みに充てた場合には、本年中に支払った保険料の合計額から、その支払を受けたり払込みに充てたりした剰余金や割戻金を控除した残額が、「支払った地震保険料の金額」になります。

(注)　前納した保険料及び振替貸付けによる保険料の取扱いは、生命保険料控除の場合と同じです。この取扱いについては、「**五　保険料控除申告書の受理と検討**」の項（134ページ以降）を参照してください。

3　控除の対象となる損害保険契約等とは

　控除の対象となる「損害保険契約等」とは、上記1に掲げた家屋・家財を保険や共済の目的とし、かつ、地震等損害**(注)**によりこれらの資産について生じた損失を塡補する保険金又は共済金が支払われる損害保険契約等のうち、次に掲げる契約に附帯して締結されるもの又はこれらの契約と一体となって効力を有する一の保険契約若しくは共済に係る契約をいいます（所法77②、所令214、平18財務省告示139号（最終改正平30財務省告示244号））。

(注)　「地震等損害」とは、地震若しくは噴火又はこれらによる津波を直接又は間接の原因とする火災、損壊、埋没又は流出による損害をいいます（所法77①）。

① 　損害保険会社又は外国損害保険会社等と締結した損害保険契約のうち、一定の偶然の事故によって生ずることのある損害を塡補するもの（損害保険会社又は外国損害保険会社等の締結した身体の傷害又は疾病により保険金が支払われる一定の保険契約は除きます。また、外国損害保険会社等については国内で締結したものに限ります。）

② 　農業協同組合又は農業協同組合連合会と締結した建物更生共済契約又は火災共済契約

③ 　農業共済組合又は農業共済組合連合会と締結した火災共済契約又は建物共済契約

④ 　漁業協同組合、水産加工業協同組合又は共済水産業協同組合連合会と締結した建物若しくは動産の共済期間中の耐存を共済事故とする共済契約又は火災共済契約

⑤ 　火災等共済組合と締結した火災共済契約

⑥ 　消費生活協同組合連合会と締結した火災共済契約又は自然災害共済契約

⑦ 　消費生活協同組合法第10条第1項第4号の事業を行う次に掲げる法人と締結した自然災害共済契約

　イ 　教職員共済生活協同組合

　ロ 　全国交通運輸産業労働者共済生活協同組合

— 150 —

第4　年末調整の準備

ハ　電気通信産業労働者共済生活協同組合

ニ　日本郵政グループ労働者共済生活協同組合（平成29年以前に締結したものに限ります。）

4　保険の目的物についての制限

家財等を保険等の目的とする損害保険契約等のうち地震保険料控除の対象となるものは、次の資産を保険又は共済の目的としているものです。したがって、損害保険会社等が取り扱っている損害保険契約等に基づく保険料又は掛金であっても、これら以外の資産を保険等の目的としているものであれば、控除の対象にはなりません。

(1)　家　屋

> 所得者自身又は所得者と生計を一にしている配偶者その他の親族が所有している家屋で、常時その居住の用に供しているもの

したがって、店舗、事務所、倉庫等の事業の用に供するもの、又は趣味、娯楽若しくは保養の目的のみに使用する別荘その他の家屋は、該当しないことになります。

また、居住の用に供している家屋であっても、所得者自身又は所得者と生計を一にしている配偶者その他の親族が所有していない家屋、例えば、他人から借用している家屋などは該当しません（所法77①）。

ただし、次の①及び②については、居住の用に供しているものとして、また③については、所有しているものとして取り扱われます（所基通77－2）。

①　居住用と事業用とに併用している家屋で、居住の用に供している部分

②　次のようなもので居住の用に供する家屋と一体として居住の用に供していると認められるもの

イ　門、塀又は物置、納屋その他の附属建物

ロ　電気、ガス、暖房又は冷房の設備その他の建物附属設備

(注)　通常の損害保険約款等によれば、イの附属建物については、保険証券等に明記されていない限り保険等の目的に含まれないものとされ、ロの建物附属設備については、特約のない限り保険等の目的に含まれるものとされています。

③　賦払の契約により購入した家屋で、その契約において代金完済後に所有権を移転する旨の特約が付されているもので、常にその居住の用に供しているもの（所基通77－1）

(2)　家　財

> 所得者自身又は所得者と生計を一にしている配偶者その他の親族が所有している生活に通常必要な家具、じゅう器、衣服その他の資産

したがって、生活に通常必要としない資産は該当せず、また、次の資産で1個又は1組の価額が30万円を超えるものも家財から除かれています（所法9①九、77①、所令25）。

① 貴石、半貴石、貴金属、真珠及びこれらの製品、べっこう製品、さんご製品、こはく製品、ぞうげ製品並びに七宝製品

② 書画、こっとう及び美術工芸品

　(注) 賦払の契約により購入したものは、上記(1)の③の家屋の場合と同様に取り扱われます。なお、自家用自動車については、原則として、生活に通常必要な資産には該当しません。

5　控除の対象とならない地震保険料

　家屋や家財を保険又は共済の目的とする損害保険契約に係る保険料等のうち、地震保険料控除の対象となる地震保険料は、所得者が本年中に支払ったもののうち、地震若しくは噴火又はこれらによる津波を直接又は間接の原因とする火災、損壊、埋没又は流出による損害により、前記4に掲げた資産について生じた損失を塡補する保険金又は共済金が支払われる損害保険契約等の保険料又は掛金に限られています（所法77①、所令213）。

　したがって、次のような地震保険料については地震保険料控除の対象になりません。

① 地震等損害により臨時に生ずる費用又はその資産の取壊し若しくは除去に係る費用その他これらに類する費用に対して支払われる保険金又は共済金に係る保険料又は掛金

② 一の損害保険契約等の契約内容につき、次の算式により計算した割合が100分の20未満であることとされている場合における地震等損害部分の保険料又は掛金（①に掲げるものを除きます。）

$$\frac{地震等損害により資産について生じた損失を塡補する保険金又は共済金の額（注3）}{火災（注1）による損害により資産について生じた損失を塡補する保険金又は共済金の額（注2）} < \frac{20}{100}$$

(注)1 「火災」は、地震若しくは噴火又はこれらによる津波を直接又は間接の原因とする火災を除きます。

　　2 損失の額を塡補する保険金又は共済金の額の定めがない場合には、その火災により支払われることとされている保険金又は共済金の限度額とします。

　　3 損失の額を塡補する保険金又は共済金の額の定めがない場合には、その地震等損害により支払われることとされている保険金又は共済金の限度額とします。

　　4 損害保険契約等において地震等損害により家屋等について生じた損失の額を塡補する保険金又は共済金の額が地震保険に関する法律施行令第2条《保険金額の限度額》に規定する金額（原則として家屋については5,000万円、家財については1,000万円）以上とされている場合には、上記計算式で算出した割合にかかわらず地震保険料控除の対象となります。

第4　年末調整の準備

6　地震保険料控除を受ける手続

　給与所得者が、地震保険料控除を受けようとするときは、本年最後の給与の支払を受ける日の前日までに「給与所得者の保険料控除申告書」を主たる給与の支払者（扶養控除等申告書の提出先）に提出しなければなりませんが、この場合には、次の点に注意してください（所法196①）。

（1）　地震保険料を支払ったことを証明する書類の提出又は提示

　地震保険料控除の場合には、支払った地震保険料の金額の多少にかかわらず、「給与所得者の保険料控除申告書」に地震保険料を支払ったことを証明する書類又は電磁的記録印刷書面を提出又は提示しなければならないことになっています。したがって、証明書類が提出又は提示されていない地震保険料については、地震保険料控除の対象となりません（所法196②、所令319八）。

　ただし、次の①の場合には、証明書類の提出又は提示に代わるものとして、また、②の場合には、年末調整の際、暫定的に地震保険料控除をして差し支えないことになっています。

①　勤務先を対象とした団体特約契約により支払った地震保険料については、その勤務先の代表者又はその代理人が、「給与所得者の保険料控除申告書」の「地震保険料控除」欄に記載された事項に誤りがないかどうかを確認した上、その申告書の「給与の支払者の確認印」欄に確認済の押印をした場合には、証明書類の提出又は提示があったものとして取り扱われます（所基通196－2）。

②　証明する書類の提出又は提示がない「給与所得者の保険料控除申告書」を受け取った場合には、翌年1月31日までに証明書類を提出することを条件として、その申告書に記載された地震保険料に基づいて控除額を計算して差し支えないことになっています。

　なお、翌年1月31日までに証明書類の提出又は提示がなかったときは、その地震保険料を控除しないところにより年末調整の再計算をして、その不足税額は、2月1日以後に支払う給与から徴収することになります（所基通196－1）。

（2）　住宅と店舗とが一括して保険の目的とされている損害保険

　居住用資産と事業用の家屋、商品等が一括して保険又は共済の目的とされている損害保険の場合には、居住用資産の部分のみが地震保険料控除の対象となります。

　この場合、居住用と事業用との地震保険料が保険証券等に明確に区分表示されていないときは、次の計算による金額を居住用資産部分の地震保険料として控除します（所基通77－5）。

①　居住用と事業用とに併用する資産が保険等の目的とされた資産に含まれていない場合

$$その契約に基づいて支払った地震保険料の金額 \times \frac{居住用資産に係る保険金額又は共済金額}{その契約に基づく保険金額又は共済金額の総額}$$

－153－

第4　年末調整の準備

② 居住用と事業用とに併用する資産が保険等の目的とされた資産に含まれている場合

$$\text{居住用資産につき①により計算した金額} + \left\{ \text{その契約に基づいて支払った地震保険料の金額} \times \frac{\text{居住用と事業用とに併用する資産に係る保険金額又は共済金額}}{\text{その契約に基づく保険金額又は共済金額の総額}} \times \text{その資産を居住の用に供している割合} \right\}$$

(注)　店舗併用住宅のように居住の用に供している部分が一定しているものについては、次の割合を居住の用に供している割合として差し支えありません。

$$\frac{\text{居住の用に供している部分の床面積}}{\text{その家屋の総床面積}}$$

　なお、店舗併用住宅のような場合で、その家屋の全体のおおむね90％以上を居住の用に供しているときは、その家屋について支払った地震保険料の全額を居住用資産部分の地震保険料の金額として差し支えないことになっています（所基通77－6）。

（3）　給与の支払者が給与所得者のために負担した地震保険料

　控除の対象となる地震保険料は、給与の支払を受ける人が支払ったものに限られますが、給与の支払者が給与の支払を受ける人のために負担した地震保険料のうち、給与として課税されている金額については、給与の支払を受ける人が支払ったものとして控除の対象になります（所基通77－7）。

(注)　給与の支払者が給与の支払を受ける人のために負担した地震保険料が給与として課税されるのは、その地震保険料（他にも生命保険料（個人年金保険料）や法定負担額を超える社会保険料を負担しているときは、その生命保険料(個人年金保険料)やその超える部分の社会保険料との合計額）の月割額が300円を超える場合です（所基通36－32）。

（4）　損害保険契約等に基づく責任開始日前に支払った地震保険料

　損害保険契約等に基づく責任開始日（保険会社等において損害について塡補責任を生ずる日をいいます。)前に支払った当該損害保険契約等に係る地震保険料については、現実の支払の日によらず、その責任開始日において支払ったものとされます（所基通77－3）。

7　源泉徴収簿の記入

　「給与所得者の保険料控除申告書」の「地震保険料控除」欄の記載内容と証明書類等を検討して、その申告に誤りがないことを確認した場合には、控除額として認められる金額を源泉徴収簿の「年末調整」欄の「地震保険料の控除額⑯」欄に記入します。

　なお、地震保険料控除のうちに旧長期損害保険料（次ページ参照）の控除額が含まれている場合には、支払った旧長期損害保険料の金額を源泉徴収簿の「年末調整」欄の「旧長期損害保険料支払額」欄に記入します。

第4　年末調整の準備

【経過措置】

（1）　経過措置による地震保険料控除額

　平成18年の税制改正により、平成18年以前分の所得税において適用されていた損害保険料契約等に係る保険料や掛金については、前記1に掲げる保険料又は掛金を除き、地震保険料控除の対象には該当しないこととなりました。

　そこで、経過措置として、所得者が平成19年以後の各年分において、平成18年12月31日までに締結した長期損害保険契約等に係る保険料又は掛金（以下「旧長期損害保険料」といいます。）を支払った場合には、前記1にかかわらず、支払った地震保険料等（地震保険料控除の対象となる地震保険料及び旧長期損害保険料）の区分に応じて、次の表により計算した金額とすることができます（平18改正法附則10②）。

	支払った保険料等の区分	保　険　料　等　の　金　額		控　　除　　額
①	地震保険料等に係る契約の全てが地震保険料控除の対象となる損害保険契約等である場合	―	―	その年中に支払った地震保険料の金額の合計額（最高5万円）
②	地震保険料等に係る契約の全てが長期損害保険契約等に該当するものである場合	旧長期損害保険料の金額の合計額	10,000円以下	その合計額
			10,000円超20,000円以下	$\left(\begin{array}{l}\text{支払った保険料}\\\text{の金額の合計額}\end{array}\right) \times \dfrac{1}{2} + 5,000円$
			20,000円超	15,000円
③	①と②がある場合	①、②それぞれ計算した金額の合計額	50,000円以下	その合計額
			50,000円超	50,000円

　（注）　上記①～③により控除額を計算する場合において、一つの損害保険契約等が、地震等損害により保険金や共済金が支払われる損害保険契約等と旧長期損害保険契約等のいずれの契約区分にも該当する場合には、選択によりいずれか一方の契約区分にのみ該当するものとして上記①～③の規定を適用します。

（2）　控除の対象となる長期損害保険契約等とは

　「長期損害保険契約等」とは、次の全てに該当する損害保険契約等をいいます（保険期間又は共済期間の始期が平成19年1月1日以後であるものを除きます。）。

　①　保険期間又は共済期間の満了後に満期返戻金を支払う旨の特約のある契約その他一定の契約であること

　②　保険期間又は共済期間が10年以上であること

　③　平成19年1月1日以後にその損害保険契約等の変更をしていないものであること

　なお、上記①の「その他一定の契約」は、建物又は動産の共済期間中の耐存を共済事故とする共済に係る契約をいいます（平18改正令附則14①）。

　　（注）　保険等の期間が10年以上であるものについては、損害保険料の金額等を証する書類に、次の契

第4　年末調整の準備

約に該当するかどうかの区分を記載することになっています（平成18改正規附則5）。

①　保険期間の満了後、満期返戻金を支払う旨の特約のある契約

②　建物や動産の共済期間中の耐存を共済事故とする共済に係る契約

　したがって、旧長期損害保険料に該当するかどうかは、この証明書によって判断することができます。

第4 年末調整の準備

令和5年分 給与所得者の保険料控除申告書

◎この申告書の記載に当たっては、裏面の説明をお読みください。

所轄税務署長	京橋 税務署長
給与の支払者の名称(氏名)	株式会社築地商事
給与の支払者の法人番号 ※この申告書の提出を受けた給与の支払者(個人を除きます。)が記載してください。	△△△△△△ 1 2 3 4 5 6 7 8
給与の支払者の所在地(住所)	中央区築地××-△△
(フリガナ) あなたの氏名	シンジュク イチロウ 新宿 一郎
あなたの住所又は居所	渋谷区〇〇-××-3-801

地震保険料控除

保険会社等の名称	保険等の種類(目的)	保険期間	保険等の契約者の氏名	地震保険料又は旧長期損害保険料区分	あなたが本年中に支払った保険料等のうち、左欄の区分に係る金額
E損害保険	地震	5年	新宿 一郎	地震・旧長期	A 68,000

- Ⓐのうち地震保険料の金額の合計額 … B 68,000
- Ⓐのうち旧長期損害保険料の金額の合計額 … C （最高15,000円）

地震保険料控除額
（Ⓑの金額（最高50,000円）＋Ⓒの金額）＝ 50,000 （最高50,000円）

（Ⓒの金額が10,000円を超える場合は、Ⓒ×1/2+5,000 円）

社会保険料控除

社会保険の種類	保険料支払先の名称	保険料を負担することになっている人 氏名	あなたが本年中に支払った保険料の金額

合計（控除額）

小規模企業共済等掛金控除

掛金の種類	あなたが本年中に支払った掛金の金額
独立行政法人中小企業基盤整備機構の共済契約の掛金	
確定拠出年金法に規定する企業型年金加入者掛金	
確定拠出年金法に規定する個人型年金加入者掛金	
心身障害者扶養共済制度に関する契約の掛金	

合計（控除額）

生命保険料控除

一般の生命保険料

保険会社等の名称	保険等の種類	保険期間又は年金支払期間	保険等の契約者の氏名	保険金等の受取人 氏名	あなたとの続柄	新・旧の区分	あなたが本年中に支払った保険料等の金額
						新・旧	(a)
						新・旧	(a)

- (ⓐのうち)新保険料等の金額の合計額 … A
- (ⓐのうち)旧保険料等の金額の合計額 … B
- Aの金額を下の計算式Ⅰ（新保険料等用）に当てはめて計算した金額 … ① （最高40,000円）
- Bの金額を下の計算式Ⅱ（旧保険料等用）に当てはめて計算した金額 … ② （最高50,000円）
- ①と②のいずれか大きい金額 … ③ 計（①＋②）

介護医療保険料

							(a)
- Cこの金額を下の計算式Ⅰ（新保険料等用）に当てはめて計算した金額 … ④ （最高40,000円）

個人年金保険料

						新・旧	(a)
						新・旧	(a)
- (ⓐのうち)新保険料等の金額の合計額 … D
- (ⓐのうち)旧保険料等の金額の合計額 … E
- Dの金額を下の計算式Ⅰ（新保険料等用）に当てはめて計算した金額 … ⑤ （最高40,000円）
- Eの金額を下の計算式Ⅱ（旧保険料等用）に当てはめて計算した金額 … ⑥ （最高50,000円）
- ⑤と⑥のいずれか大きい金額 … ⑥（④＋⑥）

生命保険料控除額計（③＋④＋⑥）（最高120,000円）

計算式Ⅰ（新保険料等用）

A、C又はDの金額	控除額の計算式
20,000円以下	A、C又はDの金額
20,001円から40,000円まで	(A、C又はD)×1/2+10,000円
40,001円から80,000円まで	(A、C又はD)×1/4+20,000円
80,001円以上	一律に40,000円

計算式Ⅱ（旧保険料等用）

B又はEの金額	控除額の計算式
25,000円以下	B又はEの金額
25,001円から50,000円まで	(B又はE)×1/2+12,500円
50,001円から100,000円まで	(B又はE)×1/4+25,000円
100,001円以上	一律に50,000円

※ 控除額の計算において1円未満の端数があるときは、その端数を切り上げます。

— 157 —

第4　年末調整の準備

（三）　社会保険料控除

```
ポ イ ン ト
```

○　毎月給与等から徴収する社会保険料については、本年中に各人の給与から実際に徴収した社会保険料の金額を集計します。

　　なお、本年の中途で他から転職してきた人のように、他の給与の支払者から給与の支払を受けていた人については、その給与から徴収された社会保険料の金額を加算して集計します。

○　国民健康保険の保険料又は国民健康保険税などのように直接本人が支払った社会保険料については、本年最後に給与を支払う日の前日までにその人から「給与所得者の保険料控除申告書」の提出を受けてこれを検討し、その社会保険料の金額を確認します。

1　社会保険料控除とは

　　年末調整の際に控除する社会保険料控除とは、給与所得者自身又はその給与所得者と生計を一にする配偶者その他の親族が負担すべき健康保険や厚生年金保険などの保険料を、給与所得者自身が、本年中に支払った場合又は給与から控除された場合に、その支払った金額又は給与から控除された金額をその人の所得金額から控除することをいいます。

　　社会保険料控除については、生命保険料控除や地震保険料控除とは異なり、本年中に支払った又は給与から控除された社会保険料の全額が、その控除の対象となります（所法74①）。

2　控除の対象となる社会保険料の範囲

　　社会保険料控除の対象となる社会保険料は、次のものに限られます（所法74②、所令208、措法41の7②）。

①　健康保険法の規定により被保険者として負担する健康保険の保険料

②　健康保険法附則第4条第3項又は船員保険法附則第3条第3項の規定により被保険者が承認法人等に支払う負担金

③　国民健康保険法の規定による国民健康保険の保険料又は地方税法の規定による国民健康保険税

④　高齢者の医療の確保に関する法律の規定による保険料（後期高齢者医療制度の保険料）

— 158 —

第4 年末調整の準備

⑤ 介護保険法の規定による介護保険の保険料

⑥ 労働保険の保険料の徴収等に関する法律の規定により雇用保険の被保険者として負担する労働保険料

⑦ 国民年金法の規定により被保険者として負担する国民年金の保険料及び国民年金基金の加入員として負担する掛金

⑧ 独立行政法人農業者年金基金法の規定により被保険者として負担する農業者年金の保険料

⑨ 厚生年金保険法の規定により被保険者として負担する厚生年金保険の保険料

⑩ 船員保険法の規定により被保険者として負担する船員保険の保険料

⑪ 国家公務員共済組合法の規定による掛金

⑫ 地方公務員等共済組合法の規定による掛金（特別掛金を含みます。）

⑬ 私立学校教職員共済法の規定により加入者として負担する掛金

⑭ 恩給法第59条の規定による納金

⑮ 労働者災害補償保険法の規定により労働者災害補償保険の特別加入者として負担する保険料

⑯ 地方公共団体の職員が条例の規定により組職するいわゆる互助会の行う職員の相互扶助に関する制度に基づきその職員が負担する掛金（一定の要件を備えていることにつき所轄税務署長の承認を受けている制度に基づくものに限られます。）

⑰ 国家公務員共済組合法等の一部を改正する法律附則第9条から第11条までの規定による公庫等の復帰希望職員の掛金

⑱ 平成25年厚生年金等改正法附則第3条第11号に規定する存続厚生年金基金の加入員として負担する掛金

(注) 上記①及び②には、船員の雇用の促進に関する特別措置法の規定により船員保険法の被保険者とみなされた労務供給船員が支払う船員保険の保険料を含みます。

3 給与から控除している社会保険料

（1） 社会保険料控除額の集計と源泉徴収簿の整理

　健康保険、雇用保険及び厚生年金保険の保険料など通常給与から控除されることとなっている社会保険料については、給与の支払者が源泉徴収簿により集計し、その集計金額を源泉徴収簿の「年末調整」欄の「社会保険料等控除額」の「給与等からの控除分⑫」欄に記入します。

— 159 —

第4　年末調整の準備

（2）　集計に当たっての注意事項

給与から控除している社会保険料を集計する場合には、次のような事項に注意しなければなりません。

①　給与から未控除の社会保険料

本年中の給与から実際に控除した社会保険料を集計します。したがって、給与から控除すべきこととなっている社会保険料であっても、実際に給与から控除していないものについては集計の対象となりません（所法74①、所基通74・75－1(1)）。

②　給与から控除した社会保険料に含まれるもの

健康保険、厚生年金保険又は雇用保険の保険料のように通常給与から控除されることとなっているものについては、たまたま給与の支払がないなどのため直接本人から徴収したり、退職手当等又は労働基準法の規定による休業補償のような非課税所得から控除している場合であっても、給与から控除される社会保険料に含めて集計します（所基通74・75－3）。

③　中途就職者の社会保険料

本年中途の就職者で、就職前の勤務先（その勤務先における給与を通算して年末調整をする場合に限ります。）の給与から控除された社会保険料がある場合には、その社会保険料も含めて集計します（所法190二イ）。

④　雇用主が負担した社会保険料

雇用主が負担する法定若しくは認可の額以内の社会保険料又は給与所得者が負担することとなっている社会保険料を雇用主が負担した場合のその負担した社会保険料は、集計の対象になりません。

ただし、法定若しくは認可の額を超えて負担した社会保険料で、その金額を給与所得者の給与として課税している場合には、その負担した金額を含めて集計します（所基通74・75－4）。

　（注）　給与の支払者が給与の支払を受ける人のために負担した社会保険料が、給与として課税されるのは、その社会保険料（他にも生命保険料（個人年金保険料）や地震保険料を負担しているときは、その生命保険料（個人年金保険料）や地震保険料との合計額）の月割額が300円を超える場合です（所基通36－32）。

⑤　非課税となる在勤手当に対応する社会保険料

非課税となる在勤手当に対応する社会保険料の金額は、たとえ課税される給与から控除した場合であっても集計の対象になりません（所法74②）。

この集計の対象にならない社会保険料の金額は、非課税となる在勤手当を含めた給与の総額に対する社会保険料の金額から、非課税となる在勤手当を支払わないものとした場合における社会保険料の金額を控除した金額をいいます（所基通74・75－5）。

第4　年末調整の準備

4　申告書を提出して控除を受ける社会保険料

　給与から控除される社会保険料のほかに、国民健康保険の保険料若しくは国民健康保険税又は国民年金の保険料などを給与所得者が直接支払った場合には、生命保険料控除や地震保険料控除の場合と同様に、本年最後の給与の支払を受ける日の前日までに「給与所得者の保険料控除申告書」を主たる給与の支払者へ提出して控除を受けることになります（所法196①）。

　なお、申告により控除する社会保険料のうち国民年金法の規定により被保険者として負担する国民年金の保険料及び国民年金基金の加入者として負担する掛金については、「給与所得者の保険料控除申告書」にその保険料等を支払ったことを証明する書類を提出又は提示する必要があります（所法196②、所令319一）。

> **(注)** 1　介護保険の保険料については、年齢40歳から64歳までの人は健康保険や国民健康保険の保険料に介護保険料が含まれており、年齢65歳以上の人は原則として、公的年金等から介護保険料が控除されることになっています。
>
> 　　　 2　所得者と生計を一にする配偶者や扶養親族（以下「配偶者等」といいます。）が、支払を受ける公的年金等から控除（特別徴収）される介護保険料及び後期高齢者医療制度の保険料については、配偶者等自身が支払ったものであることから、その所得者の社会保険料控除の対象とはなりません。
>
> 　　　　　なお、所得者が配偶者等の介護保険料を納付書等により納付（普通徴収）する場合又は後期高齢者医療制度の保険料を所得者が口座振替により支払う場合には、国民年金や国民健康保険の保険料などと同様に、その所得者の社会保険料控除の対象となります。

■申告による社会保険料控除額の確認

　年末調整に際して控除される社会保険料は、給与所得者又は給与所得者と生計を一にする配偶者その他の親族が負担すべき社会保険料で、給与所得者自身が本年中に支払った場合に限られています（所法74①、196①）。

　したがって、給与の支払者が給与所得者から「給与所得者の保険料控除申告書」を受け取った場合は、その申告書に記載されている社会保険料が、控除の対象となるものかどうかを検討しなければなりません。

　この検討に当たっては、次の事項を確認してください。

① **控除の対象となる社会保険料かどうか**

　申告により控除する社会保険料には、次のようなものがあります。

　　イ　国民健康保険の保険料又は国民健康保険税

　　ロ　国民年金の保険料又は国民年金基金の掛金

　　ハ　健康保険、厚生年金保険又は船員保険の任意継続被保険者が負担する保険料

② **本年中に支払った社会保険料かどうか**

　申告によって控除される社会保険料は、本年中に実際に支払ったものに限られます。したがっ

— 161 —

第4　年末調整の準備

て、本年中に支払うべき社会保険料であっても実際に支払っていないものは、控除の対象になりません（所基通74・75－1(1)）。

③　前納した社会保険料の控除額が正しいかどうか

前納した社会保険料については、本年中に支払った金額のうち、次の算式により求めた金額が本年中に支払った社会保険料として控除の対象になります（所基通74・75－1(2)）。

$$
\left[\begin{array}{c} \text{前納した社会保険料の総額} \\ \text{前納により割引された場合} \\ \text{には、その割引後の金額} \end{array}\right] \times \frac{\text{前納した社会保険料に係る本年}}{\text{前納した社会保険料に}} \\ \frac{\text{中に到来する納付期日の回数}}{\text{係る納付期日の総回数}}
$$

ただし、前納の期間が1年以内のもの及び法令に一定期間の社会保険料を前納することができる旨の規定がある場合における当該規定に基づき前納したもので、その前納した社会保険料の全額を「給与所得者の保険料控除申告書」に記載している場合には、その全額を本年中において支払った社会保険料として控除の対象として差し支えありません（所基通74・75－2）。

なお、前納した社会保険料とは、各納付期日が到来するごとに社会保険料に充当するものとしてあらかじめ納付した金額で、まだ充当されない残額があるうちに年金等の給付事由が生じたなどにより社会保険料の納付を要しないこととなった場合には、その残額に相当する金額が返還されることとなっているものをいいます（所基通74・75－1（注））。

(注)　2年前納された国民年金保険料について、各年分の保険料に相当する額を各年において控除する方法を選択する場合には、各年分に対応する社会保険料控除証明書が発行されているときは、本人が各年ごとの社会保険料控除証明書を保険料控除申告書に添付して給与等の支払者に提出することになっています。

④　給与所得者自身が支払った社会保険料かどうか

給与所得者自身と生計を一にする配偶者その他の親族が被保険者となっているものの場合、「給与所得者の保険料控除申告書」を提出する給与所得者自身が支払ったものでなければ、社会保険料控除の対象とはなりません。

なお、これらの親族が被保険者又は世帯主として負担することとなっている国民健康保険の保険料、国民健康保険税、介護保険料などを、これらの親族に支払能力がないためなどにより、給与所得者自身が代わって支払っている場合には、その支払った社会保険料は控除の対象になります（所法74①）。

⑤　証明書類の提出又は提示があるかどうか

申告により控除する社会保険料のうち国民年金法の規定により被保険者として負担する国民年金の保険料及び国民年金基金の加入者として負担する掛金については、「給与所得者の保険料控除申告書」にその保険料等を支払ったことを証明する書類又は電磁的記録印刷書面を提出又は提示する必要があります（所法196②、所令319一）。

第4　年末調整の準備

5　給与から控除している小規模企業共済等掛金

　確定拠出年金法に基づく個人型年金加入者掛金のように通常給与から控除されることとなっている小規模企業共済等掛金については、給与の支払者が源泉徴収簿により集計し、その集計金額を源泉徴収簿の「年末調整」欄の「社会保険料等控除額」の「給与等からの控除分⑫」欄に記入します（所法190二イ）。

　(注)　給与から控除している小規模企業共済等掛金は、源泉徴収簿の「社会保険料等の控除額」欄に社会保険料と合計した金額を記入することとされています（所法188）。
　　　したがって、年末調整の際の掛金等の集計も社会保険料との合計額となります。
　　　なお、給与から控除している小規模企業共済等掛金の金額については、源泉徴収簿の「年末調整」欄右枠内の「⑫のうち小規模企業共済等掛金の金額」欄に記入します。

6　源泉徴収簿の記入

　「給与所得者の保険料控除申告書」の「社会保険料控除」欄に記載されている社会保険料の内容と証明書類等を検討して、その申告に誤りがないことを確認した場合には、控除額として認められる金額を源泉徴収簿の「年末調整」欄の「社会保険料等控除額」の「申告による社会保険料の控除分⑬」欄に記入します。なお、社会保険料控除のうちに国民年金保険料及び国民年金基金の掛金の控除額が含まれている場合には、支払った国民年金保険料等の金額を源泉徴収簿の「年末調整」欄の「⑬のうち国民年金保険料等の金額」欄に記入します。

— 163 —

第4　年末調整の準備

令和5年分　給与所得者の保険料控除申告書

◎ この申告書の記載に当たっては、裏面の説明をお読みください。

所轄税務署長	京橋　税務署長
給与の支払者の名称（氏名）	株式会社築地商事
給与の支払者の法人番号	△△△△△12345678
給与の支払者の所在地（住所）	中央区築地××-△△
あなたの氏名（フリガナ　イタバシ　タロウ）	板橋　太郎
あなたの住所又は居所	杉並区○-△-4

生命保険料控除

一般の生命保険料、介護医療保険料、個人年金保険料の区分に応じて記入。

保険会社等の名称	保険等の種類	保険期間	保険金等の受取人	新・旧の区分	あなたが本年中に支払った保険料等の金額

計算式 I（新保険料等用）

A、C又はDの金額	控除額の計算式
20,000円以下	A、C又はDの全額
20,001円から40,000円まで	(A、C又はD)×1/2+10,000円
40,001円から80,000円まで	(A、C又はD)×1/4+20,000円
80,001円以上	一律に40,000円

計算式 II（旧保険料等用）

B又はEの金額	控除額の計算式
25,000円以下	B又はEの全額
25,001円から50,000円まで	(B又はE)×1/2+12,500円
50,001円から100,000円まで	(B又はE)×1/4+25,000円
100,001円以上	一律に50,000円

地震保険料控除

保険会社等の名称	保険等の種類（目的）	保険期間	保険料の契約者の氏名	地震・旧長期の区分	あなたが本年中に支払った保険料等のうち、地震保険料又は旧長期損害保険料の金額

（Ⓑ最高15,000円）
（Ⓒ最高50,000円）

社会保険料控除

社会保険の種類	保険料支払先の名称	保険料を負担することになっている人　氏名	あなたが本年中に支払った保険料の金額
国民年金保険	日本年金機構	板橋　進子	198,450

合計（控除額）　198,450

小規模企業共済等掛金控除

種類	あなたが本年中に支払った掛金の金額
独立行政法人中小企業基盤整備機構の共済契約の掛金	
確定拠出年金法に規定する企業型年金加入者掛金	
確定拠出年金法に規定する個人型年金加入者掛金	
心身障害者扶養共済制度に関する契約の掛金	

合計（控除額）

※　控除額の計算において算出した金額に1円未満の端数があるときは、その端数を切り上げます。

— 164 —

第4　年末調整の準備

（四）　小規模企業共済等掛金控除

ポイント

○　毎月の給与から差し引かれた小規模企業共済等掛金は、その金額が控除され、源泉徴収簿で集計します。

○　所得者自身が本年中に直接支払った小規模企業共済等掛金は「給与所得者の保険料控除申告書」に記載して申告しなければなりません。

○　申告した小規模企業共済等掛金については、掛金の金額の多少にかかわらず、その掛金について「掛金を支払ったことを証明する書類」を添付するか、又は提示しなければなりません。

○　この申告書が給与の受給者から提出された場合は、給与の支払者は、その申告された掛金の金額を「掛金を支払ったことを証明する書類」によって確認します。

1　小規模企業共済等掛金控除とは

　小規模企業共済等掛金控除とは、次に掲げる契約に基づいて、所得者自身が本年中に支払った掛金の金額をその人の所得金額から控除することをいいます（所法75、所令208の2）。

①　独立行政法人中小企業基盤整備機構（旧中小企業総合事業団）と締結した共済契約（旧第2種共済契約を除きます。）（小規模企業共済法第2条第2項）

　（注）　独立行政法人中小企業基盤整備機構（旧中小企業総合事業団）と締結した旧第2種共済契約に基づくものは、生命保険料控除の対象となります（昭62大蔵省告示159号（最終改正平30財務省告示243号））。

②　確定拠出年金法に規定する企業型年金又は個人型年金

③　条例の規定により地方公共団体が実施する一定の心身障害者扶養共済制度に係る契約

　　この心身障害者扶養共済制度とは、地方公共団体の条例において、精神又は身体に障害のある人（以下「心身障害者」といいます。）を扶養する人が加入者となり、その加入者が地方公共団体に掛金を納付し、その地方公共団体が心身障害者の扶養のために給付金を定期的に支給することを定めている制度で、次に掲げる要件のすべてを備えているものをいいます（所令20②）。

　イ　心身障害者の扶養のための給付金（その給付金の支給開始前に心身障害者が死亡した場合に、その加入者に対して支給される弔慰金も含まれます。）のみを支給するものであること

　ロ　給付金の額は、心身障害者の生活のために通常必要とされる費用を満たす金額（弔慰金

— 165 —

にあっては、掛金の累積額に比して相当と認められる金額）を超えず、かつ、その額について特定の人につき不当に差別的な取扱いをしないこと

ハ　給付金（弔慰金は除かれます。）の支給は、加入者の死亡、重度の障害その他地方公共団体の長が認定した特別の事故を原因として開始されるものであること

ニ　給付金（弔慰金は除かれます。）の受取人は、心身障害者又は上記ハの事故発生後において心身障害者を扶養する者とするものであること

ホ　給付金に関する経理は、他の経理と区分して行い、かつ、掛金その他の資金が銀行その他の金融機関に対する運用の委託、生命保険への加入その他これらに準ずる方法を通じて確実に運用されるものであること

(注)　現在、これに該当する制度は、全国の主要な都市において実施されています。

2　給与から控除している小規模企業共済等掛金

(1)　小規模企業共済等掛金の集計と源泉徴収簿の整理

確定拠出年金法に基づく個人型年金加入者掛金のように通常給与から控除されることとなっている小規模企業共済等掛金については、給与の支払者が源泉徴収簿により集計し、その集計金額を源泉徴収簿の「年末調整」欄の「社会保険料等控除額」の「給与等からの控除分⑫」欄に記入します（所法190二イ）。

(注)　給与から控除している小規模企業共済等掛金は、源泉徴収簿の「社会保険料等の控除額」欄に社会保険料と合計した金額を記入することとされています（所法188）。

したがって、年末調整の際の掛金等の集計も社会保険料との合計額となります。

なお、給与から控除している小規模企業共済等掛金の金額については、源泉徴収簿の「年末調整」欄の「⑫のうち小規模企業共済等掛金の金額」欄に記入します。

(2)　集計に当たっての注意事項

給与から控除している小規模企業共済等掛金を集計する場合には、次のような事項に注意しなければなりません。

①　給与から未控除の小規模企業共済等掛金

本年中の給与から実際に控除した小規模企業共済等掛金を集計します。したがって、給与から控除すべきこととなっている小規模企業共済等掛金であっても、実際に給与から控除していないものについては集計の対象となりません（所法75①、所基通74・75－1(1)）。

②　給与から控除した小規模企業共済等掛金に含まれるもの

確定拠出年金法の規定による個人型年金加入者掛金のように通常給与から控除されることとなっているものについては、たまたま給与の支払がないなどのため直接本人から徴収したり、退職手当等又は労働基準法の規定による休業補償のような非課税所得から控除している場合であって

— 166 —

第4　年末調整の準備

も、給与から控除される小規模企業共済等掛金に含めて集計します（所基通74・75−3）。

③　中途就職者の小規模企業共済等掛金

本年中途の就職者で、就職前の勤務先（その勤務先における給与を通算して年末調整をする場合に限ります。）の給与から控除された小規模企業共済等掛金がある場合には、その小規模企業共済等掛金も含めて集計します（所法190二イ）。

④　雇用主が負担した小規模企業共済等掛金

給与所得者が負担することとなっている小規模企業共済等掛金を雇用主が負担した場合には、その金額はすべて給与等として課税されますので、その人が支払った小規模企業共済等掛金として控除の対象となります（所基通74・75−4（注））。

3　申告書を提出して控除を受ける小規模企業共済等掛金

（1）　直接支払った掛金についての申告

給与所得者が直接支払った掛金について小規模企業共済等掛金控除を受ける場合は、本年最後の給与の支払を受ける日の前日までに、生命保険料控除や地震保険料控除などの場合と同様に、「給与所得者の保険料控除申告書」の「小規模企業共済等掛金控除」欄に、本年中に支払った掛金の額を記載して、給与の支払者に提出しなければなりません（所法196①）。

（2）　控除額の確認

小規模企業共済等掛金控除は、社会保険料控除の場合と同様に、給与所得者が本年中に実際に支払った掛金の全額が、その控除の対象となります。

①　給与所得者が本年中に実際に支払った小規模企業共済等掛金が、その控除の対象となります。

したがって、本年中に納期が到来しているものであっても実際に支払っていないもの、つまり未払の掛金については、控除の対象となりません（所基通74・75−1(1)）。

②　前納した小規模企業共済等掛金の金額は、本年中に到来した納付期日に対応する部分の金額が、本年において支払った小規模企業共済等掛金の金額として控除の対象になります（所基通74・75−1(2)）。

この金額の計算は、次の算式により求めます。

$$\begin{array}{c}\text{前納した小規模企業共済等掛金の総額}\\ \left[\begin{array}{c}\text{前納により割引された場合}\\ \text{には、その割引後の金額}\end{array}\right]\end{array} \times \dfrac{\text{前納した小規模企業共済等掛金に係る本年中に到来する納付期日の回数}}{\text{前納した小規模企業共済等掛金に係る納付期日の総回数}}$$

ただし、前納の期間が1年以内のもの及び法令に一定期間の小規模企業共済等掛金を前納することができる旨の規定がある場合における当該規定に基づき前納したもので、その前納した小規模企業共済等掛金の全額を「給与所得者の保険料控除申告書」に記載している場合には、

— 167 —

第4　年末調整の準備

その全額を本年において支払った小規模企業共済等掛金として控除の対象として差し支えありません（所基通74・75-2）。

③　申告により小規模企業共済等掛金控除を受けるためには、小規模企業共済等掛金の額を証する書類又は電磁的記録印刷書面を「給与所得者の保険料控除申告書」に提出又は提示しなければなりません（所法196②、所令319二）。

　なお、小規模企業共済等掛金控除は、支払った掛金の多少にかかわらず、その証明書を提出又は提示することになっていますから注意してください。

④　証明書が提出又は提示されていない場合には、その掛金は、原則として控除の対象とはなりませんが、翌年1月31日までにその証明書を添付させることを条件として、その控除をしたところで年末調整を行ってよいこととされています。この場合、翌年1月31日までにその証明書の提出又は提示がなかったときは、その控除をしないところで年末調整の再計算を行い、不足額は2月1日以後に支払う給与から徴収することになります（所基通196-1）。

（3）　源泉徴収簿の記入

　「給与所得者の保険料控除申告書」の「小規模企業共済等掛金控除」欄に記載されている小規模企業共済掛金の内容と証明書類等を検討して、その申告に誤りがないことを確認した場合には、控除額として認められる金額を源泉徴収簿の「年末調整」欄の「社会保険料等控除額」欄の「申告による小規模企業共済等掛金の控除分⑭」欄に記入します。

第4　年末調整の準備

令和5年分　給与所得者の保険料控除申告書

◎この申告書の記載に当たっては、裏面の説明をお読みください。

所轄税務署長

京橋　税務署長

給与の支払者の名称（氏名）	株式会社築地商事
給与の支払者の法人（個人）番号	△△△△△△1234567 8
給与の支払者の所在地（住所）	中央区築地××-△△

※この申告書の提出を受けた給与の支払者（個人を除きます。）が記載してください。

（フリガナ）	アラカワ　ジロウ
あなたの氏名	荒川　二郎
あなたの住所又は居所	江戸川区××-○-14

（保）

地震保険料控除

あなたが本年中に支払った掛金	136,800
合計（控除額）	136,800

小規模企業共済等掛金控除

- 独立行政法人中小企業基盤整備機構の共済契約の掛金
- 確定拠出年金法に規定する企業型年金加入者掛金
- 確定拠出年金法に規定する個人型年金加入者掛金
- 心身障害者扶養共済制度に関する契約の掛金

社会保険料控除

生命保険料控除

計算式区分（新保険料等用）※	控除額の計算式	B又はEの金額
A、C又はDの金額	控除額の計算式	B又はEの金額
20,000円以下	A、C又はDの全額	25,000円以下
20,001円から40,000円まで	(A、C又はD)×1/2+10,000円	25,001円から50,000円まで
40,001円から80,000円まで	(A、C又はD)×1/4+20,000円	50,001円から100,000円まで
80,001円以上	一律に40,000円	100,001円以上

B又はEの金額	
25,000円以下	B又はEの全額
25,001円から50,000円まで	(B又はE)×1/2+12,500円
50,001円から100,000円まで	(B又はE)×1/4+25,000円
100,001円以上	一律に50,000円

生命保険料控除額
計（②+④+⑥）（最高120,000円）

※ 控除額の計算において、1円未満の端数があるときは、その端数を切り上げます。

— 169 —

第4　年末調整の準備

六　住宅借入金等特別控除に関する申告書の受理と検討

ポイント

○　令和4年度の税制改正で令和4年1月1日以後に居住の用に供する住宅に適用される住宅借入金等特別控除について、控除の対象となる住宅や住宅借入金の限度額、控除率等が改正されました。ここでは改正後の住宅借入金等特別控除の対象となる住宅等の概要を中心に記載しますが、令和3年12月31日以前に居住の用に供した住宅等について適用された改正前の住宅借入金等特別控除も引き続き適用されます。

○　住宅借入金等特別控除は居住した年分以後10年間又は13年間にわたって控除が受けられますが、最初の年分については確定申告により控除を受けることとされています。

(注)　令和3年12月31日までに居住の用に供した場合に適用されていた特定増改築等住宅借入金等特別控除の控除期間は5年間とされています。

○　年末調整の際に、居住の用に供した年の翌年（適用2年目）以降分についての住宅借入金等特別控除を受けようとする人は、本年最後の給与の支払を受ける日の前日までに、必要な事項を記載した「給与所得者の（特定増改築等）住宅借入金等特別控除申告書」に「年末調整のための（特定増改築等）住宅借入金等特別控除証明書」及び金融機関等から交付された「住宅取得資金に係る借入金の年末残高等証明書」を添付して給与の支払者に提出しなければなりません。

(注)　税務署から送付された住宅借入金等特別控除申告書の下部が住宅借入金等特別控除証明書になっていますので、住宅借入金等特別控除申告書に所要事項を記載し、年末残高等証明書を添付することになります。

○　本年の年末調整では税務署から送付された令和5年分又は平成35年分の住宅借入金等特別控除申告書に所要事項を記載し、年末残高等証明書を添付することになります。

○　この住宅借入金等特別控除申告書が給与等の支払者に提出されたときは、税務署に提出されたものとみなされます。なお、住宅借入金等特別控除申告書は、給与等の支払者の下で保管することとなっており、申告書の提出期限の属する年の翌年1月10日の翌日から7年間保存することとなっています。

第4　年末調整の準備

年末調整における住宅借入金等特別控除申告書等の電子化

　年末調整において、住宅借入金等特別控除申告書及び借入金等の年末残高証明書は、勤務先へ電子データにより提供することができます。

　なお、従業員から住宅借入金等特別控除申告書に記載すべき事項を電子データにより提供を受けるためには、従業員が金融機関等から借入金等の年末残高証明書を電子データにより受領するシステムや勤務先がこれらを受け取るための給与システム等の導入・改修等が必要です。

(注)　令和3年4月1日以後に電子データで受領する場合、所轄税務署長への「源泉徴収に関する申告書に記載すべき事項の電磁的方法による提供の承認申請書」の提出は不要になりました。

　年末調整手続が電子化された場合は、次のような手順となります。

①　従業員が、金融機関等から借入金の年末残高証明書を電子データで受領

②　従業員が、国税庁ホームページ等からダウンロードした年末調整控除申告書作成用ソフトウェア**(注)**に、住所・氏名等の基礎項目を入力し、①で受領した電子データをインポート（自動入力、控除額の自動計算）して年末調整申告書の電子データを作成

③　従業員が、②の年末調整申告書データ及び①の年末残高証明書等データを勤務先に提供

④　勤務先が、③で提供された電子データを給与システム等にインポートして年税額を計算

(注)　1　年末調整控除申告書作成用ソフトウェア（年調ソフト）とは、年末調整申告書について、従業員が控除証明書等データを活用して簡便に作成し、勤務先に提出する電子データ又は書面を作成する機能を持つ、国税庁が無償で提供するソフトウェアです。

　　　　なお、年末調整手続の電子化については、国税庁ホームページ「年末調整手続の電子化及び年調ソフト等に関するFAQ」を参考にしてください。

　　　2　令和5年1月1日以後に居住の用に供した住宅等について住宅借入金等特別控除を受けようとする人は、金融機関等に「適用申請書」を提出することとされました。その申請書の提出を受けた金融機関等はその人の住宅借入金等の年末残高等の情報等を記載した「調書」を税務署に提出し、税務署はこの情報が記載された住宅借入金等特別控除証明書を毎年その人に交付することとされました（措法41の2の3）。

　　　　ただし、金融機関等のシステム修正が間に合わない場合には、システム修正が終了するまで従前と同様の手続を認めるという経過措置があります（令4改正法附則36）。

第4　年末調整の準備

┌─────── （特定増改築等）住宅借入金等特別控除申告書の記載のチェックポイント ───────┐

1　その住宅の取得者は所得者自身か。

2　合計所得金額が2,000万円（令和3年以前に居住の用に供した場合又は特別特例取得は
　3,000万円。特例特別特例取得、特例居住用家屋又は特例認定住宅の場合は1,000万円）以
　下の人か。

3　本年分の控除額は税務署長が発行した「年末調整のための（特定増改築等）住宅借入金
　等特別控除証明書」の「適用初年分の控除額」以下か。

4　申告書に記載された「⑤住宅借入金の年末残高等の最高金額」及び「年間所得の見積
　額」を超えていないか、「⑧住宅借入金等特別控除額の控除率」に従って控除額が計算さ
　れているか。また、控除証明書の「ニ又はヲの連帯債務割合」に記載がある場合は申告書
　に反映しているか。

5　金融機関から交付された「住宅取得資金に係る借入金の年末残高等証明書」が添付され
　ているか。

6　控除適用期間中のものか。

7　本年12月31日まで引き続きその住宅に居住しているか。

└──┘

1　（特定増改築等）住宅借入金等特別控除

　給与所得者が年末調整の際に控除を受けることができる税額控除は、（特定増改築等）住宅借入
金等特別控除に限られています（措法41、41の2の2、41の3の2）。

　なお、この控除を受ける最初の年分は確定申告により控除を受ける必要がありますので、本年
の年末調整では令和4年12月31日までに居住の用に居した住宅の取得等で、令和4年分以前の確
定申告において住宅借入金等特別控除の適用を受けた人が対象になります（措法41、41の2の2）。

（1）　制 度 の 概 要

イ　一般の住宅の取得等（令和4年以後居住）

　個人が一定の要件を満たす居住用家屋の新築等又は買取再販住宅の取得、既存住宅の取得若し
くはその人の居住の用に供する家屋の増改築等（以下、これらの家屋の新築、取得、増改築等を
併せて「住宅の取得等」といいます。）をして、これらの家屋又は増改築等に係る部分を令和4
年1月1日から令和7年12月31日までの間にその人の居住の用に供した場合（その住宅の取得等
の日から6か月以内に居住の用に供した場合に限ります。）において、その人がその住宅の取得
等に係る借入金又は債務（給与所得者が使用者等から使用人である地位に基づいて借り入れた借

第4　年末調整の準備

入金等でその利率が0.2％未満のものなど一定のものを除きます。以下「住宅借入金等」といいます。）を有するときは、その居住の用に供した日の属する年（以下「居住年」といいます。）以後10年間（居住用家屋の新築等又は買取再販住宅の取得で令和4年又は令和5年に居住の用に供した場合は13年間）の各年（同日以後その年の12月31日（その人が死亡した日の属する年はその死亡の日）まで引き続きその居住の用に供している年に限ります。）のうちその人の合計所得金額が2,000万円（コロナ税特法による特別特例取得は3,000万円、特例特別特例取得は1,000万円、下記**ホ**参照）以下である年について、次の表により求めた控除額をその年の所得税から控除することができます（措法41①～④⑱⑳㉒～㉔、コロナ税特法6の2①）。

　(注)　令和3年12月31日以前に居住の用に供した場合、改正前の住宅借入金等特別控除が適用されます。

　また、住宅の取得等について補助金の交付又は一定の住宅取得等資金の贈与を受ける場合、住宅の取得等の対価の額又は費用の額からこれらの補助金の額又は取得等資金の額を控除した金額を基礎として、住宅借入金等特別控除額の計算等を行うことになります（措令26⑥）。

　(注)1　「居住用家屋の新築等」とは、居住用家屋の新築又は居住用家屋で建築後使用されたことのないものの取得（配偶者等からの一定の取得を除きます。）をいいます。
　　　2　「買取再販住宅の取得」とは、宅地建物取引業者が特定増改築等をした既存住宅に該当する家屋で新築の日から10年を経過したもののその宅地建物取引業者からの取得（その宅地建物取引業者からの取得前2年以内にその宅地建物取引業が取得したものに限ります。）をいいます（措令26③）。
　　　3　「既存住宅の取得」とは、買取再販住宅の取得以外の既存住宅の取得をいいます。

　ただし、エネルギーの使用の合理化に資する家屋に該当するもの以外のもので次に掲げる要件のいずれにも該当しないもの（以下「特定居住用家屋」といいます。）の新築又は特定居住用家屋で建築後使用されたことのないものを取得して、令和6年1月1日以後に居住の用に供した場合、住宅借入金等特別控除の適用はありません（措法41㉕、措令26㊲）。

　①　その家屋が令和5年12月31日以前に建築確認を受けたものであること。

　②　その家屋が令和6年6月30日以前に建築されたものであること。

第4　年末調整の準備

住宅借入金等特別控除額の概要一覧表

住宅を居住の用に供した日	控除期間		住宅借入金等の年末残高に乗ずる控除率			各年の控除限度額
			2,000万円以下の部分の金額	2,000万円超3,000万円以下の部分の金額	3,000万円超4,000万円以下の部分の金額	
平成26.1.1～26.3.31	10年間		1.0%	—		20万円
平成26.4.1～令和3.12.31	特定取得（注2）	10年間	1.0%			40万円
	特別特定取得（注3）特例取得（注4）特別特例取得（注5）特例特別特例取得（注6）	1～10年目	1.0%			40万円
		11～13年目	いずれか少ない額	1.0%		266,600円
				［住宅の取得等の対価の額又は費用の額（注7）－消費税等相当額］（4,000万円を限度）×2.0%÷3		
	特定取得以外	10年間	1.0%	—		20万円
令和4.1.1～4.12.31	特別特例取得（注5）特例特別特例取得（注6）	1～10年目	1.0%			40万円
		11～13年目	いずれか少ない額	1.0%		266,600円
				［住宅の取得等の対価の額又は費用の額（注7）－消費税等相当額］（4,000万円を限度）×2.0%÷3		
	居住用家屋の新築等、買取再販住宅の取得	13年間	0.7%	—		21万円
	既存住宅の取得・増改築	10年間	0.7%	—		14万円
令和5.1.1～5.12.31	居住用家屋の新築等、買取再販住宅の取得	13年間	0.7%	—		21万円
	既存住宅の取得・増改築	10年間	0.7%	—		14万円
令和6.1.1～7.12.31	居住用家屋の新築等（注8）、買取再販住宅の取得既存住宅の取得・増改築	10年間	0.7%	—		14万円

（注） 1　控除額の100円未満は切り捨てます。

2　特定取得とは、個人の住宅の取得等に係る対価の額又は費用の額に含まれる消費税額及び地方消費税額の合計額（以下「消費税額等」といいます。）が8％又は10％の税率により課される場合におけるその住宅の取得等をいいます（措法41⑤）。

3　特別特定取得とは、個人の住宅の取得等に係る対価の額又は費用の額に含まれる消費税額等が10％の税率により課される場合におけるその住宅の取得等をいいます（措法41⑭）。

4　特例取得とは、令和3年1月1日から令和3年12月31日までの間に居住の用に供した住宅の取得等で新型コロナ税特法の適用を受ける住宅の取得等をいいます（新型コロナ税特法6④、下記**ホ**参照）。

5　特別特例取得とは、令和3年1月1日から令和4年12月31日までの間に居住の用に供した住宅

— 174 —

第4　年末調整の準備

の取得等で特別特定取得のうち新型コロナ税特法の適用を受ける住宅の取得等をいいます（新型コロナ税特法6の2①③、下記ホ参照）。

6　特例特別特例取得とは、令和3年1月1日から令和4年12月31日までの間に居住の用に供した住宅の取得等で新型コロナ税特法の適用を受ける特例住宅（床面積40㎡以上50㎡未満）の取得等をいいます。ただし、合計所得金額1,000万円を超える年は適用がありません（新型コロナ税特法6の2④、下記ホ参照）。

7　対価の額又は費用の額について、住宅の取得等に係る補助金等の交付を受ける場合又は住宅取得等資金の贈与を受けた場合の非課税の特例の適用を受ける場合であっても、その補助金等の額又はその適用を受けた住宅取得等資金の額を控除しない額となります。

8　令和6年1月1日以後に居住の用に供する家屋が特定居住用家屋に該当する場合は控除の適用はありません（措法41㉕、措令26㊲）。

＜参考＞　個人住民税における住宅借入金等特別控除制度

　平成26年1月1日から令和7年12月31日までの間に居住の用に供した人のうち、所得税の額から控除しきれなかった住宅借入金等特別税額控除額（特定増改築に係るものを除きます。）がある人については、翌年度分の個人住民税から控除できる場合があります。

　年末調整を受けた人がこの控除の適用を受ける場合には、お住まいの市区町村へ申告書を提出する必要はありません。

ロ　認定住宅等の新築取得等（令和4年以後居住）

　個人が、次に掲げる認定住宅等の新築等又は買取再販認定住宅等の取得、認定住宅等である既存住宅の取得で買取再販認定住宅の取得以外のもの（以下、これらの認定住宅等の新築等又は取得を併せて「認定住宅等の新築取得等」といいます。）をして、これらの認定住宅等を令和4年1月1日から令和7年12月31日までの間にその人の居住の用に供した場合（その認定住宅等の新築取得等の日から6か月以内に居住の用に供した場合に限ります。）において、その人がその認定住宅等の新築取得等のための住宅借入金等（以下「認定住宅等借入金等」といいます。）を有するときは、上記イとの選択により、その居住年以後13年間の各年（同日以後その年の12月31日（その人が死亡した日の属する年はその死亡の日）まで引き続きその居住の用に供している年に限ります。）にわたり、次の表のとおりの控除期間のうちその人の合計所得金額が2,000万円（コロナ税特法による特別特例取得は3,000万円、特例特別特例取得は1,000万円、下記ホ参照）以下である年について、次の表により求めた控除額をその年の所得税から控除することができます（措法41①⑩～⑰⑲㉒～㉕、コロナ税特法6の2①）。

(注)　令和3年12月31日以前に居住の用に供した場合、改正前の住宅借入金等特別控除が適用されます。

　また、住宅の取得等について補助金の交付又は一定の住宅取得等資金の贈与を受ける場合、住宅の取得等の対価の額又は費用の額からこれらの補助金の額又は取得等資金の額を控除した金額を基礎として、住宅借入金等特別控除額の計算等を行うことになります（措令26㉕）。

　認定住宅等とは次に掲げる住宅をいいます。

①　住宅の用に供する長期優良住宅の普及の促進に関する法律に規定するに該当する家屋で一

— 175 —

第4　年末調整の準備

定のもの（認定長期優良住宅）

② 住宅の用に供する都市の低炭素化の促進に関する法律に規定する低炭素建築物に該当する家屋で一定のもの（認定低炭素住宅）又は同法の規定により低炭素建築物とみなされる特定建築物に該当する家屋で一定のもの

③ 特定エネルギー消費性能向上住宅（上記以外の家屋でエネルギーの使用の合理化に著しく資する住宅の用に供する家屋で一定のもの（ZEH水準省エネ住宅））

④ エネルギー消費性能向上住宅（上記以外の家屋でエネルギーの使用の合理化に資する住宅の用に供する家屋で一定のもの（省エネ基準適合住宅））

(注) 1　「認定住宅等の新築等」とは、認定住宅等の新築又は認定住宅等で建築後使用されたことのないものの取得（配偶者等からの一定の取得を除きます。）をいいます。

2　「買取再販認定住宅等の取得」とは、認定住宅等である既存住宅のうち宅地建物取引業者が特定増改築等をした家屋でその宅地建物取引業者からの取得をいいます。

3　「特定エネルギー消費性能向上住宅」とは断熱等性能等級5以上及び一次エネルギー消費量等級6以上、「エネルギー消費性能向上住宅」とは断熱等性能等級4以上及び一次エネルギー消費量等級4以上のものをいいます（令4国土交通省告示456号）。

認定住宅等に係る住宅借入金等特別控除額の概要一覧表

住宅を居住の用に供した日	控除期間		認定住宅借入金等の年末残高に乗ずる控除率					各年の控除限度額
			3,000万円以下の部分の金額	3,000万円超3,500万円以下の部分の金額	3,500万円超4,000万円以下の部分の金額	4,000万円超4,500万円以下の部分の金額	4,500万円超5,000万円以下の部分の金額	
平成26.1.1～26.3.31	10年間		1.0%	—				30万円
平成26.4.1～令和3.12.31	特定取得（注2）	10年間	1.0%					50万円
	特別特定取得（注3）特例取得（注4）特別特例取得（注5）特例特別特例取得（注6）	1～10年目	1.0%					50万円
		11～13年目	いずれか少ない額　[住宅の取得等の対価の額又は費用の額（注7）－消費税等相当額]（5,000万円を限度）×2.0%÷3					333,300円
	特定取得以外	10年間	1.0%	—				30万円
令和4.1.1～4.12.31	特別特例取得（注5）特例特別特例取得（注6）	1～10年目	1.0%					50万円
		11～13年目	いずれか少ない額　[住宅の取得等の対価の額又は費用の額（注7）－消費税等相当額]（5,000万円を限度）×2.0%÷3					333,300円
	認定住宅等の新築等・買取再販認定住宅等の取得							
	認定住宅	13年間	0.7%					35万円
	ZEH水準省エネ住宅	13年間	0.7%			—		31.5万円

— 176 —

	省エネ基準適合住宅	13年間	0.7%	—	28万円
	上記以外	10年間	0.7%	—	21万円
令和5.1.1～5.12.31	認定住宅等の新築等・買取再販認定住宅等の取得				
	認定住宅	13年間	0.7%		35万円
	ZEH水準省エネ住宅	13年間	0.7%	—	31.5万円
	省エネ基準適合住宅	13年間	0.7%	—	28万円
	上記以外	10年間	0.7%	—	21万円
令和6.1.1～7.12.31	認定住宅等の新築等・買取再販認定住宅の取得				
	認定住宅	13年間	0.7%		31.5万円
	ZEH水準省エネ住宅	13年間	0.7%	—	24.5万円
	省エネ基準適合住宅	13年間	0.7%	—	21万円
	上記以外	10年間	0.7%	—	21万円

(注) 1 控除額の100円未満は切り捨てます。

2 特定取得とは、個人の住宅の取得等に係る対価の額又は費用の額に含まれる消費税額及び地方消費税額の合計額（以下「消費税額等」といいます。）が8％又は10％の税率により課される場合におけるその住宅の取得等をいいます（措法41⑤）。

3 特別特定取得とは、個人の住宅の取得等に係る対価の額又は費用の額に含まれる消費税額等が10％の税率により課される場合におけるその住宅の取得等をいいます（措法41⑭）。

4 特例取得とは、令和3年1月1日から令和3年12月31日までの間に居住の用に供した住宅の取得等で新型コロナ税特法の適用を受ける住宅の取得等をいいます（新型コロナ税特法6④、下記**ホ**参照）。

5 特別特例取得とは、令和3年1月1日から令和4年12月31日までの間に居住の用に供した住宅の取得等で特別特定取得のうち新型コロナ税特法の適用を受ける住宅の取得等をいいます（新型コロナ税特法6の2①③、下記**ホ**参照）。

6 特例特別特例取得とは、令和3年1月1日から令和4年12月31日までの間に居住の用に供した住宅の取得等で新型コロナ税特法の適用を受ける特例住宅（床面積40㎡以上50㎡未満）の取得等をいいます。ただし、合計所得金額1,000万円を超える年は適用がありません（新型コロナ税特法6の2④、下記**ホ**参照）。

7 対価の額又は費用の額について、住宅の取得等に係る補助金等の交付を受ける場合又は住宅取得等資金の贈与を受けた場合の非課税の特例の適用を受ける場合であっても、その補助金等の額又はその適用を受けた住宅取得等資金の額を控除しない額となります。

ハ　特例居住用家屋又は特例認定住宅等の新築等（令和4年以後居住）

個人が小規模な特例居住用家屋の新築又は特例居住用家屋で建築後使用されたことのないものの取得（以下「特例居住用家屋の新築等」といいます。）若しくは特例認定住宅等の新築又は特例認定住宅等で建築後使用されたことのないものの取得（以下「特例認定住宅等の新築等」といいます。）をして居住の用に供した場合、それぞれ上記**イ**の一般の住宅の取得等又は**ロ**の認定住宅等の新築等とみなして住宅借入金等特別控除の適用を受けることができます（措法41⑱⑲、措令26㉚㉛㉜）。

— 177 —

第4　年末調整の準備

特例居住用家屋又は特例認定住宅等とは、令和5年12月31日以前に建築確認を受けた床面積が40㎡以上50㎡未満する家屋をいいます。

ただし、その個人の合計所得金額が1,000万円以下である年に限ります（措法41⑱⑲）。

なお、特例認定住宅等で、上記ロ①又は②に該当するものは認定住宅と、上記ロ③に該当するものは特定エネルギー消費性能向上住宅と、上記ロ④に該当するものはエネルギー消費性能向上住宅とみなして控除を受けることができます。

ニ　要耐震改修住宅の取得

個人が建築後使用されたことのある家屋で耐震基準（建築基準法施行令の規定又は地震に対する安全性に係る基準）に適合するもの以外のもの（「要耐震改修住宅」といいます。）で、その家屋の取得の日までに耐震改修を行うことについて一定の申請をし、かつ、居住の用に供した日（その取得の日から6か月以内の日に限ります。）までに耐震改修によりその家屋が耐震基準に適合することが証明されたものである場合、住宅借入金等特別控除の適用を受けることができます（措法41㉝、措令㊳）。

ただし、住宅耐震改修特別控除の適用を受けるものを除きます。

ホ　新型コロナ税特法における措置（令和3年から令和4年居住）

新型コロナウイルス感染症の我が国の社会経済に与える影響が甚大であること鑑み、緊急に必要な税制上の措置として、新型コロナ税特法の令和2年制定及び令和3年改正により住宅借入金等特別控除について次のような措置が講じられています。

(イ)　住宅の特例取得

居住用家屋の新築又は認定住宅の新築契約が令和2年9月30日までに締結される等の要件を満たす特例取得に該当する住宅等の取得等をした人が、新型コロナウイルス感染症及びそのまん延防止のための措置の影響によりその特例取得した住宅を令和3年1月1日から令和3年12月31日までの間に居住の用に供したときは、控除期間を3年間延長する特例を受けることができます（新型コロナ税特法6④）。

(ロ)　住宅の特別特例取得

居住用家屋の新築又は認定住宅の新築契約が令和2年10月1日から令和3年9月30日までの間に締結される等の要件を満たす特別特例取得に該当する住宅等の取得等をした人が、その特別特例取得した住宅を令和3年1月1日から令和4年12月31日までの間に居住の用に供したときは、控除期間を3年間延長する特例を受けることができます（新型コロナ税特法6の2①②）。

(ハ)　住宅の特例特別特例取得（床面積要件の緩和）

居住用家屋の新築又は認定住宅の新築契約が令和2年10月1日から令和3年9月30日までの間に締結される等の要件を満たす住宅借入金等特別控除の対象となる居住用住宅で床面積が40㎡以上50㎡未満の特例特別特例取得に該当する住宅等の取得等をした人が、その特例特

— 178 —

第4　年末調整の準備

別特例取得した住宅を令和3年1月1日から令和4年12月31日までの間に居住の用に供した場合もこの制度の対象とされました。

ただし、その年の合計所得金額が1,000万円以下の場合に限られます。

ヘ　特定増改築等住宅借入金等特別控除（平成31年から令和3年居住）

(イ)　バリアフリー改修工事等（高齢者等居住改修工事等）に係る特例

一定の個人が、自己の所有する居住の用に供する住宅について特定の高齢者等居住改修工事等を含む増改築等（増改築等に要した費用の額が50万円を超えるものに限ります。以下、「バリアフリー改修工事等」といいます。）を行った場合において、その住宅を平成31年1月1日から令和3年12月31日までの間に自己の居住の用に供した場合において、その住宅の増改築等のための一定の借入金又は債務（以下「増改築等住宅借入金等」といいます。）を有するときは、一定の要件のもとで次の表のとおりの増改築等住宅借入金等の年末残高の限度額、控除率及び控除期間による特例が、増改築等に係る上記イとの選択により適用されます（措法41の3の2①②、措令26の4④〜⑧、措規18の21⑮、18の23の2①②、昭63建設省告示1274号（改正令4国土交通省告示725号）、平19国土交通省告示407号（改正令4国土交通省告示442号））。

なお、バリアフリー改修工事等について補助金等の交付を受ける場合には、バリアフリー改修工事等に係る費用の額から補助金等の額を控除した金額を基礎として、住宅借入金等特別控除額の計算等を行うこととなります（補助金等とは国又は地方公共団体から交付される補助金又は給付金その他これらに準ずるものをいいます。）（措法41の3の2①③⑪、措令26の4②）。

バリアフリー改修工事等の控除額の一覧表

住宅を居住の用に供した日	区　分		増改築等住宅借入金等の年末残高の限度額	控除率	控除期間	各年の最高控除額	最高控除額計
平成31.1.1〜令和3.12.31	特定取得（注4）	①バリアフリー改修工事等に係る費用	1,000万円（※）	1.0%	5年間	12.5万円	62.5万円
		②うち高齢者等居住改修工事等、特定断熱改修工事等、特定多世帯同居改修工事等及び特定耐久性向上改修工事等に係る費用	250万円	2.0%			
	特定取得以外	①バリアフリー改修工事等に係る費用	1,000万円（※）	1.0%		12万円	60万円
		②うち高齢者等居住改修工事等及び特定断熱改修工事等に係る費用	200万円	2.0%			

（※）　増改築等住宅借入金等の年末残高の限度額は、①と②の合計で1,000万円となります。

(ロ)　省エネ改修工事等（断熱改修工事等又は特定断熱改修工事等）に係る特例

個人が、自己の所有する居住の用に供する家屋について、断熱改修工事等又は特定断熱改修工事等を含む増改築等（増改築等に要した費用の額が50万円を超えるものに限ります。以下、「省

第4　年末調整の準備

エネ改修工事等」といいます。）を行った場合において、その住宅を平成31年１月１日から令和３年12月31日までの間に自己の居住の用に供したときは、一定の要件のもとで、次の表のとおりの増改築等住宅借入金等（その住宅の増改築等に充てた一定の借入金又は債務をいいます。）の年末残高の限度額、控除率及び控除期間による特例が、増改築等に係る上記**イ**との選択により適用されます（措法41の３の２⑤～⑦⑪、措令26の４⑥⑦⑱⑲、措規18の23の２①、昭63建設省告示1274号（改正令４国土交通省告示725号）、平20国土交通省告示513号（改正令４国土交通省告示443号））。

　また、個人が、自己の所有する居住用の家屋について特定断熱改修工事等と併せて行う特定耐久性向上改修工事等を含む増改築等（以下「耐久性向上改修工事等」といい、増改築等に要した費用の額が50万円を超える場合に限ります。）を行った場合において、その住宅を平成31年１月１日から令和３年12月31日までの間に自己の居住の用に供したときは、一定の要件の下で、次の表のとおりの増改築等住宅借入金等（その住宅の増改築等に充てた一定の借入金又は債務をいいます。）の年末残高の限度額、控除率及び控除期間による特例が、増改築等に係る上記**イ**との選択により適用されます（措法41の３の２②⑥、措令26の４⑨、昭63建設省告示1274号（改正令４国土交通省告示725号）、平29国土交通省告示279号（改正令４国土交通省告示453号））。

　なお、省エネ改修工事等及び特定耐久性向上改修工事等について補助金等の交付を受ける場合には、省エネ改修工事等及び特定耐久性向上改修工事等に係る費用の額から補助金等の額を控除した金額を基礎として住宅借入金等特別控除額の計算等を行うこととなります（補助金等とは、国又は地方公共団体から交付される補助金又は給付金その他これらに準ずるものをいいます。）（措法41の３の２⑤、措令26の４②）。

省エネ改修工事等の控除額の一覧表

住宅を居住の用に供した日	区　　分		増改築等住宅借入金等の年末残高の限度額	控除率	控除期間	各年の最高控除額	最高控除額計
平成31.1.1～令和３.12.31	特定取得（注2）	①断熱改修工事等に係る費用	1,000万円（※）	1.0%	5年間	12.5万円	62.5万円
		②うち特定断熱改修工事等、特定多世帯同居改修工事等及び特定耐久性向上改修工事等に係る費用	250万円	2.0%			
	特定取得以外	①断熱改修工事等に係る費用	1,000万円（※）	1.0%		12万円	60万円
		②うち特定断熱改修工事等に係る費用	200万円	2.0%			

（※）　増改築等住宅借入金等の年末残高の限度額は、①と②の合計で1,000万円となります。

(ハ)　多世帯同居改修工事等に係る特例

　個人が、自己の所有する居住の用に供する家屋について、特定多世帯同居改修工事等を含む増改築等（増改築等に要した費用の額が50万円を超える場合に限ります。）を行った場合におい

－180－

第4　年末調整の準備

て、その住宅を平成31年1月1日から令和3年12月31日までの間に自己の居住の用に供したとき
は、一定の要件のもとで、次の表のとおり特定多世帯同居改修住宅借入金等（その住宅の増改築
等に充てた一定の借入金又は債務をいいます。）の年末残高の限度額、控除率及び控除期間によ
る特例が、増改築等に係る上記イとの選択により適用されます（措法41の3の2②⑧～⑪、措令26
の4⑳、平28国土交通省告示585号（改正令4国土交通省告示451号））。

　なお、特定多世帯同居改修工事等について補助金等の交付を受ける場合には、特定多世帯同居
改修工事等に係る費用の額から補助金等の額を控除した金額を基礎として住宅借入金等特別控除
額の計算を行うことになります（補助金とは、国又は地方公共団体から交付される補助金又は給
付金その他これに準ずるものをいいます。）（措法41の3の2⑧、措令26の4②）。

多世帯同居改修工事等の控除額の一覧表

住宅を居住の用に供した日	区　分	増改築等住宅借入金等の年末残高の限度額	控除率	控除期間	各年の最高控除額	最高控除額計
平成31.1.1〜令和3.12.31	①多世帯同居改修工事等に係る費用	1,000万円（※）	1.0%	5年間	12.5万円	62.5万円
	②うち特定多世帯同居改修工事等に係る費用	250万円	2.0%			

（※）　多世帯同居改修住宅借入金等の年末残高の限度額は①と②の合計で1,000万円となります。

（2）　（特定増改築等）住宅借入金等特別控除の対象となる住宅の取得等

　（特定増改築等）住宅借入金等特別控除の対象となる住宅の取得等とは、それぞれ次の表に掲
げる居住用家屋の新築などをいい、自己の居住の用に供する家屋を2以上有する場合には、主と
して居住の用に供する一の家屋に限られます（措法41①⑱、41の3の2①②⑤⑥⑧⑨、平25改正法附
則54、55①②、措令26①②④⑳㉓～㉖、26の4①④～⑨⑲～㉑、措規18の21①③⑬、18の23の2①②、平
5建設省告示1931号（改正令4国土交通省告示439号））。

区　分	住宅の取得等に該当するための要件
居住用家屋又は認定住宅等の新築等	新築又は取得の日から6か月以内に居住の用に供した家屋で、次に掲げる要件を満たすもの ①　床面積が50㎡以上（特例居住用家屋又は特例認定住宅の場合は40㎡以上50㎡未満）であること ②　床面積の2分の1以上が専ら自己の居住の用に供されるものであること
買取再販住宅又は買取再販認定住宅等の取得	宅地建物取引業者が特定増改築等をした既存住宅に該当する家屋で新築の日から10年を経過したもののその宅地建物取引業者からの取得（その宅地建物取引業者からの取得前2年以内にその宅地建物取引業が取得したものに限ります。）で次の要件を満たすもの ①　既存住宅とは、建築後使用されたことのある家屋で次のいずれにも該当するものをいいます。 　イ　床面積が50㎡以上であること。 　ロ　床面積の2分の1以上が専ら自己の居住の用に供されるものであること。

— 181 —

第4　年末調整の準備

ハ　耐震基準に適合するものとして、次のいずれかに該当するものであること。

(イ)　昭和57年1月1日以後に建築されたものであること。

(ロ)　耐震基準（建築基準法施行令の規定又は地震に対する安全性に係る基準）に適合するものであること。

ニ　その家屋の購入時において自己と生計を一にし、その後においても引き続き自己と生計を一にしている親族等から購入したものでないこと。

② 特定増改築等とは、次に掲げる工事（その工事と併せて行うその家屋と一体となって効用を果たす設備の取換え又は取付けに係る工事を含みます。）で、その工事に要した費用の総額がその家屋の個人に対する譲渡の対価の額の100分の20に相当する金額（その金額が300万円を超える場合には300万円）以上で、次のイ又はロのいずれかを満たすものをいいます（措法41⑳、措令26㉝㉞）。

イ　次の(イ)から(ヘ)に掲げる工事に要した費用の額の合計額が100万円を超えること

ロ　次の(ニ)から(ト)のいずれかに掲げる工事に要した費用の額がそれぞれ50万円を超えること

(イ)　増築や改築、建築基準法上の大規模の修繕、大規模の模様替の工事

(ロ)　マンション等の区分所有建物のうちその人の区分所有する部分の床、間仕切壁又は主要構造部である壁等について行う一定の修繕又は模様替（(イ)に該当するものを除きます。）の工事

(ハ)　家屋（マンション等の区分所有建物については、その人が区分所有する部分に限ります。）のうち居室、調理室、浴室、便所、その他の室で一室の床又は壁の全部について行う修繕又は模様替（(イ)又は(ロ)に該当するものを除きます。）の工事

(ニ)　家屋について行う地震に対する安全性に関する一定の基準に適合させるための修繕又は模様替（(イ)から(ハ)までに該当するものを除きます。）の工事

(ホ)　家屋について行う高齢者等が自立した日常生活を営むのに必要な構造及び設備の基準に適合させるための修繕又は模様替（(イ)から(ニ)までに該当するものを除きます。）の工事

(ヘ)　家屋について行うエネルギーの使用の合理化に著しく資する修繕若しくは模様替（(イ)から(ホ)に該当するものを除きます。）又はエネルギーの使用の合理化に相当程度資する修繕若しくは模様替の工事

(ト)　家屋について行う給水管、排水管又は雨水の侵入を防位する部分に係る修繕又は模様替え

既存住宅の取得	上記「買取再販住宅又は買取再販認定住宅等の取得」のうち①の既存住宅の取得をいいます。
増改築等	自己の所有する家屋（二以上有する場合には、主として自己の居住の用に供すると認められる一の家屋に限ります。）について行う次の①に掲げる工事（その工事と併せて行うその家屋と一体となって効用を果たす設備の取換え又は取付けに係る工事を含みます。）で、次に掲げる要件を満たすもの。 イ　その工事に要した費用の額（その工事の費用に関し補助金等（国又は地方公共団体から交付される補助金又は給付金その他これらに準ずるものをいいます。以下「補助金等」といいます。）の交付を受ける場合には、その工事に要した費用の額からその補助金等の額を控除した金額）が100万円を超えること ロ　その工事をした部分のうちに自己の居住の用以外の用に供する部分がある場合には、自己の居住の用に供する部分の工事に要した費用の額がその工事に要した費用の額の総額の2分の1以上であること

— 182 —

第4　年末調整の準備

> ハ　工事をした後の家屋の床面積が50㎡以上（特例特別特例取得の場合は40㎡以上 50㎡未満）であること
> ニ　工事をした後の家屋の床面積の2分の1以上が専ら自己の居住の用に供される ものであること
> ホ　その工事をした後の家屋が、その人が主としてその居住の用に供すると認めら れるものであること
> ヘ　増改築工事の内容
> 　(イ)　上記「買取再販住宅又は買取再販認定住宅等の取得」の②(イ)から(ホ)の工事
> 　(ロ)　家屋について行うエネルギーの使用の合理化に著しく資する修繕又は模様替 え又はエネルギーの使用の合理化に相当程度資する修繕又は模様替え（上記(イ) に掲げる工事に該当するものを除きます。）

（3）　（特定増改築等）住宅借入金等特別控除の対象となる住宅借入金等の範囲

イ　住宅借入金等特別控除（認定住宅に係るものを含みます。）の場合

　住宅借入金等特別控除の対象となる「借入金等」とは、その家屋の新築若しくは購入又は増改築等に係る次に掲げる借入金又は債務（利息に対応するものを除きます。）で、償還期間又は賦払期間が10年以上のものをいいます。

　また、その家屋の新築又は購入とともにする家屋の敷地の用に供される又は供されていた土地等の取得資金に充てるための借入金や債務もこれに含まれます。ただし、その借入金等のうち利息に対応するもの及び使用者から借り入れた借入金等でその利率が年0.2％（平成28年12月31日以前に居住の用に供した場合は1％）未満のものなど一定のものを除きます（措法41①⑲、措令26⑧〜⑱、措規18の21③〜⑧⑯⑰）。

(イ)　次の金融機関等からの借入金

①　銀行、信用金庫、労働金庫、信用協同組合、農業協同組合、農業協同組合連合会、漁業協同組合、漁業協同組合連合会、水産加工業協同組合、水産加工業協同組合連合会、株式会社商工組合中央金庫、生命保険会社、損害保険会社、信託会社、農林中央金庫、信用金庫連合会、労働金庫連合会、共済水産業協同組合連合会、信用協同組合連合会及び株式会社日本政策投資銀行からの借入金

②　独立行政法人住宅金融支援機構、地方公共団体、沖縄振興開発金融公庫、独立行政法人福祉医療機構、国家公務員共済組合、国家公務員共済組合連合会、日本私立学校振興・共済事業団、地方公務員共済組合、独立行政法人北方領土問題対策協会、NTT厚生年金基金からの借入金

③　住宅資金の長期融資を業とする貸金業を営む法人からの借入金

④　事業主団体又は福利厚生会社からの借入金（独立行政法人勤労者退職金共済機構からの転貸貸付けの資金に係る部分に限ります。）

⑤　厚生年金保険の被保険者に対して住宅資金の貸付けを行う一定の法人等からの借入金（独立行政法人福祉医療機構からの転貸貸付けの資金に係る部分に限ります。）

— 183 —

第4　年末調整の準備

㈹　次の建設業者等に対する債務

①　建設業者に請け負わせた新築又は増改築等の工事の請負代金に係る借入金

②　宅地建物取引業者に対する住宅の取得等の対価に係る借入金

③　貸金業を行う法人又は宅地建物取引業者である法人で、住宅の取得等の対価の支払を代行したことにより、その法人に対して負担する債務

④　独立行政法人勤労者退職金共済機構からの転貸貸付けによる事業主団体又は福利厚生会社からの借入金

⑤　独立行政法人福祉医療機構からの転貸貸付けにより、厚生年金保険者の被保険者に住宅資金の貸付けを行う一定の法人からの借入金

⑥　金融機関等からの当初借入先から債権譲渡を受けた特定債権者に対する借入金又は債務

㈥　次の承継債務

①　独立行政法人都市再生機構、地方住宅供給公社及び日本勤労者住宅協会を当事者とする既存家屋の購入の対価に係る債務の承継に関する契約に基づく債務

②　厚生年金保険又は国民年金の被保険者等に住宅を分譲する一定の法人等を当事者とする既存家屋の購入の対価に係る債務の承継に関する契約に基づく債務（独立行政法人福祉医療機構からの分譲貸付けの資金に係る部分に限ります。）

㈦　次の使用者等からの借入金等

①　給与所得者の使用者からの借入金又は使用者に対する住宅の新築や取得の対価に係る債務

②　使用者に代わって住宅の取得等に要する資金の貸付けを行っていると認められる国土交通大臣が指定する法人からの借入金

（注）　上記に当てはまる借入金又は債務であっても、給与所得者が使用人である地位に基づいて貸付けを受け又は負担する次の借入金又は債務は、住宅借入金等特別控除の対象となりません（措法41㉑、措令26㊱、措規18の21⑳㉑）。

①　使用者又は事業主団体から貸付けを受けた借入金又は債務のうち、その利息の利率が年0.2％（平成28年12月31日以前に居住の用に供した場合は1％）未満である場合におけるその借入金又は債務

②　使用者又は事業主団体から支払を受けた利子補給金の額があるため、給与所得者が負担する借入金又は債務の利息の実質金利（支払利息の額から利子補給金の額を控除した残金の元本に対する割合）が年0.2％（平成28年12月31日以前に居住の用に供した場合は1％）未満となる場合におけるその借入金又は債務

③　使用者又は事業主団体から譲り受けた家屋又は敷地の対価の額が、譲り受けた時におけるその家屋の価額の2分の1未満である場合におけるその家屋又は敷地の対価に係る借入金又は債務

ロ　バリアフリー改修工事等に係る特定増改築等住宅借入金等特別控除の場合

　バリアフリー改修工事等に係る特定増改築等住宅借入金等特別控除の対象となる住宅借入金等とは、償還期間が5年以上の割賦償還の方法により返済することとされている借入金若しくは賦払期間が5年以上の割賦払の方法により支払うこととされている債務又は債務者の死亡時に一括

— 184 —

第4　年末調整の準備

償還をする方法により支払うこととされている一定の借入金で次に掲げるものをいい、その住宅の増改築等とともにするその住宅の敷地の用に供される土地等の取得資金に充てるためのものも含まれます。ただし、その借入金等のうち利息に対応するもの及び使用者から借り入れた借入金等でその利率が年0.2％（平成28年12月31日以前に居住の用に供した場合は1％）未満のものなど一定のものを除きます（措法41の3の2③⑪、措令26の4⑩～⑰㉑㉒、措規18の23の2③～⑨）。

 イ 住宅の増改築等に要する資金に充てるための金融機関、独立行政法人住宅金融支援機構、地方公共団体等からの借入金等

 ロ 建設業者に対する住宅の増改築等の工事の請負代金又は宅地建物取引業者等居住用家屋の分譲を行う一定の者に対する住宅の増改築等の対価についての債務

 ハ 住宅の増改築等のための使用者からの借入金又は使用者に対する住宅の増改築等の対価についての債務

 ニ 住宅の増改築等に要する資金に充てるために独立行政法人住宅金融支援機構から借り入れた借入金で、契約においてその借入金に係る債務を有する者（二人以上の居住者が共同で借り入れた場合には、その二人以上の居住者の全員）の死亡時に一括償還をする方法により支払うこととされているもの

ハ　省エネ改修工事等及び多世帯同居改修工事等に係る特定増改築等住宅借入金等特別控除の場合

 省エネ改修工事等及び多世帯同居改修工事等に係る特定増改築等住宅借入金等特別控除の対象となる住宅借入金等とは、償還期間が5年以上の割賦償還の方法により返済することとされている借入金若しくは賦払期間が5年以上の割賦払の方法により支払うこととされている債務で上記**ロ**イからハに掲げるものをいい、その住宅の増改築等とともにするその住宅の敷地の用に供される土地等の取得資金に充てるためのものも含まれます。ただし、その借入金等のうち利息に対応するもの及び使用者から借り入れた借入金等でその利率が年0.2％（平成28年12月31日以前に居住の用に供した場合は1％）未満のものなど一定のものを除きます（措法41の3の2⑦⑩⑪、措令26の4⑧～㉒、措規18の23の2③～⑨）。

（4）　（特定増改築等）住宅借入金等特別控除が受けられない場合

 （特定増改築等）住宅借入金等特別控除の適用を受けている場合であっても、その後の年において次のような事実が生じたときは、この制度の適用を受けることはできません（措法41①㉒、41の3）。したがって、年末調整の際にこの制度の適用を受けようとする人がいるときは、注意が必要です。

 ① 家屋に入居後、その年の12月31日まで引き続き居住の用に供していないとき

 ② 居住用家屋を居住の用に供した年の翌年以後3年以内にその居住用家屋やその敷地の用に供されている土地以外の所定の資産を譲渡した場合において、「居住用財産を譲渡した場合の長期譲渡所得の課税の特例」（措法31の3①）や「居住用財産の譲渡所得の特別控除」（措法35

— 185 —

第4　年末調整の準備

① （同条35③により適用する場合を除きます。）、「特定の居住用財産を交換した場合の長期譲渡所得の課税の特例」（措法36の5）、「既成市街地等内にある土地等の中高層耐火建築物等の建設のための買換え及び交換の場合の譲渡所得の課税の特例」（措法37の5）の課税の特例の適用を受けることとなったとき

(注) 1　令和2年3月31日までの譲渡については、「翌年以後3年以内」ではなく「翌年又は翌々年」とされていました。
2　既にこの制度の適用を受けた年分の所得税については、修正申告書又は期限後申告書を提出し、既に受けた住宅借入金等特別控除額に相当する税額を納付することになります。

(5)　住宅の取得等をした人が引き続き居住の用に供していると認められる場合

（特定増改築）住宅借入金等特別控除の適用は、その住宅等を取得等した人が、その年の12月31日まで引き続き居住の用に供していることが要件とされていますが、次に掲げる場合には、その人が引き続き居住の用に供しているものとして控除を適用することができます（措通41-2）。

イ　その人が、転勤、転地療養その他のやむを得ない事情により、配偶者、扶養親族その他その人と生計を一にする親族と日常の起居を共にしないこととなった場合において、その家屋をこれらの親族が引き続きその居住の用に供しており、そのやむを得ない事情が解消した後はその人が共にその家屋に居住することと認められる場合

ロ　災害により、その家屋が控除適用期間内に一部損壊した場合において、その損壊部分の補修工事等のため一時的にその人がその家屋を居住の用に供しないこととなる期間があった場合

(6)　再び居住の用に供した場合の（特定増改築等）住宅借入金等特別控除の再適用又は適用

イ　当初居住年の翌年以降に転居した場合

住宅の新築取得等（認定住宅等に係るものを含みます。）をして（特定増改築等）住宅借入金等特別控除の適用を受けていた人が、勤務先からの転任の命令に伴う転居その他これに準ずるやむを得ない事由（以下「転任命令等」といいます。）により、その控除の適用を受けていた家屋をその人の居住の用に供しなくなったことにより控除の適用を受けられなくなった後、その家屋を再びその人の居住の用に供した場合には、一定の要件の下で、その住宅の取得等に係る（特定増改築等）借入金等特別控除の控除期間内の各年のうち、再び居住の用に供した日の属する年（その年にその家屋を賃貸の用に供していた場合にはその翌年）以後の各適用年について、（特定増改築等）住宅借入金等特別控除の再適用を受けることができます（措法41㉖、措通41-4）。

なお、（特定増改築等）住宅借入金等特別控除の再適用を受けるためには、その家屋を居住の用に供しなくなる日までにその居住の用に供しないこととなる事情の詳細その他一定の事項を記載した「転任の命令等により居住しないこととなる旨の届出書」に、未使用分の「年末調整のための（特定増改築等）住宅借入金等特別控除証明書」及び「給与所得者の（特定増改築等）住宅借入金等特別控除申告書」を添付してその家屋の所在地の所轄税務署長に提出するとともに、そ

— 186 —

第4　年末調整の準備

の家屋に再び居住し、（特定増改築等）住宅借入金等特別控除の再適用を受ける最初の年分について、「（特定増改築等）住宅借入金等特別控除額の計算明細書（再び居住の用に供した方用）」及び住民票の写しなどを添付した確定申告書を提出する必要があります（措法41㉗、措規18の21㉒～㉕）。

ロ　当初居住年に転居した場合

　（特定増改築等）住宅借入金等特別控除の対象となる住宅の取得等をし、居住の用に供していた人が、その居住の用に供した日からその年の12月31日までの間に、転任命令等により、その家屋をその人の居住の用に供しなくなった場合であっても、再びその家屋をその人の居住の用に供した場合には、一定の要件の下で、その住宅の取得等に係る（特定増改築等）住宅借入金等特別控除の控除期間内の各年のうち、再居住年以後の各適用年（再居住年にその家屋を賃貸の用に供していた場合にはその翌年以後の各適用年）について、（特定増改築等）住宅借入金等特別控除の適用を受けることができます（措法41㉙）。

　なお、この適用を受けるためには、その家屋に再び居住し（特定増改築等）住宅借入金等特別控除の適用を受ける最初の年分について、「（特定増改築等）住宅借入金等特別控除額の計算明細書（再び居住の用に供した方用）」及び住民票の写しなどを添付した確定申告書を提出する必要があります（措法41㉚、措規18の21㉕）。

　なお、確定申告をした翌年以後の年分については、年末調整の際に控除を受けることができます。

第4　年末調整の準備

| | | 1 6 0 0 |

税務署受付印

転任の命令等により居住しないこととなる旨の届出書

_____税務署長

_____年_____月_____日提出

住　　　所	（〒　　－　　　）	
		（TEL　　－　　－　　　）
フ リ ガ ナ 氏　　　名		生年月日	年　　月　　日生
勤　務　先	名　称	
	所在地	（TEL　　－　　－　　　）

　　　次のとおり、（特定増改築等）住宅借入金等特別控除の適用を受けていた家屋に居住しないこととなるので届け出ます。

1　転居（予定）年月日　　　　　　_____年_____月_____日

2　（特定増改築等）住宅借入金等特別控除の適用を受けていた家屋に居住しないこととなる事由

　　□　_____年____月____日付転任命令に伴う転居（　　　　　　　　　　　　　　　　　　）

　　□　その他やむを得ない事由（　　　　　　　　　　　　　　　　　　　　　　　）

3　転居先住所等

　　転 居 先 住 所_____　電話番号_____－_____－_____

　　新 勤 務 先 の 名 称_____

　　新勤務先の所在地_____　電話番号_____－_____－_____

4　（特定増改築等）住宅借入金等特別控除の適用を受けていた家屋の居住開始年月日

　　_____年_____月_____日

5　その他

　（1）再居住予定年月日　　□　_____年_____月_____日　　□　未定

　（2）居住の用に供しない期間の家屋の用途（予定）

　　　　□　賃貸の用　　□　空家　　□　その他（　　　　　　　　　　　　　　　　）

　（3）その他参考事項

| 関与税理士 | |
| | （TEL　　－　　－　　　） |

税務署整理欄	一連番号	整　理　番　号	A	B	C	
		0				
	転居確認	通信日付印の年月日	確　　認			
		年　　月　　日				

— 188 —

第4　年末調整の準備

（7）　災害により居住の用に供することができなくなった場合の（特定増改築）住宅借入金等特別控除の継続適用

　（特定増改築等）住宅借入金等特別控除の適用を受けていた家屋（以下「従前家屋」といいます。）が災害により居住の用に供することができなくなった場合、その居住の用に供することができなくなった日の属する年以後（平成29年分以後に限ります。）の各年は、次に掲げる日の属する年以後の各年を除き、引き続き（特定増改築等）住宅借入金等特別控除の適用を受けることができます（措法41㉜、41の3の2⑳、平29改正措法附則55、56）。

　（注）1　「災害」とは、震災、風水害、火災、雪害、落雷、噴火その他の自然現象の異変による災害及び鉱害、火薬類の爆発その他の人為による異常な災害並びに害虫、害獣その他の生物による異常な災害とされています（措通41-29の2、所法2①27、所令9）。
　　　　2　「災害により居住の用に供することができなくなった場合」とは、災害により、客観的にみてその家屋が一般的に居住の用に供することができない状態になった事実がある場合をいいますので、り災証明書に記載された損害の程度が一部損壊である場合は、他に客観的にみて災害によりその家屋が一般的に居住の用に供することができない状態になった事実がない限り、「災害により居住の用に供することができなくなった場合」に該当しません（措通41-29の4）。
　　　　3　東日本大震災に係る特例措置による住宅借入金等特別控除についても同様に適用されます（震災特例法13の2①）。

イ　その従前家屋若しくはその敷地の用に供されていた土地等（その土地の上に存する権利を含みます。）に新たに建築した建物等を事業の用若しくは賃貸の用又は生計を一にする親族等に対する無償による貸付けの用に供した場合（災害に際し被災者生活再建支援法が適用された市町村等の区域内に所在する従前家屋をその災害により居住の用に供することができなくなった者（以下「再建支援法適用者」といいます。）がその土地等に新築等した家屋について、住宅借入金等特別控除又は認定住宅の新築等をした場合の所得税額の特別控除（③において「住宅借入金等特別控除等」といいます。）の適用を受ける場合を除きます。）におけるその事業の用若しくは賃貸の用又は貸付けの用に供した日の属する年

　　なお、生計を一にする親族等とは、その者の親族、事実上婚姻関係と同様の事情にある者やその者から受ける金銭その他の資産で生計を維持している者などをいいます。

ロ　その従前家屋又はその敷地の用に供されていた土地等を譲渡し、その譲渡について居住用財産の買換え等の場合の譲渡損失の損益通算及び繰越控除又は特定居住用財産の譲渡損失の損益通算及び繰越控除の適用を受ける場合のその譲渡の日の属する年

ハ　災害によりその従前住宅を居住の用に供することができなくなった者（再建支援法適用者を除きます。）が取得等をした家屋について住宅借入金等特別控除等の適用を受けた年

（8）　連帯債務により借り入れた住宅借入金等

　住宅借入金等が連帯債務となっている場合には、その年の12月31日の住宅借入金等の残高に、住宅借入金等特別控除を受けようする人がその住宅等の持分を取得するため、その住宅借入金等

— 189 —

第4　年末調整の準備

について負担する割合を乗じて計算します。

　この割合は、最初に確定申告で住宅借入金等特別控除を適用した際に適用した割合となりますが、その住宅の持分と同じ割合としているケースが多いと思われます。

(注) 1　平成31年以後に居住の用に供した場合は、「年末調整のための（特定増改築等）住宅借入金等特別控除証明書」に連帯借務割合が記載されています。
　　　 2　平成30年以前に居住の用に供した場合は、「（特定増改築等）住宅借入金等特別控除申告書」の「備考」欄に他の連帯債務者の住所、氏名、負担割合等を記入し、その連帯債務者が給与所得者である場合には勤務先の名称・所在地を記入します。

（9）　住宅借入金等の借換え

　当初の住宅借入等を有しており、その当初の借入金等を消滅させるために借入金等の借換えをした場合、その新たな借入金が当初の借入金等を消滅させるためのものであることが明らかであり、かつ、その新たな借入金を住宅の取得等のための資金に充てるものとしたならば住宅借入金等特別控除の適用要件を満たしているときに限り、その新たな借入金は住宅借入金等特別控除借入金に該当するものとされます（措通41－16）。

　ただし、新たな借入金の額が借換え直前の当初の借入金の残額を超える場合には、その超える部分の金額は当初の借入金等を消滅させるためのものではありませんので、その借換えをした年分以後の住宅借入金の年末残高は次により計算した額となります。

$$\text{本年の住宅借入金の年末残高} \times \frac{\text{借換え直前の当初住宅借入金等の残高}}{\text{借換えによる新たな住宅借入金等の当初金額}}$$

(10)　二以上の住宅取得等に係る住宅借入金等の金額を有する場合の控除額

　住宅の取得等をして、その住宅借入金等について住宅借入金等特別控除の適用を受けている期間中、その家屋について増改築等を行ってその増改築等に係る住宅借入金等を有することとなった場合又は二以上の住宅の増改築等を行った場合には、その増改築等に係る住宅借入金等についても重複して住宅借入金等特別控除の適用を受けることができます（措法41の2、41の3の2⑬〜⑰⑲）。

　住宅借入金等特別控除の重複適用を受ける場合の控除額は、その年の住宅借入金等特別控除額の合計額となりますが、その異なる住宅の取得等について適用される控除限度額のうち最も高い金額が控除額の上限とされます。

イ　二以上の住宅借入金等の全てが住宅取得等借入金等（措法41）である場合

　次の(イ)又は(ロ)のいずれか低い金額

　(イ)　次の区分ごとの住宅取得等借入金等の年末残高を基に計算した控除額の合計額

　　　a　認定住宅等借入金等の控除額

　　　b　特別特定住宅借入金等の控除額

— 190 —

第4 年末調整の準備

　　　c　認定特別特定住宅借入金等の控除額

　　　d　上記以外の住宅借入金等の控除額

　(ロ)　次の区分ごとの住宅取得等借入金等の居住年に応じた借入限度額に控除率を乗じた金額の
　　うち最も多い金額（控除限度額）

　　　a　認定住宅等借入金等の控除額限度

　　　b　特別特定住宅借入金等　266,600円

　　　c　認定特別特定住宅借入金等　333,300円

　　　d　上記以外の住宅借入金等の控除限度額

ロ　二以上の住宅借入金等の全てが増改築等住宅借入金等（措法41の3の2）である場合

　次の(イ)又は(ロ)のいずれか低い金額

　(イ)　次の増改築等住宅借入金の年末残高を基に計算した控除額の合計額

　　　a　増改築等（バリアフリー改修工事）住宅借入金等の控除額

　　　b　断熱改修住宅借入金等の控除額

　　　c　多世帯同居改修住宅借入金等の控除額

　(ロ)　次のうち最も多い金額（控除限度額）

　　　a　増改築等（バリアフリー改修工事）住宅借入金等

　　　　居住年の高齢者等居住改修工事等限度額 × 2％ ＋（1,000万円－高齢者等居住改修工事
　　　　等限度額）× 1％

　　　b　断熱改修住宅借入金等

　　　　居住年の特定断熱改修工事等限度額× 2％ ＋（1,000万円－特定断熱改修工事等限度額）
　　　　× 1％

　　　c　多世帯同居改修住宅借入金等　125,000円

ハ　二以上の住宅借入金等が住宅取得等借入金等（措法41）と増改築等住宅等借入金等（措法41の3の
　2）である場合

　次の(イ)又は(ロ)のいずれか低い金額

　(イ)　次のa及びbの合計額

　　　a　住宅取得等借入金等

　　　　次の区分ごとの住宅取得等借入金等の年末残高を基に計算した控除額の合計額

　　　(a)　認定住宅等借入金等の控除額

　　　(b)　上記以外の住宅借入金等の控除額

　　　b　増改築等借入金等

　　　　次の増改築等住宅借入金の年末残高を基に計算した控除額の合計額

　　　(a)　増改築等（バリアフリー改修工事）住宅借入金等の控除額

　　　(b)　断熱改修住宅借入金等の控除額

－ 191 －

　　　　　　(c)　多世帯同居改修住宅借入金等の控除額

　㈹　次のa及びbのうちいずれか多い金額（控除限度額）

　　a　住宅取得等借入金等

　　　次の区分ごとの住宅取得等借入金等の居住年に応じた借入限度額に控除率を乗じた金額
　　のうち最も多い金額（控除限度額）

　　(a)　認定住宅借入金等の控除限度額

　　(b)　上記以外の住宅借入金等の控除限度額

　　b　増改築等借入金等

　　　次のうち最も多い金額（控除限度額）

　　(a)　増改築等（バリアフリー改修工事）住宅借入金等

　　　居住年の高齢者等居住改修工事等限度額 × 2 ％ ＋（1,000万円 － 高齢者等居住改修工
　　事等限度額）× 1 ％

　　(b)　断熱改修住宅借入金等

　　　居住年の特定断熱改修工事等限度額 × 2 ％ ＋（1,000万円 － 特定断熱改修工事等限度
　　額）× 1 ％

　　(c)　多世帯同居改修住宅借入金等　125,000円

ニ　住宅等を居住の用に供した日が同一年である場合

　次に掲げる場合を除き一の住宅取得等とされます。

　㈤　住宅取得等借入金等である場合

　　a　平成26年から平成30年までの各年又は令和 3 年に居住した場合……特定取得とそれ以外
　　の取得（認定住宅等借入金等とその他の住宅借入金がある場合はこれも区分）

　　b　令和元年又は令和 2 年までの各年に居住した場合

　　(a)　特定取得とそれ以外の取得（認定住宅等借入金等とその他の住宅借入金がある場合は
　　　これも区分）

　　(b)　特別特定住宅借入金等と認定特別特定住宅借入金等

　　c　令和 4 年から令和 7 年までの各年に居住した場合……居住用家屋の新築等又は買取再販
　　住宅の取得とそれ以外の取得に区分（認定住宅等借入金等とその他の住宅借入金がある場
　　合はこれも区分）

　㈥　増改築等住宅借入金等である場合

　　平成26年から令和 3 年までの各年に居住した場合……特定取得と特定取得以外の取得（増
　改築等（バリアフリー改修工事）住宅借入金等又は断熱改修住宅借入金等、多世帯同居改修
　住宅借入金等がある場合はこれも区分）

第4　年末調整の準備

(11)　東日本大震災の被災者等の特例

　その有していた住宅が東日本大震災により居住の用に供することができなくなった個人が、再取得又は増改築をした住宅（要耐震改修住宅を含みます。）を、その居住の用に供することができなくなった日から令和4年12月31日までの間に居住の用に供した場合には、その居住日の属する年以後10年間又は13年間の各年における住宅借入金等を有する場合の所得税額の特別控除についての住宅借入金等の年末残高の限度額及び控除率は次のとおりとなります（震災特例法13の2）。

　なお、消費税等の税額について10％の税率が適用される住宅の取得等（以下「特別特定取得」といいます。）をし、令和元年10月1日から令和2年12月31日の間に居住を開始した場合には、居住した年以後11年目から13年目について、次の①又は②のいずれか少ない金額の控除を受けることができます。

（注）　新型コロナウイルス感染症等の影響を踏まえ、一定の要件を満たす住宅の取得等をして令和3年1月1日から令和4年12月31日までの間に居住の用に供した場合には、この制度の適用を受けることができます（新型コロナ税特法6④、6の2①②③⑤、178ページ参照）。

①　住宅借入金等の年末残高（5,000万円を限度）×1％

②　［住宅の取得等の対価の額－その住宅の取得等の対価の額に含まれる消費税等の額］（5,000万円を限度）×2％÷3

住宅を居住の用に供した日	控除期間		住宅借入金等の年末残高に乗ずる控除率			各年の控除限度額
			3,000万円以下の部分の金額	3,000万円超4,500万円以下の部分の金額	4,500万円超5,000万円以下の部分の金額	
平成26.1.1〜26.3.31	10年間		1.2%	—		36万円
平成26.4.1〜令和3.12.31	特別特定取得等以外	10年間	1.2%			60万円
	特別特定取得	1〜10年目	1.2%			60万円
	特別特定取得 特例取得 特別特例取得 特例特別特例取得	11〜13年目	いずれか少ない額	1.2%		333,300円
				［住宅の取得等の対価の額又は費用の額－消費税等相当額］（5,000万円を限度）×2.0%÷3		
令和4.1.1〜4.12.31	特別特例取得 特例特別特例取得	1〜10年目	1.2%			60万円
		11〜13年目	いずれか少ない額	1.2%		333,300円
				［住宅の取得等の対価の額又は費用の額－消費税等相当額］（5,000万円を限度）×2.0%÷3		

	住宅取得等の区分	控除期間	控除率		最高控除額
	居住用家屋等の新築、買取住宅の取得、認定住宅の新築、買取認定住宅等、再販住宅取得の認定等	13年間	0.9%		45万円
	上記以外	10年間	0.9%	—	27万円
令和5.1.1 〜5.12.31	居住用家屋等の新築、買取住宅の取得、認定住宅の新築、買取認定住宅等、再販住宅取得の認定等	13年間	0.9%		45万円
	上記以外	10年間	0.9%	—	27万円
令和6.1.1 〜7.12.31	居住用家屋等の新築、買取住宅の取得、認定住宅の新築、買取認定住宅等、再販住宅取得の認定等	13年間	0.9%	—	40.5万円
	上記以外	10年間	0.9%	—	27万円

(注) 住宅取得等の区分については、一般の住宅等の取得の場合（172ページ）又は認定住宅の新築等の場合（175ページ）を参照してください。

2 住宅借入金等特別控除を受けるための手続

　（特定増改築等）住宅借入金等特別控除の適用を受ける最初の年分については確定申告によってのみ控除が受けられることになっていますが、給与所得者の場合には、その翌年（適用2年目）以降については、年末調整の時までに「給与所得者の（特定増改築等）住宅借入金等特別控除申告書」を提出することにより、年末調整の際にその控除を受けることができます（措法41の2の2）。

　(注) 年末調整の際に、（特定増改築等）住宅借入金等特別控除を受けなかった人は、確定申告をすることによりその控除を受けることができます。

第4　年末調整の準備

3　年末調整に係る住宅借入金等特別控除

　給与の支払を受ける人が（特定増改築等）住宅借入金等特別控除の適用を受ける場合には、最初の年分については、確定申告により控除を受ける必要があります。

　なお、確定申告によって（特定増改築等）住宅借入金等特別控除を受けた人で、本年分について年末調整の際に（特定増改築等）住宅借入金等特別控除の適用を受けようとする給与所得者は、本年最後の給与の支払を受ける日の前日までに、次に掲げる証明書を添付して「給与所得者の（特定増改築等）住宅借入金等特別控除申告書」を給与の支払者に提出しなければなりません（措法41の2の2、措規18の23）。

① 　その人の住所地の所轄税務署長が発行する「平成35年分　年末調整のための（特定増改築等）住宅借入金等特別控除証明書」又は「令和5年分　年末調整のための（特定増改築等）住宅借入金等特別控除証明書」

② 　金融機関等が発行する「住宅取得資金に係る借入金の年末残高等証明書」

(注)　令和4年中に住宅を居住の用に供した人で確定申告により令和4年分の（特定増改築等）住宅借入金等特別控除を受けている人には、令和5年分以降の「給与所得者の（特定増改築等）住宅借入金等特別控除申告書」が一括して給与所得者本人に税務署から送付されますので、翌年以降分については大切に保管しておく必要があります。

　　なお、令和3年以前に住宅を居住の用に供した人については、既に一括して送付済となっていますのでご注意下さい。

　また、税務署から送付された（特定増改築等）住宅借入金等特別控除申告書の用紙の下部が住宅借入金等特別控除証明書になっていますので、給与所得者が住宅借入金等特別控除申告書に住所、氏名、控除を受けようとする金額などを記載し、住宅取得資金に係る借入金の年末残高等証明書を添付して提出することになります。

■控除の適用に当たっての留意点■

① 　住宅借入金等特別控除は、その申告者（給与所得者）自身が住宅を取得等した場合にのみ適用されます。

　　したがって、住宅の取得者が、申告者の配偶者その他の親族であるときには控除することができません。

② 　住宅借入金等特別控除を受けるためには、本年12月31日まで引き続いてその住宅に居住していることを要しますから、本年12月31日以前にその住宅に居住しなくなった人については控除することができません。

　　ただし、その年中に死亡した人や、災害のために居住できなくなった人の場合には、その死亡の日や、その居住できなくなった日まで引き続き居住していれば、控除することができます。

③ 　住宅借入金等特別控除の適用を受けていた人が、勤務先からの転任の命令に伴う転居その他

－195－

第4　年末調整の準備

これに準ずるやむを得ない事由により、この控除の適用を受けていた家屋を居住の用に供しなくなった後、その家屋を再び居住の用に供した場合には、一定の要件の下で、住宅借入金等特別控除の再適用を受けることができます。

なお、住宅借入金等特別控除の再適用を受ける最初の年分については、確定申告書を提出することとされており、確定申告をした翌年以後の年分については、年末調整の際に控除を受けることができます。

④　住宅の取得等をして自己の居住の用に供した居住者がその居住の用に供した年の12月31日までの間に、勤務先からの転任の命令に伴う転居その他これに準ずるやむを得ない事由により、その家屋を自己の居住の用に供しなくなった場合であっても、再びその家屋を自己の居住の用に供した場合には、一定の要件の下で、再居住年以後の各適用年について、住宅借入金等特別控除の適用を受けることができます。

なお、住宅借入金等特別控除の適用を受ける最初の年分については、確定申告書を提出することとされています。

⑤　住宅借入金等特別控除の適用を受けていた家屋が災害により平成28年1月1日以後に居住の用に供することができなくなった場合、その居住の用に供することができなくなった日の属する年以後（平成29年分以後に限ります。）の各年について、一定の要件の下で引き続き控除を受けることができます（1(7)　189ページ参照）。

⑥　住宅借入金等特別控除の額を控除する前の年税額より住宅借入金等特別控除の額の方が多い場合には、その控除はその年税額の範囲にとどめ、控除しきれない部分の金額は切り捨てます。

4　源泉徴収簿の記入

「平成35年分　給与所得者の（特定増改築等）住宅借入金等特別控除申告書」又は「令和5年分　給与所得者の（特定増改築等）住宅借入金等特別控除申告書」の記載内容と証明書等との検討を行い、その申告に誤りがないことを確認した場合には、控除が認められる金額を源泉徴収簿の「年末調整」欄の「（特定増改築等）住宅借入金等特別控除額㉓」欄に記入します。なお、「年調所得税額㉔」欄が赤字の場合には、「0」とし、控除しきれない部分の金額は切り捨てます。

— 196 —

第4　年末調整の準備

（1）　令和4年分について確定申告で住宅借入金等特別控除を受けた人が令和5年分について年末調整でこの控除を受ける例

※　実際の申告書とは異なる場合があります。

— 197 —

第4　年末調整の準備

（２）　平成30年分につき確定申告で住宅借入金等特別控除を受け令和元年分以後年末調整で控除を受けていた人が、令和5年に住宅借入金等の借換えをして令和5年分についても年末調整でこの控除を受ける例

提出された「住宅取得資金に係る借入金の年末残高証明書」の「住宅借入金等の金額」欄の「当初金額」欄の年月日が令和5年8月2日となっていますので、令和5年に住宅取得資金の借換えがあったことがわかります。

このため、本年の住宅借入金等特別控除額の計算に当っては、受給者本人に借換え直前の住宅借入金等の残高を確認し、次の計算式により本年の住宅借入金等の年末残高を計算する必要があります。

本年の住宅借入金 × 借換え直前の当初住宅借入金等の残高 / 借換えによる新たな住宅借入金等の当初金額

15,637,748円 × 15,390,986円 / 16,000,000円 = 15,042,522円

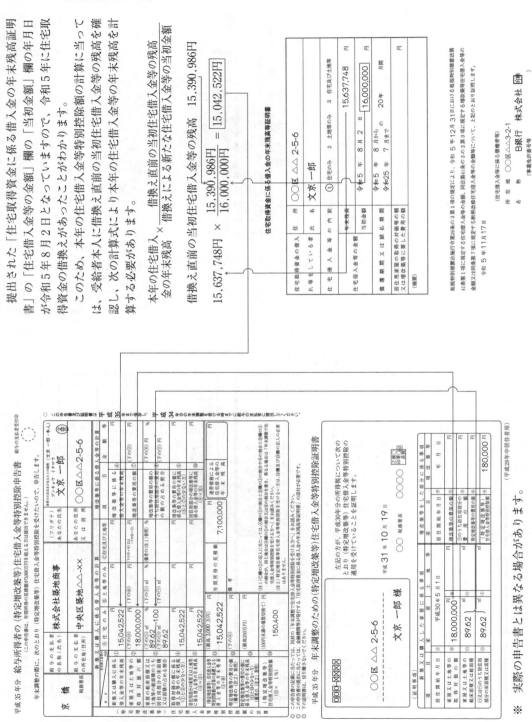

※　実際の申告書とは異なる場合があります。

第5 年税額の計算

一 本年中の給与と徴収税額の集計

```
┌─────── ポイント ───────┐
```

○ 諸控除額について確認した後は、年税額を計算する準備として本年中に支払うべき
給与の金額とその徴収税額とを、給与の支払を受ける各人ごとに集計して源泉徴収簿
の年末調整欄にそれぞれ記入します。

徴収税額の集計に当たっての注意事項

本年中に支払うべき給与の金額とその徴収税額の集計に当たっては、次の点に注意が必要です。

① **未払給与の集計**

本年中に支払うべき給与で年末調整を行うときまでに未払となっている給与がある場合には、
未払給与の金額とその未払給与に対応する徴収税額を算出の上、それぞれの金額を含めて集計します（所法190一）。

なお、昨年中に支払うべき給与で未払となっているものを本年に支払った場合には、その給与
の金額と徴収税額とはいずれも集計には含めません。

(注)　「本年中に支払うべき給与」の範囲については、「第3　年末調整を行う給与」の項（81ページ）
を参照してください。

② **臨時に支給した給与、現物給与などの集計**

毎月支給する通常の給与のほかに、臨時に支払った給与とか、課税の対象となる現物給与など
がある場合には、その給与の金額と徴収税額についても、漏れなく集計します。

③ **昨年の年末調整による過不足額を本年に繰り越した場合の集計**

昨年の年末調整によって生じた過不足額を、本年に繰り越して充当又は徴収した場合のその税
額は、本年の年末調整には関係ありませんのでいずれも集計から除外します。

④ **本年最後に支払う給与の徴収税額を省略した場合の集計**

本年最後に支払う給与に対する徴収税額の計算を省略して年末調整を行う場合には、本年最後
に支払う給与の税額を0として集計します（所基通190-3）。

— 199 —

第5　年税額の計算

　ただし、不足額を翌年に繰り延べて徴収する場合又は年末調整を行わない者については本年最後に支払う給与の税額計算を省略しないで、通常どおり徴収税額を算出して集計しなければなりません。

　(注)　不足額の繰延徴収については265ページの「不足額の繰延徴収」を参照してください。

⑤　**賞与を本年最後の給与とみなして、年末調整を行う場合の集計**

　12月中に支払う賞与が本年最後に支払う給与でなく、賞与の支払後に普通の給与を支払うような場合で、その賞与を支払う際に年末調整を行うときは、本年最後に支払う普通の給与の見積額と、その見積額に対応する徴収税額をそれぞれ含めて集計します（所基通190－6）。

　この場合、年末調整において、その見積額が実際の支給額と異なることとなったときは、実際の支給額により再調整の計算をしなければなりません。

⑥　**中途就職者についての集計**

　本年の中途で就職した人については、就職前に他の給与の支払者から主たる給与（「扶養控除等申告書」を提出して支払を受ける給与）の支払を受けていたかどうかを確認し、支払を受けていた場合には、就職前の他の給与の支払者から交付を受けた「給与所得の源泉徴収票」等に基づいて給与の支給金額と徴収税額等をそれぞれ合算して集計します（所令311）。

　なお、通算すべき就職前の給与の支給金額と徴収税額等が明らかでない場合には、年末調整をすることができません。ただし、その後これらの金額が明らかになった場合には、その時において年末調整を行います。

⑦　**そ　の　他**

　収入すべき時期が本年中であるいわゆる認定賞与若しくは課税漏れのため納税の告知を受けた給与又は主たる給与の支払者と従たる給与の支払者とが入れ替わった場合の給与の金額と徴収税額については、「第3　年末調整を行う給与」の項（81ページ）を参照の上、これらの金額が集計漏れにならないよう注意してください。

第5　年税額の計算

二　年税額の計算

```
┌─────┤ ポ イ ン ト ├─────┐
```

○　諸控除額の確認、本年分の給与の集計など年末調整の準備ができましたら、次に、
給与所得者の各人ごとに年税額を計算することになります。

○　この年税額とは、給与所得者の本年1年間の給与の総額に対して納付しなければな
らない所得税及び復興特別所得税の総額をいいます。

○　なお、本年分の給与を集計した結果、その総額が2,000万円を超える人については年
末調整ができませんので、年税額の計算をする必要はありません。

1　年税額の求め方

年税額を算出するためには8ページから19ページまでに掲載の、

①　令和5年分　年末調整等のための給与所得控除後の給与等の金額の表（以下「給与等の金
額の表」といいます。）

②　令和5年分　年末調整のための算出所得税額の速算表（以下「算出所得税額の速算表」と
いいます。）

③　令和5年分　基礎控除額の早見表

④　令和5年分　配偶者控除額及び配偶者特別控除額の早見表

⑤　令和5年分　扶養控除額及び障害者等の控除額の合計額の早見表（以下「控除額早見表」
といいます。）

をそれぞれ使用して、次の順序により計算します。

■計 算 の 順 序

①　まず、本年分の給与の総額に対する「給与所得控除後の給与等の金額」を8ページに掲載の
「給与等の金額の表」により求めます。

> | 本年分の
給与の総額 | ┈┈┈┈→ | 「給与等の金額の表」を使用 | ┈┈┈┈→ | 給与所得控除後
の給与等の金額 |

所得金額調整控除の適用がある場合には、所得金額調整控除額を控除した後の金額が給与所
得控除後の給与等の金額になります。

> | 給与所得控除後
の給与等の金額 | − | 所得金額調整控除額 | = | 給与所得控除後の給与
等の金額（調整控除後） |

— 201 —

第5　年税額の計算

②　次に、上記①により求めた金額から諸控除額を差し引いた「課税給与所得金額」を求めます。

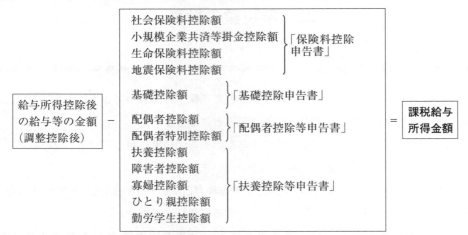

③　次に、上記②により求めた「課税給与所得金額」に対する「算出所得税額」を17ページに掲載の「算出所得税額の速算表」により求めます。

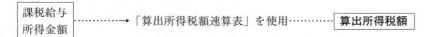

④　次に、(特定増改築等)住宅借入金等特別控除の適用が受けられる人については、上記③により求めた「算出所得税額」から「平成35年分又は令和5年分　給与所得者の(特定増改築等)住宅借入金等特別控除申告書」により計算した「(特定増改築等)住宅借入金等特別控除額」を控除し、「年調所得税額」を求めます。

算出所得税額 − (特定増改築等) 住宅借入金等特別控除額 = 年調所得税額

なお、(特定増改築等)住宅借入金等特別控除の適用がない人については、上記③により求めた「算出所得税額」が「年調所得税額」となります。

⑤　次に、上記④により求めた「年調所得税額」に102.1%を乗じて、復興特別所得税を含む「年調年税額」を求めます。

年調所得税額 ×102.1% = 年調年税額

(1)　「給与所得控除後の給与等の金額」の求め方

「給与所得控除後の給与等の金額」は本年分の給与の総額を基にして、「給与等の金額の表」(8ページ)により算出し、その金額を源泉徴収簿の「年末調整」欄の「給与所得控除後の給与等の金額⑨」欄に記入しておきます。

この「給与等の金額の表」には、それぞれの給与等の総額に対する「給与所得控除後の給与等の金額」が掲げられていますので、計算によらずに簡単にその金額を求めることができます。

— 202 —

第5　年税額の計算

　ただし、本年分の給与等の総額が、6,600,000円以上の場合には、速算式となっていて、それぞれ給与等の総額の区分により一定率を乗じて算出した金額から一定額を控除することにより「給与所得控除後の給与等の金額」を求めることになっています（所法別表第五）。

　例えば、給与の総額が8,657,300円の「給与所得控除後の給与等の金額」は次の算式により6,691,570円となります。

$$8,657,300円 \times 90\% - 1,100,000円 = 6,691,570円$$

　この計算により算出した金額に1円未満の端数があるときは、その端数を切り捨てます。

　給与等の収入金額が850万円を超える人で、所得金額調整控除の適用がある場合には、所得金額調整控除申告書の提出を受けて「所得金額調整控除額」（給与等の収入金額（1,000万円限度）－850万円）×10％（15万円限度、1円未満の端数は切り上げます。）を控除した後の金額が、給与所得控除後の給与等の金額（調整控除後）となります。

（2）　「課税給与所得金額」の求め方

　各所得控除の額を求めた後に、社会保険料控除など保険料等の控除額及び配偶者控除額、配偶者特別控除額、扶養控除額、障害者控除額、寡婦控除額、ひとり親控除額、勤労学生控除額、基礎控除額を合計して源泉徴収簿の「年末調整」欄の「所得控除額の合計額⑳」を求めます。

①　保険料等の控除額は、年末調整の準備により確認済みの社会保険料、小規模企業共済等掛金、生命保険料及び地震保険料の各控除額を「給与所得者の保険料控除申告書」から転記します。

②　配偶者控除額又は配偶者特別控除額は、「給与所得者の配偶者控除等申告書」によりその控除額を求めます（18ページの「配偶者控除額及び配偶者特別控除額の早見表」参照）。

③　扶養控除額及び障害者控除額等は、「給与所得者の扶養控除等申告書」の記載事項に基づき19ページに掲載の「控除額早見表」を使用してその合計額を求めます。

　　この「控除額早見表」は、それぞれの扶養親族等の数に応じて、扶養控除額の合計額が簡単に算出できるようになっています。

④　基礎控除額は、「給与所得者の基礎控除申告書」によりその控除額を求めます（17ページの「基礎控除額の早見表」参照）。

　次に、源泉徴収簿の「年末調整」欄の「給与所得控除後の給与等の金額（調整控除後）⑪」から「所得控除額の合計額⑳」を差し引いて課税給与所得金額を求め、「差引課税給与所得金額㉑」欄に記入しておきます。

（注）　「課税給与所得金額」に1,000円未満の端数があるときは、その端数を切り捨てます。

（3）　算出所得税額の求め方

　「算出所得税額」は、課税給与所得金額をもとにして「算出所得税額の速算表」（17ページ）に

— 203 —

第5　年税額の計算

より算出します。この算出所得税額は、源泉徴収簿の「年末調整」欄の「算出所得税額㉒」欄に記入しておきます。

「算出所得税額の速算表」の使用例は、次のとおりです。

課税給与所得金額（1,000円未満の端数があるときは、その端数を切り捨てます。）に一定率を乗じて算出した金額から一定額を控除して算出所得税額を求めます。例えば、

①　課税給与所得金額が、1,800,000円のときには、これに税率5％（A）を乗じた額90,000円が算出所得税額となります。

（算式）

$$
\underset{\text{（課税給与所得金額）}}{1,800,000円} \times \underset{\substack{\text{（税率）}\\\text{(A)}}}{5\%} = \underset{\text{（算出所得税額）}}{90,000円}
$$

②　課税給与所得金額が4,850,000円のときには、これに税率20％（A）を乗じた額970,000円から427,500円（B）を控除した額542,500円が算出所得税額となります。

（算式）

$$
\underset{\text{（課税給与所得金額）}}{4,850,000円} \times \underset{\substack{\text{（税率）}\\\text{(A)}}}{20\%} - \underset{\substack{\text{（控除額）}\\\text{(B)}}}{427,500円} = \underset{\text{（算出所得税額）}}{542,500円}
$$

③　課税給与所得金額が16,550,000円のときには、これに税率33％（A）を乗じた額5,461,500円から1,536,000円（B）を控除した額3,925,500円が算出所得税額となります。

（算式）

$$
\underset{\text{（課税給与所得金額）}}{16,550,000円} \times \underset{\substack{\text{（税率）}\\\text{(A)}}}{33\%} - \underset{\substack{\text{（控除額）}\\\text{(B)}}}{1,536,000円} = \underset{\text{（算出所得税額）}}{3,925,500円}
$$

（参考）　算出所得税額の速算表

課　税　給　与　所　得　金　額		税　　率 (A)	控　除　額 (B)
	1,950,000円以下	5 %	－
1,950,000円超	3,300,000円 〃	10%	97,500円
3,300,000円 〃	6,950,000円 〃	20%	427,500円
6,950,000円 〃	9,000,000円 〃	23%	636,000円
9,000,000円 〃	18,000,000円 〃	33%	1,536,000円
18,000,000円 〃	18,050,000円 〃	40%	2,796,000円

（注）　課税給与所得金額が18,050,000円を超える場合は、年末調整の対象となりません。

（4）　年調所得税額の求め方

上記（3）で求めた算出所得税額から（特定増改築等）住宅借入金等特別控除額を控除した残額が、その人の「年調所得税額」となります。この年調所得税額は、源泉徴収簿の「年末調整」欄の「年調所得税額㉔」欄に記入します。

なお、（特定増改築等）住宅借入金等特別控除の適用を受けない人については、算出所得税額が「年調所得税額」となります。

第5　年税額の計算

（5）　年調年税額の求め方

　「年調年税額」は、上記（4）で求めた年調所得税額に102.1％を乗じて、復興特別所得税を含む年調年税額を求めます。この年調年税額は、源泉徴収簿の「年末調整」欄の「年調年税額㉕」欄に記入します。

　（注）　「年調年税額」に100円未満の端数があるときは、その端数を切り捨てます。

2　年税額の計算例

　設例により年税額を計算してみますと、次のようになります。なお、過不足税額の精算については、「第7　過納額及び不足額の精算」（256ページ以下）を参照してください。

【設例1】　本年最後に支払う給与の所得税額及び復興特別所得税額を計算してから年末調整をする場合

所得者本人（平成2年12月10日生）

年間給与の総額‥‥‥‥‥‥‥‥‥‥‥‥‥‥‥‥‥‥‥‥‥‥‥‥‥‥‥‥‥‥　5,325,000円

同上の徴収税額‥‥‥‥‥‥‥‥‥‥‥‥‥‥‥‥‥‥‥‥‥‥‥‥‥‥‥‥‥　98,801円

年間社会保険料‥‥‥‥‥‥‥‥‥‥‥‥‥‥‥‥‥‥‥‥‥‥‥‥‥‥‥　793,974円

年間払込生命保険料

　　　（一般の生命保険料85,000円（新保険料）、介護医療保険料50,000円、個人年金保険

　　　料30,000円（新保険料）‥‥‥‥‥‥‥‥‥‥‥‥‥‥‥‥‥‥‥‥　165,000円

年間払込地震保険料‥‥‥‥‥‥‥‥‥‥‥‥‥‥‥‥‥‥‥‥‥‥‥‥　45,000円

配偶者‥‥‥‥‥‥有（昭和61年7月20日生、本年中の給与の収入（見込）金額800,000円、

　　　　　　　　　源泉控除対象配偶者としている）

扶養親族の数‥‥‥‥‥‥‥‥‥‥‥‥　1人（一般の控除対象扶養親族（64歳）に該当）

　（注）　年間払込保険料は、分配を受けた剰余金等の額を控除した後の金額です。
　　　　　また、平成23年12月31日以前に締結した保険契約に基づき支払った保険料を旧保険料といい、平成24年1月1日以降に締結した保険契約に基づき支払った保険料を新保険料といいます。以下の設例についても同様です。

（年税額の求め方）

①　まず、給与の総額5,325,000円について、給与所得控除後の給与等の金額を「給与等の金額の表」（8ページ）によって求めると3,819,200円になります。

②　次に、上記①により算出した給与所得控除後の給与等の金額3,819,200円から、各種保険料の控除額、配偶者控除額、扶養控除額及び基礎控除額を合計した「所得控除額の合計額」を

— 205 —

第5　年税額の計算

差し引いて課税給与所得金額を算出すると1,642,000円になります。

所得控除額の合計額（2,176,474円）

$$
\underset{\substack{\text{給与所得控除後}\\\text{の給与等の金額}}}{3,819,200円} - (\underset{\substack{\text{社会保険料}\\\text{等控除額}}}{793,974円} + \underset{\substack{\text{生命保険料}\\\text{控除額}}}{97,500円} + \underset{\substack{\text{地震保険料}\\\text{控除額}}}{45,000円} + \underset{\substack{\text{配偶者}\\\text{控除額}}}{380,000円} + \underset{\substack{\text{扶養控除額等}\\\text{の合計額}}}{380,000円} + \underset{\substack{\text{基礎}\\\text{控除額}}}{480,000円})
$$

$$
\underset{\substack{\text{課税給与}\\\text{所得金額}}}{} = 1,642,726円 \cdots\cdots 1,642,000円 \ （1,000円未満の端数切捨て）
$$

＜所得控除額の計算＞

給与所得者が直接支払った保険料控除額は「給与所得者の保険料控除申告書」、配偶者控除額又は配偶者特別控除額は「給与所得者の配偶者控除等申告書」、基礎控除額は「給与所得者の基礎控除申告書」を基に計算します。

社会保険料等控除額……給与から差し引かれた保険料793,974円の全額を控除します。

生命保険料控除額……支払った保険料が、一般の生命保険料85,000円（新保険料）、介護医療保険料50,000円及び個人年金保険料30,000円（全額が新保険料）があり、控除額は次のようになります（148ページの保険料控除申告書の記載例を参照）。

一般の生命保険料　85,000円（80,001円以上）　一律40,000円
（新保険料）

介護医療保険料　　$50,000円 \times \dfrac{1}{4} + 20,000円 = 32,500円$

個人年金保険料　　30,000円

（新保険料）　　　$30,000円 \times \dfrac{1}{2} + 10,000円 = 25,000円$

$$
\text{控除額合計}\ \underset{\substack{\text{一般の生命}\\\text{保険料控除額}}}{40,000円} + \underset{\substack{\text{介護医療}\\\text{保険料控除額}}}{32,500円} + \underset{\substack{\text{個人年金}\\\text{保険料控除額}}}{25,000円}
$$

$$
= 97,500円
$$

地震保険料控除額……地震保険料が45,000円ですから、支払額の45,000円を控除します（157ページの保険料控除申告書の記載例を参照）。

配偶者(特別)控除額……所得者本人の本年中の合計所得金額は3,819,200円、配偶者の本年中の給与の収入（見込）額は800,000円ですから、配偶者の給与所得の金額（合計所得金額）は250,000円となります。

したがって、配偶者控除の対象となり、その控除額は380,000円です。

（扶養控除額）
扶養控除額等……　380,000円

この380,000円は「控除額早見表」（19ページ）❶欄の「1人」の行の金額380,000円です。

— 206 —

第5　年税額の計算

　　基 礎 控 除 額……所得者本人の本年中の合計所得金額は3,819,200円ですから、その控

　　　　　　　　　　除額は480,000円となります。

③　次に、上記②により算出した課税給与所得金額1,642,000円に対する算出所得税額を「算出

　所得税額の速算表」（17ページ）により求めると82,100円になります。

　　算出所得税額82,100円は、「算出所得税額の速算表」の「課税給与所得金額」欄の「1,950,000

　円以下」の税率5％により計算した金額です。

　　　（課税給与所得金額）　（税率）（算出所得税額）
　　　　　1,642,000円　　×　5％　＝　　82,100円

④　この設例の場合、（特定増改築等）住宅借入金等特別控除の適用がありませんので、上記

　③で求めた算出所得税額が年調所得税額となります。

⑤　次に、上記④の年調所得税額に102.1％を乗じて、復興特別所得税を含む年調年税額を求め

　ると83,800円になります。

　　　（年調所得税額）　　　　　　（年調年税額）
　　　　　82,100円　　×　102.1％　＝　83,800円（100円未満の端数切捨て）

⑥　年間の徴収税額98,801円と年調年税額83,800円との差額15,001円が年末調整による超過額

　となります。

⑦　超過額15,001円は本年最後に支払う給与の徴収税額5,130円に充当し、充当しきれない

　9,871円は12月中に徴収した給与等や税理士報酬等の税額から還付します。

— 207 —

第5　年税額の計算

【設例1の記載例】

甲欄・乙欄

令和5年分　給与所得に対する源泉徴収簿

所属	総務部　総務課	職名		住所	（郵便番号○○○－○○○○）　○○区○○　1-2-3

区分	月区分	支給月	支給日	総支給金額	社会保険料等の控除額	社会保険料等控除後の給与等の金額	扶養親族等の数	算出税額	年末調整による過不足税額	差引徴収税額
給料・手当等	1	1	25	350,000 円	52,348 円	297,652 円	2 人	5,010 円	円	5,010 円
	2	2	24	350,000	52,348	297,652	2	5,010		5,010
	3	3	24	350,000	52,348	297,652	2	5,010		5,010
	4	4	25	355,000	53,070	301,930	2	5,130		5,130
	5	5	25	355,000	53,070	301,930	2	5,130		5,130
	6	6	23	355,000	53,070	301,930	2	5,130		5,130
	7	7	25	355,000	53,070	301,930	2	5,130		5,130
	8	8	25	355,000	53,070	301,930	2	5,130		5,130
	9	9	25	355,000	53,070	301,930	2	5,130		5,130
	10	10	25	355,000	53,070	301,930	2	5,130		5,130
	11	11	24	355,000	53,070	301,930	2	5,130		5,130
	12	12	25	355,000	53,070	301,930	2	5,130	△15,001	△9,871
	計			① 4,245,000	② 634,674	3,610,326		③ 61,200		
賞与等	6	6	20	500,000	73,750	426,250	2	（税率 4.084 %）17,408		17,408
	12	12	8	580,000	85,550	494,450	2	（税率 4.084 %）20,193		20,193
								（税率 %）		
								（税率 %）		
	計			④ 1,080,000	⑤ 159,300	920,700		⑥ 37,601		

— 208 —

第5 年税額の計算

氏名	(フリガナ) トウキョウ タロウ **東京 太郎** (生年月日 明・大・昭㉜・令 2 年 12 月 10 日)		整理番号	

前年の年末調整に基づき繰り越した過不足税額 　　　　　　　　円

同上の税額につき還付又は徴収した月区分	月別 月	還付又は徴収した税額 円	差引残高 円	月別 月	還付又は徴収した税額 円	差引残高 円

扶養控除等の申告・各種控除額	申告の有無	区分 申告月日	源泉控除対象配偶者	一般の控除対象扶養親族	特定扶養親族	老人扶養親族 同居老親等	老人扶養親族 その他	一般の障害者 本人・配・扶(人)	特別の障害者 本人・配・扶(人)	同居特別障害者 配(人)	寡婦又はひとり親	勤労学生	従たる給与から控除する源泉控除対象配偶者と控除対象扶養親族の合計数	配偶者の有無
		当初	㈲・無	1 人	人	人	人	人	人	人	寡婦・ひとり親	有・無	当初 人	
	㈲・無	/	有・無								寡婦・ひとり親	有・無	月 日	㈲・無
		/	有・無								寡婦・ひとり親	有・無	人	
	控除額	1人当たり(万円)	38	63	58	48	27	40	75	27(寡婦)35(ひとり親)	27		
		合計(万円)	38										

区　　分	金　　額		税　　額	
給　料　・　手　当　等	① 4,245,000 円		③ 61,200 円	
賞　　与　　等	④ 1,080,000		⑥ 37,601	
計	⑦ 5,325,000		⑧ 98,801	
給与所得控除後の給与等の金額	⑨ 3,819,200			
所得金額調整控除額 ((⑦−8,500,000円)×10%、マイナスの場合は0)	⑩ (1円未満切上げ、最高150,000円)		**所得金額調整控除の適用** **有・無** (※ 適用有の場合は⑩に記載)	
給与所得控除後の給与等の金額(調整控除後)(⑨−⑩)	⑪ 3,819,200			
社会保険料等控除額	給与等からの控除分（②＋⑤）	⑫ 793,974	配偶者の合計所得金額 (250,000 円)	
	申告による社会保険料の控除分	⑬	旧長期損害保険料支払額 (円)	
	申告による小規模企業共済等掛金の控除分	⑭	⑫のうち小規模企業共済等掛金の金額 (円)	
生命保険料の控除額	⑮ 97,500			
地震保険料の控除額	⑯ 45,000			
配偶者（特別）控除額	⑰ 380,000		⑬のうち国民年金保険料等の金額 (円)	
扶養控除額及び障害者等の控除額の合計額	⑱ 380,000			
基　礎　控　除　額	⑲ 480,000			
所得控除額の合計額 (⑫＋⑬＋⑭＋⑮＋⑯＋⑰＋⑱＋⑲)	⑳ 2,176,474			
差引課税給与所得金額(⑪−⑳)及び算出所得税額	㉑ (1,000円未満切捨て) 1,642,000		㉒ 82,100	
（特定増改築等）住宅借入金等特別控除額	㉓ 0			
年調所得税額（㉒−㉓、マイナスの場合は0）	㉔ 82,100			
年　調　年　税　額　（　㉔　×　１０２．１％　）	㉕ (100円未満切捨て) 83,800			
差引（超過額）又は不足額（㉕−⑧）	㉖ 15,001			
超過額の精算	本年最後の給与から徴収する税額に充当する金額	㉗ 5,130		
	未払給与に係る未徴収の税額に充当する金額	㉘		
	差引還付する金額（㉖−㉗−㉘）	㉙ 9,871		
	同上のうち 本年中に還付する金額	㉚ 9,871		
	翌年において還付する金額	㉛		
不足額の精算	本年最後の給与から徴収する金額	㉜		
	翌年に繰り越して徴収する金額	㉝		

— 209 —

第5　年税額の計算

【設例2】　本年最後に支払う給与の税額計算を省略して年末調整をする場合

所得者本人（昭和50年1月25日生）

年間給与の総額……………………………………………………………11,600,000円

同上の徴収税額……………………………………………………………　890,484円

年間社会保険料……………………………………………………………　1,683,897円

年間払込生命保険料

　　　（一般の生命保険料110,000円（旧保険料）、個人年金保険料94,000円（旧保険

　　　料））……………………………………………………………………　204,000円

年間払込旧長期損害保険料………………………………………………14,000円

配偶者………有（昭和51年10月10日生、本年中の収入なし、源泉控除対象配偶者としてい

　　　ない）

扶養親族の数……………… 2人（一般の控除対象扶養親族（17歳）と同居老親等に該当）

(注)　旧長期損害保険料とは、平成18年12月31日までに締結した長期損害保険契約等について平
　　成19年以後の各年に支払った保険料又は掛金をいいます、以下の設例についても同様です。

— 210 —

第5　年税額の計算

（年税額の求め方）

① まず、給与の総額11,600,000円について、給与所得控除後の給与等の金額を「給与等の金額の表」（8ページ）によって求めると9,650,000円になります。

（給与の総額）　　（給与所得控除後の給与等の金額）
11,600,000円 − 1,950,000円 ＝ 9,650,000円

　給与等の収入金額が850万円を超え、かつ、23歳未満の扶養親族を有しますから、「給与所得者の所得金額調整控除申告書」の提出を受け、給与等の収入金額（1,000万円を限度とします。）から850万円を控除した金額の10％相当額（1円未満の端数は切り上げます。）の所得金額調整控除の適用を受けることができ、その控除額は150,000円となります。

（10,000,000円 − 8,500,000円）× 10％ ＝ 150,000円

（給与所得控除後の給与等の金額）　　（所得金額調整額）　　（給与所得控除後の給与等の金額（調整控除後））
9,650,000円　　 − 　　150,000円　　 ＝ 　　9,500,000円

　したがって、給与所得控除後の給与等の金額（調整控除後）は、9,500,000円となります。

② 次に、上記①により求めた給与所得控除後の給与等の金額9,500,000円から、各種保険料の控除額、配偶者控除額、扶養控除額及び基礎控除額を合計した「所得控除額の合計額」を差し引いて、課税給与所得金額を算出すると、6,005,000円になります。

　　　　　　　　　　　　　　所得控除額の合計額（3,494,397円）
（給与所得控除後の給与等の金額）（社会保険料等控除額）（生命保険料控除額）（地震保険料控除額）（配偶者控除額）（扶養控除額等の合計額）（基礎控除額）
9,500,000円 − （1,683,897円 ＋ 98,500円 ＋ 12,000円 ＋ 260,000円 ＋ 960,000円 ＋ 480,000円）

（課税給与所得金額）
＝ 6,005,603円 …… 6,005,000円（1,000円未満の端数切捨て）

第5　年税額の計算

＜所得控除額の計算＞

　　社会保険料等控除額……給与から差し引かれた保険料1,683,897円の全額を控除します。

　　生命保険料控除額……支払った保険料が一般の生命保険料110,000円（全額が旧保険料）と個

　　　　　　　　　　　　人年金保険料94,000円（全額が旧保険料）との両方があり、控除額は

　　　　　　　　　　　　次のようになります。

　　　　　　　　　　　　　　一般の生命保険料　　110,000円（100,001円以上）一律50,000円
　　　　　　　　　　　　　　（旧保険料）

　　　　　　　　　　　　　　個人年金保険料　　　94,000円$\times\dfrac{1}{4}$＋25,000円＝48,500円
　　　　　　　　　　　　　　（旧保険料）

　　　　　　　　　　　　　　　　　　　　　　　$\begin{bmatrix}一般の生命\\保険料控除額\end{bmatrix}$　$\begin{bmatrix}個\ 人\ 年\ 金\\保険料控除額\end{bmatrix}$
　　　　　　　　　　　　　　控除額合計　　50,000円　　＋　　48,500円　　＝98,500円

　　地震保険料控除額……旧長期損害保険料に該当する損害保険料を支払っていますので、控除

　　　　　　　　　　　　額は次のようになります。

　　　　　　　　　　　　　$\begin{bmatrix}年間払込\\保険料\end{bmatrix}$　　　　　　　$\begin{bmatrix}地震保険\\料控除額\end{bmatrix}$
　　　　　　　　　　　　　14,000円$\times\dfrac{1}{2}$＋5,000円＝　12,000円

　　配偶者(特別)控除額……所得者本人の本年中の合計所得金額は9,500,000円で、配偶者には所

　　　　　　　　　　　　得がありません。

　　　　　　　　　　　　したがって、配偶者控除の対象となり、その控除額は260,000円とな

　　　　　　　　　　　　ります。

　　　　　　　　　　　　　　　　　　　　　　　（扶養控除額）
　　　　　　　　　　　　　　　　　　　　　　$\begin{bmatrix}老人扶養親族\\（同居老親等）\end{bmatrix}$
　　　　　　　　　　　　（扶養控除額）
　　扶　養　控　除　額　等……　380,000円　　＋　　580,000円

　　　　　　　　　　　　　　（合計額）
　　　　　　　　　　　　＝960,000円

　　　　　　　　　　　　この960,000円は、「控除額早見表」(19ページ) ❶欄の「2人」の行の

　　　　　　　　　　　　金額760,000円に、❷欄の㋩の金額200,000円を加算した金額です。

　　基　礎　控　除　額……所得者本人の本年中の合計所得金額は9,500,000円ですから、基礎控

　　　　　　　　　　　　除額は480,000円となります。

— 212 —

第5　年税額の計算

③　次に、上記②により算出した課税給与所得金額6,005,000円に対する算出所得税額を「算出所得税額の速算表」(17ページ)により求めると781,700円になります。

算出所得税額773,500円は、次の算式によった金額です。

（課税給与所得金額）　（税率）　（控除額）　（算出所得税額）
6,005,000円　×　20%　−427,500円 ＝　773,500円

④　この設例の場合、(特定増改築等)住宅借入金等特別控除の適用がありませんので、上記③で求めた算出所得税額が年調所得税額となります。

⑤　次に、上記④の年調所得税額に102.1%を乗じて、復興特別所得税を含む年調年税額を求めると789,700円になります。

（年調所得税額）　　　　　　　　（年調年税額）
773,500円　×　102.1%　＝ 789,700円（100円未満の端数切捨て）

⑥　年間の徴収税額890,484円と年調年税額789,700円との差額100,784円が年末調整による超過額となります。

⑦　超過額100,784円は本年最後の給与を支払う際に、12月中に徴収した給与等や税理士報酬等の税額から還付します。

第 5 年 税 額 の 計 算

【設例 2 の記載例】

甲欄 乙欄

令和 5 年分 給与所得に対する源泉徴収簿

所属	業務部 管理課	職名	部長	住所	（郵便番号 ○○○ － ○○○○） ○○市○○町 2-3-4

区分	月区分	支給 月日	総支給金額	社会保険料等の控除額	社会保険料等控除後の給与等の金額	扶養親族等の数	算出税額	年末調整による過不足税額	差引徴収税額
給料・手当等	1	1 25	600,000 円	90,762 円	509,238 円	2 人	19,100 円	円	19,100 円
	2	2 24	600,000	90,762	509,238	2	19,100		19,100
	3	3 24	600,000	90,762	509,238	2	19,100		19,100
	4	4 25	650,000	92,754	557,246	2	26,440		26,440
	5	5 25	650,000	92,754	557,246	2	26,440		26,440
	6	6 23	650,000	92,754	557,246	2	26,440		26,440
	7	7 25	650,000	92,754	557,246	2	26,440		26,440
	8	8 25	650,000	101,790	548,210	2	24,800		24,800
	9	9 25	650,000	101,790	548,210	2	24,800		24,800
	10	10 25	650,000	101,790	548,210	2	24,800		24,800
	11	11 24	650,000	101,790	548,210	2	24,800		24,800
	12	12 25	650,000	101,790	548,210	2		△100,784	△100,784
	計		① 7,650,000	② 1,152,252	6,497,748		③ 262,260		
賞与等	6	6 20	1,800,000	254,430	1,545,570	2	（税率 18.378%） 284,044		284,044
	12	12 8	2,150,000	277,215	1,872,785	2	（税率 18.378%） 344,180		344,180
							（税率 %）		
							（税率 %）		
	計		④ 3,950,000	⑤ 531,645	3,418,355		⑥ 628,224		

— 214 —

第5 年税額の計算

氏名	(フリガナ) シンバシ イチロウ　**新橋 一郎** (生年月日 明・大・㊺・平・令 50 年 1 月 25 日)	整理番号	

前年の年末調整に基づき繰り越した過不足税額						円
同上の税額につき還付又は徴収した月区分	月別	還付又は徴収した税額	差引残高	月別	還付又は徴収した税額	差引残高
	月	円	円	月	円	円

扶養控除等の申告・各種控除額

申告の有無	区分／申告月日	源泉控除対象配偶者	一般の控除対象扶養親族	特定扶養親族	老人扶養親族 同居老親等	老人扶養親族 その他	一般の障害者 本人・配・扶(人)	特別障害者 本人・配・扶(人)	同居特別障害者 配・扶(人)	寡婦又はひとり親	勤労学生	従たる給与から控除する源泉控除対象配偶者と控除対象扶養親族の合計数
（有）・無	当初	有・無	1 人	人	1 人	人	人	人	人	寡婦・ひとり親	有・無	当初
	／	有・無								寡婦・ひとり親	有・無	
	／	有・無								寡婦・ひとり親	有・無	
控除額	1人当たり(万円)	38	63	58	48	27	40	75	27(寡婦) 35(ひとり親)	27		人 月 日 人
	合計(万円)	38		58								

配偶者の有無
（有）・無

	区　　　　分	金　　　額	税　　　額
年 末 調 整	給　料　・　手　当　等	① 7,650,000 円	③ 262,260 円
	賞　　　与　　　等	④ 3,950,000	⑥ 628,224
	計	⑦ 11,600,000	⑧ 890,484
	給与所得控除後の給与等の金額	⑨ 9,650,000	所得金額調整控除の適用 （有）・無 （※ 適用有の場合は⑩に記載）
	所得金額調整控除額 ((⑦−8,500,000円)×10%、マイナスの場合は0)	⑩ 150,000 (1円未満切上げ、最高150,000円)	
	給与所得控除後の給与等の金額（調整控除後）(⑨−⑩)	⑪ 9,500,000	
	社会保険料等控除額　給与等からの控除分 (②＋⑤)	⑫ 1,683,897	配偶者の合計所得金額 （ 0 円）
	申告による社会保険料の控除分	⑬	旧長期損害保険料支払額 （ 14,000 円）
	申告による小規模企業共済等掛金の控除分	⑭	⑫のうち小規模企業共済等掛金の金額 （ 円）
	生　命　保　険　料　の　控　除　額	⑮ 98,500	
	地　震　保　険　料　の　控　除　額	⑯ 12,000	
	配　偶　者　（特別）　控　除　額	⑰ 260,000	⑬のうち国民年金保険料等の金額 （ 円）
	扶養控除額及び障害者等の控除額の合計額	⑱ 960,000	
	基　　礎　　控　　除　　額	⑲ 480,000	
	所得控除額の合計額 (⑫＋⑬＋⑭＋⑮＋⑯＋⑰＋⑱＋⑲)	⑳ 3,494,397	
	差引課税給与所得金額(⑪−⑳)及び算出所得税額 (1,000円未満切捨て)	㉑ 6,005,000	㉒ 773,500
	（特定増改築等）住宅借入金等特別控除額	㉓	
	年調所得税額（㉒−㉓、マイナスの場合は0）	㉔ 773,500	
	年　調　年　税　額（㉔×102.1%）(100円未満切捨て)	㉕ 789,700	
	差引（超過額）又は不足額（㉕−⑧）	㉖ 100,784	
	超過額の精算　本年最後の給与から徴収する税額に充当する金額	㉗ 0	
	未払給与に係る未徴収の税額に充当する金額	㉘	
	差引還付する金額（㉖−㉗−㉘）	㉙ 100,784	
	同上のうち　本年中に還付する金額	㉚ 100,784	
	翌年において還付する金額	㉛	
	不足額の精算　本年最後の給与から徴収する金額	㉜	
	翌年に繰り越して徴収する金額	㉝	

第5 年税額の計算

【設例3】 配偶者の控除対象扶養親族等である子を有する者に所得金額調整控除を適用する場合

> 所得者本人（昭和54年11月11日生）
> 当初の年間給与の総額……………………………………………………… 9,032,000円
> 同上の徴収税額……………………………………………………………… 624,505円
> 同上の年間社会保険料……………………………………………………… 1,390,029円
> 年間払込生命保険料（一般の生命保険料（新保険料））……………… 100,000円
> 配偶者………………………………… 有（給与所得者・源泉控除対象配偶者としていない）
> 扶養親族の数……2人（年齢17歳と12歳の子・配偶者が自らの控除対象扶養親族及び16
> 歳未満の扶養親族として扶養控除等申告書を提出）

（年税額の求め方）

① まず、給与の総額9,032,000円について、給与所得控除後の給与等の金額を「給与等の金額の表」（8ページ）によって求めると7,082,000円になります。

(給与の総額)　　　　　　　　　$\begin{pmatrix}給与所得控除後\\の給与等の金額\end{pmatrix}$
9,032,000円 － 1,950,000円 ＝ 7,082,000円

給与等の収入金額が850万円を超え、かつ、23歳未満の扶養親族を有しますから、「給与所得者の所得金額調整控除申告書」の提出を受け、給与等の収入金額（1,000万円を限度とします。）から850万円を控除した金額の10％相当額（1円未満の端数は切り上げます。）の所得金額調整控除の適用を受けることができ、その控除額は53,200円となります。

（9,032,000円－8,500,000円）×10％＝53,200円

したがって、給与所得控除後の給与等の金額（調整控除後）は、7,028,800円となります。

$\begin{pmatrix}給与所得控除後\\の給与等の金額\end{pmatrix}$　　（所得金額調整控除額）　　$\begin{pmatrix}給与所得控除後の給与\\等の金額（調整控除後）\end{pmatrix}$
　7,082,000円　　－　　　53,200円　　＝　　　7,028,800円

(注) 配偶者の控除対象扶養親族又は16歳未満の扶養親族である子とされている場合でも、その子は所得者の所得金額調整控除の適用においてその所得者の23歳未満の扶養親族に該当します。

② 次に、上記①により求めた給与所得控除後の給与等の金額7,028,800円から各種保険料控除額及び基礎控除額を合計した「所得控除額の合計額」を差し引いて課税給与所得金額を算出すると5,118,000円になります。

┌────── 所得控除額の合計額 （1,910,029円） ──────┐

$\begin{pmatrix}給与所得控除後\\の給与等の金額\end{pmatrix}$　$\begin{pmatrix}社会保険料\\等控除額\end{pmatrix}$　$\begin{pmatrix}生命保険料\\控除額\end{pmatrix}$　$\begin{pmatrix}基\ 礎\\控除額\end{pmatrix}$
7,028,800円 － （1,390,029円 ＋ 40,000円 ＋ 480,000円）

$\begin{pmatrix}課税給与\\所得金額\end{pmatrix}$
＝5,118,771円……5,118,000円（1,000円未満の端数切捨て）

— 216 —

第5 年税額の計算

<所得控除額の計算>

　　社会保険料控除額……給与から差し引かれた保険料1,390,029円の全額を控除します。

　　生命保険料控除額……年間払込保険料（新保険）が80,001円を超えていますから控除限度額
　　　　　　　　　　　　　の40,000円を控除額します。

　　基 礎 控 除 額……所得者本人の本年中の合計所得金額は 7,028,200円ですから、基礎控
　　　　　　　　　　　　　除額は480,000円となります。

③　次に上記②により算出した課税給与所得金額5,118,000円に対する算出所得税額を「算出
所得税額の速算表」（17ページ）により求めると596,100円となります。

　　算出所得税額596,100円は、次の算式によった金額です。

　　（課税給与所得税額）　（税率）　（控除額）　（算出所得税額）
　　　5,118,000円　　× 20％ －427,500円＝　596,100円

④　この設例の場合、（特定増改築）住宅借入金等特別控除の適用がありませんので、上記③
で求めた算出所得税額が年調年税額となります。

⑤　次に、上記④の年調年税額に102.1％を乗じて、復興特別所得税を含む年調年税額を求め
ると608,600円になります。

　　（年調所得税額）　　　　　　　　（年調年税額）
　　　596,100円　　×　102.1％　＝ 608,600円

⑥　年間の徴収税額624,505円と年調年税額608,600円との差額15,905円が年末調整による超過
額となります。

⑦　超過額15,905円は、本年最後に支払う給与（賞与）の徴収税額24,990円に充当し、差額の
9,085円を徴収します。

第5 年税額の計算

【設例3の記載例】

甲欄・乙欄

所属	企画部	職名	課長	住所	（郵便番号 ○○○ － ○○○○ ） ○○市○○ 1-4-18

令和5年分 給与所得に対する源泉徴収簿

区分	月区分	支月	給日	総支給金額	社会保険料等の控除額	社会保険料等控除後の給与等の金額	扶養親族等の数	算出税額	年末調整による過不足税額	差引徴収税額
給料・手当等	1	1	20	520,000 円	81,437 円	438,563 円	0 人	19,700 円	円	19,700 円
	2	2	20	520,000	81,437	438,563	0	19,700		19,700
	3	3	20	520,000	81,437	438,563	0	19,700		19,700
	4	4	20	558,000	83,166	474,834	0	25,480		25,480
	5	5	19	558,000	83,166	474,834	0	25,480		25,480
	6	6	20	558,000	83,166	474,834	0	25,480		25,480
	7	7	20	558,000	83,166	474,834	0	25,480		25,480
	8	8	18	558,000	83,166	474,834	0	25,480		25,480
	9	9	20	558,000	83,166	474,834	0	25,480		25,480
	10	10	20	558,000	87,684	470,316	0	24,990		24,990
	11	11	20	558,000	87,684	470,316	0	24,990		24,990
	12	12	20	558,000	87,684	470,316	0	24,990	△15,905	9,085
計				① 6,582,000	② 1,006,359	5,575,641		③ 286,950		
賞与等	6	6	20	1,100,000	172,260	927,740	0	（税率 16.336%）151,555		151,555
	12	12	8	1,350,000	211,410	1,138,590	0	（税率 16.336%）186,000		186,000
								（税率　%）		
								（税率　%）		
計				④ 2,450,000	⑤ 383,670	2,066,330		⑥ 337,555		

— 218 —

第5　年税額の計算

氏名	（フリガナ）　フジサワ　リョウコ　　藤沢　涼子	整理番号
	（生年月日　明・大・㊼・平・令　54　年　11　月　11　日）	

前年の年末調整に基づき繰り越した過不足税額						円

同上の税額につき還付又は徴収した月区分	月別	還付又は徴収した税額	差引残高	月別	還付又は徴収した税額	差引残高
	月	円	円	月	円	円

扶養控除等の申告・各種控除額	申告の有無	区分　申告月日	源泉控除対象配偶者	一般の控除対象扶養親族	特定扶養親族	老人扶養親族 同居老親等	老人扶養親族 その他	一般障害者 本人・配（扶）	特別障害者 本人・配（扶）	同居特別障害者 配（扶）	寡婦又はひとり親	勤労学生	配偶者の有無
	有 ・ 無	当初	有・無	人	人	人	人	人	人	人	寡婦・ひとり親	有・無	従たる給与から控除する源泉控除対象配偶者と控除対象扶養親族の合計数 当初　人
		／	有・無								寡婦・ひとり親	有・無	月　日　人
		／	有・無								寡婦・ひとり親	有・無	
		控除額　1人当たり（万円）	38	63	58	48	27	40	75	27（寡婦） 35（ひとり親）	27	有・無
		合計（万円）										

	区　分	金　額	税　額
年末調整	給　料・手　当　等　①	6,582,000 円	③　286,950 円
	賞　与　等　④	2,450,000	⑥　337,555
	計　⑦	9,032,000	⑧　624,505
	給与所得控除後の給与等の金額　⑨	7,082,000	所得金額調整控除の適用 ㊒・無 （※　適用有の場合は⑩に記載）
	所得金額調整控除額 （（⑦−8,500,000円）×10%、マイナスの場合は0）　⑩	（1円未満切上げ、最高150,000円）　53,200	
	給与所得控除後の給与等の金額（調整控除後） （⑨−⑩）　⑪	7,028,800	
	社会保険料等控除額　給与等からの控除分（②＋⑤）　⑫	1,390,029	配偶者の合計所得金額 （　　　　　円）
	申告による社会保険料の控除分　⑬		旧長期損害保険料支払額 （　　　　　円）
	申告による小規模企業共済等掛金の控除分　⑭		⑫のうち小規模企業共済等掛金の金額 （　　　　　円）
	生命保険料の控除額　⑮	40,000	
	地震保険料の控除額　⑯		⑬のうち国民年金保険料等の金額 （　　　　　円）
	配偶者（特別）控除額　⑰		
	扶養控除額及び障害者等の控除額の合計額　⑱		
	基礎控除額　⑲	480,000	
	所得控除の合計額 （⑫＋⑬＋⑭＋⑮＋⑯＋⑰＋⑱＋⑲）　⑳	1,910,029	
	差引課税給与所得金額（⑪−⑳）及び算出所得税額　㉑	（1,000円未満切捨て）　5,118,000	㉒　596,100
	（特定増改築等）住宅借入金等特別控除額　㉓		
	年調所得税額（㉒−㉓、マイナスの場合は0）　㉔		596,100
	年　調　年　税　額（㉔×102.1%）　㉕	（100円未満切捨て）　608,600	
	差引超過額又は不足額（㉕−⑧）　㉖		15,905
	超過額の精算　本年最後の給与から徴収する税額に充当する金額　㉗		15,905
	未払給与に係る未徴収の税額に充当する金額　㉘		
	差引還付する金額（㉖−㉗−㉘）　㉙		
	同上のうち　本年中に還付する金額　㉚		
	翌年において還付する金額　㉛		
	不足額の精算　本年最後の給与から徴収する金額　㉜		
	翌年に繰り越して徴収する金額　㉝		

— 219 —

第5　年税額の計算

【設例4】　住宅借入金等特別控除額があり、本年最後に支給する賞与で年末調整をする場合

所得者本人（昭和55年5月16日生）

年間給与の総額‥‥‥‥‥‥‥‥‥‥‥‥‥‥‥‥‥‥‥‥‥‥‥‥‥‥‥‥‥　6,765,000円

同上の徴収税額‥‥‥‥‥‥‥‥‥‥‥‥‥‥‥‥‥‥‥‥‥‥‥‥‥‥‥‥‥　176,980円

年間社会保険料‥‥‥‥‥‥‥‥‥‥‥‥‥‥‥‥‥‥‥‥‥‥‥‥‥‥‥‥‥　1,044,567円

年間国民年金保険料（扶養親族分）‥‥‥‥‥‥‥‥‥‥‥‥‥‥‥‥‥‥‥　198,450円

年間払込生命保険料（一般の生命保険料（旧保険料））‥‥‥‥‥‥‥‥‥　89,000円

年間払込地震保険料‥‥‥‥‥‥‥‥‥‥‥‥‥‥‥‥‥‥‥‥‥‥‥‥‥‥‥　70,000円

配偶者‥‥‥‥‥‥‥‥　有（昭和53年11月20日生、本年の外交員報酬の収入（見込）金額
　　　　　　　　　　　　　1,020,000円、必要経費（見込）金額410,000円、源泉控除対象配偶
　　　　　　　　　　　　　者としている）

扶養親族の数‥‥‥‥‥‥‥‥‥‥‥‥‥‥‥‥‥‥‥‥‥‥‥‥‥‥‥‥　1人（年齢21歳）

住宅借入金等特別控除額‥‥‥‥‥‥‥‥‥‥‥‥‥‥‥‥‥‥‥‥‥‥‥‥　100,500円

（年税額の求め方）

①　まず、給与の総額6,765,000円について、給与所得控除後の給与等の金額を「給与等の金額
の表」（8ページ）によって求めると4,988,500円になります。

　　　　　（給与の総額）　　　　　　　　　　　　　$\begin{bmatrix}給与所得控除後\\の給与等の金額\end{bmatrix}$
　　　　　6,765,000円　×　90％ － 1,100,000円＝　4,988,500円

②　次に、上記①により求めた給与所得控除後の給与等の金額4,988,500円から、各種保険料の
控除額、配偶者控除額、扶養控除額及び基礎控除額を合計した「所得控除額の合計額」を差
し引いて課税給与所得金額を算出すると、2,158,000円になります。

　　$\begin{bmatrix}給与所得控除後\\の給与等の金額\end{bmatrix}$
　　4,988,500円 －

‥‥‥‥‥‥‥‥‥‥‥‥ 所得控除額の合計額（2,830,267円）‥‥‥‥‥‥‥‥‥‥‥‥

〔社　会　保　険　料　等　控　除　額〕

〔給与等から の 控 除 分〕	〔申告による社会 保険料の控除分〕	〔生命保険料 控 除 額〕	〔地震保険料 控 除 額〕	〔配偶者 控除額〕	〔扶養控除額 等の合計額〕	〔基　礎 控除額〕
(1,044,567円 ＋	198,450円	＋ 47,250円	＋ 50,000円	＋ 380,000円	＋ 630,000円	＋ 480,000円)

　　　　　　　　　　　$\begin{bmatrix}課税給与\\所得金額\end{bmatrix}$
　　　　　　＝2,158,233円‥‥‥2,158,000円（1,000円未満の端数切捨て）

＜所得控除額の計算＞

　　社会保険料等控除額‥‥‥‥給与等から差し引かれた保険料1,044,567円の全額を控除します。

　　　　　　　　　　　　　　　　保険料控除申告書に記載された所得者本人が支払った扶養親族の国
　　　　　　　　　　　　　　　　民年金保険料198,450円の全額を控除します。

－220－

第5 年税額の計算

生命保険料控除額……$\begin{bmatrix}年間払込\\保険料\end{bmatrix}$ $89,000円 \times \dfrac{1}{4} + 25,000円 = \begin{bmatrix}生命保険\\料控除額\end{bmatrix} 47,250円$
（旧保険料）

地震保険料控除額……年間払込保険料が50,000円を超えていますから、控除限度額の50,000

円を控除します。

配偶者(特別)控除額……配偶者の本年の外交員報酬の収入(見込)金額は1,020,000円ですので、

所得金額（合計所得金額）は470,000円となります。

> **(注)** 家内労働者等の事業所得等の所得計算の特例（措法27）
>
> 外交員の事業所得等の計算において、必要経費の額が550,000円に満た
> ないときは、必要経費の額を550,000円まで認めることとされています。
>
> 必要経費実額……410,000円＜550,000円
>
> 1,020,000円－550,000円＝470,000円……所得金額

所得者本人の本年中の合計所得金額は4,988,500円で、配偶者の本年

中の合計所得金額は470,000円となります。

したがって、配偶者控除の対象となり、その控除額は380,000円とな

ります。

扶 養 控 除 額 等……$\begin{bmatrix}扶 養 控 除 額\\(特定扶養親族)\end{bmatrix}$ 630,000円

この630,000円は、「控除額早見表」（19ページ）❶欄の「１人」の金額

380,000円に❷欄の㋩の金額250,000円を加算した金額です。

基 礎 控 除 額……所得者本人の本年中の合計所得金額は4,988,500円ですから、基礎控

除額は480,000円となります。

③ 次に、上記②により算出した課税給与所得金額2,158,000円に対する算出所得税額を「算出

所得税額の速算表」（17ページ）により求めると118,300円になります。

算出所得税額118,300円は、次の算式によった金額です。

（課税給与所得金額）　（税率）　（控除額）　（算出所得税額）
2,158,000円 × 10% － 97,500円 ＝ 118,300円

④ 次に、上記③で求めた算出所得税額118,300円から住宅借入金等特別控除額100,500円を控

除すると年調所得税額は17,800円になります。

⑤ 次に、上記④により算出した年調所得税額に102.1%を乗じて、復興特別所得税を含む年調

年税額を求めると18,100円になります。

（年調所得税額）　　　　　（年調年税額）
17,800円 × 102.1% ＝ 18,100円 （100円未満の端数切捨て）

⑥ 年間の徴収税額176,980円と年調年税額18,100円との差額158,880円が年末調整による超過

額となります。

⑦ 超過額158,880円は本年最後に支払う給与（賞与）の徴収税額46,500円に充当し、充当し

きれない112,380円は12月中に徴収した給与等や税理士報酬等の税額から還付します。

第5　年税額の計算

【設例4の記載例】

	所属	管理部　管理課	職名	課長	住所	（郵便番号○○○－○○○○）　○○区○○　3-4-5

甲欄　乙欄

令和5年分　給与所得に対する源泉徴収簿

区分	月区分	支給 月	給 日	総支給金額	社会保険料等の控除額	社会保険料等控除後の給与等の金額	扶養親族等の数	算出税額	年末調整による過不足税額	差引徴収税額
給料・手当等	1	1	10	420,000 円	63,087 円	356,913 円	2 人	7,450 円	円	7,450 円
	2	2	10	420,000	63,087	356,913	2	7,450		7,450
	3	3	10	420,000	63,087	356,913	2	7,450		7,450
	4	4	10	425,000	64,296	360,704	2	7,580		7,580
	5	5	10	425,000	64,296	360,704	2	7,580		7,580
	6	6	9	425,000	64,296	360,704	2	7,580		7,580
	7	7	10	425,000	64,296	360,704	2	7,580		7,580
	8	8	10	425,000	64,296	360,704	2	7,580		7,580
	9	9	8	425,000	64,296	360,704	2	7,580		7,580
	10	10	10	425,000	68,814	356,186	2	7,450		7,450
	11	11	10	425,000	68,814	356,186	2	7,450		7,450
	12	12	8	425,000	68,814	356,186	2	7,450		7,450
	計			① 5,085,000	② 781,479	4,303,521		③ 90,180		
賞与等	6	6	20	780,000	122,148	657,852	2	（税率 6.126 %）40,300		40,300
	12	12	20	900,000	140,940	759,060	2	（税率 6.126 %）46,500	△158,880	△112,380
								（税率　　%）		
								（税率　　%）		
	計			④ 1,680,000	⑤ 263,088	1,416,912		⑥ 86,800		

— 222 —

第5　年税額の計算

氏名	（フリガナ）　コクゼイ ジロウ 国税 次郎 （生年月日 明・大・㊅・平・令 55 年 5 月 16 日）	整理番号	

前年の年末調整に基づき繰り越した過不足税額						円

同上の税額につき還付又は徴収した月区分	月別	還付又は徴収した税額	差引残高	月別	還付又は徴収した税額	差引残高
	月	円	円	月	円	円

扶養控除等の申告・各種控除額	申告の有無	区分 申告月日	源泉控除対象配偶者	一般の控除対象扶養親族	特定扶養親族	老人扶養親族 同老・居等 その他	一般の障害者 本人・配・扶（ 人）	特別障害者 本人・配・扶（ 人）	同居特別障害者 配・扶（ 人）	寡婦又はひとり親	勤労学生	従たる給与から控除する源泉控除対象配偶者と控除対象扶養親族の合計数	配偶者の有無
	有・無	当初	有・無	人	1 人	同老 人 居等 人 その他 人	人	人	人	寡婦・ひとり親	有・無	当初	有・無
		／	有・無							寡婦・ひとり親	有・無		
		／	有・無							寡婦・ひとり親	有・無	月 日 人	
		控除額 1人当たり（万円）		38	63	58 48	27	40	75	27（寡婦）35（ひとり親）	27		
		合計（万円）			63							人	

	区分	金額	税額
	給 料 ・ 手 当 等	① 5,085,000 円	③ 90,180 円
	賞 与 等	④ 1,680,000	⑥ 86,800
	計	⑦ 6,765,000	⑧ 176,980
	給与所得控除後の給与等の金額	⑨ 4,988,500	
	所得金額調整控除額（（⑦−8,500,000円）×10%、マイナスの場合は0）	⑩ （1円未満切上げ、最高150,000円）	
年末調整	給与所得控除後の給与等の金額（調整控除後）（⑨−⑩）	⑪ 4,988,500	所得金額調整控除の適用 有・㊅（※ 適用有の場合は⑩に記載）
	社会保険料等控除額 給与等からの控除分（②＋⑤）	⑫ 1,044,567	配偶者の合計所得金額（　470,000　円）
	申告による社会保険料の控除分	⑬ 198,450	旧長期損害保険料支払額（　　　　円）
	申告による小規模企業共済等掛金の控除分	⑭	⑫のうち小規模企業共済等掛金の金額（　　　　円）
	生命保険料の控除額	⑮ 47,250	⑬のうち国民年金保険料等の金額（　198,450　円）
	地震保険料の控除額	⑯ 50,000	
	配偶者（特別）控除額	⑰ 380,000	
	扶養控除額及び障害者等の控除額の合計額	⑱ 630,000	
	基礎控除額	⑲ 480,000	
	所得控除額の合計額（⑫＋⑬＋⑭＋⑮＋⑯＋⑰＋⑱＋⑲）	⑳ 2,830,267	
	差引課税給与所得金額（⑪−⑳）及び算出所得税額	㉑ （1,000円未満切捨て） 2,158,000	㉒ 118,300
	（特定増改築等）住宅借入金等特別控除額	㉓ 100,500	
	年調所得税額（㉒−㉓、マイナスの場合は0）	㉔ 17,800	
	年調年税額（㉔×102.1%）	㉕ （100円未満切捨て） 18,100	
	差引 超過額 又は 不足額（㉕−⑧）	㉖ 158,880	
超過額の精算	本年最後の給与から徴収する税額に充当する金額	㉗ 46,500	
	未払給与に係る未徴収の税額に充当する金額	㉘	
	差引還付する金額（㉖−㉗−㉘）	㉙ 112,380	
	同上のうち 本年中に還付する金額	㉚ 112,380	
	翌年において還付する金額	㉛	
不足額の精算	本年最後の給与から徴収する金額	㉜	
	翌年に繰り越して徴収する金額	㉝	

— 223 —

第5　年税額の計算

【設例5】　本年最後に支給する給与よりも先に支給する賞与で年末調整をする場合

所得者本人（平成6年5月26日生）

年末調整時の給与の総額（本年最後に支給する通常の給与を含める前の給与の総額）

　　　　　　　　　　　　　　　　　　　　　　　　　　　　　　　　　　　5,428,000円

同上の徴収税額

　　　（年末調整をする賞与は、源泉徴収を省略して税額を0円とします）……84,401円

同上の社会保険料……………………………………………………………795,983円

本年最後に支払う通常の給与の見積額（12月分）…………………………363,000円

同上の社会保険料の見積額……………………………………………………53,118円

同上の徴収税額の見積額………………………………………………………5,490円

年間払込生命保険料（一般の生命保険料（新保険料）、個人年金保険料の支払はない）

　　　　　　　　　　　　　　　　　　　　　　　　　　　　　　　　　　78,000円

年間払込地震保険料……………………………………………………………20,000円

配偶者…………有（本年の内職の収入（見込）金額は1,390,000円、必要経費620,000円、

　　　　　　　　源泉控除対象配偶者としている）

扶養親族の数………………………………………………………1人（年齢62歳）

（年税額の求め方）

①　まず、年末調整時に支払うべきことが確定している給与の総額5,428,000円と本年最後に支払う通常の給与の見積額363,000円との合計額5,791,000円について、給与所得控除後の給与等の金額を「給与等の金額の表」（8ページ）によって求めると4,190,400円になります。

②　次に、上記①により求めた給与所得控除後の給与等の金額4,190,400円から、各種保険料の控除額、配偶者特別控除額、扶養控除額及び基礎控除額を合計した「所得控除額の合計額」を差し引いて課税給与所得金額を算出すると、2,041,000円になります。

所得控除額の合計額（2,148,601円）

$$
\begin{bmatrix} 給与所得控除後 \\ の給与等の金額 \end{bmatrix} - \begin{bmatrix} 社会保険料 \\ 等控除額 \end{bmatrix} \begin{bmatrix} 生命保険料 \\ 控除額 \end{bmatrix} \begin{bmatrix} 地震保険料 \\ 控除額 \end{bmatrix} \begin{bmatrix} 配偶者特別 \\ 控除額 \end{bmatrix} \begin{bmatrix} 扶養控除額 \\ 等の合計額 \end{bmatrix} \begin{bmatrix} 基礎 \\ 控除額 \end{bmatrix}
$$

4,190,400円 －（849,101円 ＋ 39,500円 ＋ 20,000円 ＋ 380,000円 ＋ 380,000円 ＋ 480,000円）

$$\begin{bmatrix} 課税給与 \\ 所得金額 \end{bmatrix}$$

＝2,041,799円……2,041,000円（1,000円未満の端数切捨て）

＜所得控除額の計算＞

社会保険料等控除額……年末調整時までに給与から差し引いた社会保険料の合計額795,983円と本年最後に支払う通常の給与の見積額に対する社会保険料の見積額53,118円とを合計した849,101円を控除額とします。

第5　年税額の計算

生命保険料控除額……　$\begin{bmatrix}年間払込\\保険料\end{bmatrix}$　78,000円　$\times \dfrac{1}{4}$ ＋ 20,000円 ＝　$\begin{bmatrix}生命保険\\料控除額\end{bmatrix}$　39,500円
　（新保険料）

地震保険料控除額……年間払込保険料が50,000円以下ですので、支払った保険料の20,000円を控除します。

配偶者(特別)控除額……配偶者の本年の内職収入（見込）金額は1,390,000円ですので、内職の所得金額（合計所得金額）は770,000円となります。

　　1,390,000円－620,000円＝770,000円

（注）　内職による所得の必要経費が550,000円以上ですから、所得計算の特例の適用はありません（措法27）。

所得者本人の本年中の合計所得金額は4,190,400円で、配偶者の本年中の合計所得金額は770,000円となります。

したがって、配偶者特別控除の対象となり、その控除額は380,000円となります。

扶 養 控 除 額 等……　（扶養控除額）
　　　　　　　　　　　380,000円

この380,000円は、「控除額早見表」（19ページ）❶欄の「1人」の行の金額です。

基 礎 控 除 額……所得者本人の本年中の合計所得金額は4,190,400円ですから、基礎控除額は480,000円となります。

③　次に、上記②により算出した課税給与所得金額2,041,000円に対する算出所得税額を「算出所得税額の速算表」（17ページ）により求めると106,600円になります。

算出所得税額106,600円は、次の算式によった金額です。

　（課税給与所得金額）　（税率）　　　　（算出所得税額）
　　2,041,000円　×　10%　－97,500円＝　106,600円

④　この設例の場合、(特定増改築等) 住宅借入金等特別控除の適用がありませんので、上記③で求めた算出所得税額が年調所得税額となります。

⑤　次に、上記④の年調所得税額に102.1%を乗じて、復興特別所得税を含む年調年税額を求めると108,800円になります。

　（年調所得税額）　　　　　　　（年調年税額）
　　106,600円　×　102.1%　＝　108,800円（100円未満の端数切捨て）

⑥　年末調整時の給与の総額に係る徴収税額84,401円と、本年最後に支払う通常の給与の徴収税額の見積額5,490円とを合計した徴収税額89,891円と年調年税額108,800円との差額18,909円が年末調整による不足額となりますので、12月の賞与を支払う際に18,909円を徴収します。

（注）　最後の給与の見積額が実際の支給額と異なることとなったときは、実際の支給額により年末調整の再計算をしなければなりません。

第5　年税額の計算

【設例5の記載例】

甲欄 / 乙欄

所属	営業部 / 営業課	職名	係長	住所	(郵便番号 ○○○ － ○○○○) ○○区○○　4-5-6

令和5年分　給与所得に対する源泉徴収簿

区分	月区分	支給月	給日	総支給金額	社会保険料等の控除額	社会保険料等控除後の給与等の金額	扶養親族等の数	算出税額	年末調整による過不足税額	差引徴収税額
給料・手当等	1	1	25	358,000 円	52,388 円	305,612 円	2 人	5,370 円	円	5,370 円
	2	2	24	358,000	52,388	305,612	2	5,370		5,370
	3	3	24	358,000	52,388	305,612	2	5,370		5,370
	4	4	25	363,000	53,118	309,882	2	5,490		5,490
	5	5	25	363,000	53,118	309,882	2	5,490		5,490
	6	6	23	363,000	53,118	309,882	2	5,490		5,490
	7	7	25	363,000	53,118	309,882	2	5,490		5,490
	8	8	25	363,000	53,118	309,882	2	5,490		5,490
	9	9	25	363,000	53,118	309,882	2	5,490		5,490
	10	10	25	363,000	53,118	309,882	2	5,490		5,490
	11	11	24	363,000	53,118	309,882	2	5,490		5,490
	12	12	25	363,000	53,118	309,882	2	5,490		5,490
	計			① 4,341,000	② 635,226	3,705,774		③ 65,520		
賞与等	6	6	20	700,000	103,250	596,750	2	(税率 4.084 %) 24,371		24,371
	12	12	8	750,000	110,625	639,375	2	(税率　%) ―	18,909	18,909
								(税率　%)		
								(税率　%)		
	計			④ 1,450,000	⑤ 213,875	1,236,125		⑥ 24,371		

— 226 —

第5　年税額の計算

| 氏名 | (フリガナ)　ザイム　ハナコ　　**財務 花子**　(生年月日 明・大・昭㊵・令　6　年　5　月　26　日) | 整理番号 | | 円 |

前年の年末調整に基づき繰り越した過不足税額							円

同上の税額につき還付又は徴収した月区分	月別	還付又は徴収した税額	差引残高	月別	還付又は徴収した税額	差引残高
	月	円	円	月	円	円

扶養控除等の申告・各種控除額　申告の有無　（有）・無

	申告月日	区分	源泉控除対象配偶者	一般の控除対象扶養親族	特定扶養親族	老人扶養親族		一般の障害者	特別障害者	同居特別障害者	寡婦はひとり親	勤労学生	従たる給与から控除する源泉控除対象配偶者と控除対象扶養親族の合計数	配偶者の有無
						同居老親等	その他	本人・配（　人）	本人・配（　人）	配（　人）				
	当初		（有）・無	1 人	人	人	人	人	人	人	寡婦・ひとり親　有・無	有・無	当初	（有）・無
	/		有・無								寡婦・ひとり親　有・無	有・無		
	/		有・無								寡婦・ひとり親　有・無	有・無	人	
控除額	1人当たり(万円)		38	63	58	48	27	40	75	27（寡婦）35（ひとり親）	27	月　日	
	合計(万円)		38										人	

区　　　分		金　額		税　額	
給　料　・　手　当　等	①	4,341,000	円	③	65,520	円
賞　　　与　　　等	④	1,450,000		⑥	24,371
計	⑦	5,791,000		⑧	89,891

給与所得控除後の給与等の金額	⑨	4,190,400	
所得金額調整控除額（（⑦－8,500,000円）×10%、マイナスの場合は0）	⑩		(1円未満切上げ、最高150,000円)
給与所得控除後の給与等の金額（調整控除後）（⑨－⑩）	⑪	4,190,400	

所得金額調整控除の適用
有・（無）
（※　適用有の場合は⑩に記載）

年末調整	社会保険料等控除額	給与等からの控除分（②＋⑤）	⑫	849,101
		申告による社会保険料の控除分	⑬	
		申告による小規模企業共済等掛金の控除分	⑭	
	生命保険料の控除額		⑮	39,500
	地震保険料の控除額		⑯	20,000
	配偶者（特別）控除額		⑰	380,000
	扶養控除額及び障害者等の控除額の合計額		⑱	380,000
	基礎控除額		⑲	480,000
	所得控除額の合計額（⑫＋⑬＋⑭＋⑮＋⑯＋⑰＋⑱＋⑲）		⑳	2,148,601
	差引課税給与所得金額（⑪－⑳）及び算出所得税額		㉑ (1,000円未満切捨て) 2,041,000	㉒ 106,600

配偶者の合計所得金額
（　　770,000　円）
旧長期損害保険料支払額
（　　　　　　　　円）
⑫のうち小規模企業共済等掛金の金額
（　　　　　　　　円）
⑬のうち国民年金保険料等の金額
（　　　　　　　　円）

（特定増改築等）住宅借入金等特別控除額	㉓	
年調所得税額（㉒－㉓、マイナスの場合は0）	㉔	106,600
年　調　年　税　額（㉔×102.1%）	㉕ (100円未満切捨て) 108,800	
差引超過額又は（不足額）（㉕－⑧）	㉖	18,909

超過額の精算	本年最後の給与から徴収する税額に充当する金額	㉗	
	未払給与に係る未徴収の税額に充当する金額	㉘	
	差引還付する金額（㉖－㉗－㉘）	㉙	
	同上のうち	本年中に還付する金額	㉚	
		翌年において還付する金額	㉛	
不足額の精算	本年最後の給与から徴収する金額	㉜	18,909
	翌年に繰り越して徴収する金額	㉝	

第5　年税額の計算

【設例6】　年の中途で扶養親族等の数に異動があった場合

所得者本人（昭和63年3月13日生）

年間給与の総額‥‥‥‥‥‥‥‥‥‥‥‥‥‥‥‥‥‥‥‥‥‥‥‥‥‥‥　6,003,000円

同上の徴収税額‥‥‥‥‥‥‥‥‥‥‥‥‥‥‥‥‥‥‥‥‥‥‥‥‥‥‥　201,235円

年間社会保険料‥‥‥‥‥‥‥‥‥‥‥‥‥‥‥‥‥‥‥‥‥‥‥‥‥‥‥　874,305円

年間払込生命保険料等（一般の生命保険料（新保険料））‥‥‥‥‥‥‥‥　120,000円

年間払込地震保険料‥‥‥‥‥‥‥‥‥‥‥‥‥‥‥‥‥‥‥‥‥‥‥‥‥‥30,000円

配偶者‥‥‥‥　有（令和5年9月4日結婚、本年の給与収入（見込）金額は900,000円、

　　　　　　　　9月から源泉控除対象配偶者としている）

（年税額の求め方）

①　まず、給与の総額6,003,000円について、給与所得控除後の給与等の金額を「給与等の金額の表」（8ページ）によって求めると4,360,000円になります。

②　次に、上記①により求めた給与所得控除後の給与等の金額4,360,000円から、各種保険料の控除額、配偶者控除額及び基礎控除額を合計した「所得控除額の合計額」を差し引いて、課税給与所得金額を算出すると、2,555,000円になります。

```
　　　　　　　　　　　　　　　所得控除額の合計額（1,804,305円）
〔給与所得控除後〕　〔社会保険料〕〔生命保険料〕〔地震保険料〕　〔配偶者〕　〔基　礎〕
〔の給与等の金額〕　〔等 控除額〕〔控 除 額〕〔控 除 額〕　〔控除額〕　〔控除額〕
4,360,000円　－　（874,305円　＋　40,000円　＋　30,000円　＋　380,000円　＋　480,000円）
```

〔課税給与〕
〔所得金額〕
＝2,555,695円‥‥‥2,555,000円（1,000円未満の端数切捨て）

＜所得控除額の計算＞

社会保険料等控除額‥‥‥‥支払った保険料874,305円の全額を控除します。

生命保険料控除額‥‥‥‥年間払込保険料120,000円（全額が新保険料）であり、80,000円を超えていますから、控除限度額の40,000円を控除します。

地震保険料控除額‥‥‥‥地震保険料が30,000円ですから、支払額の30,000円を控除します。

配偶者(特別)控除額‥‥‥‥所得者本人の本年中の合計所得金額は4,360,000円で、配偶者の本年中の合計所得金額は350,000円となります。

　　　　　　　　　　　　したがって、配偶者控除の対象となり、その控除額は380,000円となります。

基　礎　控　除　額‥‥‥‥所得者本人の本年中の合計所得金額は4,360,000円ですから、基礎控除額は480,000円となります。

第5　年税額の計算

③　次に、上記②により算出した課税給与所得金額2,555,000円に対する算出所得税額を「算出所得税額の速算表」（17ページ）により求めると158,000円になります。

　　算出所得税額158,000円は、次の算式によった金額です。

　　　（課税給与所得金額）（税率）　　　　　（算出所得税額）
　　　　2,555,000円　× 10％ － 97,500円 ＝　158,000円

④　この設例の場合、（特定増改築等）住宅借入金等特別控除の適用がありませんので、上記③で求めた算出所得税額が年調所得税額となります。

⑤　次に、上記④の年調所得税額に102.1％を乗じて、復興特別所得税を含む年調年税額を求めると161,300円になります。

　　　（年調所得税額）　　　　　　　　（年調年税額）
　　　　158,000円　×　102.1％　＝ 161,300円（100円未満の端数切捨て）

⑥　年間の徴収税額201,235円と年調年税額161,300円との差額39,935円が年末調整による超過額となります。

⑦　超過額39,935円は本年最後に支払う給与等の徴収税額7,960円に充当し、充当しきれない31,975円は12月中に徴収した給与等や税理士報酬等の税額から還付します。

第5 年税額の計算

【設例6の記載例】

	所属	人事部	職名		住所	(郵便番号 ○○○ － ○○○○) ○○市○○町　6-7-8

甲欄 乙欄

令和5年分　給与所得に対する源泉徴収簿

区分	月区分	支月	給日	総支給金額	社会保険料等の控除額	社会保険料等控除後の給与等の金額	扶養親族等の数	算出税額	年末調整による過不足税額	差引徴収税額
給料・手当等	1	1	25	380,000 円	55,309 円	324,691 円	0 人	10,380 円	円	10,380 円
	2	2	24	380,000	55,309	324,691	0	10,380		10,380
	3	3	24	380,000	55,309	324,691	0	10,380		10,380
	4	4	25	387,000	56,092	330,908	0	10,870		10,870
	5	5	25	387,000	56,092	330,908	0	10,870		10,870
	6	6	23	387,000	56,092	330,908	0	10,870		10,870
	7	7	25	387,000	56,092	330,908	0	10,870		10,870
	8	8	25	387,000	56,092	330,908	0	10,870		10,870
	9	9	25	387,000	56,092	330,908	1	7,960		7,960
	10	10	25	387,000	56,092	330,908	1	7,960		7,960
	11	11	24	387,000	56,092	330,908	1	7,960		7,960
	12	12	25	387,000	56,092	330,908	1	7,960	△39,935	△31,975
	計			① 4,623,000	② 670,755	3,952,245		③ 117,330		
賞与等	6	6	20	680,000	100,300	579,700	0	(税率 8.168 %) 47,349		47,349
	12	12	8	700,000	103,250	596,750	1	(税率 6.126 %) 36,556		36,556
								(税率　　　%)		
								(税率　　　%)		
	計			④ 1,380,000	⑤ 203,550	1,176,450		⑥ 83,905		

— 230 —

第5 年税額の計算

氏名	(フリガナ) カンダ ジロウ 神田 次郎 (生年月日 明・大・㊙平・令 63 年 3 月 13 日)	整理番号	

前年の年末調整に基づき繰り越した過不足税額 円

同上の税額につき還付又は徴収した月区分	月別 月	還付又は徴収した税額 円	差引残高 円	月別 月	還付又は徴収した税額 円	差引残高 円

扶養控除等の申告・各種控除額	申告の有無	区分 申告月日	源泉控除対象配偶者	一般の控除対象扶養親族	特定扶養親族	老人扶養親族 同居老親等	老人扶養親族 その他	一般の障害者 本人・配・扶 (人)	特別障害者 本人・配・扶 (人)	同居特別障害者 配・扶 (人)	寡婦又はひとり親	勤労学生	従たる給与から控除する源泉控除対象配偶者と控除対象扶養親族の合計数	配偶者の有無
		当初 有・無		人	人	人	人				寡婦・ひとり親	有・無	当初	
	9/4	㊒・無									寡婦・ひとり親	有・無		
	㊒・無	/ 有・無									寡婦・ひとり親	有・無	人 月 日 人	㊒・無
		控除額 1人当たり(万円) 合計(万円)	38	63	58	48	27	40	75	27 (寡婦) 35 (ひとり親)	27		

	区　分	金　額	税　額
	給　料　・　手　当　等　①	4,623,000 円	③ 117,330 円
	賞　　与　　等　④	1,380,000	⑥ 83,905
	計　⑦	6,003,000	⑧ 201,235
	給与所得控除後の給与等の金額　⑨	4,360,000	

所得金額調整控除の適用 有・㊗（※ 適用有の場合は⑩に記載）

年末調整	所得金額調整控除額 ((⑦−8,500,000円)×10％、マイナスの場合は0)　⑩	(1円未満切上げ、最高150,000円)	
	給与所得控除後の給与等の金額（調整控除後）(⑨−⑩)　⑪	4,360,000	
	社会保険料等控除額 給与等からの控除分（②＋⑤）　⑫	874,305	配偶者の合計所得金額（ 350,000 円）
	申告による社会保険料の控除分　⑬		旧長期損害保険料支払額（ 円）
	申告による小規模企業共済等掛金の控除分　⑭		⑫のうち小規模企業共済等掛金の金額（ 円）
	生　命　保　険　料　の　控　除　額　⑮	40,000	
	地　震　保　険　料　の　控　除　額　⑯	30,000	
	配偶者（特別）控除額　⑰	380,000	⑬のうち国民年金保険料等の金額（ 円）
	扶養控除額及び障害者等の控除額の合計額　⑱		
	基　礎　控　除　額　⑲	480,000	
	所得控除額の合計額 (⑫＋⑬＋⑭＋⑮＋⑯＋⑰＋⑱＋⑲)　⑳	1,804,305	
	差引課税給与所得金額(⑪−⑳)及び算出所得税額　㉑	(1,000円未満切捨て) 2,555,000	㉒ 158,000
	（特定増改築等）住宅借入金等特別控除額　㉓		
	年調所得税額（㉒−㉓、マイナスの場合は0）　㉔		158,000
	年　調　年　税　額　（㉔×１０２.１％）　㉕	(100円未満切捨て)	161,300
	差引超過額又は不足額（㉕−⑧）　㉖		39,935
	超過額の精算 本年最後の給与から徴収する税額に充当する金額　㉗		7,960
	未払給与に係る未徴収の税額に充当する金額　㉘		
	差引還付する金額（㉖−㉗−㉘）　㉙		31,975
	同上のうち 本年中に還付する金額　㉚		31,975
	翌年において還付する金額　㉛		
	不足額の精算 本年最後の給与から徴収する金額　㉜		
	翌年に繰り越して徴収する金額　㉝		

第5　年税額の計算

【設例7】　中途就職者の前職分給与を加算して年末調整を行う場合

所得者本人（平成8年5月12日生）

給与の総額（当社分（本年5月以降分））‥‥‥‥‥‥‥‥‥‥‥‥‥‥‥　3,150,000円

同上の徴収税額（同上）‥‥‥‥‥‥‥‥‥‥‥‥‥‥‥‥‥‥‥‥‥‥‥‥69,974円

同上の社会保険料（同上）‥‥‥‥‥‥‥‥‥‥‥‥‥‥‥‥‥‥‥‥‥　430,665円

年間払込生命保険料（一般の生命保険料（新保険料））‥‥‥‥‥‥‥‥‥‥75,000円

年間払込地震保険料‥‥‥‥‥‥‥‥‥‥‥‥‥‥‥‥‥‥‥‥‥‥‥‥‥45,000円

配偶者‥‥‥‥　有（本年の給与収入（見込）金額は4,500,000円、源泉控除対象配偶者としていない）

扶養親族の数‥‥‥‥‥‥‥‥‥‥‥‥‥‥‥　1人（同居老親等以外の老人扶養親族に該当）

前　職　分
（令和5年4月30日付退職）
｛給与の総額‥‥‥‥‥‥‥‥‥‥‥‥‥‥‥‥‥‥‥　1,200,000円
同上の徴収税額‥‥‥‥‥‥‥‥‥‥‥‥‥‥‥‥‥19,060円
同上の社会保険料‥‥‥‥‥‥‥‥‥‥‥‥‥‥‥　217,695円

（年税額の求め方）

①　前職分を加算した給与の総額4,350,000円（3,150,000円＋1,200,000円）について、給与所得控除後の給与等の金額を「給与等の金額の表」（8ページ）によって求めると3,038,400円になります。

②　次に、上記①により求めた給与所得控除後の給与等の金額3,038,400円から、各種保険料の控除額、扶養控除額及び基礎控除額を合計した「所得控除額の合計額」を差し引いて課税給与所得金額を算出すると、1,346,000円になります。

所得控除額の合計額（1,692,110円）

｛給与所得控除後
の給与等の金額｝
3,038,400円 －
｛社会保険料
等控除額｝
{(217,695円＋430,665円)＋
｛生命保険料
控除額｝
38,750円　＋
｛地震保険料
控除額｝
45,000円　＋
｛扶養控除額
等の合計額｝
480,000円　＋
｛基　礎
控除額｝
480,000円}

｛課税給与
所得金額｝
＝1,346,290円‥‥‥1,346,000円（1,000円未満の端数切捨て）

＜所得控除額の計算＞

社会保険料等控除額‥‥‥前職時に給与等から差し引かれた社会保険料217,695円と現勤務先において給与等から差し引かれた社会保険料430,665円の合計648,360円を控除します。

生命保険料控除額‥‥‥
（新保険料）
｛年間払込
保険料｝
75,000円　×$\frac{1}{4}$＋20,000円＝
｛生命保険
料控除額｝
38,750円

地震保険料控除額‥‥‥年間払込保険料が50,000円以下ですので、支払った保険料の45,000円

— 232 —

第5　年税額の計算

を控除します。

配偶者(特別)控除額……所得者本人の本年中の合計所得金額は3,038,400円ですが、配偶者の本年中の合計所得金額は3,160,000円と1,330,000円を超えています。したがって、配偶者控除及び配偶者特別控除の適用はありません。

(注) 配偶者の合計所得金額の計算

配偶者の給与の総額（見込）4,500,000円について給与所得控除後の給与等の金額を「給与等の金額の表」（8ページ）によって求めると3,160,000円になります。

扶 養 控 除 額 等……〔扶養控除額（老人扶養親族）〕480,000円

この480,000円は、「控除額早見表」（19ページ）❶欄の「1人」の行の金額380,000円に、❷欄の㋪の100,000円を加えた金額です。

基 礎 控 除 額……所得者本人の本年中の合計所得金額は3,038,400円ですから、基礎控除額は480,000円となります。

③　次に、上記②により算出した課税給与所得金額1,346,000円に対する算出所得税額を「算出所得税額の速算表」（17ページ）により求めると67,300円になります。

算出所得税額67,300円は、次の算式によった金額です。

（課税給与所得金額）　（税率）　（算出所得税額）
1,346,000円　×　5 ％　＝　67,300円

④　この設例の場合、(特定増改築等)住宅借入金等特別控除の適用がありませんので、上記③で求めた算出所得税額が年調所得税額となります。

⑤　次に、上記④の年調所得税額に102.1％を乗じて、復興特別所得税を含む年調年税額を求めると68,700円になります。

（年調所得税額）　　　　　　　　　（年調年税額）
67,300円　×　102.1％　＝　68,700円（100円未満の端数切捨て）

⑥　年間の徴収税額89,034円（69,974円＋19,060円）と年調年税額68,700円との差額20,334円が年末調整による超過額となります。

⑦　超過額20,334円は本年最後に支払う給与の徴収税額5,350円に充当し、充当しきれない14,984円は12月中に徴収した給与等や税理士報酬等の税額から還付します。

— 233 —

第5 年税額の計算

【設例7の記載例】

	所属	製造部	職名		住所	（郵便番号 ○○○ － ○○○○） ○○市○○ 7-8-9

甲欄 乙欄

令和5年分 給与所得に対する源泉徴収簿

区分	月区分	支月	給日	総支給金額	社会保険料等の控除額	社会保険料等控除後の給与等の金額	扶養親族等の数	算出税額	年末調整による過不足税額	差引徴収税額
給料・手当等	1			円	円	円	人	円	円	円
	2			令和5年5月1日付　当社就職 前の勤務先　㈱○○　○○市○○町 1-1						
	3			総支給額 1,200,000	社会保険料計 217,695	982,305		徴収税額計 19,060		
	4									
	5	5	25	310,000	1,860	308,140	1	7,110		7,110
	6	6	23	310,000	47,140	262,860	1	5,350		5,350
	7	7	25	310,000	47,140	262,860	1	5,350		5,350
	8	8	25	310,000	47,140	262,860	1	5,350		5,350
	9	9	25	310,000	47,140	262,860	1	5,350		5,350
	10	10	25	310,000	47,140	262,860	1	5,350		5,350
	11	11	24	310,000	47,140	262,860	1	5,350		5,350
	12	12	25	310,000	47,140	262,860	1	5,350	△20,334	△14,984
	計			① 3,680,000	② 549,535	3,130,465		③ 63,620		24,226
賞与等	6	6	20	120,000	17,700	102,300	1	（税率 6.126 %） 6,266		6,266
	12	12	8	550,000	81,125	468,875	1	（税率 4.084 %） 19,148		19,148
								（税率　　　%）		
								（税率　　　%）		
	計			④ 670,000	⑤ 98,825	571,175		⑥ 25,414		

— 234 —

第5　年税額の計算

氏名	(フリガナ) シブヤ タロウ　渋谷 太郎　(生年月日 明・大・昭㊹・令 8 年 5 月 12日)	整理番号	

前年の年末調整に基づき繰り越した過不足税額								円

同上の税額につき還付又は徴収した月区分	月別	還付又は徴収した税額	差引残高	月別	還付又は徴収した税額	差引残高
	月	円	円	月	円	円

扶養控除等の申告・各種控除額	申告の有無	区分 申告月日	源泉控除対象配偶者	一般の控除対象扶養親族	特定扶養親族	老人扶養親族 同老親等	老人扶養親族 その他	一般の障害者 本人・配・扶(　人)	特別障害者 本人・配・扶(　人)	同居特別障害者 配・扶(　人)	寡婦又はひとり親	勤労学生	従たる給与から控除する源泉控除対象配偶者と控除対象扶養親族の合計数	配偶者の有無
	申告 有	当初	有・無	人	人	人	1 人	人	人	人	寡婦・ひとり親	有・無		有
	/	/	有・無								寡婦・ひとり親	有・無	当初	
	有 /	/	有・無								寡婦・ひとり親	有・無		
	無	控除額 1人当たり(万円)	38	63	58	48	27	40	75	27(寡婦) 35(ひとり親)	27	人 月日	
		控除額 合計(万円)				48						人	有・無

	区　分		金　額	税　額	
年末調整	給 料 ・ 手 当 等	①	3,680,000 円	③	63,620 円
	賞 与 等	④	670,000	⑥	25,414
	計	⑦	4,350,000	⑧	89,034
	給与所得控除後の給与等の金額	⑨	3,038,400	所得金額調整控除の適用	
	所 得 金 額 調 整 控 除 額 ((⑦−8,500,000円)×10%、マイナスの場合は0)	⑩	(1円未満切上げ、最高150,000円)	有・無 (※ 適用有の場合は⑩に記載)	
	給与所得控除後の給与等の金額(調整控除後) (⑨−⑩)	⑪	3,038,400		
	社会保険料等控除額 給与等からの控除分 (②＋⑤)	⑫	648,360	配偶者の合計所得金額 (円)	
	申告による社会保険料の控除分	⑬			
	申告による小規模企業共済等掛金の控除分	⑭		旧長期損害保険料支払額 (円)	
	生 命 保 険 料 の 控 除 額	⑮	38,750		
	地 震 保 険 料 の 控 除 額	⑯	45,000	⑫のうち小規模企業共済等掛金の金額 (円)	
	配 偶 者 （ 特 別 ） 控 除 額	⑰			
	扶養控除額及び障害者等の控除額の合計額	⑱	480,000	⑬のうち国民年金保険料等の金額 (円)	
	基 礎 控 除 額	⑲	480,000		
	所 得 控 除 額 の 合 計 額 (⑫＋⑬＋⑭＋⑮＋⑯＋⑰＋⑱＋⑲)	⑳	1,692,110		
	差引課税給与所得金額(⑪−⑳)及び算出所得税額	㉑ (1,000円未満切捨て) 1,346,000		㉒	67,300
	（特定増改築等）住宅借入金等特別控除額	㉓			
	年調所得税額 （㉒−㉓、マイナスの場合は0）	㉔			67,300
	年 調 年 税 額 （㉔×１０２．１％）	㉕ (100円未満切捨て)			68,700
	差引 超過額 又 は 不 足 額 （㉕−⑧）	㉖			20,334
	超過額の精算 本年最後の給与から徴収する税額に充当する金額	㉗			5,350
	未払給与に係る未徴収の税額に充当する金額	㉘			
	差 引 還 付 す る 金 額 （㉖−㉗−㉘）	㉙			14,984
	同上のうち 本 年 中 に 還 付 す る 金 額	㉚			14,984
	翌 年 に お い て 還 付 す る 金 額	㉛			
	不足額の精算 本 年 最 後 の 給 与 か ら 徴 収 す る 金 額	㉜			
	翌 年 に 繰 り 越 し て 徴 収 す る 金 額	㉝			

第6 特殊な場合の年末調整

> **ポイント**
> ○ 年末調整を行った後にベースアップ等による給与等の追加払や就職等による扶養親族の異動、保険料の追加払があったような場合や、住宅借入金等特別控除申告書が年末調整後に提出された場合には、年末調整の再調整（再計算）を行います。

1 給与の追加払をする場合の再調整

年末調整を行った後に、例えばベース・アップがあったことなどの事由により本年分の給与等の追加払をすることとなった場合には、その追加払をする給与等を含めたところにより再計算した年税額と、先に年末調整を行った際に計算した年税額との差額を、次により精算することになります（所基通190－4）。

（1） 先に年末調整を行った際に超過額（その年の最後に支払う給与に対する源泉所得税及び復興特別所得税を徴収したものとして年末調整を行っている場合には、その源泉所得税及び復興特別所得税に充当した残額をいいます。）**が生じている場合**

① その超過額について既に還付が終わっている場合には、その差額に相当する金額を、追加払する給与の支払の際に徴収します。

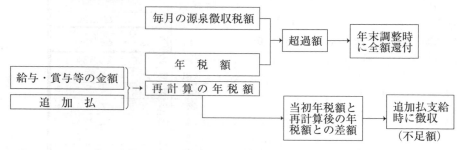

② その超過額についてまだ還付が終わっていない場合には、次によります。

　イ その差額に相当する金額がまだ還付が終わっていない部分の超過額よりも少ない場合には、その還付が終わっていない部分の超過額からその差額に相当する金額を控除した後の金額を還付します。

第6 特殊な場合の年末調整

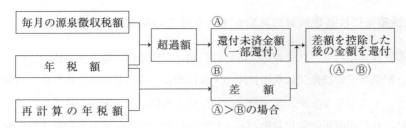

ロ　その差額に相当する金額がまだ還付が終わっていない部分の超過額よりも多い場合には、その超える部分の金額を、追加払する給与の支払の際に徴収し、残存する超過額はないこととします。

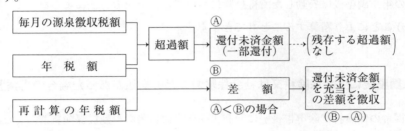

（２）　先に年末調整を行った際に不足額が生じている場合
①　その不足額について既に徴収が終わっている場合には、その差額に相当する金額を、追加払する給与の支払の際に徴収することになります。
②　その不足額についてまだ徴収が終わっていない場合には、次によります。
　イ　その不足額につき「年末調整による不足額徴収繰延承認申請書」による申請（以下、「徴収繰延べの申請」といいます。）がされていない場合には、その差額に相当する金額と不足額のうちまだ徴収をしていない部分の金額との合計額を追加払する給与の支払の際に徴収します。
　　　ただし、その合計額が追加払する給与の金額を超える場合には、その超える部分の金額は、その後に支払う給与から徴収することになります。
　ロ　不足額につき徴収繰延べの申請がされている場合には、次によります。
　　(イ)　その追加払する給与の支払を受けることにより徴収繰延べの要件に該当しないこととなったときは、その差額に相当する金額と前の徴収繰延べの申請をした不足額のうちまだ徴収していない部分の金額との合計額を、追加払する給与の支払の際に徴収します。
　　　　ただし、その合計額が、追加払する給与の金額を超える場合には、その超える部分の金額は、その後に支払う給与から徴収することになります。
　　(ロ)　その追加払する給与の支払を受けてもまだ徴収繰延べの要件を満たしているときは、その差額に相当する金額と前の徴収繰延べの申請により徴収繰延べが承認されている金額のうち減額されることとなる部分の金額との合計額を、追加払する給与の支払をする際に徴収することになります。

第6　特殊な場合の年末調整

2　年末調整後に扶養親族等の異動があった場合の再調整

　年末調整の計算に当たり、扶養控除、障害者控除、寡婦控除、ひとり親控除、勤労学生控除、配偶者控除、配偶者特別控除又は基礎控除の所得控除は、その年最後に給与の支払をする時の現況により行うことになりますが、本年最後の給与を支払い、年末調整が終了した後、本年12月31日までの間にこれらの所得控除に異動があった場合において、本年分の給与所得の源泉徴収票を作成する時までにその異動に関する申告があったときは、その異動後の状況により、年末調整の再計算を行って過不足税額の精算をして差し支えありません（所基通190－5）。

　なお、この年末調整後に異動した所得控除については、上記の方法によらないで、所得者が確定申告を行うことにより精算することもできます。

3　年末調整後に生命保険料又は社会保険料などの支払があった場合の再調整

　「給与所得者の保険料控除申告書」に記載すべき生命保険料や地震保険料若しくは社会保険料の金額は、その年最後に給与の支払を受ける日の前日までに申告された現況によりますが、年末調整後本年12月31日までの間においてこれらの金額に異動を生じた場合には、上記2と同様に再調整を行うことができます（所法196、所基通190－5）。

4　未払給与がある場合の年末調整

　給与の一部が未払となり、その支払が翌年に繰り越される場合であっても、主たる給与の支払者が支払う給与で本年中に支払の確定したものは、すべて本年の「年末調整を行う給与」に含め、また、この未払給与に対する税額も「徴収する税額」に含めて、本年最後の給与の支払の際に年末調整を行います（所法190）。

　したがって、翌年になって未払の給与を支払う際には年末調整を行う必要はありません。

5　年の中途で国内に住所又は1年以上の居所を有することとなった人又は有しなくなった人の年末調整

　本年の中途で、日本に住所又は1年以上の居所を有することとなった人（居住者となった人）の年末調整は、その人が日本に住所又は1年以上の居所を有することとなった日以後に支給期の到来する本年中の給与と、その給与から徴収すべき税額について行い、非居住者であった期間に支給期の到来した給与の金額は年末調整には含めません（所法190）。

— 238 —

第6　特殊な場合の年末調整

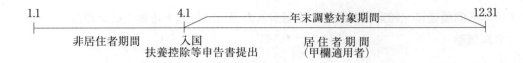

　これに対し、居住者であった人が年の中途で海外支店勤務となったことなどの理由により、非居住者となった場合には、居住者であった日（出国の日）までに支給期の到来した給与について年末調整を行うことになります（所基通190－1）。

　したがって、非居住者となった日以後に支給期の到来する給与のうちに国内勤務期間に対応する部分の金額が含まれている場合、その対応する部分の金額は年末調整の対象とするのではなく、非居住者に支払う給与として、原則として20.42％の税率により所得税及び復興特別所得税を源泉徴収することになります。ただし、非居住者となった日以後最初に支給期の到来する給与が月給などのように1か月以下の期間を基にして支給されるものであれば、その給与等の全額がその者の国内勤務に対応するものである場合を除き、非居住者としての源泉徴収をしなくてもよいことになっています（所法161①十二、所基通161－41、212－5）。
　(注)　「非居住者」とは、日本国内に居住しているが、国内に住所を有せず、また、現在まで引き続き1年以上の居所も有しない個人及び日本国内に居住していない個人のことをいいます（所法2五）。

6　年の中途で死亡した人等の年末調整

　次に掲げる人は、その退職の時点において、その時までに支給期の到来した給与につき年末調整を行わなければなりません（所基通190－1）。
① 　年の中途において死亡により退職した人
　(注)　死亡した日が給与の支給日である場合、その給与は年末調整に含めます。
② 　著しい心身の障害のため退職した人で、その退職の時期からみて本年中に再就職することが明らかに不可能と認められ、かつ、本年中に給与の支払を受けないこととなっている人

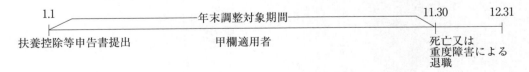

第6　特殊な場合の年末調整

7　年末調整後に（特定増改築等）住宅借入金等特別控除申告書の提出があった場合の再調整

　年末調整が終わった後、本年分の給与所得の源泉徴収票を作成する時までに、（特定増改築等）住宅借入金等特別控除申告書の提出を受けた場合には、その申告書を基にして、年末調整の再調整を行うことができます。

8　月々の徴収税額に誤りがあった場合の精算

　月々の給与に係る所得税及び復興特別所得税を徴収する際に、税額表の見誤りや扶養親族等の数の誤りなどによる不足税額や過誤納税額があることが分かったときには、直ちに、その過不足税額を精算しなくてはなりません。その過不足税額をそのまま放置しておき、年末調整において精算する処理方法は認められません（所法190）。

第6 特殊な場合の年末調整

【設例8】 給与の追加払をする場合

所得者本人（平成10年10月21日生）

当初の年間給与の総額……………………………………………… 4,235,000円

同上の徴収税額…………………………………………………………… 105,053円

同上の年間社会保険料………………………………………………… 616,774円

年末調整後に追加払を受けた給与の額…………………………… 100,000円

同上の社会保険料………………………………………………………… 600円

年間払込生命保険料（一般の生命保険料（新保険料））……… 45,000円

配偶者・扶養親族………………………………………………………… 無

（年税額の求め方）

1 当初の年間給与の総額に対する年末調整

① 当初の給与の総額4,235,000円について、給与所得控除後の給与等の金額を「給与等の金額の表」（8ページ）によって求めると2,945,600円になります。

② 次に、上記①により求めた給与所得控除後の給与等の金額2,945,600円から各種保険料控除額及び基礎控除額を合計した「所得控除額の合計額」を差し引いて課税給与所得金額を算出すると1,817,000円になります。

所得控除額の合計額（1,128,024円）

$$\left[\begin{matrix}給与所得控除後\\の給与等の金額\end{matrix}\right] - \left(\left[\begin{matrix}社会保険料\\等控除額\end{matrix}\right] + \left[\begin{matrix}生命保険料\\控除額\end{matrix}\right] + \left[\begin{matrix}基礎\\控除額\end{matrix}\right]\right)$$
$$2{,}945{,}600円 - (616{,}774円 + 31{,}250円 + 480{,}000円)$$

$$\left[\begin{matrix}課税給与\\所得金額\end{matrix}\right]$$
$$=1{,}817{,}576円\cdots\cdots1{,}817{,}000円（1{,}000円未満の端数切捨て）$$

＜所得控除額の計算＞

社会保険料控除額……支払った保険料616,774円の全額を控除します。

$$生命保険料控除額\cdots\cdots \underset{（新保険料）}{\left[\begin{matrix}年間払込\\保険料\end{matrix}\right]} \underset{}{45{,}000円} \times \frac{1}{4} + 20{,}000円 = \underset{\left[\begin{matrix}生命保険\\料控除額\end{matrix}\right]}{31{,}250円}$$

基 礎 控 除 額……所得者本人の本年中の合計所得金額は2,945,600円ですから、基礎控除額は480,000円となります。

③ 次に上記②により算出した課税給与所得金額1,817,000円に対する算出所得税額を「算出所得税額の速算表」（17ページ）により求めると90,850円となります。

算出所得税額90,850円は、次の算式によった金額です。

— 241 —

第6　特殊な場合の年末調整

$$（課税給与所得税額）　　（税率）　　（算出所得税額）$$
$$1,817,000円　×　5\%　=　90,850円$$

④　この設例の場合、（特定増改築）住宅借入金等特別控除の適用がありませんので、上記
③で求めた算出所得税額が年調年税額となります。

⑤　次に、上記④の年調年税額に102.1%を乗じて、復興特別所得税を含む年調年税額を求めると92,700円になります。

$$（年調所得税額）（年調年税額）$$
$$90,850円　×　102.1\%　=　92,700円$$

⑥　年間の徴収税額105,053円と年調年税額92,700円との差額12,353円が年末調整による超過額となります。

⑦　超過額12,353円は、本年最後に支払う給与（賞与）の徴収税額5,680円に充当し、充当しきれない6,673円は12月中に徴収した給与等や税理士報酬等の税額から還付します。

2　給与の追加払による年末調整の再調整

　12月20日に支払った給与で年末調整を行った後、12月26日に100,000円の給与の追加払がありましたので、この給与を含めたところで年末調整の再計算を行って当初の年末調整による年税額との差額を精算します。

①　追加払した給与100,000円を含めた給与の総額4,335,000円について、給与所得控除後の給与等の金額を「給与等の金額の表」（8ページ）によって求めると3,025,600円になります。

②　次に、上記①により求めた給与所得控除後の給与等の金額3,025,600円から追加払給与100,000円に対する社会保険料600円を含めた各種保険料控除額及び基礎控除額を合計した「所得控除額の合計額」を差し引いて課税給与所得金額を算出すると1,896,000円になります。

　　　　　　　　　　　　所得控除額の合計額（1,128,624円）

$$\begin{pmatrix}給与所得控除後\\の給与等の金額\end{pmatrix}\begin{pmatrix}社会保険料\\等控除額\end{pmatrix}\begin{pmatrix}生命保険料\\控除額\end{pmatrix}\begin{pmatrix}基　礎\\控除額\end{pmatrix}$$
$$3,025,600円　-　（617,374円　+　31,250円　+　480,000円）$$

$$\begin{pmatrix}課税給与\\所得金額\end{pmatrix}$$
$$=1,896,976円……1,896,000円（1,000円未満の端数切捨て）$$

$$\begin{pmatrix}当初社会\\保険料額\end{pmatrix}\begin{pmatrix}追加社会\\保険料額\end{pmatrix}$$
$$社会保険料控除額……617,374円　=　616,774円　+　600円$$

　　他の控除額に変更はありません。

③　次に上記②により算出した課税給与所得金額1,896,000円に対する算出所得税額を「算

第6　特殊な場合の年末調整

出所得税額の速算表」（17ページ）により求めると94,800円となります。

　　算出所得税額94,800円は、次の算式によった金額です。

　　（課税給与所得税額）　　（税率）　　（算出所得税額）
　　　　1,896,000円　　　×　　5％　　＝　　94,800円

④　この設例の場合、（特定増改築）住宅借入金等特別控除の適用がありませんので、上記③で求めた算出所得税額が年調年税額となります。

⑤　次に、上記④の年調年税額に102.1％を乗じて、復興特別所得税を含む年調年税額を求めると96,700円になります。

　　（年調所得税額）　　　　　　　　　（年調年税額）
　　　　94,800円　　　×　　102.1％　　＝　　96,700円

⑥　当初の年調年税額92,700円と再年末調整による年調年税額96,700円との差額4,000円が再年末調整による不足額となります。

⑦　不足額4,000円は、当初の年末調整による超過額の精算が終わっていますので、追加払の給与から控除します。

第6 特殊な場合の年末調整

【設例8の記載例】

| 甲欄 乙欄 | 所属 | 開発部 | | 職名 | 主任 | 住所 | (郵便番号 ○○○ - ○○○○) ○○区○○町 8-7-6 |

令和5年分 給与所得に対する源泉徴収簿

区分	月区分	支給月	給日	総支給金額	社会保険料等の控除額	社会保険料等控除後の給与等の金額	扶養親族等の数	算出税額	年末調整による過不足税額	差引徴収税額
給料・手当等	1	1	20	260,000 円	37,843 円	222,157 円	0 人	5,560 円	円	5,560 円
	2	2	20	260,000	37,843	222,157	0	5,560		5,560
	3	3	20	260,000	37,843	222,157	0	5,560		5,560
	4	4	20	265,000	38,380	226,620	0	5,680		5,680
	5	5	19	265,000	38,380	226,620	0	5,680		5,680
	6	6	20	265,000	38,380	226,620	0	5,680		5,680
	7	7	20	265,000	38,380	226,620	0	5,680		5,680
	8	8	18	265,000	38,380	226,620	0	5,680		5,680
	9	9	20	265,000	38,380	226,620	0	5,680		5,680
	10	10	20	265,000	38,380	226,620	0	5,680		5,680
	11	11	20	265,000	38,380	226,620	0	5,680		5,680
	12	12	20	265,000	38,380	226,620	0	5,680	△12,353	△6,673
		12	26	100,000	600	99,400		―		4,000
	計			① 3,265,000 3,165,000	② 459,549 458,949	2,805,451 2,706,051		③ 67,800		
賞与等	6	6	15	500,000	73,750	426,250	0	(税率 4.084 %) 17,408		17,408
	12	12	8	570,000	84,075	485,925	0	(税率 4.084 %) 19,845		19,845
								(税率 %)		
								(税率 %)		
	計			④ 1,070,000	⑤ 157,825	912,175		⑥ 37,253		

— 244 —

第6 特殊な場合の年末調整

氏名	（フリガナ）オオサキ トミコ　大崎 富子（生年月日 明・大・昭㊼・令 10 年 10 月 21 日）	整理番号	

前年の年末調整に基づき繰り越した過不足税額							円

同上の税額につき還付又は徴収した月区分	月別 月	還付又は徴収した税額 円	差引残高 円	月別 月	還付又は徴収した税額 円	差引残高 円

扶養控除等の申告・各種控除額

申告の有無	区分	源泉控除対象配偶者	一般の控除対象扶養親族	特定扶養親族	老人扶養親族		一般の障害者	特別障害者	同居特別障害者	寡婦又はひとり親	勤労学生	従たる給与から控除する源泉控除対象配偶者と控除対象扶養親族の合計数	配偶者の有無
	申告月日				同居老親等	その他	本人・配（人）	本人・配（人）	配（人）				
有	当初	有・無	人	人	人	人	人	人	人	寡婦・ひとり親 有・無			有
	/	有・無								寡婦・ひとり親 有・無 当初			無
	/	有・無								寡婦・ひとり親 有・無		人 月 日	
控除額	1人当たり（万円）	38	63	58	48	27	40	75	27（寡婦）35（ひとり親）	27		
	合計（万円）											

	区　分	金　額	税　額
年末調整	給 料 ・ 手 当 等 ①	（再）3,265,000 円 3,165,000	③ 67,800 円
	賞 与 等 ④	1,070,000	⑥ 37,253
	計 ⑦	（再）4,335,000 4,235,000	⑧ 105,053
	給与所得控除後の給与等の金額 ⑨	（再）3,025,600 2,945,600	所得金額調整控除の適用 有・無（※ 適用有の場合は⑩に記載）
	所 得 金 額 調 整 控 除 額（（⑦－8,500,000円）×10％、マイナスの場合は0） ⑩	（1円未満切上げ、最高150,000円）	
	給与所得控除後の給与等の金額（調整控除後）（⑨－⑩）⑪	（再）3,025,600 2,945,600	
	社会保険料等控除額 給与等からの控除分（②＋⑤）⑫	（再）617,374 616,774	配偶者の合計所得金額（　　　　円）
	申告による社会保険料の控除分 ⑬		旧長期損害保険料支払額（　　　　円）
	申告による小規模企業共済等掛金の控除分 ⑭		⑫のうち小規模企業共済等掛金の金額（　　　　円）
	生 命 保 険 料 の 控 除 額 ⑮	31,250	
	地 震 保 険 料 の 控 除 額 ⑯		⑬のうち国民年金保険料等の金額（　　　　円）
	配 偶 者 （ 特 別 ） 控 除 額 ⑰		
	扶養控除額及び障害者等の控除額の合計額 ⑱		
	基 礎 控 除 額 ⑲	480,000	
	所 得 控 除 額 の 合 計 額（⑫＋⑬＋⑭＋⑮＋⑯＋⑰＋⑱＋⑲）⑳	（再）1,128,624 1,128,024	
	差引課税給与所得金額（⑪－⑳）及び算出所得税額 ㉑	（1,000円未満切捨て）（再）1,879,000 1,817,000	㉒ （再）94,800 90,850
	（特定増改築等）住宅借入金等特別控除額 ㉓		
	年調所得税額（㉒－㉓、マイナスの場合は0）㉔		（再）94,800 90,850
	年 調 年 税 額 （ ㉔ × 1 0 2 . 1 ％ ）㉕		（100円未満切捨て）（再）96,700 92,700
	差引超過額又は不足額（㉕－⑧）㉖		（再）4,000 12,353
	超過額の精算 本年最後の給与から徴収する税額に充当する金額 ㉗		5,680
	未払給与に係る未徴収の税額に充当する金額 ㉘		
	差引還付する金額（㉖－㉗－㉘）㉙		6,673
	同上のうち 本年中に還付する金額 ㉚		6,673
	翌年において還付する金額 ㉛		
	不足額の精算 本年最後の給与から徴収する金額 ㉜		（再）4,000
	翌年に繰り越して徴収する金額 ㉝		

第6　特殊な場合の年末調整

【設例9】　年末調整後に扶養控除等の異動があった場合

所得者本人（昭和62年9月29日生）

年間給与の総額·· 6,826,000円

同上の徴収税額·· 270,995円

同上の年間社会保険料·· 1,016,177円

年間払込生命保険料（一般の生命保険料（新保険料））······················· 84,000円

配偶者···有（平成2年7月7日生、本年中の収入なし、
　　　　　　　　　　　　　　　　　　源泉控除対象配偶者としている）

扶養親族の数··· 1人（平成22年10月14日生）

　※　年末調整後の令和5年12月25日に扶養親族である子が一般の障害者として身体障害者手
　帳の交付を受けた旨の申告があった

（年税額の求め方）

1　当初の年末調整

①　まず、給与の総額6,826,000円について、給与所得控除後の給与等の金額を「給与等の
金額の表」（8ページ）によって求めると5,043,400円になります。

②　次に、上記①により求めた給与所得控除後の給与等の金額5,043,400円から各種保険料
控除額、配偶種控除及び基礎控除額を合計した「所得控除額の合計額」を差し引いて課税
給与所得金額を算出すると3,127,000円になります。

$$\begin{bmatrix}給与所得控除後\\の給与等の金額\end{bmatrix} 5,043,400円 - \overbrace{\left(\begin{bmatrix}社会保険料\\等控除額\end{bmatrix} 1,016,177円 + \begin{bmatrix}生命保険料\\控除額\end{bmatrix} 40,000円 + \begin{bmatrix}配偶者\\控除額\end{bmatrix} 380,000円 + \begin{bmatrix}基\ 礎\\控除額\end{bmatrix} 480,000円\right)}^{所得控除額の合計額（1,916,177円）}$$

$$= \begin{bmatrix}課税給与\\所得金額\end{bmatrix} 3,127,223円 \cdots\cdots 3,127,000円（1,000円未満の端数切捨て）$$

第6 特殊な場合の年末調整

＜所得控除額の計算＞

　　社会保険料控除額……支払った保険料1,016,177円の全額を控除します。

　　生命保険料控除額……年間払込保険料が84,000円（全額が新保険料）であり、80,000円を
　　　　　　　　　　　　超えていますから、控除限度額の40,000円を控除します。

　　配偶者(特別)控除額……所得者本人の本年中の合計所得金額は5,043,400円で、配偶者の本
　　　　　　　　　　　　年中の所得はありません。

　　　　　　　　　　　　したがって、配偶者控除の対象となり、その控除額は380,000円と
　　　　　　　　　　　　なります。

　　扶 養 控 除 額 等……年齢16歳未満の扶養親族は控除対象扶養親族に該当しませんので、
　　　　　　　　　　　　扶養控除額はありません。

　　基 礎 控 除 額……所得者本人の本年中の合計所得金額は5,043,400円ですから、基礎
　　　　　　　　　　　　控除額は480,000円となります。

③　次に上記②により算出した課税給与所得金額3,127,000円に対する算出所得税額を「算
　出所得税額の速算表」(17ページ) により求めると215,200円となります。

　　　算出所得税額215,200円は、次の算式によった金額です。

　　　（課税給与所得税額）　　　（税率）　　　（控除額）　　　（算出所得税額）
　　　　3,127,000円　　×　　10%　−　97,500円　＝　215,200円

④　この設例の場合、（特定増改築）住宅借入金等特別控除の適用がありませんので、上記
　③で求めた算出所得税額が年調年税額となります。

⑤　次に、上記④の年調年税額に102.1%を乗じて、復興特別所得税を含む年調年税額を求
　めると219,700円になります。

　　　（年調所得税額）　　　　　　　　　（年調年税額）
　　　　215,200円　×　102.1%　＝　219,700円

⑥　年間の徴収税額270,995円と年調年税額219,700円との差額51,295円が年末調整による超
　過額となります。

⑦　超過額51,295円は、本年最後に支払う給与（賞与）の徴収税額10,820円に充当し、充当
　しきれない40,475円は12月中に徴収した給与等や税理士報酬等の税額から還付します。

第6 特殊な場合の年末調整

2 障害者控除の適用を受けるための年末調整の再調整

12月20日に支払った給与で年末調整を行った後、障害者控除の適用を受けることになりますので、障害者控除を適用した年末調整の再計算を行って当初の年末調整による年税額との差額を精算します。

① 年間給与の総額に変更はありませんので上記1①で求めた給与所得控除後の給与等の金額5,043,400円から各種保険料控除額、配偶者控除、障害者控除額及び基礎控除額を合計した「所得控除額の合計額」を差し引いて課税給与所得金額を算出すると2,857,000円になります。

所得控除額の合計額（2,186,177円）

$$\begin{pmatrix}給与所得控除後\\の給与等の金額\end{pmatrix} - \begin{pmatrix}社会保険料\\等控除額\end{pmatrix} \begin{pmatrix}生命保険料\\控除額\end{pmatrix} \begin{pmatrix}配偶者\\控除額\end{pmatrix} \begin{pmatrix}扶養控除額\\等の合計額\end{pmatrix} \begin{pmatrix}基礎\\控除額\end{pmatrix}$$

5,043,400円 － (1,016,177円 ＋ 40,000円 ＋ 380,000円 ＋ 270,000円 ＋ 480,000円)

$$\begin{pmatrix}課税給与\\所得金額\end{pmatrix}$$

＝2,857,223円……2,857,000円（1,000円未満の端数切捨て）

扶 養 控 除 額 等……扶養親族である子は年齢16歳未満ですから控除対象扶養親族に該当しませんが、本年末までに一般の障害者に該当することとなったため障害者控除の適用があります。

（障害者控除）
270,000円

この270,000円は「控除額早見表」（19ページ）❶欄の「０人」の行の金額０円に、❷欄の㋩の金額270,000円を加算した金額です。

② 次に上記①により算出した課税給与所得金額2,857,000円に対する算出所得税額を「算出所得税額の速算表」（17ページ）により求めると188,200円となります。

算出所得税額188,200円は、次の算式によった金額です。

（課税給与所得税額） （税率） （控除額） （算出所得税額）
2,857,000円 × 10% － 97,500円 ＝ 188,200円

－ 248 －

第6　特殊な場合の年末調整

④　この設例の場合、（特定増改築）住宅借入金等特別控除の適用がありませんので、上記
　③で求めた算出所得税額が年調年税額となります。

⑤　次に、上記④の年調年税額に102.1％を乗じて、復興特別所得税を含む年調年税額を求
　めると192,100円になります。

　　（年調所得税額）　　　　　　　　（年調年税額）
　　　188,200円　×　102.1％　＝　192,100円

⑥　当初の年調年税額219,700円と再年末調整による年調年税額192,100円との差額27,600円
　が再年末調整による超過額となります。

⑦　超過額27,600円は、当初の年末調整による超過額の精算が終わっていますので、12月中
　に徴収した給与等や税理士報酬等の税額から還付します。

第6 特殊な場合の年末調整

【設例9の記載例】

甲欄 乙欄

所属	営業部	職名		住所	（郵便番号 ○○○－○○○○）○○市○○町 9-8-7

令和5年分 給与所得に対する源泉徴収簿

区分	月区分	支月	給日	総支給金額	社会保険料等の控除額	社会保険料等控除後の給与等の金額	扶養親族等の数	算出税額	年末調整による過不足税額	差引徴収税額
給料・手当等	1	1	20	430,000 円	63,992 円	366,008 円	1 人	10,580 円	円	10,580 円
	2	2	20	430,000	63,992	366,008	1	10,580		10,580
	3	3	20	430,000	63,992	366,008	1	10,580		10,580
	4	4	20	434,000	64,864	369,136	1	10,820		10,820
	5	5	19	434,000	64,864	369,136	1	10,820		10,820
	6	6	20	434,000	64,864	369,136	1	10,820		10,820
	7	7	20	434,000	64,864	369,136	1	10,820		10,820
	8	8	18	434,000	64,864	369,136	1	10,820		10,820
	9	9	20	434,000	64,864	369,136	1	10,820		10,820
	10	10	20	434,000	64,864	369,136	1	10,820		10,820
	11	11	20	434,000	64,864	369,136	1	10,820		10,820
	12	12	20	434,000	64,864	369,136	1	10,820	△51,295 △27,600	△40,475 △27,600
	計			① 5,196,000	② 775,752	4,420,248		③ 129,120		
賞与等	6	6	15	780,000	115,050	664,950	1	（税率 10.210%）67,891		67,891
	12	12	9	850,000	125,375	724,625	1	（税率 10.210%）73,984		73,984
								（税率　％）		
								（税率　％）		
	計			④ 1,630,000	⑤ 240,425	1,389,575		⑥ 141,875		

第6　特殊な場合の年末調整

| 氏名 | （フリガナ）　　メグロ　シロウ　　　目黒　四郎　　（生年月日 明・大・㉝・平・令　62 年 9 月 29 日） | 整理番号 | |

| 前年の年末調整に基づき繰り越した過不足税額 | | | | | | 円 |

同上の税額につき還付又は徴収した月区分	月別	還付又は徴収した税額	差引残高	月別	還付又は徴収した税額	差引残高
	月	円	円	月	円	円

扶養控除等の申告・各種控除額	申告の有無	区分	源泉控除対象配偶者	一般の控除対象扶養親族	特定扶養親族	老人扶養親族 同居老親等	老人扶養親族 その他	一般の障害者 本人・配・扶（人）	特別障害者 本人・配・扶（人）	同居特別障害者 配・扶（人）	寡婦又はひとり親	勤労学生	従たる給与から控除する源泉控除対象配偶者と控除対象扶養親族の合計数	配偶者の有無
	申告月日 当初	有・無	人	人	人	人	人	人	人		寡婦・ひとり親	有・無	当初	
	12／25	有・無				1					寡婦・ひとり親	有・無		
	／	有・無									寡婦・ひとり親	有・無	人	有
有・無	控除額 1人当たり（万円）		38	63	58	48	27	40	75	27（寡婦）35（ひとり親）		27	月 日 人	・無
	合計（万円）						27							

年末調整	区　　　　　分	金　　額	税　　額
	給　料　・　手　当　等　①	5,196,000 円	③ 129,120 円
	賞　　　与　　　等　④	1,630,000	⑥ 141,875
	計　⑦	6,826,000	⑧ 270,995
	給与所得控除後の給与等の金額　⑨	5,043,400	所得金額調整控除の適用
	所得金額調整控除額（（⑦−8,500,000円）×10％、マイナスの場合は0）⑩	（1円未満切上げ、最高150,000円）	有・無
	給与所得控除後の給与等の金額（調整控除後）（⑨−⑩）⑪	5,043,400	（※ 適用有の場合は⑩に記載）
	社会保険料等控除額 給与等からの控除分（②＋⑤）⑫	1,016,177	配偶者の合計所得金額
	申告による社会保険料の控除分 ⑬		（　　　　0 円）
	申告による小規模企業共済等掛金の控除分 ⑭		旧長期損害保険料支払額
	生　命　保　険　料　の　控　除　額　⑮	40,000	（　　　　　円）
	地　震　保　険　料　の　控　除　額　⑯		⑫のうち小規模企業共済等掛金の金額
	配　偶　者　（　特　別　）　控　除　額　⑰	380,000	（　　　　　円）
	扶養控除額及び障害者等の控除額の合計額 ⑱	（再）270,000	⑬のうち国民年金保険料等の金額
	基　　礎　　控　　除　　額　⑲	480,000	（　　　　　円）
	所得控除額の合計額（⑫＋⑬＋⑭＋⑮＋⑯＋⑰＋⑱＋⑲）⑳	（再）2,186,177 1,916,177	
	差引課税給与所得金額（⑪−⑳）及び算出所得税額 ㉑	（1,000円未満切捨て）（再）2,857,000 3,127,000	㉒ （再）188,200 215,200
	（特定増改築等）住宅借入金等特別控除額 ㉓		
	年調所得税額（㉒−㉓、マイナスの場合は0）㉔		（再）188,200 215,200
	年　調　年　税　額　（　㉔　×１０２.１％　）㉕		（100円未満切捨て）（再）192,100 219,700
	差引 超過額 又は不足額（㉕−⑧）㉖		（再）27,600 51,295
	超過額の精算 本年最後の給与から徴収する税額に充当する金額 ㉗	10,820	
	未払給与に係る未徴収の税額に充当する金額 ㉘		
	差引還付する金額（㉖−㉗−㉘）㉙	（再）27,600 40,475	
	同上のうち 本年中に還付する金額 ㉚	（再）27,600 40,475	
	翌年において還付する金額 ㉛		
	不足額の精算 本年最後の給与から徴収する金額 ㉜		
	翌年に繰り越して徴収する金額 ㉝		

— 251 —

第6　特殊な場合の年末調整

【設例10】　年の途中で出国し非居住者となった場合

所得者本人（平成 4 年 8 月25日生）‥‥‥‥‥‥‥‥‥‥‥‥　令和 5 年10月 1 日出国
居住者期間の年間給与の総額‥‥‥‥‥‥‥‥‥‥‥‥‥‥‥‥　3,456,000円
同上の徴収税額‥‥‥‥‥‥‥‥‥‥‥‥‥‥‥‥‥‥‥‥‥‥　99,611円
同上の年間社会保険料‥‥‥‥‥‥‥‥‥‥‥‥‥‥‥‥‥‥‥　502,917円
配偶者・扶養親族‥‥‥‥‥‥‥‥‥‥‥‥‥‥‥‥‥‥‥‥‥　無

　本年10月 1 日に出国し、非居住者となりますので、居住者として本年最後に支払う 9 月25日の給与で年末調整をします。

（年税額の求め方）

①　まず、居住者である期間に支払を受けた給与の総額3,456,00円について、給与所得控除後の給与等の金額を「給与等の金額の表」（ 8 ページ）によって求めると2,339,200円になります。

②　次に、上記①により求めた給与所得控除後の給与等の金額2,339,200円から各種保険料控除額及び基礎控除額を合計した「所得控除額の合計額」を差し引いて課税給与所得金額を算出すると1,356,000円になります。

$$
\begin{bmatrix} 給与所得控除後 \\ の給与等の金額 \end{bmatrix} \quad \overbrace{ \begin{bmatrix} 社会保険料 \\ 等 控 除 額 \end{bmatrix} \quad \begin{bmatrix} 基 \quad 礎 \\ 控除額 \end{bmatrix} }^{所得控除額の合計額（982,917円）}
$$

$$
2,339,200円 - (502,917円 + 480,000円)
$$

$$
\begin{bmatrix} 課税給与 \\ 所得金額 \end{bmatrix}
$$

$$
= 1,356,283円……1,356,000円（1,000円未満の端数切捨て）
$$

＜所得控除額の計算＞

　社会保険料控除額‥‥‥‥支払った保険料502,917円の全額を控除します。

　基 礎 控 除 額‥‥‥‥所得者本人の本年中の合計所得金額は2,339,200円ですから、基礎控除額は480,000円となります。

③　次に上記②により算出した課税給与所得金額1,356,000円に対する算出所得税額を「算出所得税額の速算表」（17ページ）により求めると67,800円となります。

　　算出所得税額67,800円は、次の算式によった金額です。

　　（課税給与所得税額）　　（税率）　（算出所得税額）
　　　　1,356,000円　　×　　 5 ％　 ＝　67,800円

④　この設例の場合、（特定増改築）住宅借入金等特別控除の適用がありませんので、上記③で求めた算出所得税額が年調年税額となります。

⑤　次に、上記④の年調年税額に102.1％を乗じて、復興特別所得税を含む年調年税額を求め

第6　特殊な場合の年末調整

ると69,200円になります。

　（年調所得税額）　　　　　　　（年調年税額）
　　67,800円　×　102.1%　＝　69,200円

⑥　年間の徴収税額99,611円と年調年税額69,200円との差額30,411円が年末調整による超過額となります。

⑦　超過額30,411円は、本年最後に支払う給与（賞与）の徴収税額6,960円に充当し、充当しきれない23,451円は9月中に徴収した給与等や税理士報酬等の税額から還付します。

第6 特殊な場合の年末調整

【設例10の記載例】

甲欄 乙欄	所属	管理部	職名	主任	住所	（郵便番号○○○ －○○○○） ○○区○○　10-1-2		

令和5年分　給与所得に対する源泉徴収簿	区分	月区分	支月	給日	総支給金額	社会保険料等の控除額	社会保険料等控除後の給与等の金額	扶養親族等の数	算出税額	年末調整による過不足税額	差引徴収税額
	給料・手当等	1	1	25	298,000 円	43,655 円	254,345 円	0 人	6,750 円	円	6,750 円
		2	2	24	298,000	43,655	254,345	0	6,750		6,750
		3	3	24	298,000	43,655	254,345	0	6,750		6,750
		4	4	25	307,000	44,292	262,708	0	6,960		6,960
		5	5	25	307,000	44,292	262,708	0	6,960		6,960
		6	6	23	307,000	44,292	262,708	0	6,960		6,960
		7	7	25	307,000	44,292	262,708	0	6,960		6,960
		8	8	25	307,000	44,292	262,708	0	6,960		6,960
		9	9	25	307,000	44,292	262,708	0	6,960	△30,411	△23,451
		10			10月1日 出国 非居住者						
		11									
		12									
		計			① 2,736,000	② 396,717	2,339,283		③ 62,010		
	賞与等	6	6	20	720,000	106,200	613,800	0	（税率 6.126 %）37,601		37,601
									（税率　%）		
									（税率　%）		
									（税率　%）		
		計			④ 720,000	⑤ 106,200	613,800		⑥ 37,601		

— 254 —

第6　特殊な場合の年末調整

氏名	（フリガナ）　オオクラ　ゴロウ　　大蔵 五郎									整理番号	
	（生年月日　明・大・昭㉜・令　4　年　8月　25日）										

前年の年末調整に基づき繰り越した過不足税額　　　　　　　　　　円

同上の税額につき還付又は徴収した月区分	月別	還付又は徴収した税額	差引残高	月別	還付又は徴収した税額	差引残高
	月	円	円	月	円	円

扶養控除等の申告・各種控除額

申告の有無		区分	源泉控除対象配偶者	一般の控除対象扶養親族	特定扶養親族	老人扶養親族		一般の障害者 本人・配・扶（　人）	特別障害者 本人・配・扶（　人）	同居特別障害者 配・扶（　人）	寡婦又はひとり親	勤労学生	従たる給与から控除する源泉控除対象配偶者と控除対象扶養親族の合計数	配偶者の有無
						同居老親等	その他							
申告月日	当初	有・無	有・⊛	人	人	人	人	人	人	人	寡婦・ひとり親	有・無	当初	有・無
	／	有・無									寡婦・ひとり親	有・無		
有・無	／	有・無									寡婦・ひとり親	有・無	人 月 日 人	有・⊛
	控除額	1人当たり（万円）		38	63	58	48	27	40	75	27（寡婦）35（ひとり親）	27		
		合計（万円）												

年末調整

区分		金額	税額
給料・手当等	①	2,736,000 円	③ 62,010 円
賞与等	④	720,000	⑥ 37,601
計	⑦	3,456,000	⑧ 99,611
給与所得控除後の給与等の金額	⑨	2,339,200	
所得金額調整控除額（（⑦−8,500,000円）×10%、マイナスの場合は0）	⑩	（1円未満切上げ、最高150,000円）	
給与所得控除後の給与等の金額（調整控除後）⑨−⑩	⑪	2,339,200	

所得金額調整控除の適用　有・⊛　（※　適用有の場合は⑩に記載）

社会保険料等控除額	給与等からの控除分（②＋⑤）	⑫	502,917
	申告による社会保険料の控除分	⑬	
	申告による小規模企業共済等掛金の控除分	⑭	
生命保険料の控除額		⑮	
地震保険料の控除額		⑯	
配偶者（特別）控除額		⑰	
扶養控除額及び障害者等の控除額の合計額		⑱	
基礎控除額		⑲	480,000
所得控除額の合計額（⑫＋⑬＋⑭＋⑮＋⑯＋⑰＋⑱＋⑲）		⑳	982,917

配偶者の合計所得金額（　　　　　円）
旧長期損害保険料支払額（　　　　　円）
⑫のうち小規模企業共済等掛金の金額（　　　　　円）
⑬のうち国民年金保険料等の金額（　　　　　円）

差引課税給与所得金額（⑪−⑳）及び算出所得税額	㉑	（1,000円未満切捨て）1,356,000	㉒	67,800
（特定増改築等）住宅借入金等特別控除額	㉓			
年調所得税額（㉒−㉓、マイナスの場合は0）	㉔	67,800		
年調年税額（㉔×102.1%）	㉕	（100円未満切捨て）69,200		
差引超過額又は不足額（㉕−⑧）	㉖	30,411		
超過額の精算	本年最後の給与から徴収する税額に充当する金額	㉗	6,960
	未払給与に係る未徴収の税額に充当する金額	㉘	
	差引還付する金額（㉖−㉗−㉘）	㉙	23,451
	同上のうち	本年中に還付する金額	㉚	23,451
		翌年において還付する金額	㉛	
不足額の精算	本年最後の給与から徴収する金額	㉜	
	翌年に繰り越して徴収する金額	㉝	

第7　過納額及び不足額の精算

> ## ポイント
>
> ○　本年分の給与からの徴収税額と本年分の年税額とを比べて過不足が生じたときには、過納額が生じたか不足額が生じたかの別に応じ、それぞれ次により精算します。
>
> 1　過納額の精算
>
> 　　年末調整の結果生じた過納額は、給与の支払者が年末調整を行った月分の給与等、退職手当等又は税理士報酬等（所法204①二）の税額として納付すべき源泉所得税額及び復興特別所得税額（その支払者が納期の特例の適用を受けているときは、通常本年7月から12月分として納付すべき源泉所得税額及び復興特別所得税額）の範囲内で還付し、なお過納額が残るときは、①その後において納付すべき源泉所得税額及び復興特別所得税額のうちから順次還付するか、②「年末調整過納額還付請求書兼残存過納額明細書」を税務署長に提出して徴収義務者又は所得者本人が直接還付を受けることになります。
>
> 2　不足額の精算
>
> (1)　不足額は、原則として本年最後の給与を支払う際、すなわち年末調整を行う際にその支払う給与から徴収し、なお徴収しきれない不足額は翌年において給与を支払う際に順次徴収します。
>
> (2)　本年最後に給与を支払う際に不足額を徴収することとすれば、その月中の税引手取給与の総額（賞与等の臨時の給与があるときは、その税引手取額を含みます。）が、本年1月から年末調整を行った月の前月まで（通常は1月から11月まで）の税引手取給与の平均月額の70％未満となる人については、年末調整の際に不足額の全額を徴収しないで、その70％に満たなくなる部分の不足額について、2分の1ずつを翌年1月及び2月に給与を支払う際にそれぞれ徴収するという方法によることができます。ただし、この場合には、その人が本年最後に給与の支払を受ける日の前日までに、その不足額の徴収を翌年に繰り延べることについて、給与の支払者の所轄税務署長の承認を受けることが必要です。

第7 過納額及び不足額の精算

1 過不足額とは

令和5年分年税額の計算ができたら、その年税額と先に集計した本年分の給与からの徴収税額の合計額とを比べ、その差額を計算します。

令和5年分年税額が徴収税額の合計額よりも少ないときは、その差額分だけ納め過ぎたことになりますので、その納め過ぎた税額（これを**過納額**といいます。）を各人に還付することになります（所法191）。

これに対し、年税額が徴収税額の合計額よりも多いときは、その差額分（これを**不足額**といいます。）を各人から徴収することになります（所法192）。

これらの過納額の還付や不足額の徴収は、次により行うことになります。

2 過納額の精算

年末調整を行った結果、過納額が生じた場合には、次により過納額を精算して本人に還付することになります（所法191）。

【過納額の還付】

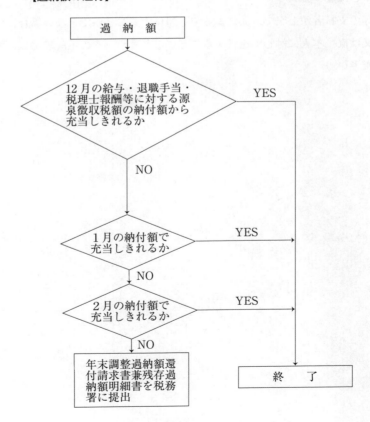

― 257 ―

第7 過納額及び不足額の精算

（1） 通常の過納額の還付

過納額は、下記(2)の場合を除き、次の順序により還付します。

① 年末調整を行うに当たり、本年最後に支払う給与について所得税額及び復興特別所得税額を算出して計算している場合には、その最後に支払う給与から徴収すべき税額に充当します。

② 上記①により、最後に支払う給与から徴収すべき税額に充当しても、充当しきれない場合又は本年最後に支払う給与について税額の計算を省略して年末調整を行った結果、過納額（超過額）が生じた場合には、12月中（納期の特例適用者の場合には、7月から12月までの間）に支払った給与、退職手当等に係る納付すべき税額及び年末調整による不足額として納付すべき税額並びに弁護士、税理士等の報酬から徴収した所得税額及び復興特別所得税額（いわゆる㊚の納付書により納付される所得税及び復興特別所得税をいいます。）から控除して本人に還付します（所令312）。

(注) 12月中に支払ったものであっても、上記以外のもの（例えば利子等、配当等、所得税法第204条の報酬（弁護士、税理士等の報酬を除きます。）等）から徴収した所得税及び復興特別所得税からは、控除して還付することはできません。

③ 上記①及び②による還付を行ってもその過納額の全額が還付しきれない場合には、給与等の支払者が翌年1月分、2月分として納付すべき所得税額及び復興特別所得税額から控除して還付することになります。

④ 給与等の支払者が上記①～③によっても還付することができない場合には、税務署長が徴収義務者又は直接本人に対して還付することになります（その手続等については下記(3)を参照してください。）。

第7　過納額及び不足額の精算

【本年最後に支払う給与の所得税及び復興特別所得税を計算した場合の源泉徴収簿の年末調整欄の処理例】

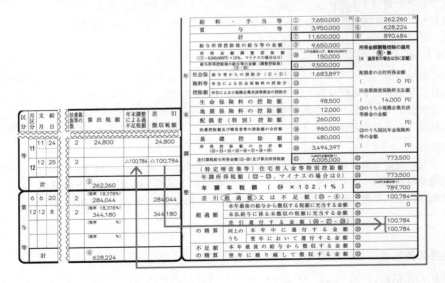

(説明)
1　本年最後に支払う給与の所得税及び復興特別所得税額5,250円は、⑧欄に加えられているので、超過額(過納額)15,001円(㉖欄)は、まずこれに充当します(本文(1)の①)。
2　その残額9,871円(㉙欄)は、給与の支払者が納付すべき税額から控除して還付します(本文(1)の②)。以上の関係を源泉徴収簿の年末調整欄に記入すれば、上記の矢印のとおりです。

【本年最後に支払う給与の所得税及び復興特別所得税計算を省略した場合の源泉徴収簿の年末調整欄の処理例】

(説明)
1　本年最後に支払う給与の所得税及び復興特別所得税の計算を省略して年末調整を行っています(本文(1)の②)。
2　超過額(過納額)100,784円を、矢印のとおり移記します。

— 259 —

第7　過納額及び不足額の精算

（2）　未払給与がある場合の過納額の還付

　年末調整は、「本年中に支払うべきことが確定した給与」（「第3　年末調整を行う給与」（81ペー
ジ）を参照してください。）について行います。したがって、本年中に支給期の到来した給与につ
いては、たとえ未払であっても年末調整の対象となる給与に含めなければなりません。

　この場合、その未払給与に対応する所得税及び復興特別所得税は、「徴収されるべき税額」とし
て他の実際に徴収された税額に加算して年末調整を行います。

　年末調整の結果、過納額が生じた場合であっても、その未払給与に対応する所得税及び復興特
別所得税はまだ徴収されていませんので、過納額のうち、その徴収されていない部分の金額に相
当する金額については還付することはできません。つまり、実際に還付する金額は、過納額から
未払給与に対応する所得税額及び復興特別所得税額を控除した残額ということになります。

　なお、翌年になって、未払となっている給与を支払う際には、その所得税額及び復興特別所得
税額から先に還付しなかった部分の金額を差し引いた残額を徴収して納付することになります。

【設例1】

　　　未払給与の額‥‥‥‥‥‥‥‥‥‥‥‥‥‥‥‥‥‥‥‥‥‥‥‥‥‥380,000円
　　　未払給与に対応する所得税及び復興特別所得税（未徴収）‥‥‥‥‥‥‥6,820円
　　　年末調整により生じた過納額（㉖欄）‥‥‥‥‥‥‥‥‥‥‥‥‥‥‥16,500円
　　　未払給与の支払予定日‥‥‥‥‥‥‥‥‥‥‥‥‥‥‥‥‥令和6年1月10日

上記の場合

　　未払給与に対応する所得税及び復興特別所得税（未徴収）に充当する過納額（㉘欄）‥‥‥‥6,820円
　　年末調整時に還付する過納額（㉙欄）‥‥‥‥16,500円－6,820円＝9,680円
　　未払給与の支払の際に徴収する額‥‥‥‥6,820円－6,820円（充当された金額）＝0円

【設例2】

　　　未払給与の額‥‥‥‥‥‥‥‥‥‥‥‥‥‥‥‥‥‥‥‥‥‥‥‥‥‥380,000円
　　　未払給与に対応する所得税及び復興特別所得税（未徴収）‥‥‥‥‥‥‥6,820円
　　　年末調整により生じた過納額（㉖欄）‥‥‥‥‥‥‥‥‥‥‥‥‥‥‥4,400円
　　　未払給与の支払予定日‥‥‥‥‥‥‥‥‥‥‥‥‥‥‥‥‥令和6年1月10日

上記の場合

　　未払給与に対応する所得税及び復興特別所得税（未徴収）に充当する過納額（㉘欄）‥‥‥‥4,400円
　　年末調整時に還付する過納額（㉙欄）‥‥‥‥4,400円－6,820円＝△2,420円➡0円
　　未払給与の支払の際に徴収する額‥‥‥‥6,820円－4,400円（充当された金額）＝2,420円

（3）　給与の支払者において還付できない場合の処理

　年末調整の過納額については、上記（1）及び（2）において述べたように、給与の支払者の下で
還付の処理を行いますが、次のような場合には、給与の支払者が還付することは困難となります
ので、給与の支払者が各人別の還付すべき金額及びそのうち還付しきれなかった部分の金額等を
記載した「年末調整過納額還付請求書兼残存過納額明細書」に各人の「源泉徴収簿」（過納額を

— 260 —

第7　過納額及び不足額の精算

令和6年分に繰り越して還付しているときは、令和6年分の源泉徴収簿を含みます。）を添付して給与の支払者の所轄税務署長に提出すれば、税務署から還付未済額を直接所得者に還付することになります（所令313、所基通191-2）。

① その還付が終わらないうちに給与の支払者が廃業その他の事由で給与の支払者でなくなった場合

② 今後徴収して納付すべき税額がなくなった場合

③ 徴収して納付すべき税額が少額であるため還付すべきこととなった日の翌月1日（通常翌年1月1日）から起算して2か月（通常翌年2月末日）を経過した後においてもなお還付しきれない残額があるような場合

④ 給与の支払者が過納額を還付すべきこととなった日の現況において、納付すべき源泉徴収税額よりも還付すべき金額が著しく過大であるため、その過納額を翌年2月末日までに還付することが極めて困難であると見込まれる場合

第7　過納額及び不足額の精算

源泉所得税及び復興特別所得税の年末調整過納額還付請求書兼残存過納額明細書

	※整理番号	

税務署受付印

令和 6 年 3 月 4 日

麹町 税務署長殿

住所又は所在地	〒○○○-○○○○ 千代田区大手町○-○-○ 電話　　03　－○○○○－○○○○
（フリガナ） 氏名又は名称	オオ クラ ショウジ カブ シキ ガイ シャ **大蔵商事 株式会社**
個人番号又は 法人番号	↓個人番号の記載に当たっては、左端を空欄とし、ここから記載してください。 1 2 3 4 5 6 7 8 9 × × × ×
（フリガナ） 代表者氏名	ザイム　タロウ **財務 太郎**

令和 5 年分年末調整により生じた過納額については、次の事由により還付することができなくなったので、所得税法施行令第313条第2項の規定により、下記のとおり還付を請求します。

事由	（該当する事由のチェック欄□に✓印を付けてください。） □　解散・休業等（異動の日 令和　　年　　月　　日）　　　□　徴収すべき税額がなくなった ✓　2月を経過してもなお還付すべき過納額が残っている（2月を経過する日までに過納額の全額を還付することが困難）
還付を受けようとする年末調整により生じた過納額	40,000 円
還付金の受領人	（注）源泉徴収義務者(代理人)が還付を受ける場合には、還付金の受領に便利な場所を次の欄に記入してください。

✓源泉徴収義務者(代理人) □ 直接本人	イ　銀行等 ○○ 金庫・組合 ○○ 出張所 農協・漁協 支店・支所 普通 預金 口座番号 ××××××	ロ　ゆうちょ銀行の貯金口座 貯金口座の記号番号　　　－ ハ　郵便局等窓口

残 存 過 納 額 明 細 書

住 所	氏 名	年末調整による超過額A	Aのうち現在までに充当又は還付した額		差引残存過納額(A-B)C	年末調整を行った年月日	※ 税務署整理欄			
			月日	金額B			還付加算金		還付額合計(C+D)E	
							日数	金額D		
○○区○○3-2-1	京橋 五郎	34,000円	2・20	17,000円	17,000円	5・12・20	日	円	円	
△△区△△6-7-8	国税 花子	40,000	2・20	21,000	19,000	5・12・20				
××市××4-5	神奈川 二郎	7,000	2・20	3,000	4,000	5・12・20				
			・			・・				
			・			・・				
			・			・・				
			・			・・				
			・			・・				
合　　計 （　　3 名）		81,000円		41,000円	40,000			円	円	

税 理 士 署 名	

※税務署処理欄	起案	・・	署 長	副署長	統括官	担当者	整理簿	入力	管理回付	施行日	通信日付印	確 認
	決裁	・・										
	（摘要）										年 月 日	

番号確認	身元確認	確認書類
	□ 済 □ 未済	個人番号カード／通知カード・運転免許証 その他（　　　　　）

03.06 改正

（規格A4）

第7 過納額及び不足額の精算

　この「年末調整過納額還付請求書兼残存過納額明細書」による還付手続を申請した給与の支払者は、その後の還付処理及び退職者に対して給与所得の源泉徴収票を交付する場合において、この「年末調整過納額還付請求書兼残存過納額明細書」によって還付請求した金額が重複還付にならないように注意する必要があります。

　また、給与の支払者が、所得者から過納額の請求及び受領に関する権限の委任を受けている旨の委任状を添えて税務署長に提出した場合には、その還付未済額は一括して給与の支払者（代理人）に還付されます。

委　任　状

令和 6 年 3 月 4 日

（源泉徴収義務者）

　住　所
　（所在地）　千代田区大手町○-○-○

　氏　名
　（名　称）　大蔵商事 株式会社

　　下記の　　京橋　五郎　　外　2　名は、令和　5　年分年末調整に係る過納額

（還付加算金を含む。）の請求及び受領の権限を上記の者に委任します。

住　　　所	氏　　名
○○区○○3-2-1	京橋 五郎
△△区△△6-7-8	国税 花子
××市××4-5	神奈川 二郎
	（　3　名）

第7　過納額及び不足額の精算

3　不足額の精算

(1)　不足額の徴収

　年末調整の計算により不足額が生じた場合には、次によりその不足額を徴収します（所法192）。

【不足額の徴収手順】

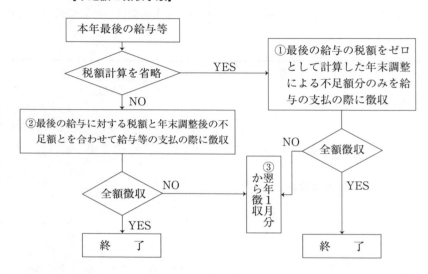

①　本年最後に支払う給与に対する税額計算を省略し、その税額をゼロとして年末調整を行った場合に生じた不足額は、その不足額だけを本年最後に給与を支払う際に徴収します。

②　本年最後に支払う給与に対する税額計算を行い、その税額を本年中の徴収税額に加えて年末調整を行った場合に生じた不足額は、本年最後に支払う給与に対する税額と合わせて本年最後に給与を支払う際に徴収します。

③　上記①及び②によっても本年最後に支払う給与から徴収しきれない不足額があるときは、翌月（通常翌年1月分）に繰り越して徴収します。

　このように、年末調整の計算により生じた不足額は、原則的にはすべて本年最後の給与を支払う際に徴収することになっています。

第7　過納額及び不足額の精算

（2）　不足額の繰延徴収

　年末調整による不足額は、原則として本年最後の給与の支払をする際に徴収しなければなりません。しかしながら、不足額を本年最後の給与から全額徴収すると、12月中に支払われる税引手取給与の金額が、本年1月（年の中途からはじめて給与等の支払を受けることになった人については、そのはじめて給与の支払を受けることとなった月）から11月までの税引手取給与の平均月割額の70％相当額未満となる場合には、その給与の支払を受ける人が、本年最後の給与の支払を受ける日の前日までに、給与等の支払者を経由して「年末調整による不足額徴収繰延承認申請書」（次ページ参照）を提出して税務署長の承認を受けたときは、その70％未満となる部分の不足額については翌年1月と2月に繰り延べてそれぞれ2分の1ずつ徴収することができることになっています（所法192②、所令316）。

> 【設　例】
>
> 　　　1月～11月税引手取給与の平均月割額　‥‥‥‥‥‥‥‥‥‥‥‥‥‥‥1,050,000円
> 　　　12月中の給与の額　‥‥‥‥‥‥‥‥‥‥‥‥‥‥‥‥‥‥‥‥‥‥‥‥850,000円
> 　　　（社会保険料等100,892円、社会保険料等控除後の給与の金額749,108円）
> 　　　同上の徴収税額　‥‥‥‥‥‥‥‥‥‥‥‥‥‥‥‥‥‥‥‥‥‥‥‥‥74,670円
> 　　　年末調整による不足税額　‥‥‥‥‥‥‥‥‥‥‥‥‥‥‥‥‥‥‥‥‥100,000円
>
> とすれば、12月中の税引手取額は、
> 　　850,000円－（74,670円＋100,000円）＝675,330円
> となり、1月～11月の税引手取給与の平均月割額1,050,000円の70％である735,000円を59,670円下回ることになります。そこで年末調整による不足額100,000円のうち59,670円を翌年1月と2月に繰り延べ、それぞれ2分の1すなわち、59,670円×½＝29,835円を徴収することができることになります。ただし、この場合12月分の給与から徴収すべき税額74,670円と繰り延べることができない40,330円（100,000円－59,670円＝40,330円）の合計額115,000円は必ず12月に徴収しなければなりませんから注意してください。
> (注)　1　このような具体例は、会社の役員のように、年末調整を行う月（通常は12月）に賞与等の臨時の給与がなく、その他の月に臨時の給与がある場合にだけ起こり、通常はこのようなことは起こらないものと思われます。
> 　　　2　国税の確定金額を二以上の納付の期限を定め、一定の金額に分割して納付することとされている場合に、その納付期限ごとの分割金額に1円未満の端数があるときは、その端数金額は最初の納付の期限の分割金額に合算されます（所基通192－1）。
> 　　　3　上記計算例の申請書については、次の記載例を参照してください。

第7 過納額及び不足額の精算

※ 網掛けの箇所は、年末調整による不足額徴収繰延承認（却下）通知書と複写により記載してください。　（規格A4）

令和 5 年分年末調整による不足額徴収繰延承認申請書

令和 5 年 12 月 20 日提出

麹 町 税務署長 殿

総務署受付印

所得税法第192条第2項の規定により年末調整による不足額の徴収の繰延承認を申請します。

給与等の支払者
- 住所又は所在地：〒○○○-○○○○ 千代田区○○10-11
- 氏名又は名称：財務商事 株式会社
- 個人番号又は法人番号：×× 3 4 5 6 7 8 9 × × × ×
  （個人番号の記載に当たっては、左端を空欄とし、ここから記載してください。）

繰延承認を申請する者

所属部課名		
住所	○○区○○1-2-3	取締役
氏名	納税 正男	

申請 年 月 日：令和 5 年 12 月 20 日

	A 給与の最終支払月中に支払われる給与	B 年末調整による不足額	C Aに対する源泉徴収税額	D 給与の最終支払月中に支払われる税引手取額 (A-B-C)	E 給与の最終支払月の前月までの税引手取額月割額	F 平均月割額割賦割当額 (E×70%)	G 平均月割額の7割と最終支払月の手取額との差額 (F-D)	H 年末調整による不足額のうちその年徴収すべき不足額 (C-G)
	850,000 円	100,000	74,670	675,330	1,050,000	735,000	59,670	40,330

徴収繰延を受けようとする額とその額の月別

	徴収額	備考
承認額 C又はCの1/2	59,670 円	
1月	29,835 円	
2月	29,835 円	

税理士署名

※税務署処理欄

	署長	副署長	統括官	担当者
起案	・・・			
決裁	・・・			
施行	・・・			
処理	承認・却下			

身元確認 □済 □未
番号確認 □済 □未

確認書類
個人番号カード／通知カード・運転免許証
その他（　　　）

（却下の理由）

整理簿	通知書
既済	未済

03.06 改正

第7　過納額及び不足額の精算

（3）　不足額の繰延徴収についての注意事項

不足額の繰延徴収を行う場合の年末調整については、次の点に注意する必要があります。

①　繰延徴収される税額の範囲

繰延徴収される税額は、年末調整による不足額のみであって、12月の給与（賞与を含みます。）から所得税法第185条及び第186条の規定により徴収すべき税額（すなわち最終支払月の給与に対応する税額）については繰延徴収は認められません（所法192②）。

したがって、本年最後の給与に対する税額計算については、これを省略せず、その給与に対する税額（もし、最後の給与が通常の給与であれば「給与所得の源泉徴収税額表」の月額表による税額、賞与であれば「賞与に対する源泉徴収税額の算出率の表」により計算した税額）を算出した上で年末調整を行い、不足額を算出しなければなりません。

②　最終支払月及び最終支払月の前月までの給与

「12月中の税引手取給与の金額」及び「本年1月から11月までの間の税引手取給与の平均月割額」の基礎となる給与の金額には、それぞれ毎月一定の時に支給される給与のほか、賞与やベースアップ差額などの臨時の給与も含まれます（所令315）。

③　給与が月又は週の整数倍で定められている場合

給与が月又は週の整数倍で定められている場合の「月割額」は、本年1月から本年の給与の最終支払月の前月までの間に支払を受けた給与の総額から、その給与について所得税法第185条及び第186条の規定により徴収された税額を控除した残額を、本年1月から給与等の最終支払月の前月までの月数（通常は11）で除して計算します（所令315）。

④　主たる給与の支払者に異動があった場合の月割額の計算

年の中途で主たる給与の支払者が入れ替わった場合には、前の主たる給与の支払者から支払われた給与の金額並びにその給与から徴収された税額を加算した上で、平均月額を計算しなければなりません。

⑤　繰延徴収の計算に当たって1円未満の端数が生じた場合

年末調整による不足額を繰延徴収する場合において、当該繰延額の2分の1に相当する金額に1円未満の端数が生じたときは、翌年1月に徴収すべき税額に係るものは切り上げ、翌年2月に徴収すべき税額に係るものは切り捨てます（所基通192−1）。

⑥　退職等の場合における残存不足額の処理

不足額について繰延徴収の承認が与えられた場合において、その後退職等により給与の支払がなくなるときは、その最後に支払われる給与（退職手当等を含みます。）からまだ徴収されていない残存不足額の全額を徴収しなければなりません（所法192②）。

⑦　中途死亡者等に対する繰延徴収

年の中途で死亡した人（著しい心身の障害のため退職した人でその退職の時期からみて明らかにその年に再就職ができないと見込まれる人を含みます。）若しくは国内に住所又は1年以上の

第7　過納額及び不足額の精算

　居所を有しなくなった人の年末調整については、年末調整による不足額が過大となる場合であっても、その不足額について繰延徴収は認められないことになっています。

第8 年末調整終了後の整理事務

┌─── ポイント ───┐

○ 不足額の納付

翌年1月10日（ただし、納期の特例適用者は翌年1月20日（令和6年は1月22日））までに納付しなければなりません。

○ 「給与所得の源泉徴収票（給与支払報告書）」の作成及び提出

翌年1月31日までに「給与所得の源泉徴収票（給与支払報告書）」を作成し、税務署及び市区町村に提出するとともに、本人にも交付しなければなりません。

└─────────┘

1 不足額の納付

年末調整の結果、徴収した不足額については、12月中（納期の特例適用者の場合には、7月から12月まで）に支払った給与等に対する所得税及び復興特別所得税とともに令和6年1月10日（ただし納期の特例の適用を受けている者は令和6年1月22日）までにe-Taxを利用するか又は所得税徴収高計算書（納付書）を添えて金融機関等で納付しなければなりません。

なお、徴収高計算書には不足額を記入するほか、過納額を還付した事績についても記入しなければなりません。

(注) 年末調整による過納額を充当したり還付したりしたため、納付する税額がなくなった場合でも、徴収高計算書に必要な事項を記載して所轄税務署にe-Taxにより送信又は郵便若しくは信書便により送付又は提出する必要があります。

【徴収高計算書の記載例】

	（人員）	（支給額）	（徴収税額）
12月分賞与（12月12日支払）	39人	36,100,000円	1,990,500円
〃 給料（12月22日支払）	41人	10,200,000円	351,000円
〃 税理士報酬（12月21日支払）	1人	250,000円	25,525円
年末調整の結果			
不足額を生じたもの		不足額合計	10,000円
過納額を生じたもの		過納額合計	803,500円

である場合の徴収高計算書は、次のとおり記載します。

第8　年末調整終了後の整理事務

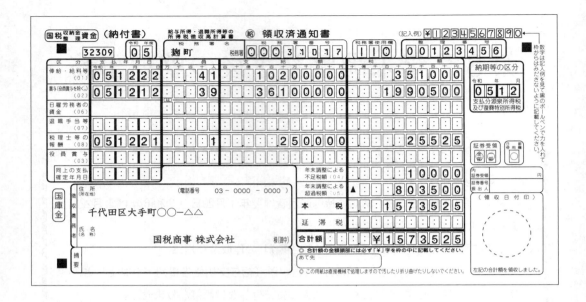

(**参考**)　過納額（931,500円）が12月中の源泉徴収税額（855,710円）を超えるため納付する税額がなくなった場合。

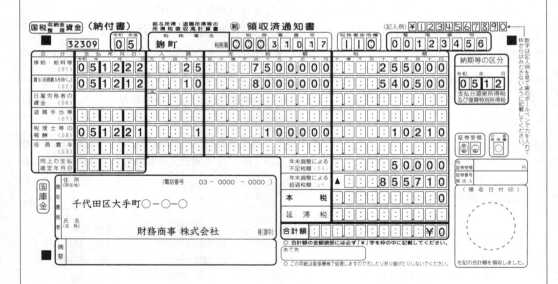

(**注**)1　納付税額のない徴収高計算書（納付書）は税務署にe-Taxにより送信又は郵便若しくは信書便により送付又は提出することになっています。

2　12月に還付しきれなかった75,790円（931,500円－855,710円）は、翌年1月に繰り越して精算します。

第8　年末調整終了後の整理事務

2　「給与所得の源泉徴収票（給与支払報告書）」の作成と提出

　源泉徴収簿の「年末調整」欄の記載事項に基づき、「給与所得の源泉徴収票（給与支払報告書）」を作成し、令和6年1月31日までに1部を給与の支払を受ける本人に交付するとともに、税務署へ提出を要する人の分については、源泉徴収票に「合計表」を添えて所轄税務署に、また、給与支払報告書は「総括表」を添えて、給与の支払を受ける人の住所地の市区町村に提出しなければなりません。

　詳しくは、〔**付録2**〕「源泉徴収票等の法定調書の提出」（287ページ）を参照してください。

第9 電子計算機等による年末調整

```
┌─────── ポイント ───────┐

○ 給与に対する源泉徴収税額の計算を電子計算機等によって行っている場合には、税
 額表の甲欄による税額の算定に限って、財務大臣が告示した方法により税額を算定す
 ることができます。年末調整についてはそのような方法が示されていませんが、電子
 計算機等によって行う年末調整の税額計算等が、手計算によって行うのと同一の方式
 となるようシステム設計を行った場合には、年末調整による年税額の計算についても
 電子計算機等によって行うことができます。

└───────────────────┘
```

1 給与所得控除後の給与等の金額の計算方法

(1) 給与の金額の調整

　給与所得控除後の給与の金額は、原則的には「令和5年分の年末調整等のための給与所得控除後の給与等の金額の表」（以下「給与等の金額の表」といいます。）により求めることとされています。この給与等の金額の表の給与所得控除後の給与の金額は、給与の合計金額を各階級ごとに区分し、その階級ごとの最低値（以下「年調給与額」といいます。）を基にして計算してあります（例えば、給与の合計金額が2,532,000円から2,535,999円までの場合には、この階級の最低値2,532,000円により計算されています。）ので、これを電子計算機で計算する場合には、給与の合計金額を給与等の金額の表の「年調給与額」におきかえる必要があります。

　この給与の金額の調整は、次の**（表1）**によって行うことになります。

— 272 —

第9　電子計算機等による年末調整

（表1）　年調給与額の算出表

給与等の収入金額		階　　差	同一階差 の最小値	年調給与額の算出方法
か　ら	ま　で			
～1,618,999円		——円	——円	給与等の収入金額を年調給与額とします。
1,619,000円	1,619,999円	1,000	1,619,000	(1)　$\dfrac{給与等の収入金額 - 同一階差の最小値}{階差}$ ＝商…余り
1,620,000	1,623,999	2,000	1,620,000	**(注)**　商の値は、自然数又は0とします。
1,624,000	6,599,999	4,000	1,624,000	(2)　給与等の収入金額－(1)の余り ＝年調給与額
6,600,000円～		——	——	給与等の収入金額を年調給与額とします。

(注)1　「階差」とは、給与等の金額の表の「給与等の金額」欄の各階級の刻みの幅をいいます。

2　「同一階差の最小値」とは、給与等の金額の表の「給与等の金額」欄の各階級の最低値をいいます。

(計算例)　給与の収入金額5,755,000円の場合

$$\frac{5,755,000円 - 1,624,000円}{4,000円} = 1,032 \cdots\cdots 余り3,000円$$

5,755,000円－3,000円＝5,752,000円……年調給与額

（2）　給与所得控除後の給与等の金額の計算

「年調給与額」を算出した後、次の算式によって「給与所得控除後の給与等の金額」を求めます。

（表2）　「給与所得控除後の給与等の金額」の表

年調給与額（A）の区分		給与所得控除後の給与等の金額の計算式
1円から	550,999円まで	0円
551,000　〃	1,618,999　〃	A－550,000円
1,619,000　〃	1,619,999　〃	A×60％＋97,600円
1,620,000　〃	1,621,999　〃	A×60％＋98,000円
1,622,000　〃	1,623,999　〃	A×60％＋98,800円
1,624,000　〃	1,627,999　〃	A×60％＋99,600円
1,628,000　〃	1,799,999　〃	A×60％＋100,000円
1,800,000　〃	3,599,999　〃	A×70％－80,000円
3,600,000　〃	6,599,999　〃	A×80％－440,000円
6,600,000　〃	8,499,999　〃	A×90％－1,100,000円
8,500,000　〃	20,000,000　〃	A－1,950,000円

(注)1　計算基準額が6,600,000円以上である場合で、給与所得控除後の給与等の金額に1円未満の端数があるときは、これを切り捨てます。

2　この表は、給与の総額が2,000万円を超える場合には年末調整を行いませんから2,000万円以下の場合だけについて作成してあります。

第9　電子計算機等による年末調整

　例えば、上記（1）の計算例の年調給与額5,752,000円（給与等の収入金額5,755,000円）につき、給与所得控除後の給与の金額を求めると5,752,000円×80％－440,000円＝4,161,600円となります。

　これを、給与所得控除後の給与等の金額の表によって検討してみますと、付表により求める給与所得控除後の給与の金額と同一の金額が求められていることがわかります。

（参考）　給与所得控除後の給与等の金額の表

給　与　等　の　金　額		給与所得控除後の給与等の金額
以　　上	未　　満	
円	円	円
5,748,000	5,752,000	4,158,400
5,752,000	5,756,000	4,161,600
5,756,000	5,760,000	4,164,800

　給与所得者から「給与所得者の所得金額調整控除申告書」が提出され、所得金額調整控除の適用がある場合には、上記により求めた給与所得控除後の給与等の金額から、次の算式により求めた所得金額調整控除額を控除した金額が、給与所得控除後の給与等の金額（調整控除後）となります（130ページ参照）。

$$\left(\begin{array}{c}給与等の収入金額\\（1,000万円限度）\end{array}－850万円\right)×10\％＝\begin{array}{c}所得金額調整控除額\\（最高15万円、1円未満の端数切り上げ）\end{array}$$

2　所得控除額の合計額の計算

　給与所得者から提出された「給与所得者の基礎控除申告書」、「給与所得者の扶養控除等申告書」、「給与所得者の配偶者控除等申告書」及び「給与所得者の保険料控除申告書」により、各種所得控除額の合計額を求めます。

（1）　扶養控除等の控除額の合計額の計算

　「給与所得者の扶養控除等申告書」に基づき、**扶養控除等の控除額の合計額**を求めます。なお、扶養控除等の控除額は、次の表に掲げるとおりですが、次のように求めることができます。

① 扶養控除額計算

　380,000円×一般の控除対象扶養親族の数＋630,000円 × 特定扶養親族の数＋480,000円 × 同居老親等以外の老人扶養親族の数＋580,000円 × 同居老親等の数

－274－

第9　電子計算機等による年末調整

②　障害者、寡婦、ひとり親又は勤労学生の控除額の計算

270,000円×（一般の障害者の数と寡婦又は勤労学生に該当するごとに1として計算した数との合計数）＋400,000円×（特別障害者の数）＋750,000円×（同居特別障害者の数）＋350,000円（所得者本人がひとり親の場合に限ります。）

(参考)

区	分		控 除 額
扶 養 控 除	一般の控除対象扶養親族		380,000 円
	特定扶養親族		630,000
	老人扶養親族	同居老親等以外の者	480,000
		同居老親等	580,000
障 害 者 控 除	一般の障害者		270,000
	特別障害者		400,000
	同居特別障害者		750,000
寡 婦 控 除			270,000
ひ と り 親 控 除			350,000
勤 労 学 生 控 除			270,000

（2）　配偶者控除額又は配偶者特別控除額及び基礎控除額の計算

配偶者控除額又は配偶者特別控除額は「給与所得者の配偶者控除等申告書」を、**基礎控除額**は「給与所得者の基礎控除申告書」の控除金額をそれぞれ控除します。

区　　分		控　除　額
配偶者（特別）控除	配偶者控除額	一般の控除対象配偶者は最高380,000円 老人控除対象配偶者は最高480,000円
	配偶者特別控除額	最高380,000円
基　礎　控　除		最高480,000円

（3）　各種保険料等の控除額の計算

各種保険料等の控除額は、給与から控除した保険料又は「給与所得者の保険料控除申告書」に基づき、社会保険料控除額、小規模企業共済等掛金控除額、生命保険料控除額及び地震保険料控除額をそれぞれ控除します。

第9　電子計算機等による年末調整

区　　分		控　　　除　　　額
保険料控除	社会保険料控除額	支払った保険料の全額
	小規模企業共済等掛金の控除額	支払った掛金の全額
	生命保険料の控除額	最高120,000円（具体的な計算については、137ページ参照）
	地震保険料の控除額	最高50,000円（具体的な計算については、150、155ページ参照）

3　年税額の計算方法

給与所得控除後の給与等の金額の算出及び所得控除額の合計額の計算ができたら、次に掲げる算式の順序によって、「課税対象金額」及び「年調年税額」を計算することになります。

（算式）　①　**給与所得控除後の給与等の金額（調整控除後）**

　　②　社会保険料控除額＋小規模企業共済等掛金控除額＋生命保険料控除額＋地震保険料控除額＋配偶者（特別）控除額＋扶養控除額＋障害者等の控除額＋基礎控除額＝**所得控除額の合計額**

　　③　給与所得控除後の給与等の金額①－所得控除額の合計額②＝**課税給与所得金額**
　　　（1,000円未満の端数は切り捨てます。）

　　④　課税給与所得金額③×**(表3)**の税率－**(表3)**の控除額＝**算出所得税額**

　　⑤　算出所得税額④－（特定増改築等）住宅借入金等特別控除額＝**年調所得税額**
　　　（（特定増改築等）住宅借入金等特別控除の適用がない場合には、算出所得税額がそのまま年調所得税額となります。）

　　⑥　年調所得税額×102.1％＝**年調年税額**

　　（注）　年調年税額に100円未満の端数があるときは、これを切り捨てます。

(表3)「算出所得税額」を求めるための表

課　税　給　与　所　得　金　額		税　　率	控　　除　　額
—	1,950,000円以下	5%	—
1,950,000円超	3,300,000　〃	10%	97,500円
3,300,000　〃	6,950,000　〃	20%	427,500円
6,950,000　〃	9,000,000　〃	23%	636,000円
9,000,000　〃	18,000,000　〃	33%	1,536,000円
18,000,000　〃	18,050,000　〃	40%	2,796,000円

（注）　課税給与所得金額が18,050,000円を超える場合は、年末調整の対象となりません。

— 276 —

第9　電子計算機等による年末調整

【計算例】　205ページの「設例1」を上記の順序によって計算してみます。

本年中の給与の合計額······················· 5,325,000円

社会保険料等控除額······················· 793,974円

生命保険料控除額························· 97,500円

地震保険料控除額························· 45,000円

配偶者····················· 有（本年中の給与の収入（見込）金額800,000円）

控除対象扶養親族の数················· 1人（一般の控除対象扶養親族に該当）

---

① 年調給与額の計算（273ページの(**表1**)による。）

$$\frac{5,325,000円 - 1,624,000円}{4,000円} = 925 \cdots\cdots 余り1,000円$$

5,325,000円 - 1,000円 = 5,324,000円······計算基準額

② 給与所得控除後の給与等の金額（273ページの(**2**)の算式による。）

$$\underset{(年調給与額)}{5,324,000円} \times \underset{\begin{pmatrix}273ページ(\textbf{表2})\\の率及び控除額\end{pmatrix}}{80\%} - 440,000円 = \underset{\begin{pmatrix}給与所得控除後\\の給与等の金額\end{pmatrix}}{3,819,200円}$$

③ 所得控除額の合計額の計算

$$\underset{\begin{pmatrix}社会保険料\\控　除　額\end{pmatrix}}{793,974円} + \underset{\begin{pmatrix}生命保険料\\控　除　額\end{pmatrix}}{97,500円} + \underset{\begin{pmatrix}地震保険料\\控　除　額\end{pmatrix}}{45,000円} + \underset{\begin{pmatrix}配偶者\\控除額\end{pmatrix}}{380,000円} + \underset{(扶養控除額)}{380,000円}$$

$$+ \underset{\begin{pmatrix}基　礎\\控除額\end{pmatrix}}{480,000円} = \underset{\begin{pmatrix}所得控除額\\の　合　計　額\end{pmatrix}}{2,176,474円}$$

④ 課税給与所得金額の計算

$$\underset{\begin{pmatrix}給与所得控除後\\の給与等の金額\end{pmatrix}}{3,819,200円} - \underset{\begin{pmatrix}所得控除額\\の　合　計　額\end{pmatrix}}{2,176,474円} = \underset{\begin{pmatrix}課税給与\\所得金額\end{pmatrix}}{1,642,726円} \cdots\cdots 1,642,000円 \begin{pmatrix}1,000円未満の端数\\は切り捨てます。\end{pmatrix}$$

⑤ 算出所得税額の計算（前ページの(**表3**)による。）

$$\underset{\begin{pmatrix}課税給与\\所得金額\end{pmatrix}}{1,642,000円} \times \underset{(税率)}{5\%} = 82,100円$$

⑥ 年調所得税額の計算

$$\underset{(⑤算出所得税額)}{82,100円} - \underset{(住宅借入金等特別控除額)}{0円} = 82,100円$$

⑦ 年調年税額の計算

$$\underset{(⑥年調所得税額)}{82,100円} \times 102.1\% = 83,800円 \begin{pmatrix}100円未満の端数\\は切り捨てます。\end{pmatrix}$$

⑧ 上記により計算した年調年税額は、205ページの「設例1」の計算例による年調年税額に一致します。

— 277 —

■付録主要目次■

〔付録１〕　１月の源泉徴収事務……………………………………(280)

〔付録２〕　源泉徴収票等の法定調書の提出…………………………(287)

〔付録３〕　給与所得者と確定申告……………………………………(329)

〔付録４〕　所得税法第204条第１項に規定する各種報酬・料金

　　　　　　等に対する源泉徴収一覧表………………………………(333)

〔付録５〕　現物給与の課税上の取扱い………………………………(350)

〔付録６〕　災害被害者に対する救済措置……………………………(358)

〔付録７〕　復興特別所得税の源泉徴収………………………………(365)

〔付録 1〕 1月の源泉徴収事務

　令和4年の源泉徴収事務も年末調整を最後として一応終了しますが、年が改まると、再び新しい源泉徴収事務が始まります。毎年1月には新しい年の源泉徴収事務を開始するための準備と昨年の源泉徴収事務の総仕上げをするための重要な事務が集中しており、その処理の適否は1年の源泉徴収事務を左右するほどのものであるだけに、その処理に当たっては慎重を期さなければなりません。

　以下、源泉徴収の事務を担当しておられる方々が、1月に行わなければならない主要な事務を掲げて説明することにいたします。

　なお、令和6年1月1日以後に支払うべき給与等の源泉徴収税額は、「令和6年分　源泉徴収税額表」を使用して下さい。

1　扶養控除等申告書の受理と検討

　1月の源泉徴収事務は、まず、「給与所得者の扶養控除等（異動）申告書」の受理と検討から始まるわけですが、その適否は、その年の源泉徴収事務に大きく影響することになります。特に、この申告書は多数の従業員等から提出されますので、その検討に当たっては慎重を期さなければなりません。

　なお、給与の支払者が従業員等から「給与所得者の扶養控除等（異動）申告書」に記載すべき事項について、書面による申告に変えて電磁的方法により申告書に記載すべき事項の提供ができます（所法198、所令319の2、所規76の2）。

■諸控除の申告についての一般的な留意事項

(1)　重複して申告していないか

　①扶養控除等申告書は、2か所以上から給与の支払を受ける人については、そのうちの1か所にしか提出することができませんが、誤って2か所以上の給与の支払者に対しそれぞれ申告書を提出している場合、②他の所得者が申告した控除対象扶養親族などを重複して申告している場合などがあります。

(2)　源泉控除対象配偶者及び控除対象扶養親族などがいない人の申告漏れはないか

　源泉控除対象配偶者及び控除対象扶養親族などのいない人（主に独身者）は、申告書の提出を忘れがちですが、このような人でも申告書を提出しないと源泉徴収税額表の乙欄の適用により高い税金を徴収され、年末調整を受けることもできませんので、必ず申告書を提出する必要があり

ます。

(3) **16歳未満の扶養親族を申告していないか**

年齢16歳未満の人（令和6年分の所得税については平成21年1月2日以後に生まれた人）は、扶養控除の対象にはなりませんので、誤って、年齢16歳未満の扶養親族を記載してある場合には、注意する必要があります。

(4) **所得金額が限度額を超える配偶者又は扶養親族がいないか**

源泉控除対象配偶者とは、居住者（合計所得金額が900万円以下である人に限ります。）と生計を一にする配偶者のうち、合計所得金額が95万円以下の人をいいます。

また、同一生計配偶者又は扶養親族（16歳未満の扶養親族を含みます。）とは、居住者の合計所得金額にかかわらず、その居住者と生計を一にする配偶者又は扶養親族のうち、合計所得金額が48万円以下の人をいいますので、それぞれ合計所得金額が限度額を超える場合には控除の対象とされません。

これらについて、合計所得金額の関係を図にすると次のようになります。

○ 源泉控除対象配偶者

○ 同一生計配偶者又は扶養親族

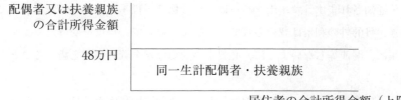

(注) 合計所得金額については、110ページを参照してください。

(5) **扶養親族などの申告漏れはないか**

源泉控除対象配偶者又は控除対象扶養親族に係る控除、所得者本人の障害者（特別障害者）、寡婦、ひとり親及び勤労学生に係る控除及び同一生計配偶者又は扶養親族（16歳未満の扶養親族を含みます。）の障害者（特別障害者）、同居特別障害者に係る控除は、申告書に記載されたところに従って行われることになっていますから、これらの申告がなければ、たとえ該当する人があっても控除を受けられません。したがって、申告漏れがないかどうか注意する必要があります。

(6) **住民税に関する事項の申告漏れはないか**

地方税法に規定する「給与所得者の扶養親族申告書」も兼ねた様式となっていますので、「16

歳未満の扶養親族」及び「寡婦又はひとり親」欄について、申告漏れがないか注意する必要があります。

(7) **マイナンバー等の記載漏れはないか**

給与所得者から扶養控除等申告書の提出を受けた場合には、給与所得者本人、源泉控除対象配偶者及び控除対象扶養親族等のマイナンバーが記載されているか確認します。

なお、給与支払者の負担軽減のため、これらの者のマイナンバーの記載を省略する制度が設けられています（284ページ参照）。

また、その申告書に給与の支払者自身のマイナンバー又は法人番号を付記する必要があります（下記 **2** を参照）。

(注) 給与の支払者が法人の場合は、給与の支払者の法人番号をあらかじめ記載（印字）して、給与所得者に交付しても差し支えありません。

2　マイナンバー（個人番号）の本人確認等

◾ マイナンバー及び法人番号

マイナンバーとは、行政手続における特定の個人を識別するための番号の利用等に関する法律（以下「番号法」といいます。）第2条第5項に規定する個人番号を、法人番号とは同条第15項に規定する法人番号をいいます。

マイナンバーは12桁の番号で、住民票を有する日本国民一人ひとりに固有の番号が指定され、市区町村長から通知されます。また、住民票を有する中長期在留者や特別永住者等の外国籍の人にも同様に指定・通知されます。マイナンバーは、社会保障・税・災害対策分野においてのみ利用することができ、目的外の利用は認められていません。そして、提供を受けたマイナンバーを含む特定個人情報は、漏洩等しないように、必要かつ適切な安全管理措置を講じることとされています（番号法12、33）。

また、法人番号は13桁の番号で、設立登記をした法人などに国税庁が番号を指定し通知されます。しかし、マイナンバーとは異なり国税庁法人番号公表サイトにおいて公表され、だれでも自由に利用できます。

社会保障・税番号制度（マイナンバー制度）の導入により、税の分野においても平成28年1月以後に税務署等に提出する申請書等の税務関係書類にマイナンバー又は法人番号を記載することとされ、源泉徴収義務者がマイナンバーの提供を受ける場合にはなりすましを防止するため、マイナンバーカードの提示を受ける等の厳格な本人確認を実施しなければならないこととされています（番号法16）。

◾ 源泉徴収義務者が提供を受けるマイナンバーの本人確認

源泉徴収義務者や法定調書の提出義務者が、役員や使用人（以下「使用人等」といいます。）

又は報酬の支払を受ける人からマイナンバーの提供を受ける際は、前述のとおり、厳格な本人確認が義務付けられています。

(1) 原則的な本人確認

本人確認は、扶養控除等申告書等に記載されたマイナンバーが正しい番号であるかの番号確認と、申告書等を提出する者が正しい番号の持ち主であるかの身元（実存）確認との両方を行います。

具体的には、次のような書類により本人確認を行います。

① マイナンバーカード（個人番号カード）……1枚で番号確認及び身元（実存）確認ができます。

　(注) マイナンバーカードは、本人が市区町村に交付申請をして、通知カードと引換えに交付を受けるカードで本人の写真が表示されています。

② 通知カード（番号確認）＋運転免許証（身元（実存）確認）

　(注) 通知カードは令和2年5月25日に廃止されていますが、通知カードに記載された氏名、住所等が住民票の記載内容と一致している場合は引き続き利用できます。

③ 住民票（個人番号付き）＋パスポート（身元（実存）確認）

　(注) 身元確認における写真付身分証明書は、運転免許証、パスポートのほか運転経歴証明書、身体障害者手帳、療育手帳、在留カード、写真付き学生証・資格証明書などがあります。

④ 通知カード（番号確認）＋国民健康保険証と印鑑登録証明書など2つ以上の書類（身元（実存）確認）

　(注) 写真付身分証明書の提示が困難な場合には、国民健康保険、健康保険、船員保険、後期高齢者医療、介護保険などの公的医療保険の被保険者証、印鑑登録証明書、戸籍の附票・住民票の写し、母子健康手帳などの書類のうち2つ以上の提示が必要です。

(2) 使用人等の本人確認

使用人等からマイナンバーの提供を受ける際にも、上記(1)の本人確認は必要です。

ただし、雇用契約成立時などに本人であることについて、番号法等で定める上記(1)程度の本人確認をしている場合には、知覚（対面で確認）することにより本人と相違ないことが判断できますので、身元確認のための確認書類は必要ありません（番号規3⑤、平27国税庁告示2号（改正令5国税庁告示29号））。

なお、原則として、マイナンバーの確認（番号確認）は必要です。

(3) 源泉控除対象配偶者や控除対象扶養親族等の本人確認

扶養控除等申告書には、源泉控除対象配偶者や控除対象扶養親族等のマイナンバーを記載することになっています。この場合、使用人等が、源泉控除対象配偶者や控除対象扶養親族等からマイナンバーの提供を受けますので、その使用人等が番号を確認し、知覚により配偶者や扶養親族等であることの身元確認を行うことになります。このため、給与支払者が源泉控除対象配偶者や控除対象扶養親族等のマイナンバーの確認する必要はありません。

(4) 番号確認書類の提示困難

　使用人等からマイナンバーの提供を受けた際には、上記(1)のように番号確認書類の提示を受けることになっていますが、この番号確認書類の提示を受けることが困難な場合に限り、使用人等から「自身の個人番号に相違ない旨の申立書」の提出を受け、これにより本人確認を行うことができます（番号規3①六、平27国税庁告示2号（改正令5国税庁告示29号））。

　なお、「自身の個人番号に相違ない旨の申立書」には、提出者のマイナンバーのほか、氏名、住所又は生年月日を記載し、本人が署名、押印するなど、本人が作成したことが分かるものである必要があります。

(5) マイナンバーの提供拒否

　使用人等からマイナンバーの提供を拒否された場合、マイナンバーの記載は法令で定められた義務であることを伝えて提供を求めます。

　それでもなお、提供を受けられない場合、提供を求めた経過等を記録、保存するなどして、単なる義務違反でないことを明確にしておきます。経過等を記録することにより、マイナンバーの提供拒否か紛失か等の判別が可能となりますので、特定個人情報保護の観点からも記録、保存が必要です。

(6) 退職した使用人等のマイナンバーの保存

　退職した使用人等の扶養控除申告書等や退職所得の受給に関する申告書等はその提出期限の属する年の翌年1月10日の翌日から7年間保存することとされていますので、これらの書類に記載されたマイナンバーもこの間は保存されることになります。

　なお、税法等で保存期間の定めがない書類に記載されたマイナンバーについては、個人番号関係事務を処理する必要がなくなった場合には、できるだけ速やかに廃棄する必要があります。

❸ 扶養控除等申告書のマイナンバー記載省略制度

　扶養控除等申告書等には使用人等本人、その源泉控除対象配偶者、控除対象扶養親族等のマイナンバーを記載することになっていますが、給与支払者の負担を軽減するため、次のように、マイナンバーの記載を省略する制度が設けられています。

　給与等に係る扶養控除等申告書及び配偶者控除等申告書について、給与支払者がその扶養控除等申告書及び配偶者控除等申告書に記載されるべき使用人等本人、その源泉控除対象配偶者、控除対象扶養親族等又は同一生計配偶者の氏名、住所、マイナンバー等を記載した帳簿を備えている場合には、その使用人等が提出する扶養控除等申告書及び配偶者控除等申告書に記載されている人のマイナンバーの記載は不要とされます。また、帳簿の記載内容に変更があった使用人等は、遅滞なく給与支払者に変更届出書を提出し、その帳簿を訂正する必要があります（所法198⑥、203の5⑨）。

　なお、マイナンバー等を記載した帳簿は次の申告書の提出を受けて作成された帳簿に限られ、その申告書名と提出年月も併せて帳簿に記載します。

イ　給与所得者の扶養控除等申告書

ロ　従たる給与についての扶養控除等申告書

ハ　給与所得者の配偶者控除等申告書

ニ　退職所得の受給に関する申告書

ホ　公的年金等の受給者の扶養親族等申告書

　イからホの申告書についても、その帳簿に基づいてマイナンバーの記載を省略することができます。

４　報酬・料金等の支払を受ける者からのマイナンバーの提供

　法定調書等の提出義務がある者は、提出の対象となる報酬・料金の支払を受ける者からマイナンバーの提供を受ける際、提供を受ける都度、上記**２**(1)の本人確認を行う必要があります。

　ただし、継続的な取引がある２回目以降の番号確認について、マイナンバーカードや通知カード等の提示を受けることが困難な場合には、初回の本人確認の際に提供を受けたマイナンバーの記録と照合することによる確認も認められています。

　また、取引開始時などに番号法で定める程度の本人確認を行っており、明らかに本人と対面で確認できる場合は、身元確認書類の提示も省略できます（番号規３⑤、平27国税庁告示２号（改正令５国税庁告示29号））。

５　マイナンバーが記載不要とされる税務関係書類

　(1)　**提出者等のマイナンバーの記載を要しない主な税務関係書類**

　　①　給与所得者の保険料控除申告書

　　②　給与所得者の（特定増改築等）住宅借入金等特別控除申告書

　　③　年末調整のための（特定増改築等）住宅借入金等特別控除関係書類の交付申請書

　　④　転任の命令等により居住しないこととなる旨の届出書

　　⑤　年末調整による不足額徴収繰延承認申請書

　　⑥　源泉所得税の納期の特例の承認に関する申請書

　　⑦　源泉所得税の納期の特例の要件に該当しなくなったことの届出書

　(2)　**マイナンバーを記載しない給与等の受給者に交付する主な税務関係書類**

　　①　給与所得の源泉徴収票

　　②　退職所得の源泉徴収票

　　③　公的年金等の源泉徴収票

3　「源泉徴収簿」の作成

　「源泉徴収簿」は、その年中に支払う給与等及び退職手当等の支払状況、所得税の徴収状況その他を明記しておく源泉徴収事務における関係書類のうちでも大切な書類の一つであり、支払を

受ける各人ごとに作成しておく必要があります。

　この「源泉徴収簿」は、法定の様式ではありませんが、源泉徴収事務に支障がないよう給与の支払者の便宜を考慮して作成したものが、国税庁ホームページ（https://www.nta.go.jp）に掲載されています（税務署にも用意されています。）。

　給与所得の「源泉徴収簿」の作成当初に記入する事項としては、本人の所属、職名、住所、氏名、生年月日、「扶養控除等申告書」による源泉控除対象配偶者の有無、一般の控除対象扶養親族の数、特定扶養親族の数、老人扶養親族の数、障害者等の該当の有無、税額表の適用区分及び前年分（令和5年分）の年末調整による過不足税額で本年（令和6年）へ繰り越して還付又は徴収する税額等ですが、これらの記入については誤りのないように特に注意する必要があります。

　なお、前年の年末調整に関連して次の点に留意することが必要です。

① 　過納額を生じた人のうち、還付しきれない金額があって本年に繰り越して還付する場合のその金額の記入

② 　不足額を生じた人のうち、税務署長の承認を受けて繰延徴収を認められた場合の本年に繰り越して徴収される不足額の記入（この不足額は、原則として1月と2月にそれぞれ2分の1ずつ徴収することになっています。）

4　源泉徴収票などの交付と提出

　令和5年分の源泉徴収事務の事績報告ともいうべき源泉徴収票、各種支払調書等の作成、交付、提出などの事務もこの1月中に行うこととされていますが、これらについては、〔**付録2**〕「源泉徴収票等の法定調書の提出」の項を参照してください。

5　令和5年分年末調整の再計算

　年末調整が済んだ後、その年の12月31日までの間に出生、結婚等により控除対象扶養親族等の数に異動を生じた場合や、年末調整の時までに払い込んだ生命保険料、地震保険料とその年の12月31日までの間に支払った保険料が変更となった場合には、それぞれの控除額も違ってきますので、年末調整の再計算が必要となります。

　このような場合には、「第6　特殊な場合の年末調整」の項に掲げたように年末調整の再計算を行わなければならないのですが、令和5年中にこの再計算を行っていなかった場合には、令和6年1月の「源泉徴収票」の作成の時までに再計算を行わなければなりません。

〔付録　2〕　源泉徴収票等の法定調書の提出

一　法定調書について

　令和元年分の源泉所得税の年末調整が終わった後、給与の支払者は所得税法の規定によって、**令和6年1月31日までに「給与所得の源泉徴収票」を作成し、受給者に交付するとともに、特定の人については所轄税務署長へも提出しなければならないことになっています**（所法226①）。

　また、税理士、弁護士に対する顧問料などの報酬の支払や、不動産の賃借料の支払及び不動産の取得による対価の支払など、税法に定められている支払調書（以下各源泉徴収票とあわせて、「法定調書」といいます。）を提出する義務のある支払をした場合にも、それぞれ定められている法定調書を作成し、令和6年1月31日までに所轄税務署長へ提出しなければならないことになっています（所法225）。

　なお、金銭等の支払等に係る法定調書について、所轄税務署長に提出するものは個人番号又は法人番号を記載することとされています（市区町村に提出する「給与支払報告書」を含みます。）。

　現在、法定調書としては、所得税法、相続税法及び租税特別措置法に定められているものがありますが、ここでは代表的な8種類の法定調書について説明することとし、これ以外のものは本文の末尾に〔**参考**〕として「**その他の法定調書の一覧表**」（327ページ参照）を掲げ、関係条文を付記してありますので、法定調書の提出義務の有無等の判断にご利用ください。

① 　給与所得の源泉徴収票
② 　公的年金等の源泉徴収票
③ 　退職所得の源泉徴収票・特別徴収票
④ 　報酬、料金、契約金及び賞金の支払調書
⑤ 　不動産の使用料等の支払調書
⑥ 　不動産等の譲受けの対価の支払調書
⑦ 　不動産等の売買又は貸付けのあっせん手数料の支払調書
⑧ 　退職手当金等受給者別支払調書

― 287 ―

二 法定調書の提出についての注意事項

(1) 法定調書を所轄税務署長へ提出する際には、所定の合計表を併せて提出することになっています。

　なお、**給与所得の源泉徴収票、退職所得の源泉徴収票・特別徴収票、報酬、料金、契約金及び賞金の支払調書、不動産の使用料等の支払調書、不動産等の譲受けの対価の支払調書及び不動産等の売買又は貸付けのあっせん手数料の支払調書**の6種類の合計表は、併せて1枚にまとめられています（326ページ参照）から、これらの法定調書を取りまとめ、同時に提出することが必要です。

(2) それぞれの法定調書には、税務署長への提出を省略することができる範囲が設けられていますから、提出省略範囲に該当する法定調書は提出する必要がありません。なお、全ての法定調書が提出省略範囲に該当するため提出する法定調書がない場合には合計表の提出義務はありませんが、法定調書の提出の要否を確認するため、実務上は「摘要」欄に「該当なし」と記載して提出するよう取り扱われています。

(3) 提出されたこれらの合計表は、各種の税務統計に使用され、今後の歳入予算の算定又は税制改正等の重要な参考資料となるものですから、正確に記載することが必要です。

　特に、**給与所得の源泉徴収票合計表欄**については、次のような誤りが多いので、よく確認した上で提出することが必要です。

① 「Ⓐ俸給、給与、賞与等の総額」の欄に提出省略分を除いた金額を記載しているもの又は全く記載がないもの

② 「左のうち、源泉徴収税額のない者」の欄に記載がないもの

③ 各「人員」欄の記載がないもの又は延人数（例えば同一人に12か月を乗じているもの）を記載しているもの

(4) 提出した法定調書に誤りがあった場合には、先に提出した法定調書と同じ内容のものを作成して（控えがあるときは、その写しを利用してもかまいません。）、右上部余白に「無効」と赤書き表示するとともに、正しい内容の法定調書を作成して右上余白部分に「訂正分」と赤書き表示し提出します。

　なお、併せて無効とした法定調書の支払金額等を記載した合計表を作成し、「調書の提出区分」欄に「4」（無効）と記入するとともに、訂正分とした法定調書の支払金額等を記載した合計表を作成し「調書の提出区分」欄に「3」（訂正）と記入し、無効分と訂正分の合計表を提出します。

(5) 前々年に提出すべきであった法定調書の枚数が、種類ごとに、100枚以上である場合には、e-Tax、光ディスク等（CD、DVD、FD、MO）又はクラウド等による提出が義務化されてい

付録2　源泉徴収票等の法定調書の提出

ます。

　　また、給与や公的年金等の源泉徴収票は、地方税の電子手続きシステムである地方税ポータルシステム（eLTAX）を利用して、市町村に提出する給与や公的年金等の支払報告書の電子申告用のデータを作成する際、e-Tax用のデータも同時に作成することができ、同時に作成したデータは、eLTAXに一括して送信することにより支払報告書は各市町村に、源泉徴収票はe-Taxで所轄税務署にそれぞれ提出されます。

(注)　支店等がその支店等を所轄する税務署長の承認を受けた場合には、e-Tax又は光ディスク等により、その支店等が提出すべき法定調書を本店等が取りまとめて提出（本店等一括提出）することができます。

(6)　税務署長へ提出すべき法定調書のうち、自動的情報交換を行うことができる国・地域に住所（居所）がある人の給与所得の源泉徴収票については同じものを2部提出することになっており、この場合、支払を受ける人の住所、氏名欄はその人の本国語で記載することになっています。

　　なお、租税条約の規定により所得税が免除される人の分については、その旨を摘要欄に赤書きします。

(参考)　**自動的情報交換を行うことができる国・地域の一覧（令和5年7月1日現在）**

アイスランド、アイルランド、アゼルバイジャン、アメリカ合衆国、アラブ首長国連邦、アルメニア、イスラエル、イタリア、インド、インドネシア、ウクライナ、ウズベキスタン、ウルグアイ、英国、エクアドル、エジプト、エストニア、オーストラリア、オーストリア、オマーン、オランダ、カザフスタン、カタール、カナダ、キルギス、クウェート、クロアチア、サウジアラビア、ザンビア、ジャマイカ、ジョージア、シンガポール、スイス、スウェーデン、コロンビア、スペイン、スリランカ、スロバキア、スロベニア、セルビア、タイ、大韓民国、タジキスタン、チェコ、中華人民共和国（マカオを除く）、チリ、デンマーク、ドイツ、トルクメニスタン、トルコ、ニュージーランド、ノルウェー、パキスタン、ハンガリー、バングラデシュ、フィジー、フィリピン、フィンランド、ブラジル、フランス、ブルガリア、ブルネイ・ダルサラーム、ベトナム、ベラルーシ、ペルー、ベルギー、ポーランド、ポルトガル、香港、マレーシア、南アフリカ共和国、メキシコ、モルドバ、モロッコ、ラトビア、リトアニア、ルーマニア、ルクセンブルク、ロシア

三　給与所得の源泉徴収票（給与支払報告書）

　俸給、給料、賃金、歳費及び賞与並びにこれらの性質を有する給与（以下、これらを「給与等」といいます。）の支払者は、令和5年中に支払が確定したこれらの給与等（未払のものも含みます。）について、受給者各人ごとに原則としてこの給与所得の源泉徴収票**2枚**を作成し、うち1枚は令和6年1月31日までに受給者に交付しなければなりません。そして、次の(1)、(2)に記載してある項目のいずれかに該当する人の分は、残りの1枚（一部地域は、別途作成する税務署提出用）を令和6年1月31日までに合計表とともに所轄税務署長に提出しなければなりません。

　また、給与所得の源泉徴収票の用紙は、国と市区町村との協議により、地方税の「給与支払報告書」（市区町村提出用）2枚と、「給与所得の源泉徴収票」（本人交付用）1枚の合計3枚一組（税務署長に「給与所得の源泉徴収票」を提出しなければならない受給者分については、「（税務署提出用）」を加えて4枚一組）でできており、一番上部の用紙（給与支払報告書）に記入すれば給与支払報告書と給与所得の源泉徴収票の双方が複写によって同時に作成できるようになっています。

　(注)　これらの用紙は無色カーボン紙を使用しておりますから、下敷を使用の上、ボールペンで記入します。

　このため、一部地域を除き、税務署長に提出を要しない受給者分について作成するときは、3枚一組のものを使用し、また、税務署長へ提出する受給者分を作成するときは、4枚一組のものを使用します。

　なお、わかりやすいように印刷の色は、**給与支払報告書……緑色、給与所得の源泉徴収票……黒色**となっています（ただし、4枚一組のものは、**給与支払報告書の初葉……オレンジ色**）。

　また、給与等支払者は、受給者から事前に承諾を得る等一定の要件の下、書面による給与所得の源泉徴収票や退職所得の源泉徴収票の交付に代えて、源泉徴収票に記載すべき事項を電磁的方法により提供することができ、これにより源泉徴収票を交付したものとみなされます。ただし、受給者から請求があるときは、給与等の支払者は書面により源泉徴収票を交付する必要があります。

> ### 本年分の「給与所得の源泉徴収票」を税務署長へ提出しなければならない人

(1)　給与所得の源泉徴収税額表の「乙」欄又は「丙」欄の適用を受けた人で、令和5年中の給与等の金額が50万円を超える人

(2)　給与所得の源泉徴収税額表の「甲」欄の適用を受けた人のうち

　①　法人（人格のない社団等を含みます。）の役員（取締役、執行役、会計参与、監査役、理事、

付録2　源泉徴収票等の法定調書の提出

監事、清算人、相談役、顧問等）及び現在役員をしていなくても、令和5年中にこれらの役員であった人で同年中の給与等の金額が150万円を超える人

② 令和5年中に退職した人で、同年中の給与等の金額が250万円（法人の役員の場合は、50万円）を超える人

③ 弁護士、司法書士、土地家屋調査士、公認会計士、税理士、社会保険労務士、弁理士、海事代理士、測量士、建築士、不動産鑑定士、技術士等（所得税法第204条第1項第2号に規定する者）で、令和5年中の給与等の金額が250万円を超える人

④ 災害により被害を受けたため、令和5年中の給与所得に対する源泉徴収について、徴収猶予又は還付を受けた人で同年中の給与等の金額が250万円（法人の役員の場合は、50万円）を超える人

⑤ 令和5年中の主たる給与等の金額が2,000万円を超えるため、年末調整をしなかった人

⑥ 上記①から⑤以外の受給者で、令和5年中の給与等の金額が500万円を超える人

(注)1　上記③は、弁護士等に給与等として支払っている場合の提出範囲であり、これらの者に報酬として支払う場合には、後述の「報酬、料金、契約金及び賞金の支払調書」の提出対象となりますのでご注意ください。

2　年の中途で退職した人の給与所得の源泉徴収票は、本人に交付するほか上記に該当する人については退職後1か月以内に税務署長へ提出しなければならないことになっていますが、これを令和6年1月31日までに取りまとめて提出しても差し支えないことになっています。

3　「給与支払報告書」は「給与所得の源泉徴収票」の場合と異なり、令和6年1月1日現在において給与等の支給を受けているすべての受給者のものを関係市区町村（原則として受給者の令和6年1月1日現在の住所地の市区町村）へ提出しなければならないことになっています。

　なお、令和5年中に退職した人については、令和6年1月31日までに、退職時の住所地の市区町村に「給与支払報告書」を提出することとなっていますが、退職した方に対する給与等の金額が30万円以下の場合には、提出を省略することができます。

4　非居住者に給与等を支払う場合には、「非居住者等に支払われる給与、報酬、年金及び賞金の支払調書」の提出対象となりますのでご注意ください。

付録2　源泉徴収票等の法定調書の提出

給与所得の源泉徴収票（給与支払報告書）の記載例

令和5年分　給与所得の源泉徴収票

区分	金額	税額
給料・手当等	① 4,245,000	③ 61,200
賞与	④ 1,080,000	⑥ 37,601
計	⑦ 5,325,000	⑧ 98,801
給与所得控除後の給与等の金額	⑨ 3,819,200	
所得金額調整控除額（((⑦-8,500,000円)×10%、マイナスの場合は0)	⑩	所得金額調整控除の適用　有・無　 適用有の場合は欄外に記載
給与所得控除後の給与等の金額（調整控除後）（⑨-⑩）	⑪ 3,819,200	
社会保険料等申告による社会保険料の控除分（②+⑤）	⑫ 793,974	配偶者の合計所得金額（250,000円）
控除額 申告による小規模企業共済等掛金の控除分	⑭	旧長期損害保険料支払額
生命保険料の控除額	⑮ 97,500	⑫のうち小規模企業共済等掛金の金額
地震保険料の控除額	⑯ 45,000	
配偶者（特別）控除額	⑰ 380,000	⑬のうち国民年金保険料等の金額
扶養控除額及び障害者等の控除額の合計額	⑱ 380,000	
基礎控除額	⑲ 480,000	
所得控除額の合計額（⑫+⑬+⑭+⑮+⑯+⑰+⑱+⑲）	⑳ 2,176,474	
差引課税給与所得金額（⑪-⑳）及び算出所得税額	㉑ 1,642,000 (1,000円未満切捨て)	㉒ 82,100
（特定増改築等）住宅借入金等特別控除額		㉓ 0
年調所得税額（㉒-㉓、マイナスの場合は0）		㉔ 82,100
年調年税額（㉔×102.1%）		㉕ 83,800 (100円未満切捨て)
差引超過額又は不足額（㉕-⑧）		㉖ 15,001
超過額の精算	本年最後の給与から徴収する税額に充当する金額	㉗ 5,130
	未払給与に係る未徴収の税額に充当する金額	㉘ 0
	差引還付する金額	㉙ 9,871
	同上の本年中に還付する金額	㉚ 9,871
	うち 翌年において還付する金額	㉛
不足額の精算	本年最後の給与から徴収する金額	㉜
	翌年に繰り越して徴収する金額	㉝

— 292 —

付録2　源泉徴収票等の法定調書の提出

給与所得の源泉徴収票の書き方

「給与所得の源泉徴収票」の各欄は次により記入します。

区　　分	記　　入　　の　　仕　　方
「住所又は居所」欄	受給者の令和6年1月1日（中途退職者については、退職時）現在の住所又は居所を確認して記入します。 　なお、同居又はアパートなどに住んでいる人については、「○○方」、「××荘△号」等と付記します。 **(注)**　租税条約に基づいて課税の免除を受けている人については、その人から提出された租税条約に関する届出書を基にして、その人の外国における住所を記入します。
「受給者番号」欄	給与等の支払者が受給者ごとに番号を付している場合に、その番号を記入します。
「個人番号」欄	行政手続における特定の個人を識別するための番号の利用等に関する法律第2条第5項に規定する個人番号（以下「マイナンバー」といいます。）を記入します。 　ただし、受給者に交付する源泉徴収票には記入しません。
「役職名」欄	受給者が法人の役員である場合にはその役職の名称を、法人の役員以外の場合にはその職務の名称を記入します（例　代表取締役、常務、専務、取締役工場長、取締役総務部長、経理課長、企画係長、営業係、経理係など）。
「氏　名」欄	必ず、フリガナを付けます。
「種　別」欄	俸給、給料、歳費、賞与、財形給付金、財形基金給付金などのように、給与等の種別を記入します。
「支払金額」欄	令和5年中に支払の確定した給与等（中途就職者について、その就職前に支払を受けた給与等を通算して年末調整を行った場合には、その就職前の他の支払者が支払った給与等の金額を含みます。）の総額を記入します。この場合、源泉徴収票の作成日現在で未払のものがあるときは、これを内書きします。 　ただし、賃金の支払の確保等に関する法律第7条の規定に基づき未払給与等の弁済を受けた退職勤労者については、その弁済を受けた金額を含めないところにより記入します。 **(注)**　租税条約に基づいて源泉所得税及び復興特別所得税の免除を受ける人は免除の対象となる支払額も含めて記入します。
「給与所得控除後の金額（調整控除後）」欄	年末調整を行った人についてのみ「令和5年分の年末調整等のための給与所得控除後の給与等の金額の表」によって求めた「給与所得控除後の給与等の金額」を記入します。 　この場合、令和5年の中途で就職した人で就職前に他の支払者から支払を受けた給与を通算して年末調整を行った場合には、その通算した給与総額によって求めた金額を記入します。 　なお、所得金額調整控除の適用がある場合には、所得金額調整控除の額を控除した後の金額を記入します。
「所得控除の額の合計額」欄	年末調整を行った人についてのみ、給与所得控除後の給与等の金額から控除した社会保険料控除、小規模企業共済等掛金控除、生命保険料控除、地震保険料控除、障害者控除、寡婦控除、ひとり親控除、勤労学生控除、配偶者

— 293 —

付録2　源泉徴収票等の法定調書の提出

	控除、配偶者特別控除、扶養控除、基礎控除の額の合計額を記入します。
「源泉徴収税額」欄	令和5年中に源泉徴収すべき税額を次により記入します。この場合、源泉徴収票の作成日現在で未払の給与等があるため源泉徴収すべき所得税及び復興特別所得税を徴収していないときは、その未徴収税額を内書きします。 イ　年末調整をした給与等 　　年末調整をした後の源泉所得税及び復興特別所得税の合計額 ロ　年末調整をしなかった給与等 　　令和5年中に源泉徴収すべき所得税及び復興特別所得税の合計額 　　ただし、災害により被害を受けたため、給与所得に対する源泉所得税及び復興特別所得税の徴収猶予を受けた税額は含めません。
「(源泉)控除対象配偶者の有無等」欄	次により記入します。 イ　「有」欄……主たる給与等の支払者から支払われる給与等において、年末調整により配偶者控除を適用した場合には「有」欄に○印を付けて表示します。年末調整していない場合、源泉控除対象配偶者を有しているときは「○」印を表示します。 ロ　「従有」欄……従たる給与等の支払者から支払われる給与等において源泉控除対象配偶者を有している場合には「従有」欄に○印を付けて表示します。 ハ　「老人」欄……控除対象配偶者が老人控除対象配偶者である場合に○印を付けて表示します。
「配偶者(特別)控除の額」欄	「給与所得者の配偶者控除等申告書」に基づいて控除した配偶者控除額又は配偶者特別控除の額を記入します。
「控除対象扶養親族の数(配偶者を除く。)」欄	次により記入します。 　なお、配偶者については、この欄には記入しません。 イ　「特定」欄には、特定扶養親族がいる場合に、次により記入します。 　(イ)　左の欄……主たる給与等の支払者から支払われる給与等から控除した特定扶養親族の数を記入します。 　(ロ)　右の欄……従たる給与等の支払者から支払われる給与等から控除した特定扶養親族の数を記入します。 ロ　「老人」欄には、老人扶養親族がいる場合に、次により記入します。 　(イ)　左の欄……点線の右側には、主たる給与等の支払者から支払われる給与等から控除した老人扶養親族の数を記入し、点線の左側には、そのうち同居老親等の数を記入します。 　(ロ)　右の欄……従たる給与等の支払者から支払われる給与等から控除した老人扶養親族の数を記入します。 ハ　「その他」欄には、特定扶養親族又は老人扶養親族以外の控除対象扶養親族がいる場合に、次により記入します。 　(イ)　左の欄……主たる給与等の支払者から支払われる給与等から控除した特定扶養親族又は老人扶養親族以外の控除対象扶養親族の数を記入します。 　(ロ)　右の欄……従たる給与等の支払者から支払われる給与等から控除した特定扶養親族又は老人扶養親族以外の控除対象扶養親族の数を記入します。
「16歳未満扶養親族の数」欄	受給者に16歳未満の扶養親族がいる場合に、その人数を記入します。
「障害者の数(本人を除く。)」欄	控除対象配偶者又は扶養親族のうち障害者に該当する人がいる場合には、その障害者の数を、特別障害者と一般の障害者とに区別してそれぞれ次によ

付録2　源泉徴収票等の法定調書の提出

	り記入します。
	イ　「特別」欄……点線の右側には、控除対象配偶者又は扶養親族のうち、特別障害者に該当する人の数を記入し、点線の左側には、そのうち同居を常としている人の数を記入します。 ロ　「その他」欄……一般の障害者に該当する控除対象配偶者又は扶養親族の数を記入します。
「非居住者である親族の数」欄	源泉控除配偶者、控除対象配偶者、配偶者特別控除の対象となる配偶者、扶養控除の対象となる扶養親族及び16歳未満の扶養親族のうちに、非居住者に該当する人がいる場合には、その人数を記入します。
「社会保険料等の金額」欄	給与等を支払う際にその給与等から差し引いた社会保険料の金額、「給与所得者の保険料控除申告書」に基づいて控除した社会保険料の金額及び小規模企業共済等掛金の額の合計額を記入し、そのうち小規模企業共済等掛金の額を上段に内書きします。 　なお、中途就職者について、その就職前に支払を受けた給与等を通算して年末調整を行った場合には、他の支払者が支払った給与等の金額から差し引いた社会保険料等の金額を含みます。
「生命保険料の控除額」欄	「給与所得者の保険料控除申告書」に基づいて年末調整の際に控除した生命保険料控除の合計額を記入します。
「地震保険料の控除額」欄	「給与所得者の保険料控除申告書」に基づいて年末調整の際に控除した地震保険料の控除額及び旧長期損害保険料の控除額の合計額を記入します。
「住宅借入金等特別控除の額」欄	「給与所得者の（特定増改築等）住宅借入金等特別控除申告書」に基づいて年末調整の際に控除した住宅借入金等特別控除額を記入します。 　なお、算出した住宅借入金等特別控除額が算出所得税額を超える場合には、算出所得税額を限度とします。
「新生命保険料の金額」欄	令和5年中に支払った一般の生命保険料のうち平成24年1月1日以降に締結した契約に基づいて支払った金額を記入します。
「旧生命保険料の金額」欄	令和5年中に支払った一般の生命保険料のうち平成23年12月31日以前に締結した契約に基づいて支払った金額を記入します。
「介護医療保険料の金額」欄	令和5年中に支払った介護医療保険料の金額を記入します。
「新個人年金保険料の金額」欄	令和5年中に支払った個人年金保険料のうち、平成24年1月1日以降に締結した契約に基づいて支払った金額を記入します。
「旧個人年金保険料の金額」欄	令和5年中に支払った個人年金保険料のうち、平成23年12月31日以前に締結した契約に基づいて支払った金額を記入します。
「住宅借入金等特別控除適用数」欄	年末調整の際に（特定増改築等）住宅借入金等特別控除の適用がある場合、その控除の適用数を記入します。
「住宅借入金等特別控除可能額」欄	（特定増改築等）住宅借入金等特別控除額が算出所得税額を超えるため、年末調整で控除しきれない控除額がある場合には、「住宅借入金等特別控除可能額」を記入します。
「居住開始年月日（1回目、2回目）」欄	居住開始年月日は、和暦で年、月、日を分けて記入します。 （例）　令和4年6月1日の場合は、年：「4」、月：「6」、日：「1」と記入します。

— 295 —

付録2　源泉徴収票等の法定調書の提出

「住宅借入金等特別控除区分（1回目、2回目）」欄	適用を受けている（特定増改築等）住宅借入金等特別控除の区分を次のように記入します。 　住……一般の住宅借入金等特別控除の場合（増改築等を含みます。） 　住（特家）……一般の住宅借入金等特別控除の場合（増改築等を含みます。）で住宅が特例居住用家屋に該当するとき 　認……認定住宅等の新築等に係る住宅借入金等特別控除の場合 　認（特家）……認定住宅等の新築等に係る住宅借入金等特別控除の場合で住宅が特例認定住宅等に該当するとき 　増……特定増改築等住宅借入金等特別控除の場合 　震……東日本大震災によって自己の居住の用に供していた家屋が居住の用に供することができなくなった場合で、平成26年1月1日から令和5年12月31日までの間に新築や購入、増改築等をした家屋に係る住宅借入金等について、震災特例法第13条の2第1項「住宅の再取得等に係る住宅借入金等特別控除」の規定（以下「震災再取得等」といいます。）の適用を選択した場合 　震（特家）……震災再取得等の適用を選択した場合で住宅が特例居住用家屋に該当するとき 　上記の区分のほか、この控除に係る住宅の新築、取得又は増改築等が ・「特定取得」（特別特定取得以外）に該当する場合には「(特)」 ・「特別特定取得」（「特例取得」及び「特別特例取得」を含みます。）に該当する場合には「(特特)」 ・「特例特別特例取得」に該当する場合には「(特特特)」 と併記してください。 【市区町村からのお知らせ】 　年末調整の際、控除しきれない（特定増改築等）住宅借入金等特別控除の金額がある場合には、「給与所得の源泉徴収票」の「住宅借入金等特別控除可能額」欄を記載する必要があります。また、2以上の（特定増改築等）住宅借入金等特別控除の適用を受ける場合又は適用を受けている住宅の取得等が特定増改築等に該当する場合には、その住宅の取得等ごとに、「住宅借入金等特別控除区分」及び「住宅借入金等年末残高」を記載する必要があります。さらに、震災特例法第13条の2第1項（住宅の再取得等による住宅借入金等特別控除）に係る控除の適用を受ける場合には、「住宅借入金等特別控除区分」を記載しなければなりません。詳しくは、最寄りの市区町村にお尋ねください。
「住宅借入金等年末残高（1回目、2回目）」欄	年末調整の際に2以上の（特定増改築等）住宅借入金等特別控除の適用がある場合又は適用を受けている住宅の取得等が特定増改築等に該当する場合には、その住宅の取得等ごとに、「住宅借入金等年末残高」を記入します。 　なお、記載する金額は、給与所得者の（特定増改築等）住宅借入金等特別控除申告書の住宅借入金等特別控除区分に応じた④「③ ×「居住用割合」（居住開始が平成30年12月31日以前の場合は、⑤「居住用部分の家屋又は土地等に係る借入金等の年末残高（④×③）」）」欄に記載された金額を記入します。 　**(注)**　適用数が3以上の場合には、3回目以降の住宅の取得等については、「（摘要）」欄に「居住開始年月日」、「住宅借入金等特別控除区分」及び「住宅借入金等年末残高」を記入します。
「（源泉・特別）控除対象配偶者」の各欄	控除対象配偶者又は配偶者特別控除の対象となる配偶者（年末調整を行っていない場合には源泉控除対象配偶者）の氏名、フリガナ及びマイナンバー

— 296 —

付録2　源泉徴収票等の法定調書の提出

	を記入します（フリガナについては、分かる場合に記入してください。）。 　また、控除対象配偶者が非居住者である場合には、区分の欄に○印を表示します。 **（注）**　1　受給者に交付する源泉徴収票には、マイナンバーは記入しません。 　　　　2　「給与所得者の扶養控除等申告書」又は「従たる給与についての扶養控除等申告書」の記載に応じ、年の中途で退職した受給者に交付する源泉徴収票にも記入する必要があります。
「配偶者の合計所得」欄	「給与所得者の配偶者控除等申告書」に基づいて計算された控除対象配偶者又は配偶者特別控除の対象となる配偶者の令和5年中の合計所得金額を記入します。 　なお、年末調整を行っていない受給者で源泉控除対象配偶者を有している人は、「給与所得者の扶養控除等申告書」に記載された源泉控除対象配偶者の「所得の見積額」を記入します。
「国民年金保険料等の金額」欄	社会保険料控除の適用を受けた国民年金法の規定により被保険者として負担する国民年金の保険料及び国民年金基金の加入員として負担する掛金の金額を記入します。
「旧長期損害保険料の金額」欄	「地震保険料の控除額」欄に旧長期損害保険料の控除額が含まれている人について、令和5年中に支払った旧長期損害保険料の金額を記入します。
「基礎控除の額」欄	基礎控除の額は、「給与所得者の基礎控除申告書」から転記します。 　ただし、基礎控除の額が48万円の場合には、記入する必要はありません。
「所得金額調整控除額」欄	所得金額調整控除の適用がある場合には、所得金額調整控除の額を記入します。
「控除対象扶養親族」の各欄	扶養控除の対象となる扶養親族の氏名、フリガナ及びマイナンバーを記入します（フリガナについては、分かる場合に記入してください。）。 　また、控除対象扶養親族が非居住者である場合には、区分の欄の内容に応じて、次のとおり記載してください。 ●控除対象扶養親族の区分

基礎控除の額欄内の表：

給与所得者の基礎控除申告書		記載方法
合計所得金額の見積額	基礎控除の額	
2,400万円以下	48万円	記載不要
2,400万円超　　2,450万円以下	32万円	320,000
2,450万円超　　2,500万円以下	16万円	160,000
2,500万円超	0円	0

控除対象扶養親族の区分の表：

控除対象扶養親族の区分	記載方法
居住者	空欄　※1
非居住者（30歳未満又は70歳以上）	01
非居住者（30歳以上70歳未満、留学生）	02
非居住者（30歳以上70歳未満、障害者）	03
非居住者（30歳以上70歳未満、38万円以上送金）	04

※1　源泉徴収票をe-Tax等で税務署へ提出する場合は、「00」と記録してください。

（注）　1　受給者に交付する源泉徴収票には、マイナンバーは記入しません。
　　　　2　控除対象扶養親族の欄は、「給与所得者の扶養控除等申告書」又は「従たる給与についての扶養控除等申告書」の記載に応じ、年の中途で退職した受給者に交付する源泉徴収票にも記入する必要があります。

付録2　源泉徴収票等の法定調書の提出

「16歳未満の扶養親族」の各欄	16歳未満の扶養親族の氏名及びフリガナを記入します（フリガナについては、分かる場合に記入してください。）。 　また、16歳未満の扶養親族が非居住者である場合には、区分の欄に○印を表示します。 **(注)** 1　16歳未満の扶養親族の欄は、「給与所得者の扶養控除等申告書」又は「従たる給与についての扶養控除等申告書」の記載に応じ、年の中途で退職した受給者に交付する源泉徴収票にも記入します。 　　　2　市区町村に提出する給与支払報告書には、16歳未満の扶養親族のマイナンバーも記入することとなっています。
「摘要」欄	イ　控除対象扶養親族又は16歳未満の扶養親族が5人以上いる場合には、5人目以降の控除対象扶養親族又は16歳未満の扶養親族の氏名を記入します。この場合、氏名の前には括弧書きの数字を付し、「備考」の欄に記載するマイナンバーとの対応関係が分かるようにしてください。 　　また、この欄に記載される控除対象扶養親族又は16歳未満の扶養親族が次に該当する場合には、それぞれ次の内容を付記します。 　(イ)　16歳未満の扶養親族の場合 　　　氏名の後に「(年少)」と付記します。 　(ロ)　控除対象扶養親族が非居住者の場合は、氏名の後に「01」のように前ページ「控除対象扶養親族」の「控除対象扶養親族の区分」の表に対応する数字を記入します。 　　　氏名の後に「(非居住者)」と付記します。 　**(注)**　扶養親族のマイナンバーについては、この欄に記載しないで、「備考」欄に記入してください（「備考」欄を参照してください。）。 ロ　同一生計配偶者（控除対象配偶者を除きます。）を有する受給者で、その同一生計配偶者が障害者、特別障害者又は同居特別障害者に該当する場合には、同一生計配偶者の氏名及び同一生計配偶者である旨（同配）と記入します。 ハ　所得金額調整控除の適用がある場合は、該当する要件に応じて、次のように記入します。 　　　本人が特別障害者……………………記載不要 　　　同一生計配偶者が特別障害者……同一生計配偶者の氏名（同配） 　　　扶養親族が特別障害者　　　｜ 　　　　　　　　　　　　　　　　　┣………扶養親族の氏名（調整） 　　　扶養親族が年齢23歳未満　　｜ 　　　ただし、上記「同一生計配偶者」又は「扶養親族」の氏名が、「(源泉・特別）控除対象配偶者」欄、「控除対象扶養親族」欄又は「16歳未満の扶養親族」欄に記入されている場合は、記入を省略できます。 ニ　令和5年中に就職した人について、その就職前に他の給与の支払者のもとで支払を受けた給与等を通算して年末調整を行った場合には、㋑他の支払者の住所（居所）又は所在地、氏名又は名称、㋺他の支払者のもとを退職した年月日、㋩他の支払者が支払った給与等の金額、徴収した所得税及び復興特別所得税の合計額、給与等から控除した社会保険料等の金額を記入します。 ホ　「賃金の支払の確保等に関する法律」第7条の規定に基づき未払給与等の弁済を受けた退職勤労者については、同条の規定により弁済を受けた旨及びその弁済を受けた金額を記入します。 ヘ　次項「未成年者」から「勤労学生」欄のニの「災害者」欄に○印を付けた人については、源泉所得税及び復興特別所得税の徴収猶予税額を記入します。

付録2　源泉徴収票等の法定調書の提出

	ト　租税条約の規定により所得税が免除される人については、「○○条約○○条該当」と赤書き表示します。 【市区町村からのお知らせ】 　退職手当等の支払を受ける一定の配偶者又は扶養親族がいる場合、「給与支払報告書」の摘要欄に氏名等を記入します。詳しくは、最寄りの市区町村にお尋ねください。
「未成年者」から「勤労学生」欄	受給者が次の事項に該当する場合には、それぞれ該当欄に○印を付けて表示します。 　イ　未成年者である場合　　　　　　　　　　　　　　　　「未成年者」欄 　ロ　外国人である場合　　　　　　　　　　　　　　　　　「外国人」欄 　ハ　死亡退職者である場合　　　　　　　　　　　　　　　「死亡退職」欄 　ニ　災害により被害を受けたため徴収猶予を受けた税額がある場合 　　　　　　　　　　　　　　　　　　　　　　　　　　　　「災害者」欄 　ホ　「乙欄」適用者である場合　　　　　　　　　　　　　「乙欄」欄 　ヘ　特別障害者である場合　　　　　　　「本人が障害者　特別」欄 　ト　一般の障害者である場合　　　　　　「本人が障害者　その他」欄 　チ　寡婦である場合　　　　　　　　　　　　　　　　　　「寡婦」欄 　リ　ひとり親である場合　　　　　　　　　　　　　　　　「ひとり親」欄 　ヌ　勤労学生である場合　　　　　　　　　　　　　　　　「勤労学生」欄
「中途就・退職」欄	年の中途で就職や退職（死亡退職を含みます。）した人については「中途就・退職」欄の「就職」、「退職」の該当欄に○印を付けて、その年月日を記入します。
「受給者生年月日」欄	元号欄には元号を「明治」、「大正」、「昭和」、「平成」又は「令和」と記入し、その生年月日を記入します。
「備考」欄	控除対象扶養親族が5人以上いる場合には、5人目以降の控除対象扶養親族のマイナンバーを記載します。この場合、マイナンバーの前には「摘要」の欄において氏名の前に記入した括弧書きの数字を付し、「摘要」の欄に記入した氏名との対応関係が分かるようにしてください。 (注)　1　受給者に交付する源泉徴収票には、マイナンバーは記入しません。 　　　　2　源泉徴収票には、16歳未満の扶養親族や配偶者特別控除の対象となる配偶者のマイナンバーを記載しませんが、市区町村に提出する給与支払報告書には記載することとなっています。 (記入例)　(1)配偶者特別控除の対象となる配偶者、(2)5人目の控除対象扶養親族、(3)5人目の非居住者である16歳未満の扶養親族がいる場合 　　　【源泉徴収票に記載する事項】 　　　(2)　1234567890xx 　　　【参考：市区町村に提出する給与支払報告書に追加で記載する事項】 　　　(1)　234567890xx1　(3)　34567890xx12
「支払者」欄	給与を支払った者の「マイナンバー」（左端を空白にし右詰で記入します。）又は行政手続における特定の個人を識別するための番号の利用等に関する法律第2条第15項に規定する法人番号（以下「法人番号」といいます。）、「住所（居住）又は所在地」、「氏名又は名称」及び「電話番号」を記入します。 　受給者に交付する源泉徴収票には「マイナンバー」及び「法人番号」は記入しません。

四 公的年金等の源泉徴収票

　年金、恩給（一時恩給を除きます。）などの公的年金等の支払者は、令和５年中に支払が確定したこれらの公的年金等（未払のものを含みます。）について、受給者各人ごとに原則として「公的年金等の源泉徴収票」を２部作成し、うち１部を受給者に交付しなければなりません。そして、次の(1)、(2)に記載する項目のいずれかに該当する人の分は、残りの１部を令和６年１月31日までに合計表とともに所轄税務署長へ提出しなければなりません（所法226③）。

本年分の「公的年金等の源泉徴収票」を税務署長へ提出しなければならない人

(1)　公的年金等の扶養親族等申告書の提出がある場合で、その年中に支払う公的年金等の支払金額が60万円を超える人

(2)　公的年金等の扶養親族等申告書の提出がない場合で、その年中に支払う公的年金等の支払金額が30万円を超える人

　(注)　非居住者に公的年金等を支払う場合には「非居住者等に支払われる給与、報酬、年金及び賞金の支払調書」の提出対象となりますのでご注意ください。

公的年金等の源泉徴収票の書き方

　「公的年金等の源泉徴収票」の各欄は次により記入します。

区　　　分	記　　入　　の　　仕　　方
「住所又は居所」欄	源泉徴収票を作成する日の現況による住所又は居所を記入します。
「個人番号」欄	行政手続における特定の個人を識別するための番号の利用等に関する法律第２条第５項に規定する個人番号（以下「マイナンバー」といいます。）を記入します。ただし、公的年金等の受給者に交付する源泉徴収票については、「マイナンバー」の欄は、記入しません。
「生年月日」欄	該当する年号の番号を○で囲み、その年月日を記入します。
「区　　分」欄	①　「法第203条の３第１号・第４号適用分」欄には、公的年金等の扶養親族等申告書を提出した受給者について（次の②「法第203条の３第２号適用分」に係るものを除きます。）、 ②　「法第203条の３第２号・第５号適用分」欄には、公的年金等の扶養親族等申告書を提出した受給者のうち、存続厚生年金基金からの年金、退職共済年金、農業者老齢年金、国民年金基金からの年金の受給者について、 ③　「法第203条の３第３号・第６号適用分」欄には、公的年金等の扶養親族等申告書を提出した受給者のうち、退職年金、特例老齢厚生年金の受給者について、

— 300 —

付録 2　源泉徴収票等の法定調書の提出

	④　「法第203条の 3 第 7 号適用分」欄には、公的年金等の扶養親族等申告書の提出がない受給者について、 公的年金等に係る支払金額及び源泉徴収税額を記入します。
「支払金額」欄	令和 5 年中に支払の確定した公的年金等の金額を記載し、源泉徴収票を作成する日において未払のものがあるときは、これを内書きします。 　また、所得税法第203条の 5 第 2 号又は第 3 号に規定する年金については、これらの規定により公的年金等の支払を受けたものとみなされる額に相当する金額を記入します。
「源泉徴収税額」欄	令和 5 年中に徴収すべき所得税及び復興特別所得税の合計額を記入します。この場合、その税額のうちに源泉徴収票を作成する日において未払の公的年金等があるため、未徴収の税額があるときは、これを内書きします。 　ただし、災害減免法の規定により公的年金等に対する源泉所得税及び復興特別所得税の徴収を猶予された税額があるときは、その猶予された税額を含めないで記入します。
「本　人」欄	公的年金等の支払を受ける者が特別障害者若しくはその他の障害者、寡婦又はひとり親に該当する場合には、その該当する欄に★印を記入します。
「源泉控除対象配偶者の有無等」欄	公的年金等の扶養親族等申告書に記載されたところに応じ、源泉控除対象配偶者がいる場合は「一般」欄に、源泉控除対象配偶者が年齢70歳以上の場合は「老人」欄に★印を記入します。 **(注)**　源泉控除対象配偶者とは、公的年金等の受給者（合計所得金額が900万円以下の人に限ります。）と生計を一にする配偶者で合計所得金額が95万円以下の人をいいます。
「控除対象扶養親族の数」欄	公的年金等の扶養親族等申告書に記載されたところに応じ、それぞれ次のように記入します。 (イ)　「特定」欄……特定扶養親族の数 (ロ)　「老人」欄……老人扶養親族の数 (ハ)　「その他」欄……特定扶養親族及び老人扶養親族以外の控除対象扶養親族の数
「16歳未満の扶養親族の数」欄	公的年金等の扶養親族等申告書に記載されたところに応じ、16歳未満の扶養親族の数を記入します。
「障害者の数」欄	公的年金等の扶養親族等申告書に記載されたところに応じ、それぞれ次のように記入します。 (イ)　「特別」欄……同一生計配偶者又は扶養親族である特別障害者の数（特別障害者のうち、同居特別障害者があるときは、その数を内書きします。） (ロ)　「その他」欄……特別障害者以外の障害者である同一生計配偶者又は扶養親族の数
「非居住者である親族の数」欄	源泉控除対象配偶者、扶養控除の対象となる扶養親族及び16歳未満の扶養親族のうち、非居住者に該当する人がいる場合、その人数を記入します。
「社会保険料の金額」欄	所得税法第203条の 5 第 1 号の規定により公的年金等から控除される同号に規定する社会保険料の金額を記入します。
「源泉控除対象配偶者」の各欄	源泉控除対象配偶者の氏名、フリガナ及びマイナンバーを記入します。 　また、源泉控除対象配偶者が非居住者である場合には、区分の欄に○印を表示します。

— 301 —

	(注) 1 公的年金等の受給者に交付する源泉徴収票には、個人番号は記入しません。 **2** 市区町村に提出する公的年金等支払報告書には、源泉控除対象配偶者の合計所得金額の見積額（48万円以下の場合はその旨）を記入します。
「控除対象扶養親族」の各欄	扶養控除の対象となる扶養親族の氏名、フリガナ及びマイナンバーを記入します。 また、控除対象扶養親族が非居住者である場合には、区分の欄に○印を表示します。 **(注)** 公的年金等の受給者に交付する源泉徴収票には、個人番号は記入しません。
「16歳未満の扶養親族」の各欄	16歳未満の扶養親族の氏名及びフリガナを記入します。 また、16歳未満の扶養親族が非居住者である場合には、区分の欄に○印を表示します。 **(注) 1** 公的年金等の受給者に交付する源泉徴収票には、個人番号は記入しません。 **2** 市区町村に提出する公的年金等支払報告書には、16歳未満の扶養親族のマイナンバーを記入します。
「摘 要」欄	次の事項を記入します。 ㈠ 控除対象扶養親族が3人以上いる場合 　3人目以降の控除対象扶養親族の氏名及びマイナンバーを記入します。 　また、その扶養親族が非居住者である場合には、氏名の後に「（非居住者）」と付記します。 **(注)** 公的年金等の受給者に交付する源泉徴収票には、個人番号は記入しません。 ㈡ 16歳未満の扶養親族が3人以上いる場合 　3人目以降の16歳未満の扶養親族の氏名を記入し、氏名の後に「（年少）」と付記します。 　また、16歳未満の扶養親族が非居住者である場合には、氏名の後に「（非居住者）」と付記します。 ㈢ 災免令の規定により公的年金等に対する源泉所得税の徴収を猶予された税額があるときは、その旨及びその税額 ㈣ 租税条約の規定により所得税が免除される公的年金等がある場合には、その旨
「支払者」の「法人番号」欄	公的年金等の支払をする法人の法人番号を記入します。

付録 2　源泉徴収票等の法定調書の提出

公的年金等の源泉徴収票の記載例

令和 5 年分　　公的年金等の源泉徴収票

支払を受ける者	住所又は居所	○○区○○1-2-1			個人番号	4567890xx123		
	(フリガナ)	シンジュク イチロウ		生年月日	明治　大正　⦿昭和　平成　令和			
	氏　名	新宿 一郎			19 年　5 月　3 日			

区分	支　払　金　額	源　泉　徴　収　税　額
	千　　　　　　円	千　　　　　　円
所得税法第203条の3第1号・第4号適用分		
所得税法第203条の3第2号・第5号適用分	2　220　000	27　864
所得税法第203条の3第3号・第6号適用分		
所得税法第203条の3第7号適用分		

本　　人				源泉控除対象配偶者の有無等	控除対象扶養親族の数				16歳未満の扶養親族の数	障害者の数			非居住者である親族の数	社会保険料の額
特　別障害者	その他の障害者	ひとり親	寡婦		一般	老人	特定	老人　その他		特別	その他			
					人	人	人	人　　　人		内　　人	人	人		54 千 000 円

源泉控除対象配偶者			控除対象扶養親族			16歳未満の扶養親族		
(フリガナ)		区分	(フリガナ)		区分	(フリガナ)		区分
氏名			1 氏名			1 氏名		
個人番号			個人番号					
(摘要)			(フリガナ)		区分	(フリガナ)		区分
			2 氏名			2 氏名		
			個人番号					

支払者	法人番号	xxx123456xxxx
	所在地	○○区○○3-8-1
	名　称	△△厚生年金基金

電話番号　03-xxxx-xxxx

整理欄

377

公的年金等の源泉徴収票合計表の記載例

令和 5 年分 公的年金等の源泉徴収票合計表

処理事項	通信日付印 ※	検　収 ※	整理簿登載 ※
	・・		

令和 6 年 1 月31日提出

○○ 税務署長 殿

提出者	所在地	○○区○○3-8-1　電話（ 03 - xxxx - xxxx ）	
	法人番号(※)	x|x,x,1,2,3,4,5,6|x,x,x,x	
	フリガナ名　称	△ △ コウセイ ネンキン キキン　△△厚生年金基金	
	フリガナ代表者氏名印	オオ テ マチ オ　大手 町男	

整理番号	0 0 1 2 3 4 5 6
調書の提出区分（新規=1、追加=2訂正=3、無効=4）	

提出媒体	
本店一括	有・⦿

作成担当者	経理課　秋田 空子
作成税理士署名押印	税理士番号（　　　）
	電話（ - - ）

その年中の支払総額（源泉徴収票の提出省略分を含む。）				左のうち、公的年金等の源泉徴収票（税務署提出用）を提出するもの			
人　員	左のうち、源泉徴収税額のない者	支払金額	源泉徴収税額	人　員	支払金額	源泉徴収税額	
人	人	円	円	人	円	円	
381	40	906,413,000	3,904,500	327	901,652,000	3,861,200	

(摘要)	災害減免法により徴収猶予したもの	人　員	猶予税額
		人	円

○　提出媒体欄には、コードを記載してください。（電子=14、FD=15、MO=16、CD=17、DVD=18、書面=30、その他=99）
(注)　平成 27 年分以前の合計表を作成する場合には、「法人番号」欄に何も記載しないでください。

（用紙　日本産業規格　Ａ4）

— 303 —

付録2 源泉徴収票等の法定調書の提出

五 退職所得の源泉徴収票・特別徴収票

退職手当、一時恩給及びこれらの性質を有する給与（社会保険制度に基づく退職一時金やいわゆる企業年金制度に基づく一時金で退職所得とみなされるものも含みます。以下これらを「退職手当等」といいます。）の支払者は、令和5年中に支払の確定したこれらの退職手当等について、全ての受給者ごとに退職所得の源泉徴収票・特別徴収票を作成し、退職後1か月以内に本人に交付しなければならないことになっています。また、次に掲げる特定の人については、税務署と市区町村に提出するため本人交付用以外に2枚作成し、①特別徴収票は退職後1か月以内に受給者の令和5年1月1日現在の住所地の市区町村長に、また、②退職所得の源泉徴収票は退職後1か月以内（取りまとめて令和6年1月31日までに提出しても差し支えありません。）に合計表とともに所轄税務署長にそれぞれ提出しなければならないことになっています（所法226②）。

なお、退職所得の源泉徴収票と市区町村に提出する特別徴収票は同じ様式ですので、税務署や市区町村に提出を要する受給者分は3枚（税務署提出用、受給者（本人）交付用、市区町村提出用）作成し、提出を要しない受給者分は、本人交付用として1枚だけ作成します。

（注） 税務署に提出する退職所得の源泉徴収票のうち、自動的情報交換を行うことができる国・地域（289ページ参照）に住所（居所）がある者に係るものについては、同じものを2枚提出することになっています。

> **本年分の「退職所得の源泉徴収票」及び「特別徴収票」を税務署長や市区町村長へ提出しなければならない人**

受給者が会社その他の法人（人格のない社団等を含みます。）の役員（取締役、執行役、会計参与、監査役、理事、監事、清算人、相談役、顧問等）であった人

（注）1 特定役員（役員等勤続年数が5年以下である人）に該当する場合であっても、上記の法人の役員に該当しない場合は提出する必要はありません。
2 非居住者に退職手当等を支払う場合には「非居住者等に支払われる給与、報酬、年金及び賞金の支払調書」の提出対象となりますのでご注意ください。
3 死亡退職者に対し支払った退職手当等については、この「退職所得の源泉徴収票」、「特別徴収票」を使用しないで受給者（相続人）の各人別に相続税法の規定による「退職手当金等受給者別支払調書」を作成し、支払の確定した月の翌月15日までに所轄税務署長に提出しなければなりません。

退職所得の源泉徴収票（特別徴収票）の書き方

「退職所得の源泉徴収票」の各欄は次により記入します。

— 304 —

付録2　源泉徴収票等の法定調書の提出

区　　分	記　入　の　仕　方
「個人番号」欄	行政手続における特定の個人を識別するための番号の利用等に関する法律第2条第5項に規定する個人番号（以下「マイナンバー」といいます。）を記入します。 　ただし、退職手当等の受給者に交付する源泉徴収票には記入しません。
「住所又は居所」欄	この退職所得の源泉徴収票を作成する日の現況による受給者の住所又は居所を記入します。 **（注）** 租税条約の規定により所得税が免除される人については、その人から提出された当該条約に関する届出書に基づき、外国における住所（居所）を明確に記載することになっています。この場合、その住所（居所）及び氏名はその人の本国語で記入します。
「令和　年1月1日の住所」欄	退職した日の属する年分である「5」を記入し、その日現在の住所を記入します。
「氏　名」欄	氏名及び退職時の役職名を記入します。
「区　分」欄	① 「所得税法第201条第1項第1号並びに地方税法第50条の6第1項第1号及び第328条の6第1項第1号適用分」欄には、令和5年中に他から退職手当等の支払を受けていない旨の記載がある「退職所得の受給に関する申告書」を提出した受給者について、 ② 「所得税法第201条第1項第2号並びに地方税法第50条の6第1項第2号及び第328条の6第1項第2号適用分」欄には、令和5年中に他からも退職手当等の支払を受けている旨の記載がある「退職所得の受給に関する申告書」を提出した受給者について、 ③ 「所得税法第201条第3項並びに地方税法第50条の6第2項及び第328条の6第2項適用分」欄には、「退職所得の受給に関する申告書」の提出がないため20.42％の税率を適用して所得税及び復興特別所得税の源泉徴収をした受給者について、 退職手当等に係る支払金額、源泉徴収税額及び特別徴収税額を記入します。
「支払金額」欄	令和5年中に支払の確定した退職手当等の金額を記載し、退職所得の源泉徴収票を作成する日において未払となっているものについては、これを内書きします。 　なお、退職手当等の全部又は一部が短期退職手当等又は特定役員退職手当等に該当する場合には、その金額を「摘要」欄に記入します。 **（注）** 1　短期退職手当等とは、役員等以外としての勤続年数が5年以下である人がその勤続年数に対応する退職手当等として支払を受けるものをいいます。 　　2　特定役員退職手当等とは、役員等としての勤続年数が5年以下である人が、その役員勤続年数に対応する退職手当等として支払を受けるものをいいます。 　また、退職年金業務を行う法人が支払う所得税法第31条第3号に規定する退職一時金については、退職手当等の支払を受けたとみなされた同法第202条に規定する金額を記入します。
「源泉徴収税額」欄	令和5年中に源泉徴収すべき所得税及び復興特別所得税の合計額（上記「支払金額」に対応する税額）を記入します。

— 305 —

付録2　源泉徴収票等の法定調書の提出

「特別徴収税額」欄	令和5年中に特別徴収すべき地方税の税額（上記「支払金額」に対応する地方税の税額）を記入します。
「退職所得控除額」欄	退職手当等に対する源泉徴収税額の計算に当たり控除した金額を記入します。
「勤続年数」欄	退職手当等に対する源泉徴収税額の計算の基礎となった勤続年数を記入します。 **(注)**　勤続年数に1年未満の端数が生じたときには、これを1年として計算します。
「摘　要」欄	①　上記「勤続年数」で記載した勤続年数の計算の基礎を記入します。 ②　自己が支払う退職手当等又は下記③の他の退職手当等の金額に短期退職手当等又は特定役員退職手当等の金額が含まれる場合、短期退職手当等又は特定役員退職手当等の金額、短期勤続年数及びその計算の基礎又は特定役員勤続年数及びその計算の基礎を記入します。 **(注)**　1　短期退職手当等とは、短期勤続年数に対応する退職手当等として支払を受けるもので、特定役員退職手当等に該当しないものをいいます。 　　　2　短期勤続年数とは、所得税法施行令第69条第1項第1号の規定により計算した退職手当等に係る勤続期間（調整後勤続期間）のうち、「役員等以外の者として勤務した期間」により計算した勤続年数（1年未満の端数がある場合はその端数を1年に切り上げたもの）が5年以下であるものをいいます。 　　　3　特定役員退職手当等とは、役員等としての勤続年数が5年以下である方が、その役員等勤続年数に対応する退職手当等として支払を受けるものをいいます。 　　　4　一般退職手当等（短期退職手当等及び特定役員退職手当等以外の退職手当）、短期退職手当等又は特定役員退職手当等のいずれか2以上が支給され、かつ、それぞれの勤務期間に重複する期間がある場合は、その重複勤続年数又は全重複勤続年数も記載してください。 ③　「退職所得の受給に関する申告書」に令和5年中に支払を受けた他の退職手当等がある旨の記載がある場合には、その退職手当等の支払者の氏名、名称、支払金額、勤続年数、源泉徴収税額（所得税及び復興特別所得税の合計額）及び特別徴収税額を記入します。 ④　次の(イ)又は(ロ)に該当するときは、これらの期間を今回の退職手当の計算の基礎に含めた旨、含めた期間、退職所得控除額の計算上控除した金額の計算の基礎を記入します。 (イ)　令和4年以前に、支払者のもとにおいて勤務しなかった期間に他の支払者のもとに勤務したことがあり、かつ、その者から前に退職手当等の支払を受けている場合において、その前の退職手当等の支払者のもとに勤務した期間を今回の退職手当等の計算の基礎とした期間に含めたとき。 (ロ)　令和4年以前に、受給者に退職手当等を支給している場合において、その前の退職手当等の計算の基礎とした期間を今回の退職手当等の計算の基礎とした期間に含めたとき。 **(注)**　1　④の(イ)又は(ロ)の「前に支払を受けた退職手当等」に短期退職手当等が含まれる場合は、前の退職手当等に係る勤続期間のうち短期勤続期間、短期退職所得控除額の計算上控除した金額の計算の基礎を記入します。

付録2 源泉徴収票等の法定調書の提出

	2　短期勤続期間とは、短期退職手当等につき所得税法施行令第69条第1項各号の規定により計算した期間をいいます。 　3　④の(イ)又は(ロ)の「前に支払を受けた退職手当等」に特定役員退職手当等が含まれる場合は、前の退職手当等に係る勤続期間のうち特定役員等勤続期間、特定役員退職所得控除額の計算上控除した金額の計算の基礎を記入してください。 　4　特定役員等勤続期間とは、特定役員退職手当等につき所得税法施行令第69条第1項第1号及び第3号の規定により計算した期間をいいます。 ⑤　令和5年中に支払を受けた退職手当等に係る勤続期間等の一部が、その退職手当等の前年以前4年内（平成31年から令和4年までの間）に支払を受けた退職手当等に係る勤続期間等と重複している場合（前記④に該当するときを除きます。）には、勤続期間等が重複している旨、重複している部分の期間、その期間内に支払を受けた退職手当等の収入金額、退職所得控除額の計算上控除した金額の計算の基礎を記入します。 **(注)**　1　令和5年中に支払を受けた退職手当等に短期退職手当等又は特定役員退職手当等が含まれる場合で、その短期勤続期間又は特定役員等勤続期間が平成31年から令和4年までの間に支払を受けた退職手当等に係る勤続期間等と重複している場合には、その重複している期間、短期退職所得控除額又は特定役員等退職所得控除額の計算上控除した金額の計算の基礎を記入します。 　　　　2　令和5年中に支払を受けた退職手当等が確定拠出年金の一時金である場合、「前年以前4年内」ではなく「前年以前19年内」とされます。 ⑥　障害者となったため退職したことにより100万円を加算した額の控除を受けた方については、障の㊞示をします。
「支払者」欄	退職手当等を支払った者の住所（居所）又は所在地、氏名又は名称、電話番号、マイナンバー又は法人番号を記入します。 　受給者に交付する源泉徴収票には「マイナンバー」及び「法人番号」は記入しません。

付録2　源泉徴収票等の法定調書の提出

退職所得の源泉徴収票・特別徴収票の記載例

令和　5　年分　　退職所得の源泉徴収票・特別徴収票

支払を受ける者	個人番号	7 8 9 0 1 2 3 4 5 × × ×			
	住所又は居所	○○区○○ 5-1-6			
	令和5年1月1日の住所	同上			
	氏　　名	(役職名)　部長　　神奈川　健一			

区　　　　　　　分	支払金額	源泉徴収税額	特別徴収税額	
			市町村民税	道府県民税
所得税法第201条第1項第1号並びに地方税法第50条の6第1項第1号及び第328条の6第1項第1号適用分	18 000 000	76 575	90 000	60 000
所得税法第201条第1項第2号並びに地方税法第50条の6第1項第2号及び第328条の6第1項第2号適用分				
所得税法第201条第3項並びに地方税法第50条の6第2項及び第328条の6第2項適用分				

退職所得控除額	勤続年数	就職年月日	退職年月日
1,500 万円	30 年	平成5年4月1日	令和5年3月31日

(摘要)

支払者	個人番号又は法人番号	△ 1 2 3 4 5 6 7 8 9 0 △ △ (右詰で記載してください。)
	住所(居所)又は所在地	中央区築地○○-△△
	氏名又は名称	築地日本商事 株式会社　　　　(電話) 03-0000-0000

整　　理　　欄	①	②

316

（税務署提出用）

付録2　源泉徴収票等の法定調書の提出

六　報酬、料金、契約金及び賞金の支払調書

　　弁護士、司法書士、税理士、公認会計士その他芸能人等に対する報酬等、所得税法第204条第1項各号並びに同法第174条第10号及び租税特別措置法第41条の20に規定する報酬、料金、契約金及び賞金（以下、これらを「報酬、料金等」といいます。）の支払をする者は、令和5年中に支払が確定した（未払分も含みます。）これらの報酬、料金等について、この支払調書を作成して合計表とともに令和6年1月31日までに所轄税務署長に提出しなければなりません（所法225①三）。

　　この支払調書を作成するに当たって、特に注意を要するのは、**報酬、料金等の支払の際、所得税を源泉徴収したものだけでなく、源泉徴収を要しない分**（例えば、支払金額が政令で定める支払金額から控除する金額（「控除額」といいます。）以下であるとき、又は支払を受ける者が税務署長から交付を受けた「源泉徴収の免除証明書」を提示した者であるとき及び個人以外の者に支払ったもの）**についても、この支払調書を提出しなければならないことです。**

　　(注)　自動的情報交換を行うことができる国・地域（289ページ参照）に住所（居所）がある人については、同じものを2枚提出することになっています。

⑴　**所得税法第204条第1項に規定する報酬、料金、契約金及び賞金**とは、同条第1項の第1号から第8号までに定められていますが、その内容は、「**付録4　所得税法第204条第1項に規定する各種報酬・料金等に対する源泉徴収一覧表**」（333ページ）を参照してください。

⑵　**所得税法第174条第10号に規定する報酬又は料金等**とは、馬主が受ける競馬の賞金（金銭で支払われるものに限ります。）です。

⑶　一部の報酬、料金等については、二段階税率（10.21％と20.42％）の適用の対象となるものがあります。このため、その対象となったものの支払調書の作成につき、支払調書を作成する日において当該報酬、料金等に未払があるため、源泉徴収税及び復興特別所得税の合計額を見積りによって記載した支払調書を提出した場合で、その後現実に徴収した源泉所得税及び復興特別所得税の合計額が支払調書に記載した源泉徴収税及び復興特別所得税の合計額と異なることとなったときは、先に提出した支払調書と同一内容のものを作成して、右上部の欄外に「無効」と赤書表示するとともに、正当な支払調書を作成し、右上部の欄外に「訂正分」と赤書き表示したものと併せて提出します。

> **本年分の「報酬、料金、契約金及び賞金の支払調書」を税務署長へ提出しなければならない人**

①　外交員、集金人、電力量計の検針人、プロボクサー及びバー、キャバレー等のホステス、バンケットホステス、コンパニオン等の報酬、料金並びに広告宣伝のための賞金については、同一人に対する令和5年中の支払金額の合計額が50万円を超える人

②　社会保険診療報酬支払基金が支払う診療報酬については、同一人に対する令和5年中の支払

― 309 ―

金額の合計額が50万円を超える人。ただし、国立病院、公立病院及びその他の公共法人等に支払うものは提出を要しません。

③　馬主が受ける競馬の賞金（金銭で支払われるものに限ります。）については、1回の支払賞金額が75万円を超える支払を受けた者に係る令和5年中の全ての支払金額

④　上記①から③以外の報酬、料金等については、同一人に対する令和5年中の支払金額の合計額が5万円を超える人

報酬、料金、契約金及び賞金の支払調書の書き方

「報酬、料金、契約金及び賞金の支払調書」の各欄は次により記入します。

区　　　分	記　　入　　の　　仕　　方
「住所（居所）又は所在地」欄	支払調書を作成する日の現況により支払を受ける者の住所若しくは居所又は本店若しくは主たる事務所の所在地を記入します。 **(注)**　租税条約の規定により所得税が免除される人については、その人から提出された当該条約に関する届出書に基づき外国における住所（居所）を明確に記入することになっています。この場合、その住所（居所）及び氏名は、その人の本国語で記入することになっています。 　　　また、受給者の「住所（居所）又は所在地」欄には、明らかに住所とは認められない、例えば、〇〇学校内、〇〇事務所内と記入するようなことがないように注意してください。
「個人番号又は法人番号」欄	行政手続における特定の個人を識別するための番号の利用等に関する法律第2条第5項に規定する個人番号（以下「マイナンバー」といいます。）又は同条第15項に規定する法人番号を記入します。 　ただし、支払を受ける者等に支払調書の写しを交付する場合には、マイナンバーを記載することはできません。
「区　　分」欄	原稿料、印税、さし絵料、翻訳料、通訳料、脚本料、作曲料、講演料、教授料、著作権・工業所有権の使用料、放送謝金、映画・演劇の出演料、弁護士報酬、税理士報酬、社会保険労務士報酬、外交員報酬、ホステス等の報酬、契約金、広告宣伝のための賞金、競馬の賞金、診療報酬のように記入します。なお、印税については、「書き下ろし初版印税」と「その他の印税」の別を記入します。
「細　　目」欄	次の区分により記入します。 ①印税…書籍名 ②原稿料及びさし絵料…支払回数 ③放送謝金、映画・演劇の俳優等の出演料…出演した映画、演劇の題名等 ④弁護士等の報酬又は料金…関与した事件名等 ⑤広告宣伝のための賞金…賞金の名称等 ⑥教授・指導料…講義名等

付録2　源泉徴収票等の法定調書の提出

「支払金額」欄	令和5年中に支払の確定したものを記入します。この場合、報酬、料金等の額が控除額以下であるなどのため源泉徴収されなかった報酬、料金等についても全て記入することに注意してください。 　なお、この支払調書を作成する日において未払のものがあるときは、これを内書きします。
「源泉徴収税額」欄	令和5年中に源泉徴収すべき所得税額及び復興特別所得税の合計額を記入します。支払調書を作成する日において、その報酬、料金等が未払となっているため未徴収の税額があるときは、これを内書きします。 　なお、災免令の規定により、報酬、料金等に対する源泉所得税及び復興特別所得税の徴収を猶予された税額があるときは、その猶予された税額を含めないで記入します。
「摘　要」欄	次の事項を記入します。 ①　診療報酬のうち、家族診療分については、その金額を記入し、頭部に「家　族」と表示 ②　災免令の規定により報酬、料金等に対する源泉所得税及び復興特別所得税の徴収を猶予された税額があるときは、その税額を記入し、頭部に㊨と表示 ③　広告宣伝のための賞金が金銭以外のものである場合には、その旨とその種類等の明細 ④　支払を受ける者が「源泉徴収の免除証明書」を受けている場合又はその他法律上源泉徴収を要しない場合で源泉所得税及び復興特別所得税の徴収をしなかったときには、その旨 ⑤　報酬、料金等の額と消費税等の額が明確に区分されているときに、消費税等の額を源泉徴収の対象としていない場合は、消費税等の表示及びその金額
「支払者」欄	この支払調書の対象となる報酬、料金等の支払をした者の「住所（居所）又は所在地」、「氏名又は名称」、「マイナンバー又は法人番号」を記入します。

— 311 —

付録2　源泉徴収票等の法定調書の提出

報酬、料金、契約金及び賞金の支払調書の記載例

令和5年分　報酬、料金、契約金及び賞金の支払調書

支払を受ける者	住所(居所)又は所在地	○○区○○3-3-3				
	氏名又は名称	税務　正道		個人番号又は法人番号 7 8 9 0 1 2 3 4 × × × ×		

区　分	細　目	支払金額	源泉徴収税額
税理士報酬	顧問料（1～12月分）	内 1　200　000	内 122　520

(摘要)　消費税等　120,000円

支払者	住所(居所)又は所在地	中央区築地○○-△△	
	氏名又は名称	築地日本商事 株式会社　（電話）03-0000-0000	個人番号又は法人番号 △ 1 2 3 4 5 6 7 8 9 0 △ △

整　理　欄	①	②

○「個人番号又は法人番号」欄に個人番号（12桁）を記載する場合には、右詰で記載します。

309

令和5年分　報酬、料金、契約金及び賞金の支払調書

支払を受ける者	住所(居所)又は所在地	○○市○○365-4				
	氏名又は名称	大船　三郎		個人番号又は法人番号 8 9 0 1 2 3 4 5 × × × ×		

区　分	細　目	支払金額	源泉徴収税額
原稿料	2回	内 600　000	内 61　260

(摘要)　消費税等　60,000円

支払者	住所(居所)又は所在地	中央区築地○○-△△	
	氏名又は名称	築地日本商事 株式会社　（電話）03-0000-0000	個人番号又は法人番号 △ 1 2 3 4 5 6 7 8 9 0 △ △

整　理　欄	①	②

○「個人番号又は法人番号」欄に個人番号（12桁）を記載する場合には、右詰で記載します。

309

付録2　源泉徴収票等の法定調書の提出

令和5年分　報酬、料金、契約金及び賞金の支払調書

支払を受ける者	住所(居所)又は所在地	○○区○○2-1-9				
	氏名又は名称	蒲田 四郎		個人番号又は法人番号　9 0 1 2 3 4 5 6 × × × ×		

区　分	細　目	支　払　金　額	源泉徴収税額
講演料	××研修	内　　　200 千 000 円	内　　　20 千 420 円

(摘要)　消費税等　20,000円

支払者	住所(居所)又は所在地	中央区築地○○-△△	
	氏名又は名称	築地日本商事 株式会社 (電話)03-0000-0000	個人番号又は法人番号　△ 1 2 3 4 5 6 7 8 9 0 △△

整　理　欄	①	②

○「個人番号又は法人番号」欄に個人番号(12桁)を記載する場合には、右詰で記載します。

付録2　源泉徴収票等の法定調書の提出

七　不動産の使用料等の支払調書

　不動産、不動産の上に存する権利若しくは船舶（総トン数20トン以上のものに限ります。）及び
航空機の借受け又は地上権、地役権、賃借権等の設定その他、他人のこれらの資産を使用するた
めに支払う対価（以下これらの対価を「不動産の使用料等」といいます。）の支払をする法人
（国、都道府県等の公法人を含みます。以下同じ。）又は不動産業者である個人の方（建物の賃貸
借の代理又は仲介を主たる目的とする事業を営んでいる者を除きます。以下同じ。）は、令和5年
中に支払の確定した（未払分も含みます。）これら不動産の使用料等について、支払を受ける者の
各人別にこの支払調書を作成し、合計表とともに、令和6年1月31日までに所轄税務署長に提出
しなければなりません（所法225①九）。

　ただし、公共事業施行者が、法律の規定に基づいて行う土地等の使用で「譲渡所得の基因とな
る不動産等の貸付け」に当たるものに係る対価を支払う場合に提出する支払調書については、そ
の提出期限や提出先などについて、特別な定めがありますので、次の「**八　不動産等の譲受けの
対価の支払調書**」の項（317ページ）を参照してください。

　この支払調書の提出義務者は法人及び不動産業者である個人の方に限られていますので、その
他の個人の方は提出義務がありません。

　この支払調書に記載すべき不動産の使用料等とは、他人の所有する不動産、不動産上の権利又
は船舶及び航空機を使用するために支払う対価をいいますので、土地、建物の賃借料だけでなく、
地上権、地役権の設定又は不動産の賃借に伴って支払ういわゆる権利金（保証金、敷金等の名目
のものであっても返還義務を有しない部分の金額及び月又は年の経過により返還義務がなくなる
部分の金額を含みます。）、礼金、頭金、賃借期間を更新する場合又は借地の上にある建物の増改
築の場合に支払われるいわゆる更新料、承諾料その他催物の会場を賃借する場合のような不動産
の一時的な賃借による使用料又は広告等のための塀、家屋の壁面等の賃借のような土地、建物の
一部の使用による使用料、あるいは借地権や借家権を譲り受けた場合に地主や家主に支払う名義
書替料についても、この支払調書を提出しなければなりません。ただし、**同一人に対して支払う
令和4年中の不動産の使用料等**（支払を受ける者が法人である場合には、地上権、地役権、永小
作権、当該不動産等の賃借権その他土地の上に存する権利の設定による対価に限ります。）**の支払
金額の合計が15万円以下の場合には、この支払調書を提出しなくてもよいことになっています**
（所規90③二）。

不動産の使用料等の支払調書の書き方

　「不動産の使用料等の支払調書」の各欄は次により記入します。

— 314 —

付録2　源泉徴収票等の法定調書の提出

区　　分	記　　入　　の　　仕　　方
「支払を受ける者」の「住所（居所）又は所在地」及び「氏名又は名称」欄	支払調書を作成する日の現況における不動産の所有者又は転貸人の住所若しくは居所又は本店若しくは主たる事務所の所在地及び氏名又は名称を記入します。 **(注)**　賃貸物件の賃料等を不動産の管理会社に支払っている場合、支払を受ける者には管理会社ではなく物件の所有者を記入します。
「個人番号又は法人番号」欄	行政手続における特定の個人を識別するための番号の利用等に関する法律第2条第5項に規定する個人番号（以下「マイナンバー」といいます。）又は同条第15項に規定する法人番号を記入します。 　ただし、支払を受ける者等に支払調書の写しを交付する場合には、マイナンバーを記載することはできません。
「区　分」欄	支払の内容等に応じて地代、家賃、権利金、更新料、承諾料、名義書換料、借地権設定の対価、船舶の使用料又は航空機の使用料のように記入します。
「物件の所在地」欄	その地代、家賃等の支払の基礎となった物件の所在地を記入します。この場合、船舶又は航空機については、船籍又は航空機の登録をした機関の所在地を記入します。
「細　目」欄	土地の地目（宅地、田畑、山林等）、建物の構造及び用途等を記入します。
「計算の基礎」欄	令和5年中の賃借期間、単位（月、週、日、㎡等）当たりの賃借料、戸数及び面積等を記入します。
「支払金額」欄	令和5年中に支払の確定したもの（未払分も含みます。）を「区分」欄の支払内容ごとに記入します。
「摘　要」欄	次の事項を記入します。 ①　不動産の使用料等が、地上権、地役権、賃借権その他土地の上に存する権利の設定による対価である場合には、その設定した権利の存続期間 ②　不動産の借受けについて令和5年中にあっせん手数料を支払っている場合で、「不動産等の売買又は貸付けのあっせん手数料の支払調書」の作成・提出を省略する場合には、「あっせんをした者」欄にあっせんをした者の「住所（居所）」、「本店又は主たる事務所の所在地」、「氏名又は名称」「マイナンバー又は法人番号」やあっせん手数料の「支払確定年月日」、「支払金額」
「支払者」欄	不動産の使用料等の支払をした者の住所（居所）又は所在地、氏名又は名称、電話番号、マイナンバー又は法人番号を記入します。

付録2　源泉徴収票等の法定調書の提出

不動産の使用料等の支払調書の記載例

令和 5 年分　不動産の使用料等の支払調書

支払を受ける者	住所（居所）又は所在地	○○市○○7-6							
	氏名又は名称	目黒 桜			個人番号又は法人番号　0 0 1 2 3 4 5 6 × × × ×				

区分	物件の所在地	細目	計算の基礎	支払金額（千　円）
家賃	○○市○○7-6	鉄骨造店舗	月 300,000円 1〜12月分　150㎡	3 600 000

(摘要)

あっせんした者	住所（居所）又は所在地		支払確定年月日	あっせん手数料
	氏名又は名称		年　月　日 ・　・	千　円
	個人番号又は法人番号			

支払者	住所（居所）又は所在地	中央区築地○○−△△		
	氏名又は名称	築地日本商事 株式会社　　03−0000−0000（電話）	個人番号又は法人番号　△ 1 2 3 4 5 6 7 8 9 0 △ △	

整　理　欄	①	②

○個人番号又は法人番号　欄に個人番号（12桁）を記載する場合には、右詰で記載します。

313

八　不動産等の譲受けの対価の支払調書

　土地、建物等の不動産及び地上権、地役権又は賃借権等不動産の上に在する権利又は船舶（総トン数20トン以上のものに限ります。）若しくは航空機（以下これらの資産を「不動産等」といいます。）の対価を支払った法人（国、都道府県等の公法人を含みます。以下同じ。）及び不動産業者である個人の方（建物の賃貸借の代理や仲介を主な目的とするものを除きます。）は、令和5年中に支払の確定したその対価について、支払を受ける者の各人別にこの支払調書を作成し、合計表とともに令和6年1月31日までに所轄税務署長に提出しなければならないことになっています（所法225①九）。

　この支払調書の提出義務者は、法人及び不動産業者である個人の方に限られていますから、その他の個人の方は提出義務がありません。

　なお、①租税特別措置法第33条の4に規定する公共事業施行者、②同法第34条に規定する特定土地区画整理事業等の事業施行者又は③同法第34条の2に規定する特定住宅地造成事業等のための買取りをする者が、法律の規定に基づいて行う買取り等の対価を支払う場合に提出する支払調書の提出期限は、次のようになっています。

```
その年1月から3月までに支払の確定したもの……………………その年4月末日
その年4月から6月までに　　　　〃　　………………　〃　　7月末日
その年7月から9月までに　　　　〃　　………………　〃　　10月末日
その年10月から12月までに　　　　〃　　………………翌年1月末日
```

　この支払調書には不動産等の譲受けの対価の支払内容を記載するだけでなく、不動産等の移転又は譲渡に伴い支払われる、例えば、建物等移転費用補償金、仮住居費用補償金、土地建物等使用補償金若しくは収益補償金等のような各種の損失の補償金についても、その支払内容等を記載することになっています。この場合には、合計表の「Ⓐ譲受けの対価の総額」欄にその支払先の人員及び支払金額の合計額等をそれぞれの欄に内書きします。

　また、**同一人に対して支払う対価の令和5年中の支払金額の合計が100万円以下のものについては、この支払調書を提出しなくてもよいことになっています**（所規90③一）。ただし、上記①～③に係る対価については、全てのものについて提出が必要です。

　この支払調書を提出するのは、不動産等を有償で取得した場合ですから、売買によって不動産等を取得した場合だけでなく、競売、公売、交換又は収用等によって不動産等を取得した場合や、出資者からの現物出資によって不動産等を取得した場合も提出することになります。

　なお、借地権の譲受け等に際し、当該借地権者に物件の対価を支払うほか、地主に対しても名義書換料又は印判代等の名目で金銭を支払ったときは、これらの名義書換料等については、前記**七**の「不動産の使用料等の支払調書」を作成して提出しなければならないことになっています。

付録2　源泉徴収票等の法定調書の提出

不動産等の譲受けの対価の支払調書の書き方

「不動産等の譲受けの対価の支払調書」の各欄は次により記入します。

区　　　　分	記　　入　　の　　仕　　方
「支払を受ける者」の「住所（居所）又は所在地」及び「氏名又は名称」欄	支払調書を作成する日の現況における不動産等の譲渡者の住所若しくは居所又は本店若しくは主たる事務所の所在地及び氏名又は名称を記入します。 **（注）**　競売により不動産を取得した場合、支払を受ける者には裁判所ではなく、取得した不動産の前所有者を記入します。
「個人番号又は法人番号」欄	行政手続における特定の個人を識別するための番号の利用等に関する法律第2条第5項に規定する個人番号（以下「マイナンバー」といいます。）又は同条第15項に規定する法人番号を記入します。 　ただし、支払を受ける者等に支払調書の写しを交付する場合には、マイナンバーを記載することはできません。
「物件の種類」欄	その譲り受けた不動産の種類に応じ、土地、借地権、建物、船舶、航空機のように記入します。
「物件の所在地」欄	上記「物件の種類」欄の土地、建物等の物件の所在地を記入します。この場合、船舶又は航空機については、船籍又は航空機の登録をした機関の所在地を記入します。
「細　目」欄	土地の地目（宅地、田畑、山林等）、建物の構造、用途等を記入します。
「数　量」欄	土地の面積、建物の戸数及び建物の延べ面積等を記入します。
「取得年月日」欄	不動産等の所有権、その他の財産権の移転のあった年月日を記入します。
「支払金額」欄	取得した資産の対価として令和5年中に支払の確定した金額（未払のものを含みます。）を記入します。 　なお、不動産等の移転に伴い、各種の損失の補償金（次の(8)の④参照）を支払った場合には、「物件の所在地」欄の最初の行に「支払総額」と記入して、これらの損失の補償金を含めた支払総額を記入します。
「摘　要」欄	次の事項を記入します。 ①　譲受けの態様（売買、競売、公売、交換、収用、現物出資等の別） ②　譲受けの態様が売買であるときは、その代金の支払年月日、支払年月日ごとのその支払の方法（現金、小切手、手形等の別）及び支払金額 ③　譲受けの態様が交換であるときは、相手方に交付した資産の種類、所在地、数量等その資産の内容 ④　不動産等の譲受けの対価のほかに支払われる補償金については、次の区分による補償金の種類とその金額を記入します。 　イ　建物等移転費用補償金 　ロ　動産移転費用補償金 　ハ　立木移転費用補償金 　ニ　仮住居費用補償金 　ホ　土地建物等使用補償金 　ヘ　収益補償金 　ト　経費補償金 　チ　残地等工事費補償金 　リ　その他の補償金

— 318 —

付録2　源泉徴収票等の法定調書の提出

	⑤　不動産の譲受けに当たって令和5年中にあっせん手数料を支払っている場合で、「不動産等の売買又は貸付けのあっせん手数料の支払調書」の作成・提出を省略する場合には、「あっせんをした者」欄にあっせんをした者の「住所（居所）」、「本店又は主たる事務所の所在地」、「氏名又は名称」、「マイナンバー又は法人番号」やあっせん手数料の「支払確定年月日」、「支払金額」
「支払者」欄	不動産の譲受けの対価の支払をした者の住所（居所）又は所在地、氏名又は名称、電話番号、マイナンバー又は法人番号を記入します。

不動産等の譲受けの対価の支払調書の記載例　その1（一般の場合）

令和 5 年分　不動産等の譲受けの対価の支払調書

支払を受ける者	住所（居所）又は所在地	○○市○○2-3								
	氏名又は名称	大田 五郎				個人番号又は法人番号 0123456 7××××				

物件の種類	物件の所在地	細目	数量	取得年月日	支払金額	
土地	○○市○○町18-2	宅地	260㎡	5・8・25	108 000	000
				・・		
				・・		

（摘要）
売買　5.8.25　　小切手　100,000,000円　　現金　8,000,000円

をあっせんした者	住所（居所）又は所在地	○○市○○町1-2	支払確定年月日	あっせん手数料	
	氏名又は名称	○○不動産 株式会社	5・8・25	3 300	000
	個人番号又は法人番号				

支払者	住所（居所）又は所在地	中央区築地○○－△△		
	氏名又は名称	築地日本商事 株式会社　（電話）03-0000-0000	個人番号又は法人番号 △1234567890△△	

整　理　欄	①	②

○個人番号又は法人番号欄に個人番号（12桁）を記載する場合には、右詰で記載します。

— 319 —

付録2　源泉徴収票等の法定調書の提出

不動産等の譲受けの対価の支払調書の記載例　その2（補償金がある場合）

令和 5 年分　不動産等の譲受けの対価の支払調書

支払を受ける者	住所（居所）又は所在地	○○市○○3-1							
	氏名又は名称	池袋　太郎				個人番号又は法人番号　0 0 2 3 4 5 6 7 × × × ×			

物件の種類	物件の所在地	細目	数量	取得年月日	支払金額
	支払総額			年・月・日	58 000 000（千・円）
土地	○○市○○9-11	宅地	360㎡	5・3・6	55 000 000
				・・	

（摘要）
売買　5.1.19　小切手　18,000,000円　　建物移転費用補償金　2,400,000円
　　　5.3.6　小切手　40,000,000円　　仮住居費用補償金　　600,000円

あっせんをした者	住所（居所）又は所在地		支払確定年月日	あっせん手数料
	氏名又は名称		年・月・日	千　　　円
	個人番号又は法人番号		・・	

支払者	住所（居所）又は所在地	中央区築地○○-△△		
	氏名又は名称	築地日本商事 株式会社　（電話）03-0000-0000	個人番号又は法人番号　△ 1 2 3 4 5 6 7 8 9 0 × ×	

整　理　欄	①	②

○「個人番号又は法人番号」欄に個人番号（12桁）を記載する場合には、右詰で記載します。

付録 2　源泉徴収票等の法定調書の提出

九　不動産等の売買又は貸付けのあっせん手数料の支払調書

　土地、建物等の不動産及び地上権、地役権、賃借権等不動産の上に存する権利又は船舶（総トン数20トン以上のものに限ります。）若しくは航空機の売買や貸付け、借受けのあっせん手数料（以下、これらの手数料を「不動産売買等のあっせん手数料」といいます。）を支払う法人（国、都道府県等の公法人を含みます。以下同じ。）及び不動産業者である個人の方（建物の賃貸借の代理や仲介を主な目的とするものを除きます。）は、令和 5 年中に支払の確定したあっせん手数料について、支払を受ける者の各人別にこの支払調書を作成し、合計表とともに令和 6 年 1 月31日までに所轄税務署長に提出しなければならないことになっています（所法225①九）。

　この支払調書の提出義務者は法人及び不動産業者である個人の方に限られていますから、その他の個人の方は提出義務がありません。

　また、**同一人に対して支払うあっせん手数料の令和 5 年中の支払金額の合計が15万円以下のものについては、この支払調書を提出しなくてもよいことになっています**（所規90③二）。

　なお、「不動産の使用料等の支払調書」や「不動産等の譲受けの対価の支払調書」の「摘要」欄の「あっせんをした者」欄に、あっせんをした者の「住所（所在地）」、「本店（主たる事務所の所在地）」、「氏名（名称）」やあっせん手数料の「支払確定年月日」、「支払金額」を記載して提出する場合には、この支払調書の作成、提出を省略することができます。この場合には、合計表の「摘要」欄にその支払先の人員と支払金額の合計額を外書きします。

不動産等の売買又は貸付けのあっせん手数料の支払調書の書き方

　「不動産等の売買又は貸付けのあっせん手数料の支払調書」の各欄は次により記入します。

区　　　分	記　　入　　の　　仕　　方
「住所（居所）又は所在地」及び「氏名又は名称」欄	支払調書を作成する日の現況における不動産等の売買又は貸付けのあっせんをした者の住所若しくは居所又は本店若しくは主たる事務所の所在地及び氏名又は名称を記入します。
「個人番号又は法人番号」欄	行政手続における特定の個人を識別するための番号の利用等に関する法律第 2 条第 5 項に規定する個人番号（以下「マイナンバー」といいます。）又は同条第15項に規定する法人番号を記入します。 　ただし、支払を受ける者等に支払調書の写しを交付する場合には、マイナンバーを記載することはできません。
「区　　分」欄	譲渡、譲受け、貸付け、借受けのように記入します。
「支払金額」欄	不動産売買等のあっせん手数料として令和 5 年中に支払の確定した金額（未払のものを含みます。）を「区分」欄の支払内容ごとに記入します。

― 321 ―

付録2　源泉徴収票等の法定調書の提出

「あっせんに係る不動産等」欄	次の事項を記入します。 ①　物件の種類……土地、借地権、地役権、建物等の別 ②　数量……土地の面積、建物の戸数、延べ面積等 ③　取引金額……売買や貸付けの対価の額（賃貸借の場合には単位（月、週、日、㎡等）当たりの賃貸借料）
「支払者」欄	不動産等の売買又は貸付けのあっせん手数料の支払をした者の住所（居所）又は所在地、氏名又は名称、電話番号、マイナンバー又は法人番号を記入します。

不動産等の売買又は貸付けのあっせん手数料の支払調書の記載例

令和 5 年分　不動産等の売買又は貸付けのあっせん手数料の支払調書

支払を受ける者	住所（居所）又は所在地	○○区○○4-1			
	氏名又は名称	船橋不動産 株式会社		個人番号又は法人番号 △0123456789△△	

区　　　　分	支払確定年月日	支払金額
譲渡	年　月　日 5 ・10・12	千　　　　円 1 197 000
	・　　・	

あっせんに係る不動産等	物件の種類	物件の所在地	数量	取引金額
	土地	○○市○○3-1	180㎡	千　　　円 36 000 000

（摘要）

支払者	住所（居所）又は所在地	中央区築地○○-△△	
	氏名又は名称	築地日本商事 株式会社　03-0000-0000 （電話）	個人番号又は法人番号 △1234567890△△

整　理　欄	①	②

○個人番号又は法人番号欄に個人番号（12桁）を記載する場合には、右詰で記載します。

付録2　源泉徴収票等の法定調書の提出

十　退職手当金等受給者別支払調書

　この支払調書は、死亡退職者があった場合、相続税法の規定により提出するもので、本来死亡退職者に対して支給されるべきであった退職金、功労金又は一時扶助料その他のこれらに準ずる給与の支払者は、これらのものについて、受給者（相続人）の各人別にこの支払調書を作成して、別に定める合計表とともに支払った日の属する月の翌月15日までに、所轄税務署長へ提出しなければならないことになっています（相法59①二）。

　ただし、この支払調書は、同一人に対して支払うこれらの金額の合計額が100万円以下の場合には、支払調書の提出を省略することができます。

　なお、弔慰金、葬祭料等の名目であっても、退職金の性質を有するものはこの支払調書に記載します。

退職手当金等受給者別支払調書

退 職 手 当 金 等 受 給 者 別 支 払 調 書

受給者	住所	○○市○○5-1	氏　　名	葛飾 幸子								
			個人番号	×	×	3	4	5	6	7	8	×××
退職者	住所	○○市○○5-1	氏　　名	葛飾 忠								
			個人番号	×	×	4	5	6	7	8	9	×××

退 職 手 当 金 等 の 種 類	退職手当金等の給与金額	退 職 年 月 日		
退職手当	30,000,000 円	令和5年	6月	16日
退 職 時 の 地 位 職 務	受給者と退職者との続柄	支 払 年 月 日		
経理部長	妻	令和5年	8月	24日

（摘要）　退職者の死亡年月日　令和5年6月16日
（令和　5　年　9　月　14　日　提出）

支払者	営業所又は事務所等の所在地	中央区築地○○-△△										
	営業所又は事務所等の名称又は氏名	築地日本商事　株式会社　　　　　（電話）03-0000-0000										
	個 人 番 号 又 は 法 人 番 号	△	1	2	3	4	5	6	7	8	9	△ △ △

整 理 欄	①	②

○「個人番号又は法人番号」欄に個人番号（12桁）を記載する場合には、右詰で記載します。

325

— 323 —

付録２　源泉徴収票等の法定調書の提出

十一　給与支払報告書（総括表）

　給与所得の源泉徴収票と複写式によって同時に作成した給与支払報告書は、支払を受ける者の住所地を所轄する市区町村ごとに取りまとめた上、給与支払報告書（総括表）を添付し、それぞれの市区町村長に令和６年１月31日までに提出しなければならないことになっています。

　「給与支払報告書（総括表）」の各欄は、次により記入します。

区　　　分	記　入　の　仕　方
「前年の特別徴収義務者指定番号」欄	提出先の市区町村から指定された特別徴収義務者指定番号を記載します。
「受給者総人員」欄	令和６年１月１日現在において給与の支払をする事務所、事業所等から給与等の支払を受けている人の総人員を記載します。
「報告書人員」欄	提出先の市区町村に対して「給与支払報告書」を提出する人員の合計を記入します。
「所轄税務署」欄	給与の支払者の所在地を所轄する税務署の名称を記載します。
「給与支払の方法及び期日」欄	給与の支払方法を、「月給」、「週給」などの別により記入し、その支給期を「毎月20日」、「毎週月曜日」等と記載します。

給与支払報告書（総括表）の記載例

十二　む　す　び

　以上、一般的な法定調書について説明しましたが、この内容を「給与所得の源泉徴収票等の法定調書合計表」に記入すると次ページのとおりとなります。

　なお、前にも述べたように、このほかにも、利子、配当等一定の支払等を行った場合又は特定の法人について法定調書の提出が義務付けられているものがあります。紙面の関係でその全てについて記載することができませんので、327ページ以降にその法定調書を一覧表にして簡記しています。法定調書の提出事由が発生した際には、提出漏れにならないように注意してください。

付録2　源泉徴収票等の法定調書の提出

FE0103

令和 05 年分　給与所得の源泉徴収票等の法定調書合計表
（所得税法施行規則別表第5(8)、5(24)、5(25)、5(26)、6(1)及び6(2)関係）

署番号 01107

令和 6 年 1 月 31 日提出　　京橋　税務署長 殿

提出者		
住所又は所在地	中央区築地○○－△△　電話（ 03-0000-0000 ）	
（フリガナ）	ツキ ジ ニ ホンショウジ　カブシキ ガイシャ	
氏名又は名称	築地日本商事 株式会社	
個人番号又は法人番号	△12345678900△△	
（フリガナ）	ニ ホン バシ ツグオ	
代表者氏名印	日本橋 次男	

事業種目 商社　整理番号 00123456

調書の提出区分　新規=1 追加=2 訂正=3 無効=4　[1]
提出媒体　[14] 1給与　[14] 2退職　[14] 3報酬　[30] 4使用　[30] 5譲受　[30] 6あっせん

（フリガナ）エ ビ ス ケイコ
作成担当者 恵比寿 恵子

作成税理士署名押印 税務正道　電話（ 03 -△△△△-××× ）
税理士番号 ××123×

本店等一括提出 有 否 ○　翌年以降送付 有 否 ○

提出用（平成28年1月1日以後提出用）

平成27年分以前の合計表を作成する場合には、「個人番号又は法人番号」欄に何も記載しないでください。

○ 提出媒体欄には、法定調書の種類別にコードを記載してください。（電子＝14　FD＝15　MO＝16　CD＝17　DVD＝18　書面＝30　その他＝99）

---

1 給与所得の源泉徴収票合計表（375）

区分	人員	左のうち、源泉徴収税額のない者	支払金額	源泉徴収税額
俸給、給与、賞与等の総額	123 人	0 人	658,783,431 円	22,654,113 円
のうち、丙欄適用の日雇労務者の賃金				
源泉徴収票を提出するもの	40 人		338,496,543 円	11,898,160 円
災害減免法により徴収猶予したもの	人	猶予税額　円	（摘要）	

---

2 退職所得の源泉徴収票合計表（316）

区分	人員	支払金額	源泉徴収税額	摘要
退職手当等の総額	5 人	61,800,000 円	456,520 円	
のうち、源泉徴収票を提出するもの	1 人	18,000,000 円	76,575 円	

---

3 報酬、料金、契約金及び賞金の支払調書合計表（309）

区分	個人	人	個人以外 人	支払金額	源泉徴収税額
原稿料、講演料等の報酬又は料金（1号該当）		2		800,000 円	81,680 円
弁護士、税理士等の報酬又は料金（2号該当）		1		3,600,000 円	367,560 円
診療報酬（3号該当）				円	円
職業野球選手、騎手、外交員等の報酬又は料金（4号該当）				円	円
芸能等に係る出演、演出等の報酬又は料金（5号該当）				円	円
ホステス等の報酬又は料金（6号該当）				円	円
契約金（7号該当）				円	円
賞金（8号該当）				円	円
計	実	3 人 延 人		4,400,000 円	449,240 円
のうち、支払調書を提出するもの		3 人		4,400,000 円	449,240 円
のうち、所得税法第174条第10号に規定する内国法人に対する賞金	件数　件	支払金額　円		源泉徴収税額　円	（摘要）
災害減免法により徴収猶予したもの	人	猶予税額			

所得税法第○条に規定する報酬又は料金等

---

4 不動産の使用料等の支払調書合計表（313）

区分	人員	支払金額
使用料等の総額	1 人	3,600,000 円
のうち、支払調書を提出するもの	1 人	3,600,000 円
（摘要）		

6 不動産等の売買又は貸付けのあっせん手数料の支払調書合計表（314）

区分	人員	支払金額
あっせん手数料の総額	1 人	1,197,000 円
のうち、支払調書を提出するもの	1 人	1,197,000 円
（摘要）		

5 不動産等の譲受けの対価の支払調書合計表（376）

区分	人員	支払金額
譲受けの対価の総額	2 人	166,000,000 円
のうち、支払調書を提出するもの	2 人	166,000,000 円
（摘要）　内補償金 3,000,000円		

通信日付印	確認印	提出年月日	身元確認
		年 月 日	

税務署整理欄　区分 A B C D E F G H

付録2　源泉徴収票等の法定調書の提出

〔参　考〕　その他の法定調書の一覧表

所得税法に定められているもの	1	利子等の支払調書
	2	国外公社債等の利子等の支払調書
	3	配当、剰余金の分配、金銭の分配及び基金利息の支払調書
	4	国外投資信託等又は国外株式の配当等の支払調書
	5	投資信託又は特定受益証券発行信託収益の分配の支払調書
	6	オープン型証券投資信託収益の分配の支払調書
	7	配当等とみなす金額に関する支払調書
	8	定期積金の給付補てん金等の支払調書
	9	匿名組合契約等の利益の分配の支払調書
	10	生命保険契約等の一時金の支払調書
	11	生命保険契約等の年金の支払調書
	12	損害保険契約等の満期返戻金等の支払調書
	13	損害保険契約等の年金の支払調書
	14	保険等代理報酬の支払調書
	15	非居住者等に支払われる組合契約に基づく利益の支払調書
	16	非居住者等に支払われる人的役務提供事業の対価の支払調書
	17	非居住者等に支払われる不動産の使用料等の支払調書
	18	非居住者等に支払われる借入金の利子の支払調書
	19	非居住者等に支払われる工業所有権の使用料等の支払調書
	20	非居住者等に支払われる機械等の使用料の支払調書
	21	非居住者等に支払われる給与、報酬、年金及び賞金の支払調書
	22	非居住者等に支払われる不動産の譲受けの対価の支払調書
	23	株式等の譲渡の対価等の支払調書
	24	交付金銭等の支払調書
	25	信託受益権の譲渡の対価の支払調書
	26	信託の計算書
	27	有限責任事業組合等に係る組合員所得に関する計算書
	28	名義人受領の利子所得の調書
	29	名義人受領の配当所得の調書
	30	名義人受領の株式等の譲渡の対価の調書
	31	譲渡性預金の譲渡等に関する調書
	32	新株予約権の行使に関する調書

— 327 —

付録2　源泉徴収票等の法定調書の提出

所得税法に定められているもの	33	株式無償割当てに関する調書
	34	先物取引に関する支払調書
	35	金地金等の譲渡の対価の支払調書
	36	外国親会社等が国内の役員等に供与等をした経済的利益に関する調書
相続税法に定められているもの	1	生命保険金・共済金受取人別支払調書
	2	損害（死亡）保険金・共済金受取人別支払調書
	3	保険契約者等の異動に関する調書
	4	信託に関する受益者別（委託者別）調書
租税特別措置法に定められているもの	1	上場証券投資信託等の償還金等の支払調書
	2	特定新株予約権の付与に関する調書
	3	特定株式等の異動状況に関する調書
	4	特定口座年間取引報告書
	5	非課税口座年間取引報告書
	6	未成年者口座年間取引報告書
	7	住宅取得資金に係る借入金等の年末残高調書
	8	教育資金管理契約の終了に関する調書
	9	結婚・子育て資金管理契約の終了に関する調書
その他	1	国外送金等調書
	2	国外財産調書
	3	国外証券移管等調書
	4	財産債務調書

〔付録　3〕　給与所得者と確定申告

　給与所得者は、給与等の支払者のもとで各人ごとに年末調整が行われ、これによって、源泉徴収された所得税及び復興特別所得税の合計額の精算が行われるので、年末調整による税額が確定税額となります。

　また、退職により退職手当の支給を受けた人についても、その退職所得は、他の所得と分離して課税されるので、一般に源泉徴収税額がそのまま確定税額となりますから、ほとんどの人は確定申告をする必要はありません。

　しかし、給与所得者のうちには、給与等の収入金額が一定金額以上であるため年末調整が行われなかった人や、給与所得のほかに他の所得があるため年末調整が行われたかどうかにかかわらず確定申告をしなければならない場合があります。

　また、確定申告を行う義務はなくても、申告することによって源泉徴収された所得税及び復興特別所得税の合計額の還付を受けられる場合もあります。以下これらの点について説明します。

1　給与所得者が確定申告を必要とする場合

①　本年中の給与等の収入金額が2,000万円を超える人（所法120、121①）

②　1か所から給与等の支払を受ける給与所得者（①、④、⑤及び⑥に掲げる人を除きます。）で給与所得及び退職所得以外の地代、家賃、原稿料などの所得の合計額が20万円を超える人（所法121①一）

③　2か所以上から給与等の支払を受ける給与所得者（①、④、⑤及び⑥に掲げる人を除きます。）で、年末調整をされた主たる給与等以外の従たる給与等の収入金額と給与所得及び退職所得以外の地代、家賃、原稿料などの所得の合計額が20万円を超える人（所法121①二）

　　ただし、2か所以上から給与等の支払を受ける給与所得者であっても、その給与等の合計額（その人が社会保険料控除、小規模企業共済等掛金控除、生命保険料控除、地震保険料控除、障害者控除、寡婦控除、ひとり親控除、勤労学生控除、扶養控除、配偶者控除又は配偶者特別控除を受ける場合には、その給与等の合計額からこれらの控除の額を差し引いた金額）が150万円以下である人で、しかも、給与所得及び退職所得以外の所得の合計額が20万円以下の人は確定申告をする必要がありません（所法121①二）。

④　常時2人以下の家事使用人のみを使っている者に雇われている人及び在日の外国大公使館に勤務している人など、給与等の支払を受ける際に所得税及び復興特別所得税の源泉徴収を

— 329 —

付録3　給与所得者と確定申告

されないことになっている人で、所得の金額が各種の所得控除額を超え、しかも、算出した所得税及び復興特別所得税の額が配当控除額を超える人（所法120①）

⑤　同族会社の役員やこれらの役員と親族関係などにある人で、その会社から給与等のほかに貸付金の利息、不動産の賃貸料、機械器具の使用料、営業権の使用料等の支払を受けている人（所法121①本文ただし書、所令262の2）

⑥　災害により被害を受け、「災害被害者に対する租税の減免、徴収猶予等に関する法律」（以下「災免法」といいます。）の規定による徴収猶予又は還付を受けている人（災免法3⑥）

⑦　退職所得がある人のうち、その退職手当の支払を受ける際に「退職所得の受給に関する申告書」を提出しなかったため、20.42％の税率で所得税及び復興特別所得税を源泉徴収された人で、その源泉徴収税額が「退職所得の受給に関する申告書」の提出があったものとして算出された税額よりも少ない人（所法120①、121②）

(注)　上記②及び③にいう給与所得及び退職所得以外の所得には、非課税とされる遺族年金などの所得や租税特別措置法の規定によって分離課税とされ、あるいは確定申告をしないことを選択した所得は含まれません（111ページ参照）。

2　給与所得者で確定申告をすれば源泉徴収税額が還付される場合

給与等や退職手当などについては、その源泉徴収の段階では雑損控除や医療費控除などの所得控除は受けられないことになっているため、これらの控除は確定申告によって受けることになります。

給与所得者で、確定申告をすれば源泉徴収税額の還付が受けられるのは、例えば次のような人です。

①　年の中途で退職して年末調整が行われなかった人で、源泉徴収された所得税及び復興特別所得税の合計額が過納となっている人

②　本年中に、災害により住宅や家財について、その価額の50％以上の損害を受け、災免法の規定による所得税及び復興特別所得税の軽減、免除を受けている人及び受けようとする人

③　本年中に、災害、盗難又は横領により、住宅や家財について損失（災害関連支出を含みます。）を受けた人で、その損失が次の④〜㋺に掲げる金額を超えるため、雑損控除を受けようとする人（②の軽減や免除を受ける人は、この雑損控除は受けられません。）（所法72）

　　④　その年の損失の金額のうちに災害関連支出の金額がない場合又は5万円以下の場合……所得金額の合計額の10％の額

　　㋺　その年の損失の金額のうちに5万円を超える災害関連支出の金額がある場合……

　　　　○損失の金額から5万円を超える災害関連支出の金額を控除した額
　　　　○所得金額の合計額の10％　　　　　いずれか少ない額

付録3　給与所得者と確定申告

　(ハ)　その年の損失の金額がすべて災害関連支出の金額である場合……

$\left\{\begin{array}{l}\circ\ 5万円 \\ \circ\ 所得金額の合計額の10\%\end{array}\right\}$ いずれか少ない額

④　本年中に支払った医療費が、10万円か本年中の所得金額の合計額の5％相当額かのいずれか低い金額を超えるため、医療費控除を受けようとする人（所法73）

⑤　健康の保持増進及び疾病の予防として一定の健康診断等を受けている人が1万2千円を超える特定一般用医薬品等（スイッチOTC医薬品）を購入し、医療控除の特例（セルフメディケーション税制）を受けようとする人（措法41の17）

　　(注)　上記④の医療費控除との重複適用はできません。

⑥　国、地方公共団体又は特定公益増進法人等に本年中に支払った寄附金、ふるさと納税、認定特定非営利活動法人の行う一定の特定非営利活動に係る事業に関連する寄附金、特定新規中小会社が発行した株式の取得に要した金額、特定の政治献金が2,000円を超えるため、寄附金控除を受けようとする人（所法78、措法41の18、41の18の2、41の19）

⑦　所得が一定額以下の人などで、配当所得があるため所得税法等の規定による配当控除を受けようとする人（所法92）

⑧　外国で納めた所得税に相当する税について、外国税額控除を受けようとする人（所法95）

⑨　一定の基準に該当する新築住宅や既存住宅を取得し、又は一定の要件を満たす増改築をし、その住宅を本年1月1日から12月31日までの間に取得し、かつ、取得後6か月以内に自己の居住の用に供した場合で、（特定増改築等）住宅借入金等特別控除を受けられる人及び（特定増改築等）住宅借入金等特別控除の適用が2年目以降となる人で、本年の年末調整の際にその控除を受けなかった人（措法41、41の2の2、41の3の2）

⑩　退職所得の支払を受けるときに「退職所得の受給に関する申告書」を提出しなかったため20.42％の税率で源泉徴収された人で、その源泉徴収税額が退職所得控除等を適用して計算した場合の税額を超えている人（所法201③）

⑪　政党等に対して政治活動に関する一定の寄附をしたことにより政党等寄附金特別控除を受けられる人（措法41の18）

⑫　認定特定非営利法人に対する一定の寄附金又は一定の公益社団法人等に対する寄附金が2,000円を超えるため、租税特別措置法等の規定による所得税額の特別控除を受けようとする人（措法41の18の2、41の18の3）

⑬　一定の耐震改修を行った人で、住宅耐震改修特別控除を受けようとする人（措法41の19の2）

⑭　一定の特定改修工事を行った人で、住宅特定改修特別税額控除を受けようとする人及び一定の認定住宅の新築等を行った人で、認定住宅新築等特別税額控除を受けようとする人（措法41の19の3、41の19の4）

— 331 —

付録3　給与所得者と確定申告

⑮　特定支出の額の合計額が給与所得控除額の2分の1相当額を超えるため、給与所得者の特定支出控除の特例の適用を受けようとする人（所法57の2）

(注)　上記③及び④にいう本年中の所得金額の合計額とは、総所得金額、退職所得金額及び山林所得金額の合計額をいい、上記1の**(注)**に掲げる租税特別措置法の規定によって分離課税とされ、あるいは確定申告をしないことを選択した所得は含まれません（111ページ参照）。

〔付録 4〕 所得税法第204条第1項に規定する各種報酬・料金等に対する源泉徴収一覧表

1 第1号に規定する報酬・料金

区　　　分	左の報酬又は料金に該当するもの	源泉徴収税額	左の報酬又は料金に類似するが該当しないもの
原稿の報酬	1　原稿料 2　演劇、演芸の台本の報酬 3　口述の報酬 4　映画のシノプス（筋書）料 5　文、詩、歌、標語等の懸賞の入賞金 6　書籍等の編さん料又は監修料	左の報酬又は料金の額×10.21% 　ただし、同一人に対し1回に支払われる金額が100万円を超える場合には、その超える部分については、20.42%	1　懸賞応募作品の選稿料又は審査料 2　試験問題の出題料又は各種答案の採点料 3　クイズ等の問題又は解答の投書に対する賞金等 （注）　所法第204条第1項第8号に掲げる広告宣伝のための賞金に該当するものについては、同項の規定により源泉徴収を行います。 4　ラジオ、テレビジョンその他のモニターに対する報酬 5　鑑定料 （注）　所法第204条第1項第2号に規定する不動産鑑定士等の業務に関する報酬又は料金に該当するものについては、同項の規定により源泉徴収を行います。 6　直木賞、芥川賞、野間賞、菊池賞等としての賞金品
挿絵の報酬	書籍、新聞、雑誌等の挿絵の料金	同　上	
写真の報酬	雑誌、広告その他の印刷物に掲載するための写真の報酬又は料金	同　上	
作曲の報酬	作曲、編曲の報酬	同　上	
レコード、テープ又はワイヤーの吹き込みの報酬	レコード、テープ、ワイヤーの吹込料 映画フィルムのナレーションの吹き込みの報酬	同　上	

— 333 —

付録4　報酬・料金等に対する源泉徴収一覧表

区　　　分	左の報酬又は料金に該当するもの	源泉徴収税額	左の報酬又は料金に類似するが該当しないもの
デザインの報酬	1　デザインの報酬 2　映画関係の原画料、線画料又はタイトル料 3　テレビジョン放送のパターン製作料 4　標章の懸賞の入賞金 **(注)**　「デザイン」には、工業デザイン、クラフトデザイン、グラフィックデザイン、パッケージデザイン、広告デザイン、インテリアデザイン、ディスプレイ、服飾デザイン、ゴルフ場、庭園、遊園地等のデザインなどがあります（所基通204－7）。	左の報酬又は料金の額×10.21％ ただし、同一人に対し1回に支払われる金額が100万円を超える場合には、その超える部分については、20.42％	1　織物業者が支払ういわゆる意匠料（図案を基に織原版を作成するのに必要な下画の写調料）又は紋切料（下画を基にする織原版の作成料） 2　字又は絵等の看板書き料 3　ネオンサイン、広告塔、ショーウィンドー、陳列棚、商品展示会場又は庭園等のデザインとその施工とを併せて請け負った者にその対価を一括して支払うような場合には、その対価の総額をデザインの報酬又は料金と施工の対価とに区分し、デザインの報酬又は料金について源泉徴収を行いますが、そのデザインの報酬又は料金の部分が極めて少額であると認められるときは、源泉徴収をしなくて差し支えありません（所基通204－8）。
放送謝金	ラジオ放送、テレビジョン放送等の謝金等	同　上	**(注)**　いわゆる素人のど自慢放送又は素人クイズ放送の出演者に対する賞金品等は、所法第204条第1項第8号の報酬又は料金として源泉徴収を行います。
著作権の使用料	書籍の印税、映画、演劇又は演芸の原作料、上演料等著作物の複製、上演、演奏、放送、展示、上映、翻訳、編曲、脚色、映画化その他著作物の利用又は出版権の設定の対価	同　上	
著作隣接権の使用料	レコードの吹き込みによる印税等 **(注)**　著作隣接権とは、次のような権利をいいます。 　1　俳優、舞踊家、演奏家、歌手等が実演を録音し、録画し、	同　上	商業用レコードの二次使用料

－334－

付録4　報酬・料金等に対する源泉徴収一覧表

区　　　分	左の報酬又は料金に該当するもの	源泉徴収税額	左の報酬又は料金に類似するが該当しないもの
	又は放送する権利 2　レコード製作者が製作したレコードを複製する権利 3　放送事業者が放送に係る音又は映像を録音し、録画し、又は写真その他により複製する権利		
工業所有権等の使用料	工業所有権、技術に関する権利、特別の技術による生産方式又はこれらに準ずるものの使用料	左の報酬又は料金の額×10.21% 　ただし、同一人に対し1回に支払われる金額が100万円を超える場合には、その超える部分については、20.42%	
講演の報酬又は料金	講演を依頼した場合の講師に支払う謝金	同　上	ラジオ、テレビジョンその他のモニターに対する報酬 (注)　放送謝金に該当するものについては、放送謝金として源泉徴収を行います。
技芸、スポーツ、知識等の教授・指導料	技芸、スポーツその他これらに類するもの（実技指導等）の教授若しくは指導又は知識の教授の報酬・料金 (注)　次に掲げるものも含まれます。 　生け花、茶の湯、舞踊、囲碁、将棋等の遊芸師匠に対し実技指導の対価として支払う謝金等 　編物、ペン習字、着付、料理、ダンス、カラオケ、民謡、語学、短歌、俳句等の教授・指導料 　各種資格取得講座に係る講師謝金等	同　上	(注)　一般の講演料に該当するものは講演の報酬・料金として、プロスポーツ選手に支払うものは所法第204条第1項第4号の報酬・料金として源泉徴収を行います。

付録4　報酬・料金等に対する源泉徴収一覧表

区　　分	左の報酬又は料金に該当するもの	源泉徴収税額	左の報酬又は料金に類似するが該当しないもの
脚本の報酬又は料金	映画、演劇、演芸等の脚本又はラジオ、テレビジョン放送の脚本の料金	左の報酬又は料金の額 × 10.21%　ただし、同一人に対し1回に支払われる金額が100万円を超える場合には、その超える部分については、20.42%	
脚色の報酬又は料金	潤色料（脚本の修正、補正料）又はプロット料（粗筋、構想料）等	同　上	
翻訳の報酬又は料金	翻訳の料金	同　上	
通訳の報酬又は料金	通訳の料金	同　上	手話通訳の報酬又は料金
校正の報酬又は料金	書籍、雑誌等の校正の料金	同　上	
書籍の装丁の報酬又は料金	書籍の装丁料	同　上	製本の料金
速記の報酬又は料金	速記料	同　上	
版下の報酬又は料金	原画又は原図から直ちに凸版、凹版、平版等を製版することが困難である場合において、その原画又は原図を基として製版に適する下画又は下図を写調する報酬又は料金のほか、原画又は原図を基として直接亜鉛版（ジンク版）に写調する報酬又は料金、活字の母型下を作成する報酬又は料金及び写真製版用写真原板の修整料も含まれます（所基通204－9）。	同　上	1　図案等のプレス型の彫刻料 2　織物業者が支払ういわゆる意匠料又は紋切料 3　写真植字料

付録4　報酬・料金等に対する源泉徴収一覧表

区　　　　分	左の報酬又は料金に該当するもの	源泉徴収税額	左の報酬又は料金に類似するが該当しないもの
投資助言業務に係る報酬又は料金	金融商品取引法第28条第6項に規定する投資助言業務に係る報酬又は料金	左の報酬又は料金の額×10.21% ただし、同一人に対し1回に支払われる金額が100万円を超える場合には、その超える部分については、20.42%	

（備　考）

1　上記の報酬又は料金には、給与所得又は退職所得に該当するものは含みません（所法204②一）。

2　上記の報酬又は料金の支払者が個人である場合で、①その個人が給与等の支払をするものでない場合、又は②給与等の支払をするものである場合でも、常時2人以下の家事使用人のみに対し給与等を支払うものである場合には、源泉徴収を行う必要はありません（所法204②二）。

3　上記の報酬又は料金の性質を有するものについては、たとえ謝礼、賞金、研究費、取材費、材料費、車賃、記念品代、酒こう料等の名義で支払うものであっても、原則として、源泉徴収が必要です（所基通204−2）。

4　上記の報酬又は料金の支払者が負担する旅費について、その支払者から交通機関、ホテル、旅館等に直接支払われ、かつ、その金額がその費用として通常必要であると認められる範囲内のものであるときは、源泉徴収をしなくても差し支えありません（所基通204−4）。

5　上記の報酬又は料金のうち次のいずれかに該当するもので、同一人に対し1回に支払うべき金額が少額（おおむね5万円以下）のものについては、源泉徴収をしなくて差し支えありません（所基通204−10）。

(1)　懸賞応募作品等の入選者に支払う賞金等

(2)　新聞、雑誌等の読者投稿欄への投稿者又はニュース写真等の提供者に支払う謝金等（あらかじめその投稿又は提供を委嘱した者にその対価として支払うものを除きます。）

(3)　ラジオ又はテレビジョン放送の聴視者番組への投稿者又はニュース写真等の提供者に支払う謝金等（あらかじめその投稿又は提供を委嘱した者にその対価として支払うものを除きます。）

2　第2号に規定する報酬・料金

区　　　　分	左の報酬又は料金に該当するもの	源泉徴収税額	左の報酬又は料金に類似するが該当しないもの
弁護士、外国法事務弁護士、公認会計士、税理士、弁理士、計理士又は会計士補、社会保	弁護料、監査料その他通常の報酬又は料金のほか名義のいかんを問わずその業務に関する一切の報酬又は料金	左の報酬又は料金の額×10.21% ただし、同一人に対し1回に	

— 337 —

付録4　報酬・料金等に対する源泉徴収一覧表

区　　　分	左の報酬又は料金に該当するもの	源泉徴収税額	左の報酬又は料金に類似するが該当しないもの
険労務士等の業務に関する報酬又は料金	**(注)**　支給を受ける時期及び金額があらかじめ定まっているもの等で給与所得に該当するか、この報酬又は料金に該当するかが明らかでない場合には、それらの支払を受ける者が勤務時間や勤務場所などについて、その支払者の指揮命令に属しており、一般の従業員や役員と勤務形態において差異が認められない場合には給与所得とし、事業としての独立性がある場合には報酬又は料金となります。	支払われる金額が100万円を超える場合には、その超える部分については、20.42％	
企業診断員の業務に関する報酬又は料金	1　中小企業診断士の業務に関する報酬又は料金 2　企業の求めに応じてその企業の状況について調査及び診断を行い、又は企業経営の改善及び向上のための指導を行う人（経営士、経営コンサルタント、労務管理士等と称されているもの）のその業務に関する報酬又は料金（所基通204－15）	左の報酬又は料金の額×10.21％ ただし、同一人に対し1回に支払われる金額が100万円を超える場合には、その超える部分については、20.42％	
司法書士の業務に関する報酬又は料金	裁判所、検察庁、法務局又は地方法務局に提出する書類の作成を業とするもののその業務に関する報酬又は料金	（左の報酬又は料金の額－1回の支払につき1万円）×10.21％	
土地家屋調査士の業務に関する報酬又は料金	不動産の表示に関する登記につき必要な土地又は家屋に関する調査、測量又は官公庁に対する申請手続をすることを業とするもののその業務に関する報酬又は料金	同　上	

付録4　報酬・料金等に対する源泉徴収一覧表

区　　　分	左の報酬又は料金に該当するもの	源泉徴収税額	左の報酬又は料金に類似するが該当しないもの
海事代理士の業務に関する報酬又は料金	船舶法、船舶安全法、船員法、海上運送法又は港湾運送事業法の規定に基づく申請、届出、登記その他の手続又はこれらの手続に関する書類の作成を業とするもののその業務に関する報酬又は料金	（左の報酬又は料金の額－1回の支払につき1万円）×10.21％	
測量士又は測量士補の業務に関する報酬又は料金	測量に関する計画の作成、その計画の実施その他の業務に関する報酬又は料金 **(注)**　個人の測量業者等で測量士等の資格を有しない人が測量士等の資格を有する使用人を雇用している場合に、その測量業者等に支払われるこれらの業務に関する報酬又は料金も源泉徴収の対象とされます（所基通204－12）。	左の報酬又は料金の額×10.21％ 　ただし、同一人に対し1回に支払われる金額が100万円を超える場合には、その超える部分については、20.42％	
建築士の業務に関する報酬又は料金	1　建築物の設計、工事監理を行ったことに対して支払う報酬又は料金 2　建築工事の指導監督を行ったことに対して支払う報酬又は料金 3　建築工事契約に関する事務を行ったことに対して支払う報酬又は料金 4　建築物に関する調査又は鑑定を行ったことに対して支払う報酬又は料金 5　建築に関する法令又は条例に基づく手続の代理を行ったことに対して支払う報酬又は料金 **(注)** 1　個人の建築業者等で建築士の資格を有しない人が建築士の資格を有する使用人を雇用している場合に、その建築業者等に支払われるこれら	同　上	建築士の業務と建築の請負とを併せて行っている人に設計等とその施工とを併せて請け負わせ、対価を一括して支払うような場合には、その対価の総額を建築士の業務に関する報酬又は料金と建築の対価とに区分し、建築士の業務に関する報酬又は料金について源泉徴収を行うのが建前ですが、建築士の業務に関する報酬又は料金の部分が極めて少額であると認められるときは、源泉徴収をしなくて差し支えありません。

— 339 —

付録4　報酬・料金等に対する源泉徴収一覧表

区　　　分	左の報酬又は料金に該当するもの	源泉徴収税額	左の報酬又は料金に類似するが該当しないもの
	の業務に関する報酬又は料金も源泉徴収の対象とされます。 　2　建築士には、建築士法第23条（登録）に規定する建築士事務所の登録を受けていない人も含まれます（所基通204−13）。		
建築代理士の業務に関する報酬又は料金	建築代理士（建築代理士以外の人で、建築に関する申請や届出の書類を作成し、又はこれらの手続の代理をすることを業とする人を含みます。）の業務に関する報酬又は料金 **(注)**　個人の建築業者等で建築代理士の資格を有しない人が建築代理士の資格を有する使用人を雇用している場合に、その建築業者等に支払われるこれらの業務に関する報酬又は料金も源泉徴収の対象とされます。	左の報酬又は料金の額×10.21% 　ただし、同一人に対し1回に支払われる金額が100万円を超える場合には、その超える部分については、20.42%	
不動産鑑定士又は不動産鑑定士補の業務に関する報酬又は料金	不動産の鑑定評価その他の業務に関する報酬又は料金 **(注)**　個人の建築業者等で不動産鑑定士等の資格を有しない人が不動産鑑定士等の資格を有する使用人を雇用している場合に、その建築業者等に支払われるこれらの業務に関する報酬又は料金も源泉徴収の対象とされます。	同　　上	
技術士又は技術士補の業務に関する報酬又は料金	技術士又は技術士補のその業務に関する報酬又は料金のほか、技術士又は技術士補の資格を有しないで科学技術（人文科学だけを対象とするものを除きます。）	同　　上	

付録4　報酬・料金等に対する源泉徴収一覧表

区　　　分	左の報酬又は料金に該当するもの	源泉徴収税額	左の報酬又は料金に類似するが該当しないもの
	に関する高等の専門的応用能力を必要とする事項について計画、研究、設計、分析、試験、評価又はこれらに関する指導の業務（他の法律においてその業務を行うことが制限されている業務を除きます。）を行う人のその業務に関する報酬又は料金（所基通204−18）		

（注）　上記の「他の法律においてその業務を行うことが制限されている業務」には、次のようなものがあります。
1　電気事業法第43条〈主任技術者〉に規定する主任技術者の業務
2　ガス事業法第25条〈ガス主任技術者〉、第65条〈ガス主任技術者〉又は第98条〈ガス主任技術者〉に規定するガス主任技術者の業務
3　医師法第17条〈非医師の医業禁止〉に規定する医師の業務
4　医薬品、医療機器等の品質、有効性及び安全性の確保等に関する法律第7条〈薬局の管理〉、第17条〈医薬品等総括製造販売責任者等の設置及び遵守事項〉、第23条の2の14〈医療機器等総括製造販売責任者等の設置及び遵守事項〉又は第23条の34〈再生医療等製品総括製造販売責任者等の設置及び遵守事項〉の規定により薬剤師等が行うべき管理の業務
5　電離放射線障害防止規則（昭和47年労働省令第41号）第47条各号〈エックス線作業主任者の職務〉に規定するエックス線作業主任者の業務
6　食品衛生法第48条第1項〈食品衛生管理者〉に規定する食品衛生管理者の業務

区　　　分	左の報酬又は料金に該当するもの	源泉徴収税額	左の報酬又は料金に類似するが該当しないもの
火災損害鑑定人又は自動車等損害鑑定人の業務に関する報酬又は料金	一般社団法人日本損害保険協会に火災損害登録鑑定人若しくは火災損害登録鑑定人補又は自動車等損害鑑定人（自動車又は建設機械の保険事故又は共済事故に関して損害額の算定又は調査を行うことを業とするいわゆるアジャスターをいいます。）として登録された人に対する報酬又は料金でその業務に関するもの（所基通204−16）	左の報酬又は料金の額×10.21％ ただし、同一人に対し1回に支払われる金額が100万円を超える場合には、その超える部分については、20.42％	損害保険会社（損害保険に類する共済の事業を行う法人を含みます。）以外の者が支払う報酬又は料金（所基通204−17）

（備　考）
1　上記の報酬又は料金には給与所得又は退職所得に該当するものは含みません（所法204②一）。
2　上記の報酬又は料金の支払者が個人である場合で、①その個人が給与等の支払をするものでない場合、又は②給与等の支払をするものである場合でも、常時2人以下の家事使用人に対し給与等を支払うものである場合には、源泉徴収を行う必要はありません（所法204②二）。
3　上記の報酬又は料金の性質を有するものについては、たとえ謝礼、賞金、研究費、取材費、材

料費、車賃、記念品代、酒こう料等の名義で支払うものであっても、原則として源泉徴収が必要です（所基通204－2）。

4　上記の報酬又は料金の支払者が負担する旅費については、その支払者から交通機関、ホテル、旅館等に直接支払われ、かつ、その金額がその費用として通常必要であると認められる範囲内のものであるときは、源泉徴収をしなくて差し支えありません（所基通204－4）。

5　報酬又は料金の支払者が国又は地方公共団体に対し登記、申請等をするため本来納付すべきものとされている登録免許税、手数料等に充てるものとして支払われたことが明らかなものは、源泉徴収は不要です（所基通204－11）。

6　上記の測量士、測量士補、不動産鑑定士、不動産鑑定士補、建築士又は建築代理士（以下「測量士等」といいます。）の業務に関するものには、測量士等の資格を有しない者で測量士等の資格を有する使用人を使用しているものが支払を受けるこれらの業務に関する報酬又は料金も含まれます（所基通204－12）。

3　第3号に規定する診療報酬

区　　　分	左の診療報酬に該当するもの	源泉徴収税額	左の診療報酬に類似するが該当しないもの
診療報酬	社会保険診療報酬支払基金法の規定により同基金が支払う診療報酬	（左の診療報酬の額－その月分として支払われる金額につき20万円）×10.21％	(1)　健康保険組合又は国民健康保険組合等が直接支払う診療報酬（所基通204－19） (2)　福祉事務所が支払う生活保護法の規定による診療報酬

4　第4号に規定する報酬・料金

区　　　分	左の報酬又は料金に該当するもの	源泉徴収税額	左の報酬又は料金に類似するが該当しないもの
職業野球の選手の業務に関する報酬又は料金	職業野球の選手、監督、コーチャー、トレーナー又はマネージャーに対し、選手契約に定めるところにより支払われるすべての手当、賞金品等（所基通204－20）	左の報酬又は料金の額×10.21％ ただし、同一人に対し1回に支払われる金額が100万円を超える場合には、その超える部分については、20.42％	職業野球の選手等に対し、選手契約の締結に基づき一時に支払われる契約金については、所法第204条第1項第7号の報酬又は料金として源泉徴収を行います。
職業拳闘家の業務に関する報酬又は料金	プロボクサーに支払われるファイトマネー、賞金品その他その業務に関する報酬又は料金	（左の報酬又は料金の額－1回の支払につき5万円）×10.21％	

— 342 —

付録4　報酬・料金等に対する源泉徴収一覧表

区　　　分	左の報酬又は料金に該当するもの	源泉徴収税額	左の報酬又は料金に類似するが該当しないもの
プロサッカーの選手の業務に関する報酬又は料金	プロサッカーの選手に支払われる定期報酬、出場料、成功報酬その他その業務に関する報酬又は料金	左の報酬又は料金の額×10.21% 　ただし、同一人に対し1回に支払われる金額が100万円を超える場合には、その超える部分については、20.42%	
プロテニスの選手の業務に関する報酬又は料金	プロテニスの選手に支払われる専属契約料、入賞賞金、出場料その他その業務に関する報酬又は料金	同　　上	
プロレスラー、プロゴルファー、プロボウラーの業務に関する報酬又は料金	プロレスラー、プロゴルファー、プロボウラーに支払われるその業務に関する賞金品、手当、その他の報酬又は料金	同　　上	
自動車のレーサーの業務に関する報酬又は料金	サーキット場で行われるレース、ラリー、モトクロス、トライアル等の自動車（原動機を用い、かつ、レール又は架線によらないで運転する車をいいます。）の競走・競技に出場するドライバー、ライダー等に支払われる賞金品その他その業務に関する報酬又は料金	同　　上	
競馬の騎手の業務に関する報酬又は料金	競馬の騎手に支払われるその業務に関する報酬又は料金	同　　上	
自転車競技の選手、小型自動車競走の選手又はモーターボート競走の選手の業務に関する報酬又は料金	普通賞金、特別賞金、寄贈賞、特別賞、参加賞その他競技に出場することにより受けるすべての賞金品	同　　上	
モデルの業務に関する報酬又は料金	1　雑誌、広告その他の印刷物にその容姿を掲載させることにより受ける報	左の報酬又は料金の額×10.21%	いわゆるファッションモデル又はマネキンのうちデパート等において常時役務を提供し、か

— 343 —

付録4　報酬・料金等に対する源泉徴収一覧表

区　　　分	左の報酬又は料金に該当するもの	源泉徴収税額	左の報酬又は料金に類似するが該当しないもの
	酬又は料金 2　ファッションモデル又はマネキン等に対する報酬又は料金	ただし、同一人に対し1回に支払われる金額が100万円を超える場合には、その超える部分については、20.42%	つ、その役務の提供の状態がそのデパート等の職員の勤務の状態に類似しているものに対する報酬又は料金については、給与等として源泉徴収をして差し支えありません（所基通204－21）。
外交員、集金人又は電力量計の検針人の業務に関する報酬又は料金	1　外交員、集金人又は電力量計の検針人にその地位に基づいて保険会社等から支払われる報酬又は料金 2　製造業者又は卸売業者等が、特約店等に専属するセールスマン又は専ら自己の製品等を取り扱う特約店等の従業員等に対し、取扱数量又は取扱金額に応じてあらかじめ定められているところにより交付する金員	（左の報酬又は料金の額－控除金額※）×10.21% ※控除金額……同一人に対してその月中に支払われる金額について、12万円（別に給与の支払があるときは、12万円からその月中に支払われる給与の金額を控除した残額）	1　保険会社が団体の代表者に対して支払う団体扱いに係る保険料の集金手数料 2　保険会社がその代理店に対して支払う集金手数料 **(注)**　生命保険会社がその代理店に対し生命保険契約の募集に関して支払うものは外交員の業務に関する報酬又は料金に該当します（所基通204－23）。

(備　考)

1　上記の報酬又は料金には、給与所得又は退職所得に該当するものは含みません（所法204②一）。

2　上記の報酬又は料金の支払者が個人である場合で、①その個人が給与等の支払をするものでない場合、又は②給与等の支払をするものである場合でも、常時2人以下の家事使用人に対し給与等を支払うものである場合には、源泉徴収を行う必要はありません（所法204②二）。

3　上記の報酬又は料金の性質を有するものについては、たとえ謝礼、賞金、研究費、取材費、材料費、車賃、記念品代、酒こう料等の名義で支払うものであっても、原則として源泉徴収が必要です（所基通204－2）。

4　上記の報酬又は料金の支払者が負担する旅費については、その支払者から交通機関、ホテル、旅館等に直接支払われ、かつ、その金額がその費用として通常必要であると認められる範囲内のものであるときは源泉徴収をしなくて差し支えありません（所基通204－4）。

5　上記の報酬又は料金の性質を有する経済的利益（金銭以外の物又は権利その他経済的な利益をいいます。）については、次のように取り扱われます（所基通204－3）。

(1)　職業野球の選手、外交員、集金人、ホステス等のように一定の者に専属して役務を提供する者がその役務の提供先から受ける経済的利益については、給与等とされる経済的利益の取扱いに準じます。

(2)　上記(1)以外の経済的利益については、所得税法施行令第321条（金銭以外のもので支払われる賞金の価額）の規定に準じて評価し、その評価した金額が少額なものについては、源泉徴収をしなくて差し支えありません。

付録4　報酬・料金等に対する源泉徴収一覧表

　　6　製造業者又は卸売業者が、特約店等に専属するセールスマン又は専ら自己の製品等を取り扱う特約店等の従業員等のために次に掲げる費用を支出することにより、そのセールスマン又は従業員等が受ける経済的利益については課税しなくて差し支えありません（所基通204-22の3）。
　(1)　そのセールスマン又は従業員等の慰安のために行われる運動会、演芸会、旅行等のために通常要する費用
　(2)　そのセールスマン若しくは従業員等又はこれらの者の親族等の慶弔、禍福に際して一定の基準に従って交付する金品の費用

5　第5号に規定する報酬・料金

区　　　分	左の報酬又は料金に該当するもの	源泉徴収税額	左の報酬又は料金に類似するが該当しないもの
映画、演劇、その他の芸能、ラジオ放送又はテレビジョン放送の出演や演出又は企画の報酬又は料金	1　映画、演劇、音楽、音曲、舞踊、講談、落語、浪曲、漫談、漫才、腹話術、歌唱、奇術、曲芸又は物まねの各芸能の出演等に対する報酬又は料金 2　クイズ放送又はいわゆるのど自慢放送の審査員に対する報酬又は料金（所基通204-24） 3　映画監督、音楽指揮者の報酬又は料金 4　映画若しくは演劇の製作、振付け（剣技指導その他これに類するものを含みます。）、舞台装置、照明、撮影、演奏、録音（擬音効果を含みます。）、編集、美粧又は考証の報酬又は料金 5　映画又は演劇関係の監修料（カット料）又は選曲料（所基通204-26）	左の報酬又は料金の額×10.21% ただし、同一人に対し1回に支払われる金額が100万円を超える場合には、その超える部分については、20.42%	1　舞踊、謡曲、長うた、三味線等の遊芸師匠又はダンス教師に支払う謝金（放送謝金に該当するものを除きます。） 2　料理屋、旅館等において特定の客（団体客を含みます。）の求めに応じ、その客に対して単に酒興を添えるために軽易な芸を披露した者（その料理屋、旅館等に専属して芸を披露している者又は常時出演している者を除きます。）に対し、その客が直接に又はその料理屋、旅館等を通じて支払うその報酬又は料金（所基通204-25） (注)　いわゆる素人のクイズ放送又はのど自慢放送の出演者に対する賞金品等は、所法第204条第1項第8号の報酬又は料金として源泉徴収を行います（所基通204-32）。
芸能人の役務の提供を内容とする事業を行う者のその役務提供に関する報酬又は料金	映画や演劇の俳優、映画監督や舞台監督（プロジューサーを含みます。）、演出家、放送演技者、音楽指揮者、楽士、舞踊家、講談師、落語家、浪曲師、漫談家、漫才家、腹話術師、歌手、奇術師、曲芸師又は物まね師の役務の提供を内容とする事業を行う者のその役務提供に関する報酬又は料金	同　　上	自ら主催して演劇の公演を行うことにより、観客等から受ける入場料等不特定多数の人から受けるもの（公演に伴い客席等の全部又は一部の貸切契約を締結することにより支払を受ける対価は、不特定多数の人から受けるものに該当するものとして取り扱われます。）

— 345 —

付録4　報酬・料金等に対する源泉徴収一覧表

区　　分	左の報酬又は料金に該当するもの	源泉徴収税額	左の報酬又は料金に類似するが該当しないもの
	(注) 1　「役務提供に関する報酬又は料金」とは、不特定多数の人から支払われるものを除き、芸能人の役務の提供の対価たる性質を有する一切のものをいいますから、その報酬又は料金には、演劇を製作して提供する対価や芸能人を他の劇団、楽団等に供給したり、芸能人の出演をあっせんしたりすることにより支払われる対価はもちろん、次のようなものも含まれます（所基通204－28）。 　　なお、脚本、楽曲等を提供することにより支払われる対価のように著作権の対価に該当するものは、上記の報酬又は料金には含まれません。 　(1)　テレビジョンやラジオの放送中継料又は雑誌、カレンダー等にその容姿を掲載させるなどのために芸能人を供給したり、あっせんすることにより支払われる対価 　(2)　芸能人の実演の録音、録画、放送又は有線放送につき著作隣接権の対価として支払われるもの（実演についての録音物の増製又は著作権法第94条第1項各号《放送のための固定物等による放送》に掲げる放送につき支払われるもので、その実演による役務の提供に対する対価と併せて支払われるもの以外のものを除きます。） 　(3)　大道具、小道具、衣装、かつら等の使用による損耗の補填に充てるための道具代、衣装代等又は犬、猿等の動物の出演料等として支払われるもの（これらの物だけを貸与したり、これらの動物だけを出演させることにより支払われる対価を除きます。） 　2　事業を営む個人が特定の要件に該当するものとして所轄税務署長から源泉徴収を要しないことの証明書の交付を受け、その証明書を提示して支払を受けるものについては、源泉徴収をする必要はありません。		

(備　考)

1　上記の報酬又は料金には、給与所得又は退職所得に該当するものは含みません（所法204②一）。

2　上記の報酬又は料金の支払者が個人である場合で、①その個人が給与等の支払をするものでない場合、又は②給与等の支払をするものである場合でも、常時2人以下の家事使用人に対し給与等を支払うものである場合には、源泉徴収を行う必要はありません（所法204②二）。

3　上記の報酬又は料金の性質を有するものについては、たとえ謝礼、賞金、研究費、取材費、材料費、車賃、記念品代、酒こう料等の名義で支払うものであっても、原則として源泉徴収が必要です（所基通204－2）。

4　上記の報酬又は料金の支払者が負担する旅費については、その支払者から交通機関、ホテル、旅館等に直接支払われ、かつ、その金額がその費用として通常必要であると認められる範囲内のものであるときは源泉徴収をしなくて差し支えありません（所基通204－4）。

6　第6号に規定する報酬・料金

区　　分	左の報酬又は料金に該当するもの	源泉徴収税額	左の報酬又は料金に類似するが該当しないもの
ホステス、バンケットホステス、コンパニオン等の業務に関する報酬又	1　キャバレー、ナイトクラブ、バーその他これらに類する施設でフロアにおいて客にダンスをさ	（左の報酬・料金の額－控除金額※）×10.21% ※控除金額……	芸妓の業務に関する報酬・料金 　配膳人及びバーテンダーの報酬・料金

付録4　報酬・料金等に対する源泉徴収一覧表

区　　　分	左 の 報 酬 又 は 料 金 に 該 当 す る も の	源泉徴収税額	左 の 報 酬 又 は 料 金 に 類 似 す る が 該 当 し な い も の
は料金	せ、又は客に接待をして遊興や飲食をさせるものにおいて、客に侍してその接待をすることを業務とするホステスその他の人のその業務に関する報酬又は料金 2　ホテル、旅館、飲食店その他飲食をする場所（臨時に設けられたものを含みます。）で行われる飲食を伴うパーティー等の会合において、専ら接待等の役務の提供を行うことを業務とするいわゆるバンケットホステス、コンパニオン等のその業務に関する報酬又は料金	同一人に対し1回に支払われる金額について、5,000円にその支払金額の計算期間の日数を乗じて計算した金額（別に給与の支払をする場合には、その計算した金額からその期間に係る給与の額を控除した残額）	

（備　考）
　　バー等の経営者(キャバレー、ナイトクラブ、バーその他これらに類する施設の経営者及びバンケットホステス、コンパニオン等をホテル、旅館等に派遣して接待等の業務を行わせることを内容とする事業を営む者)以外の者から支払われるこれらの報酬又は料金は、源泉徴収の対象とはなりません。しかし、客からバー等の経営者を通じてホステス、バンケットホステス、コンパニオン等に支払われるものは、バー等の経営者が支払うものとして源泉徴収を行うことになります（所法204③、措法41の20②）。

7　第7号に規定する契約金

区　　　分	左 の 契 約 金 に 該 当 す る も の	源泉徴収税額	左 の 契 約 金 に 類 似 す る が 該 当 し な い も の
役務の提供を約することにより一時に支払われる契約金	職業野球選手、その他一定の者に専属して役務の提供をする人が、その一定の者に役務を提供し又はそれ以外の者に提供しないことを約することにより一時に支払われる契約金 **(注)**　契約金には、雇用契約を締結することにより受ける仕度金、謝礼金なども含まれます（所基通204−30）。	左の契約金の額×10.21％ 　ただし、同一人に対し1回に支払われる金額が100万円を超える場合には、その超える部分については、20.42％	**(注)**　その役務の提供の対価が給与等とされる者の就職に伴う転居のための費用で、他の契約金と明確に区分して支払われ、かつ、非課税所得としての旅費に該当すると認められるものについては、源泉徴収を要しません（所基通204−30ただし書）。

付録4　報酬・料金等に対する源泉徴収一覧表

(備　考)

1　上記の契約金には、給与所得又は退職所得に該当するものは含みません（所法204②一）。
2　上記の契約金の支払者が個人である場合で、①その個人が給与等の支払をするものでない場合、又は②給与等の支払をするものである場合でも、常時2人以下の家事使用人に対し給与等を支払うものである場合には、源泉徴収を行う必要はありません（所法204②二）。
3　上記の契約金の性質を有するものについては、たとえ謝礼、賞金、研究費、取材費、材料費、車賃、記念品代、酒こう料等の名義で支払うものであっても、原則として源泉徴収が必要です（所基通204－2）。

8　第8号に規定する賞金

区　　　分	左の賞金に該当するもの	源泉徴収税額	左の賞金に類似するが該当しないもの
事業の広告宣伝のための賞金	事業の広告、宣伝のために賞として支払う金品その他の経済上の利益 **(注)**　次に掲げるものもこの賞金品に含まれます。 (1)　商店会、同業組合等の業者団体がその所属する事業者の営む事業の広告宣伝のために支払う賞金品等 (2)　事業を営む者又は事業を営む者の組織する団体から寄贈（低額譲渡を含みます。）を受けた者が支払う賞金品等で、その寄贈者等の事業の広告宣伝のために支払うものと認められるもの （所基通204－31）	（左の賞金品の額－控除金額※）×10.21% ※控除金額……同一人に対し1回に支払われる賞金品の額について、50万円	1　旅行等サービスを内容とするもので、金品との選択ができないもの 2　社会的に顕彰される行為、業績等を表彰するために支払う賞金品等で、社会通念上それが支払者の営む収益事業と密接な関連があると認められないもの 3　使用者が自己の使用人等を対象とし又は団体が自己の構成員を対象として、その使用人等又は構成員の勤務、業務、競技又は演技等の成績を表彰するために支払う賞金品等 4　行政官庁又はその協力団体が行政上の広報を目的として支払う賞金品等 （所基通204－33）
馬主に支払われる競馬の賞金	馬主に対し競馬の賞として支払われる金品のうち金銭で支払われるもの	（左の賞金の額－控除金額※）×10.21% ※控除金額……同一人に対し1回に支払われる賞金の金額について、その賞金の額の20%相当額と60万円との合計額	副賞として支払われる賞杯、絵画、置物、時計等の物品

付録4　報酬・料金等に対する源泉徴収一覧表

（備　考）

1　事業の広告宣伝のための賞金品には、給与所得又は退職所得に該当するものは含みません（所法204②一）。

2　事業の広告宣伝のための賞金品の支払者が個人である場合で、①その個人が給与等の支払をするものでない場合、又は②給与等の支払をするものである場合でも、常時2人以下の家事使用人に対し給与等を支払うものである場合には、源泉徴収を行う必要はありません（所法204②二）。

〔付録　5〕　現物給与の課税上の取扱い

　給与等には、金銭で支給されるもののほか、使用者から役員又は使用人としての地位に基づいて支給又は供与される「金銭以外の物又は権利その他経済的な利益」も含まれますが、この「金銭以外の物又は権利その他経済的な利益」のことを、一般に「現物給与」といいます。

　現物給与は、給与所得者にとってみれば選択性や換金性を欠く場合が多く、かつ、ときにはその価額の評価が困難な場合もあって、その課税に当たっては、特殊な取扱いが数多く設けられております。

　現物給与の主なものについての課税上の取扱いは、次に掲げるとおりです。

1　現物による給与

区　　　　分	課　税　の　方　法	評　価　の　方　法
1　有価証券（商品券を含みます。）	金額の多少にかかわらず全て課税されます。	支給時の価額（所基通36－36）。
2　役員又は使用人に支給する食事	支給を受ける人が、その食事の価額の半額以上を負担している場合には原則として課税されません。 　ただし、その食事の価額からその人の負担した金額を控除した残額（使用者の負担額)が月額3,500円を超えるときは、使用者が負担した全額が給与所得とされます。 　　　　　（所基通36－38の2）	1　使用者が調理して支給する食事 　その食事の材料等に要する直接費の額に相当する金額 2　使用者が購入して支給する食事 　その食事の購入価額に相当する金額 　（所基通36－38） 3　使用人の負担額は、消費税及び地方消費税の額を除いた金額とし、10円未満の端数は切り捨てます（平元直法6－1（平26課法9－1改正))。
	深夜勤務者（労働協約又は就業規則等により定められた正規の勤務時間による勤務の一部又は全部を午後10時から翌日午前5時までの間において行う者をいいます。)に対し、使用者が調理施設を有しないことなどにより深夜勤務に伴う夜食を現物で支給することが著しく困難であるため、その夜食の現物支給に代え通常の給与に加算して勤務1回ごとの定額で支給する金銭で、その1回の支給額が300円以下のものについては課税されません（昭59直法6－5、平元直法6－1（平26課法9－1改正))。	
3　上記1、2以外の現物給与	支給を受けた物品等のその支給時の価額により課税されます。	1　使用者が通常他に販売するもの 　使用者の通常の販売価額 2　上記1以外のもの

— 350 —

区　　　　分	課　税　の　方　法	評　価　の　方　法
		その物の通常の売買価額。ただし、その物が、支給のため使用者が購入したものであり、かつ、その購入時からその支給時までの間にその価額にさして変動がないものであるときは、その購入価額によることができます（所基通36-39）。

4　課税されない現物給与
(1)　船員法第80条第1項の規定により乗船中の船員に支給される食事など、その他の法律の規定により無料で支給される食事
(2)　職務の性質上制服を着用しなくてはならない人が支給を受ける制服その他の身の回り品
(3)　残業、宿直、日直をした人に支給する食事（所基通36-24）
(4)　使用者の負担した寄宿舎の電気、ガス、水道等の料金で役員又は使用人の使用部分のわからないもの（所基通36-26）
(5)　掘採場勤務者に対して支給する石炭などの燃料（所基通36-25）
(6)　永年勤続者表彰のための記念品で、受彰者の勤続期間等に照らし社会通念上相当と認められるもの（所基通36-21）
(7)　創業何十周年等に際して支給する記念品で、その処分見込価額が10,000円以下のもの（所基通36-22）
(8)　職務に直接必要な技術、知識の習得又は免許、資格を取得させるための研修会講習会等の出席費用等に充てるために支給する金品で適正なもの（所基通36-29の2）
(9)　使用者の負担した運動会、慰安会等の費用（ただし、任意の不参加者にその費用相当額を支給するときは、その人だけでなく参加者全員について課税されます。）（所基通36-30、36-50）
(10)　使用者が、役員又は使用人に対してその取扱商品を、30％以下程度値引販売した場合（値引後の販売価額が、取得した価額以上であることを要します。）のその値引相当額（所基通36-23）

2　経済的な利益

区　　　　分	課　　税　　の　　方　　法
1　社宅、寮の供与 (1)　使　用　人　分	使用人に提供された社宅、寮などについては、次により計算した通常の賃貸料の額（使用人から家賃を徴収しているときは、その徴収家賃と通常の賃貸料の額との差額）が給与となります。 　ただし、使用人から徴収している家賃が通常の賃貸料の額の50％以上である場合には、課税されません。 $\left[\begin{array}{l}\text{その年度の}\\\text{家屋の固定}\\\text{資産税の課}\\\text{税標準額}\end{array}\right] \times 0.2\% + 12円 \times \dfrac{\text{その家屋の総}}{\text{床面積（㎡）}\ \ \ } \times \left[\begin{array}{l}\text{その年度の}\\\text{敷地の固定}\\\text{資産税の課}\\\text{税標準額}\end{array}\right] \times 0.22\%$ 　　　　　　（所基通36-41、36-45、36-47）
(2)　役　　員　　分	イ　役員に提供される住宅については、次により計算した通常の賃貸料の額（使用者が他から借り受けて貸与した住宅等でその使用者の支払う賃貸料の額の50％に相当する金額が次により計算した金額を超えるものについては、その50％に相当する金額）と、その

付録5　現物給与の課税上の取扱い

区　　　　分	課　税　の　方　法
	法人が役員から実際に徴収している賃貸料の額との差額が給与となります。 $$\left\{\begin{array}{l}\text{その年度の}\\\text{家屋の固定}\\\text{資産税の課}\\\text{税標準額}\end{array}\times12\%\begin{pmatrix}\text{木造家屋}\\\text{以外の家}\\\text{屋につい}\\\text{ては10\%}\end{pmatrix}+\begin{array}{l}\text{その年度の}\\\text{敷地の固定}\\\text{資産税の課}\\\text{税標準額}\end{array}\times6\%\right\}\times\dfrac{1}{12}$$ 　ただし、家屋の床面積（二以上の世帯を収容する構造の家屋については1世帯として使用する部分の床面積）が、次に掲げるような小規模な家屋についての通常の賃貸料の額は、前記区分欄の(1)使用人分の算式によって計算した金額となります。 　なお、徴収している家賃が算式によって計算した通常の賃貸料の額の50％以上である場合には課税しないとする使用人の場合の取扱いは適用されませんから、特に注意が必要です。 　(イ)　木造家屋にあっては132㎡以下 　(ロ)　木造家屋以外の家屋にあっては99㎡以下 　**(注)**①　上記算式中「木造家屋以外の家屋」とは、減価償却資産の耐用年数等に関する省令別表1に規定する耐用年数が30年を超える住宅用の建物をいい、また、「木造家屋」とはその耐用年数が30年以下の住宅用の建物をいいます。 　　②　住宅等に公的使用部分があることの明らかな場合における徴収すべき賃貸料の額は通常の賃貸料の額から公的使用部分に相当する金額を控除した残額とします。 　　　この場合、法人が(1)又は(2)により計算した通常の賃貸料の額の70％以上に相当する金額をその賃貸料の額として徴収している場合には、法人の計算はそのまま認められます。 　　③　単身赴任者のように住宅等の一部しか使用していないことが明らかな場合における賃貸料の額は、その使用している部分に対応する通常の賃貸料の額によります。 　　　この場合、法人が次の算式により計算した金額以上の金額をその賃貸料の額として徴収している場合には、法人の計算はそのまま認められます。 $$\begin{pmatrix}\text{その住宅等につき}\\\text{本文の(1)又は(2)に}\\\text{より計算した通常}\\\text{の賃貸料の額}\end{pmatrix}\times\dfrac{50(\text{㎡})}{\text{その家屋の総床面積}(\text{㎡})}$$ 　　　　（所基通36-40、36-41、36-43） ロ　役員の居住の用に供する家屋の敷地を貸与している場合、その敷地を将来無償で返還するとしているときは、上記イにかかわらず、更地価額のおおむね年6％程度に相当する金額が、その土地に係る年間の地代相当額となります（所基通36-45の2）。 ハ　いわゆる豪華な役員住宅の賃貸料の額はイによらず時価（実勢価額）により、評価することとなります。 　　いわゆる豪華社宅であるかどうかの判断は床面積が240㎡を超えるもののうち、内外装の状況等各種の要素を統合勘案して判定します（平7課法8-1）。 　　なお、床面積が240㎡以下のものであっても、プール等や役員個人の嗜好等を著しく反映した設備等を有するものなどは、いわゆる豪華な役員住宅に該当します。

— 352 —

付録5　現物給与の課税上の取扱い

区　　　分	課　税　の　方　法
2　保険料の負担 　(1)　使用者契約に係る保険料 　　　の経済的利益	（下記参照）

イ　養老保険（所基通36-31、36-31の4）

保険金受取人		主契約保険料	特約保険料
死亡保険金	生存保険金		
使　用　者		課税なし	課税なし （ただし、役員等のみを特約給付金の受取人とする場合には給与。）
使用人等の遺族	使用人等	給　　与	
使用人等の遺族	使用者	課税なし （ただし、役員等のみを被保険者としている場合、$\frac{1}{2}$に相当する金額は給与。）	

(注) 1　使用人等……役員又は使用人をいいます。
　　　2　役員等……役員又は特定の使用人をいいます。

ロ　定期保険（所基通36-31の2、36-31の4）

死亡保険金の受取人	主契約保険料	特約保険料
使　用　者	課税なし	課税なし （ただし、役員等のみを特約給付金の受取人とする場合には給与。）
使用人等の遺族	課税なし （ただし、役員等のみを被保険者としている場合には給与。）	

ハ　定期付養老保険金（所基通36-31の3、36-31の4）

区分	保険金受取人		主契約保険料		特約保険料
	死亡保険金	生存保険金	養老保険	定期保険	
保険料が区分されている場合	使　用　者		課税なし	課税なし	課税なし （ただし、役員等のみを特約給付金の受取人とする場合には給与。）
	使用人等の遺族	使用人等	給　　与	課税なし （ただし、役員等のみを被保険者としている場合には給与。）	
	使用人等の遺族	使用者	課税なし （ただし、役員等のみを被保険者としている場合、$\frac{1}{2}$に相当する金額は給与。）		
保険料が区分されていない場合	使　用　者		課税なし		課税なし （ただし、役員等のみを特約給付金の受取人とする場合には給与。）
	使用人等の遺族	使用人等	給　　　　与		
	使用人等の遺族	使用者	課税なし （ただし、役員等のみを被保険者としている場合、$\frac{1}{2}$に相当する金額は給与。）		

— 353 —

付録5　現物給与の課税上の取扱い

区　　　分	課　税　の　方　法
	ニ　使用者契約の保険契約等（所基通36－31の7） 　　使用者が自己を契約者とし、役員等のために次に掲げる保険契約又は共済契約（その契約期間の満了に際し、満期返戻金、満期共済金等の給付がある場合には、その給付の受取人を使用者としている契約に限ります。）に係る保険料等を支払ったことにより役員等が受ける経済的利益については、課税しなくて差し支えありません。 　⑴　役員等の身体を保険の目的とする所得税法第76条第6項第4号に掲げる保険契約 　⑵　役員等の身体を保険又は共済の目的とする損害保険契約又は共済契約 　⑶　役員等の居住の用に供している家屋又は資産（地震保険料控除の適用のあるもの及び役員等から賃借している建物等で、その役員等に使用させているものを含みます。）を保険若しくは共済の目的とする損害保険契約又は共済契約 　**(注)**　役員又は特定の使用人のみを対象としてその保険料を支払うこととしている場合には、その保険料の額（その契約期間満了に際し満期返戻金、満期共済金等の給付がある場合には、支払った保険料の額から積立保険料に相当する部分の金額を控除した金額）は、その役員等に対する給与とされます。
⑵　役員等契約に係る保険料の経済的利益	使用者が、役員等が負担すべき次に掲げるような保険料又は掛金を負担した場合には、その負担した額は、その役員等の給与等とされます。 　イ　役員等が契約した生命保険契約等、介護医療保険契約等（確定給付企業年金規約等及び適格退職年金契約を除きます。）又は損害保険契約等に係る保険料又は掛金 　ロ　社会保険料（社会保険料控除となるものをいいます。） 　ハ　小規模企業共済等掛金（小規模企業共済等掛金控除となるものをいいます。）（所基通36－31の8）
⑶　少額な保険料の負担	使用者が役員等のために負担した保険料等について、その者につき月中に負担する金額の合計額が月額（年払、半年払となっている場合には、月割額）300円以下である場合には課税しなくて差し支えありません（所基通36－32）。 　**(注)**　ただし、役員又は特定の使用人のみを対象としている場合のその者の受ける経済的利益については、この限りではありません。
3　保険契約等に関する権利の評価	使用者が役員又は使用人に対して生命保険契約若しくは損害保険契約又はこれらに類する共済契約（以下「保険契約等」といいます。）に関する権利を支給した場合、その支給時においてその保険契約等を解除したとした場合に支払われることとなる解約返戻金の額（解約返戻金のほかに支払われることとなる前納保険料の金額や剰余金の分配額等がある場合にはこれらの合計額。以下「支給時解約返戻金の額」といいます。）により評価します。 　ただし、次の保険契約等に関する権利を支給した場合には、それぞれ次の通りにより評価します（所基通36－37）。

付録5　現物給与の課税上の取扱い

区　　　分	課　税　の　方　法
	イ　支給時解約返戻金の額が支給時資産計上額の70％に相当する金額未満である保険契約等に関する権利（法人税基本通達9－3－5の2の取扱いの適用を受けるものに限ります。）を支給した場合には、その支給時資産計上額により評価します。 ロ　復旧することのできる払済保険その他これに類する保険契約等に関する権利（元の契約が法人税基本通達9－3－5の2の取扱いの適用を受けるものに限ります。）を支給した場合には、支給時資産計上額に法人税基本通達9－3－7の2の取扱いにより使用者が損金に算入した金額を加算した金額により評価します。 (注)　「支給時資産計上額」とは、使用者が支払った保険料の額のうちその保険契約等に関する権利の支給時の直前において前払部分の保険料として法人税基本通達の取扱いにより資産に計上すべき金額をいい、預け金等で処理した前納保険料の金額、未収の剰余金の分配額等がある場合には、これらの金額を加算した金額をいいます。
4　使用者が所有している資産を役員又は使用人が無償又は低い価額で買い入れた場合	その資産の価額と買入価額との差額が給与となります（所基通36－15(1)）。
5　役員又は使用人に対する債権を放棄したり免除したような場合	放棄したり、免除した債権の金額が給与となります（所基通36－15(5)）。
6　使用者が役員又は使用人に対し無償又は低い対価で用役の提供をした場合	その用役の対価に相当する金額又はその金額と使用人から受け取った金額との差額が給与となります（所基通36－15(4)）。 　ただし、陸運業、興行業、理髪業、クリーニング業、浴場業などのように、不特定多数の顧客に対して用役の提供を行うような事業を営んでいる使用者が使用人の日常生活についてその事業に属する用役を提供している場合は、それらの提供された用役の価額が著しく多額でない限り給与とみなくてもよいこととされています（所基通36－29）。
7　使用者が役員又は使用人に対し無利子又は低い利率で金銭を貸し付けている場合など	(1)　その貸付金が、役員又は使用人が災害に遭ったり、病気になったりしたために臨時的に必要とした生活資金に充てられているものであるときは、その返済に要する期間として合理的と認められる期間内について課税する必要はありません。 (2)　使用者が使用人に対し、その使用人の居住の用に供する住宅等の取得資金を無利息又は低い金利で貸し付けた場合は、使用人が通常受ける経済的利益を超えるものとして、課税する必要があります。 (3)　上記(1)及び(2)以外の場合は、役員又は使用人が通常負担すべき利息の額については、次に掲げる利率によります。 　イ　使用者が他から借り入れて貸し付けた場合……その借入金の利率 　ロ　その他の場合

付録5　現物給与の課税上の取扱い

区　　　分	課　税　の　方　法
	(イ)　平成26年1月1日以後に貸付けを行ったもの 　　貸付けを行った日の属する年の前々年の9月から前年の8月までの各月における短期貸付けの平均利率の合計を12で除して計算した割合として各年の11月30日までに財務大臣が告示する割合に、年0.5%（令和2年までは年1%）の割合を加算した利率（措法93②《利子税の割合の特例》に規定する利子税特例基準割合） 　　・平成26年中に貸付けを行ったもの……年1.9% 　　・平成27・28年中に貸付けを行ったもの……年1.8% 　　・平成29年中に貸付けを行ったもの……年1.7% 　　・平成30〜令和2年中に貸付けを行ったもの……年1.6% 　　・令和3年中に貸付けを行ったもの……年1.0% 　　・令和4・5年中に貸付けを行ったもの……年0.9% (ロ)　平成25年12月31日以前に貸付けを行ったもの 　　貸付けを行った日の属する年の前年の11月30日を経過する時における基準割引率（日本銀行法15①一《商業手形の基準割引率》）に年4%の利率を加算した利率 　　・平成14年〜18年中に貸付けを行ったもの　………年4.1% 　　・平成19年中に貸付けを行ったもの　………………年4.4% 　　・平成20年中に貸付けを行ったもの　………………年4.7% 　　・平成21年中に貸付けを行ったもの　………………年4.5% 　　・平成22〜25年中に貸付けを行ったもの　………年4.3% 　ただし、使用者が役員又は使用人に対して貸し付けた金額につき、使用者における借入金の平均調達金利など合理的と認められる貸付利率を定め、利息を徴収している場合には、課税する必要はありません。 (4)　上記(3)の場合において計算した金額が年間5,000円以下のときは給与として取り扱わなくてもよいことになっています。 **(注)**　給与所得者等が住宅資金の貸付け等を受けた場合の課税の特例については、平成22年12月31日の適用期限の到来をもって廃止されました。なお、平成22年12月31日以前に住宅資金の貸付け等を受けている人に対しては、経過措置により引き続きこの特例が適用されます。 （旧措法29、旧措令19の2、旧措規11の2、所基通36−28、36−49）
8　使用者が役員又は使用人のために個人的費用を負担した場合	その負担した金額が給与となります（所基通36−15(5)）。
9　課税されない経済的利益	いわゆる強制居住者に提供した家屋の家賃相当額（所基通9−9）
10　ストック・オプションを行使することにより取締役等が受ける経済的利益	株式会社の取締役、執行役又は使用人（一定の大口株主等を除きます。）が、その株式会社の付与決議に基づきその株式会社と締結した次に掲げる要件等が定められた付与契約により与えられた新株予約権、新株引受権又は株式譲渡請求権を、その付与契約に従って行使することにより株式を取得した場合における経済的利益（その年に行使したストック・オプションの権利行使価額の合計額が、1,200

— 356 —

付録5　現物給与の課税上の取扱い

区　　　分	課　税　の　方　法
	万円を超えることとなる場合のその権利行使による経済的利益を除きます。）については、一定の要件の下で課税されません（措法29の2）。 ①　株主総会の付与決議の日後2年を経過した日からその付与決議の日後10年を経過する日までに権利行使を行わなければならないこと ②　権利行使価額の年間の合計額が1,200万円を超えないこと ③　1株当たりの権利行使価額は、ストック・オプションの権利付与契約締結時におけるその株式の1株当たりの価額相当額以上とされていること ④　新株予約権については、譲渡してはならないこととされていること ⑤　権利行使に係る株式の交付が、その交付のために付与決議がされた募集事項に反しないで行われるものであること ⑥　権利行使により取得する株式は、一定の方法によって証券業者等に保管の委託等がされること
11　特定譲渡制限付株式等の交付を受けたことにより受ける経済的利益	個人が法人に役務提供をしたことによりその役務提供の対価としてその法人から交付を受ける次に掲げる条件が付された特定譲渡制限付株式等について、雇用契約等に基因して交付されたものである場合には、その譲渡制限付株式の譲渡制限が解除された日における価額が給与とされます（所令84①②、所基通23～35共－5の2～4）。 ①　譲渡についての制限が設けられており、かつ、その譲渡について制限に係る期間が設けられていること ②　その個人から役務の提供を受ける法人又はその株式を発行し、若しくはその個人に交付した法人がその株式を無償で取得することとなる事由（その個人の勤務状況に基づく事由又はその法人の業績その他の指標に基づく事由に限ります。）が定められていること

〔付録　6〕　災害被害者に対する救済措置

1　給与等の支払を受ける人が災害被害者である場合

（1）　災害による源泉所得税及び復興特別所得税の徴収猶予又は還付

　給与、公的年金、報酬又は料金の支払を受ける人が災害により住宅や家財に大きな被害を受けたときは、「災害被害者に対する租税の減免、徴収猶予等に関する法律」（以下「災免法」といいます。）により源泉所得税及び復興特別所得税の合計額の徴収が猶予されたり、還付されたりします。

　（注）1　「災害」とは、次に掲げるものをいいます。
　　　（1）　震災、風水害、冷害、雪害、干害、落雷、噴火その他の自然現象の異変による災害
　　　（2）　火災、鉱害、火薬類の爆発、交通事故その他の人為による異常な災害
　　　（3）　害虫、害獣その他の生物による異常な災害
　　　2　「住宅」とは、所得者又は所得者と生計を一にする配偶者その他の親族が所有するもので、それらの人が常時居住している家屋をいいます。
　　　3　「家財」とは、所得者又は所得者と生計を一にする配偶者その他の親族が所有するもので、それらの人が日常生活に通常必要な家具、じゅう器、衣服、書籍その他の家庭用動産をいいます。
　　　　　なお、貴金属類、書画、骨とう、美術工芸品等で、1個又は1組の価額が30万円を超えるものについては、家財に含まれません。

（2）　徴収猶予又は還付される金額等

　給与所得者の場合の源泉所得税及び復興特別所得税の徴収猶予や還付をされる金額等については、次のとおりです。

イ　災害による損害額が住宅又は家財の価額の50％以上で、かつ、その年分の合計所得金額の見積額が1,000万円以下である場合

　　この場合の取扱いは、次の表のとおりです（災免法3②③、災免令3の2、復興財確法33①、復興特別所得税政令13①）。

— 358 —

付録6　災害被害者に対する救済措置

その年分の合計所得金額の見積額等		徴収猶予される期間及び金額	還付される金額
(イ)　500万円以下の場合		災害のあった日からその年の12月31日までの間に支払を受ける給与等又は公的年金等につき源泉徴収をされる所得税及び復興特別所得税の額	その年1月1日から災害のあった日までの間に支払を受けた給与等又は公的年金等につき源泉徴収をされた所得税及び復興特別所得税の額
(ロ)　500万円を超え750万円以下の場合	A　6月30日以前に災害を受けた場合	災害のあった日から6か月を経過する日の前日までの間に支払を受ける給与等又は公的年金等につき源泉徴収をされる所得税及び復興特別所得税の額	な　　し
	B　7月1日以後に災害を受けた場合	災害のあった日からその年の12月31日までの間に支払を受ける給与等又は公的年金等につき源泉徴収をされる所得税及び復興特別所得税の額	7月1日から災害のあった日までの間に支払を受けた給与等又は公的年金等につき源泉徴収をされた所得税及び復興特別所得税の額
	C　A又はBに代えてCを選択した場合	災害のあった日からその年の12月31日までの間に支払を受ける給与等又は公的年金等につき源泉徴収をされる所得税及び復興特別所得税の額の2分の1	その年の1月1日から災害のあった日までの間に支払を受けた給与等又は公的年金等につき源泉徴収をされた所得税及び復興特別所得税の額の2分の1
(ハ)　750万円を超え1,000万円以下の場合	A　9月30日以前に災害を受けた場合	災害のあった日から3か月を経過する日の前日までの間に支払を受ける給与等又は公的年金等につき源泉徴収される所得税及び復興特別所得税の額	な　　し
	B　10月1日以後に災害を受けた場合	災害のあった日からその年の12月31日までの間に支払を受ける給与等又は公的年金等につき源泉徴収をされる所得税及び復興特別所得税の額	な　　し

> **(注)** 1　(ロ)のA及び(ハ)のAの徴収猶予期間は、その年の12月31日を限度として延長される場合があります（災免令3の2⑥）。
>
> 2　上記の徴収猶予又は還付を受けていても、雑損控除を受ける方が有利なときは、確定申告の際に災免法の適用に代えて雑損控除の適用を受けることができます（所法72）。
>
> 3　「災害による損害額が住宅又は家財の価額の50％以上で、かつ、その年分の合計所得金額の見積額が1,000万円以下である場合」に該当しない場合であっても、その災害による損失について雑損控除の適用があると見込まれるときは、次のロにより徴収猶予を受けることができます。

ロ　イ以外の場合

　　所得税法第72条の規定による雑損失の見積額及び同法第71条の規定による繰越雑損失の金額の範囲内で、当年及び翌年以降3年間の給与に対する源泉所得税及び復興特別所得税について

徴収猶予を受けることができます（災免法3⑤、災免令9、10、復興財確法33①、復興特別所得税政令13①）。

（3） 徴収猶予及び還付を受けるための手続

　源泉所得税及び復興特別所得税の額について徴収猶予又は還付を受けようとする場合の手続は、次の表に掲げるところによります（災免令4～6、8、10、復興特別所得税政令13①）。

　また、これ以外の方法として、翌年2月16日から3月15日までの間に確定申告を行うことによっても還付を受けることができます。

徴収猶予、還付の内容	申　請　書　の　種　類	申　請　書　の　提　出　先
上記（2）のイの(イ)、(ロ)及び(ハ)による徴収猶予	「令和　年分源泉所得税及び復興特別所得税の徴収猶予・還付申請書（災免用）」	給与等の支払者を経由してその災害を受けた人の納税地の所轄税務署長（日雇給与を受ける人は直接納税地の所轄税務署長）に提出(注)
上記（2）のイの(イ)及び(ロ)のB・Cによる還付	同　　　　　上	直接納税地の所轄税務署長に提出
上記（2）のロによる徴収猶予（雑損失の繰越控除がある場合）	「繰越雑損失がある場合の令和　年分源泉所得税の徴収猶予承認申請書」	同　　　　　上 　ただし、遠隔地の納税者等の場合には、給与の支払者に提出することができます。
上記（2）のロによる徴収猶予（雑損失の金額があると見積もられる場合）	「繰越雑損失がある場合の令和　年分源泉所得税の徴収猶予承認申請書」に準ずる申請書	同　　　　　上

(注) 支払者の源泉所得税の納税地の所轄税務署長に提出しても構いません（この場合でも、申請書の名宛人は災害を受けた人の納税地の所轄税務署長としてください。）。

（4） 給与支払者が注意しなければならない事項
イ　徴収猶予申請書の提出があったとき

　給与の支払者は、災害を受けた人から「源泉所得税及び復興特別所得税の徴収猶予・還付申請書（災免用）」の提出があった場合には、その申請書を所轄税務署長へ提出しなければなりません。

　この場合、還付だけの申請書は、給与の支払者が、次の事項を記入して証明した上、申請者が直接、当該申請者の納税地を所轄する税務署長に提出することになります。

① 　給与の支払者が、その申請書を受けた日

② 　その年の1月からその申請書を受けた日までの間に、申請者に支払った給与から徴収した税額（源泉徴収簿の写しを添付します。）

③ 　②の税額の納付先税務署長

付録6　災害被害者に対する救済措置

ロ　給与支払者が税務署長から徴収猶予の通知を受けたとき

　徴収猶予が承認された場合には、税務署長から直接申請者へ通知されるほか、給与の支払者にも、その旨通知されます。徴収猶予の通知を受けたときには源泉徴収簿の「災害減免法による徴収猶予関係」欄にその内容を記入するとともに、徴収猶予期間中に支給する給与については、源泉徴収をする必要はありません。

　なお、還付税額のある場合には税務署から直接申請者に還付されますので、給与の支払者は還付をしてはいけません。

ハ　年末調整のとき

　災害減免法により、給与所得に対する源泉所得税及び復興特別所得税の額の徴収を猶予し、又は還付を受けた人については、年末調整を行ってはいけません。

　したがって、徴収猶予の申請（給与の支払者を通じて税務署長へ提出します。）や還付申請（申請書に給与の支払者の証明が必要です。）の手続をとった人については、よく確かめて誤りのないようにしなければなりません。

　なお、徴収猶予の承認は、申請者に直接通知されますが、併せて給与の支払者にも税務署長から通知されることになっています。

　(注)　災免法による税金の徴収猶予や還付を受けた人は、通常ならば確定申告をする必要がない場合でも、必ず確定申告書を提出しなければなりません。

（5）　法定調書の作成のとき

　災害減免法により、給与所得に対する源泉所得税及び復興特別所得税の額の徴収猶予や還付を受けた人の「給与所得の源泉徴収票」は、次のとおり記載します。

　イ　「災害者」欄には、〇印を付して災免法による徴収猶予や還付を受けた人であることを示します。

　ロ　「源泉徴収税額」欄には、徴収を猶予した税額は含めないで記載します。

　　　この場合、還付を受けた税額があるときには、その還付税額に関係なく、その年中に源泉徴収した所得税及び復興特別所得税の合計額（算出税額）を記載します。

　ハ　「摘要」欄には、徴収猶予をした税額を記載します。

付録6　災害被害者に対する救済措置

税務署長　殿　　　　　　　年　月　日提出

（税務署受付印）

〒

住　所
（居所）

フリガナ
氏　名＿＿＿＿＿＿＿＿＿＿＿
個人番号＿＿＿＿＿＿＿＿　職業＿＿＿　電話（　）　―

この欄には書かないでください。		索引番号

令和　　年分　源泉所得税及び復興特別所得税の徴収猶予・還付申請書（災免用）給与等・公的年金等・報酬等

1　被害の状況
あなたが受けた被害の状況を、次の欄に書き入れてください。
なお、①及び②の損害割合が50％未満のときは提出できません。

災害の原因	被害を受けた日	被災財産の所在地		被災直前の価額 A	損害額（A×被害割合）B	保険金などで補てんされる金額 C	差引損害額（B－C）D	損害割合（D／A）E	
	・・		住宅					％	①
			家財					％	②

2　所得の見積額
あなたの今年の所得の見積額を、次の欄に書き入れてください。
なお、③の金額が1,000万円を超えるときは提出できません。

所得の種類	種目	所得の生ずる場所	収入金額 A	必要経費等 B	事業専従者控除額 C	所得金額（A－B－C）
			円	円	円	円
合　計（租税特別措置法の規定により分離課税となる利子所得及び一定の配当所得などは除きます。）						③

3　徴収猶予期間又は還付金額等
あなたが徴収猶予又は還付を受けようとする給与等、公的年金等、報酬等の別及びその支払者の名称並びに徴収猶予を受けようとする期間又は還付を受けようとする金額を書き入れてください。

給与等、公的年金等、報酬等の別	給与等、公的年金等、報酬等の支払者の名称	給与等、公的年金等、報酬等の支払者の所在地	給与等、公的年金等の支払者の個人番号又は法人番号 ※ この申請書の提出を受けた給与等又は公的年金等の支払者が記載してください。

（裏面を参照）

徴収猶予期間	還付を受けようとする額		イ　銀行等　　　　　　　銀行　　　　本店・本所
・・から	円		金庫・組合　　出張所 農協・漁協　　支店・支店
・・まで	※　還付される税金の受取場所を右記に書き入れてください。		預金　　口座番号＿＿＿＿ ロ　ゆうちょ銀行の貯金口座 　　貯金口座の記号番号＿＿―＿＿ ハ　郵便局等窓口＿＿＿＿

4　支払者の証明
あなたが給与等又は公的年金等について徴収された税額の還付を受けようとする場合には、次の欄に給与等又は公的年金等の支払者の証明を受けてください。

給与等又は公的年金等の支払者がこの申請書を受け付けた日	令和　年　月　日
今年の1月からこの申請書を受け付けた日までの間に、申請者に支払った給与等又は公的年金等から徴収した税額（内訳は別紙のとおり。）	円
上の税額の納付先税務署長	税務署長

（支払者の証明）
上記のとおり相違ありません。
令和　年　月　日　　給与等又は公的年金等の支払者の
所在地＿＿＿＿＿＿＿＿＿＿
名称＿＿＿＿＿＿＿＿＿＿

※　税務署処理欄（この欄には書かないでください。）

起案	・・	署長	副署長	統括官	担当者	整理簿	管理部門	通信日付印	確認
決裁	・・							年　月　日	

調査事項	区分	災害直前の価額	損害額	補てん金額	差引損害額	損害割合	（摘要）
	住宅	円	円	円	円	％	
	家財						

処理区分	還付	承認・却下	（還付税額）　　　　　　円	却下事由
	徴収猶予	承認・却下	（猶予期間）自・・至・・　（猶予税額）全額・半額	

番号確認	身元確認 □済 □未済	確認書類 個人番号カード／通知カード・運転免許証 その他（　　）				

（規格A4）

03.06 改正

付録6　災害被害者に対する救済措置

2　源泉徴収義務者が災害被害者である場合

　源泉徴収義務者が災害により大きな被害を受けたときは、「国税通則法」により源泉所得税及び復興特別所得税の合計額の納税の猶予や、納付等の期限延長を受けることができます。

（1）　納税の猶予

イ　源泉所得税及び復興特別所得税の合計額の納税の猶予とは

　災害により、源泉徴収義務者がその財産につき相当な損失を受けた場合において、その者がその損失を受けた日以後1年以内に納付すべき源泉所得税及び復興特別所得税で次のいずれにも該当するものについては、その災害のやんだ日から2か月以内に申請を行うことにより、所轄税務署長は、納期限（納税の告知がされていない源泉徴収による国税については、その法定納期限）から1年以内の期間に限り、源泉所得税及び復興特別所得税の全部又は一部の納税を猶予することができます（通則法46①）。

①　災害のやんだ日の属する月の末日以前に納税義務の成立するもの

②　納期限（納税の告知がされていない源泉所得税及び復興特別所得税については、その法定納期限）がその損失を受けた日以後に到来するもの

ロ　納税の猶予を受けるための手続

　源泉所得税及び復興特別所得税について納税の猶予を受けようとする場合には、その災害がやんだ日から2か月以内に「納税の猶予申請書」（財産の種類ごとの損失の程度その他の被害の状況を記載した「被災明細書」を添付する必要があります。）を所轄税務署長に提出する必要があります。

　なお、納税の告知がされていない源泉所得税及び復興特別所得税について納税の猶予を受けようとする場合は、所得税徴収高計算書（納付書）を添付する必要があります（通則法46①、通則法令15①④）。

　この申請書を提出した場合において、

①　納税の猶予が認められた場合には、その旨、猶予に係る金額、猶予期間など

②　納税の猶予が認められない場合には、その旨

が、所轄税務署長から通知されます（通則法47①②）。

（2）　納付等の期限延長

　災害その他やむを得ない理由により、国税に関する法律に基づく申告、申請、請求、届出その他書類の提出、納付などがその期限までにできないと認められるときは、災害等の理由のやんだ日から2か月以内の範囲で、その期限が延長されます。

　これには、個別指定、地域指定及び対象者指定があります（通則法11）。

― 363 ―

付録6　災害被害者に対する救済措置

① 個別指定

　所轄税務署長に対し、申告、納付などの期限の延長を申請し、その承認を受けることになります。

② 地域指定

　災害による被害が広い地域に及ぶ場合、国税庁長官が延長する期日と地域を定めて告示しますので、その告示の期日までに申告、納付などをすればよいことになります。

　なお、期限については別に告示されることになっています。

③ 対象者指定

　e-Tax の障害により多数の納税者が申告等期限までに申告等ができない場合、国税庁長官が延期する期日と対象者の範囲を定めて告示しますので、その告示の期日までに申告、納付などをすればよいことになります。

〔付録 7〕 復興特別所得税の源泉徴収

1 源泉徴収の対象となる所得

復興特別所得税は、所得税法及び租税特別措置法の規定により所得税を源泉徴収することとされている支払を対象として、その支払の際に所得税と併せて源泉徴収をすることになります。

具体的には、復興特別所得税は、次の（1）及び（2）に係る所得税を源泉徴収して納付する際に併せて源泉徴収することとなります（復興財確法28①）。

なお、租税条約の規定により適用される限度税率が所得税法及び租税特別措置法に規定する税率以下である一定の所得又は租税条約により免税の適用がある一定の所得については、復興特別所得税は課されません（復興財確法33⑨）。

（1） 所得税法の規定によるもの

所得税法の第4編《源泉徴収》第1章《利子所得及び配当所得》から第6章《源泉徴収に係る所得税の納期の特例》

（2） 租税特別措置法の規定によるもの

イ 国外で発行された公社債等の利子所得の分離課税等（措法3の3③）

ロ 民間国外債等の利子の課税の特例（措法6②（同条第13項において準用する場合を含みます。））

ハ 国外で発行された投資信託等の収益の分配に係る配当所得の分離課税等（措法8の3③）

ニ 国外で発行された株式の配当所得の源泉徴収等の特例（措法9の2②）

ホ 上場株式等の配当等に係る源泉徴収義務等の特例（措法9の3の2①）

ヘ 特定口座内保管上場株式等の譲渡による所得等に対する源泉徴収等の特例（措法37の11の4①）

ト 未成年者口座内の少額上場株式等に係る譲渡所得等の非課税（措法37の14の2⑧）

チ 懸賞金付預貯金等の懸賞金等の分離課税等（措法41の9③）

リ 償還差益等に係る分離課税等（措法41の12③）

ヌ 割引債の差益金額に係る源泉徴収の特例（措法41の12の2②〜④）

ル 免税芸能法人等が支払う芸能人等の役務提供報酬等に係る源泉徴収の特例（措法41の22①）

付録 7　復興特別所得税の源泉徴収

2　源泉徴収すべき所得税及び復興特別所得税の額

　源泉徴収すべき復興特別所得税の税額は、源泉徴収すべき所得税の額の2.1%相当額とされています。

　復興特別所得税の源泉徴収は、所得税の源泉徴収の際に併せて行うこととされていますので、所得税率に102.1%を乗じた合計税率により源泉徴収すべき所得税及び復興特別所得税の額を算出します（復興財確法28②）。

　なお、源泉徴収に係る所得税の確定金額の端数計算及び源泉徴収に係る復興特別所得税の端数計算については、これらの確定金額の合計によって行い、算出した税額に1円未満の端数があるときは、その端数を切り捨てます（復興財確法31）。

【源泉徴収すべき所得税及び復興特別所得税の額】

　　支払金額等×合計税率（%）（※1）＝源泉徴収すべき所得税及び復興特別所得税の額

　※1　合計税率の計算式

　合計税率（%）＝所得税率（%）×102.1（%）

　※2　所得税率に応じた合計税率の例

所得税率（%）	5	7	10	15	16	18	20
合計税率（%）	5.105	7.147	10.21	15.315	16.336	18.378	20.42

3　給与等に係る所得税及び復興特別所得税の源泉徴収

　給与等については、給与所得の源泉徴収税額表に基づき、所得税と復興特別所得税の合計額を徴収し、1枚の所得税徴収高計算書（納付書）で納付します。

4　年末調整

　給与等から源泉徴収する税額は、所得税と復興特別所得税の合計額となりますので、年末調整も所得税と復興特別所得税の合計額で行います。

　なお、年調年税額は、算出所得税額から（特定増改築等）住宅借入金等特別控除額を控除した後の年調所得税額に102.1%を乗じた金額（100円未満切捨て）となります（復興財確法30）。

【著者略歴】

杉尾　充茂
（すぎお　みつしげ）

国税庁法人課税課課長補佐、東京国税局調査第一部特別国税調査官・第三部統括国税調査官、東京国税不服審判所審判官、税務大学校総合教育部教授、小田原税務署長などを経て平成26年7月退職、平成26年8月税理士登録

【執筆協力】

渡辺　葉子
（わたなべ　ようこ）

社会保険労務士法人 YWOO 代表　特定社会保険労務士

　本書の内容に関するご質問は、税務研究会ホームページのお問合せフォーム（https://www.zeiken.co.jp/contact/request/）よりお願い致します。
　なお、個別のご相談は受け付けておりません。

- -

　本書刊行後に追加・修正事項がある場合は、随時、当社のホームページ（https://www.zeiken.co.jp）にてお知らせ致します。

〔令和5年版〕

わかりやすい　**年末調整の手引**

令和5年10月20日　令和5年版第1刷印刷
令和5年10月27日　令和5年版第1刷発行

Ⓒ著　者　　杉尾　充茂
（すぎお　みつしげ）

発　行　所　　税務研究会出版局
週刊「税務通信」「経営財務」発行所

代表者　山根　毅

郵便番号　100-0005
東京都千代田区丸の内1-8-2　鉄鋼ビルディング
https://www.zeiken.co.jp

乱丁、落丁の場合はお取替え致します。　　　　　印刷・製本　奥村印刷

ISBN978-4-7931-2783-0

法人税関係

《2023年8月1日現在》

〔改訂版〕同族会社のための「合併・分割」完全解説

太田 達也 著／A5判／368頁

定価 **2,750** 円

同族会社の合併・分割の税務・会計について、基本的事項から実務レベルの必要事項や留意事項までを事例や図表を豊富に用いて総合的に解説。平成29年の初版発行後の税制改正を踏まえ最新の法令に基づいた加筆修正をし、わかりやすさを向上させるため事例や図表を多数追加した改訂版です。

2022年10月刊行

〔第3版〕みなし配当をめぐる法人税実務

諸星 健司 著／A5判／224頁

定価 **3,080** 円

合併、資本の払戻し、残余財産の分配、自己株式の取得など、みなし配当に関する規定を図表や具体的な事例を用いて系統的に解説した好評書の改訂版です。令和3年3月11日の最高裁の判決に基づき令和4年度税制改正において整備された資本の払戻しに係る所有株式に対応する資本金等の額等の計算方法などを追加。

2022年11月刊行

〔令和4年度改正版〕電子帳簿保存法対応 電子化実践マニュアル

SKJコンサルティング合同会社 編・袖山 喜久造 監修
A5判／472頁

定価 **3,850** 円

単なる電帳法の説明ではなく、税法に準拠した適正な業務の実践的な電子化を解説し、業務処理と記録管理の実施を解説しています。「紙の伝票や帳簿に記帳する基本原則」から「電子的な伝票や帳簿にデータを入力する基本原則」へのスムーズな対応について、経理の最前線で日々コンプライアンスと業務効率化のために格闘されている第一線の方々に是非ご活用いただきたい実務書です。

2022年6月刊行

〔令和5年度版〕法人税申告書 別表四、五(一)のケース・スタディ

成松 洋一 著／B5判／642頁

定価 **3,630** 円

法人税申告書別表四、別表五(一)で申告調整が必要となるケースを具体例に即して説明し、当期と翌期の税務上・決算上の経理処理を示した上で、その記載方法をわかりやすく解説。令和5年度版ではインボイスや保険に関する申告調整事例などを多数追加、305事例で詳しく説明しています。

2023年6月刊行

税務研究会出版局　https://www.zeiken.co.jp/

※ 定価は10％の消費税込みの表示となっております。